VERBOTENE ÄGYPTOLOGIE

1. Auflage Oktober 2001
2. Auflage Dezember 2001
3. Auflage Dezember 2001
4. Auflage Juli 2002
5. Auflage September 2002
6. Auflage September 2002
7. Auflage Oktober 2002

Copyright © 2001, 2002 bei
Jochen Kopp Verlag, Graf-Wolfegg-Str. 71, D-72108 Rottenburg

Lektorat: Peter Kaschel
Umschlaggestaltung: ARTELIER/Peter Hofstätter
Satz und Layout: Agentur Pegasus, Zella-Mehlis
Druck und Bindung: Wiener Verlag, Himberg

ISBN 3-930219-47-6

Gerne senden wir Ihnen unser Verlagsverzeichnis
Kopp Verlag
Graf-Wolfegg-Str. 71
D-72108 Rottenburg
Email: info@kopp-verlag.de
Tel.: (0 74 72) 98 06-0
Fax: (0 74 72) 98 06-11

Unser Buchprogramm finden Sie auch im Internet unter:
http://www.kopp-verlag.de

ERDOGAN ERCIVAN

VERBOTENE ÄGYPTOLOGIE

Rätselhafte Wissenschaft und Hochtechnologie der Pharaonen

JOCHEN KOPP VERLAG

Dieses Buch ist Dr. Johannes Fiebag (1956–1999) und seiner langjährigen Arbeit auf dem Gebiet der Präastronautik gewidmet.

INHALTSVERZEICHNIS

VORWORT

*»Für einen Klugen genügt ein Wort; doch den Dummkopf
belehrst du, indem du eine Topfscherbe an die andere klebst.«
(Si-Sobek, Papyrus Ramesseum I.)*

Bereits seit grauer Vorzeit war die Menschheit von der Aufgabe
besessen, den Grund für die »Schöpfung« der menschlichen Spezies zu ergründen. Diese einheitliche Suche nach dem Ursprung
setzte sich von der Zeit des Neandertalers bis ins Mittelalter fort
und ermöglichte es überhaupt erst, daß von den europäischen Kö-
nigshäusern des 15. Jahrhunderts unzählige Forschungsexpeditionen selbst in die entlegensten Gebiete der Erde finanziert wurden.
Da man während der Renaissance die Worte der Bibel noch sehr
ernst nahm, waren die Bestrebungen der Suchenden insbesondere
auf den verborgenen Ort des »Garten Eden« ausgerichtet, in dem
einst vor der großen »Vernichtung« der biblischen Sintflutlegende
unser Stammvater Adam gezeugt wurde.

Auch in den Szenarien unserer heutigen Filmindustrie wird immer
wieder aufgezeigt, wie die gesamte Menschheit nach einer verhäng-
nisvollen Katastrophe auf eine Handvoll verwilderter Horden reduziert ist, die in den Ruinen einer einstmals großartigen Zivilisation um ihr Überleben kämpfen.

Doch während die moderne Astrophysik noch streitet, ob es denn
so etwas wie eine Strategie der Schöpfung gebe, häufen sich die
Indizien und Beweise, daß dieses Geheimnis von jeher einer kleinen Elite von Priestergelehrten bekannt war und daß es bis in unsere heutige Zeit von Bruderschaften, Geheimbünden und Mönchs-
orden gehütet wird.

Selbst die Wiederentdeckung des amerikanischen Kontinents durch
Christoph Kolumbus ist nach neuesten Erkenntnissen nur deshalb
möglich gewesen, weil dem Seefahrer alte Landkarten aus einer
längst vergangenen Zeit den richtigen Weg wiesen.

Der ägyptische Tourismusminister Mamdouh el-Beltagui hatte nicht
zuletzt deshalb im Dezember 1998 bekanntgegeben, daß er zur Sil-
vesternacht des Jahreswechsels 2000 um Mitternacht die Große Pyramide in Giseh mit einem goldenen Pyramidion krönen wolle, um

so einer alten Überlieferung gerecht zu werden und den ursprünglichen Zustand des Bauwerkes wieder herzustellen.

Andererseits machte der Direktor des Giseh-Plateaus, Dr. Zahi Hawass, Anfang des Jahres 1999 dem Kulturattaché Ägyptens den Vorschlag, daß man den Zutritt in das Innere der Pyramiden für die Touristen gänzlich verbieten solle. Wie es Dr. Hawass bereits mit dem Verbot für die Unas-Pyramide durchgesetzt hat, sollen mit dieser weiteren Maßnahme auch bei den Pyramiden von Giseh »unvernünftige« Touristen davon abgehalten werden, »unsinnige Gerüchte« über diese Bauwerke zu verbreiten.

Dabei ist es erstaunlich, mit welcher Häufigkeit gerade in der Archäologie sich immer wieder Autodidakten, also Laien, durch besondere Leistungen hervorgetan haben. Mit deren Theorien wurden unsere Gelehrten oft erst zu der richtigen Spur geführt, um damit ein archäologisches Rätsel unserer Vergangenheit zu lösen.

Trotzdem schlägt Hawass vor, diesen laienhaften Besuchern vor Ort nur noch einen virtuellen Einblick über außerhalb der Pyramiden angebrachte Monitore zu ermöglichen.

Und tatsächlich war die von unseren Gelehrten dem ägyptischen König Cheops zugeordnete Pyramide, die zu einem der Sieben Weltwunder zählt, seit Februar 1998 für die Öffentlichkeit unzugänglich.

Worin sind die Hintergründe dieser Verbote aber zu suchen? Die Antwort ist eng mit einem Vermächtnis der alten Ägypter und den ersten technischen Gehversuchen des Menschen verknüpft. Denn daß die Errichtung der ägyptischen Pyramiden die erste Arbeitsbeschaffungsmaßnahme für arbeitslos gewordene Bauern gewesen sein soll, innerhalb der man »sinnlose Anstrengungen« unternahm, um über 25 Millionen Tonnen Gestein zu verbauen, ist lediglich eine irreführende und manipulierende Darstellung innerhalb unserer Gesellschaftsordnung. Die bei den Landesuniversitäten angestellten Historiker, die angeblich für ein besseres Verständnis der modernen menschlichen Gesellschaft tätig sind, sind nämlich die einzigen, denen es ermöglicht wird, unsere Vergangenheit nach den ihnen oktroyierten Richtlinien zu ändern. Gerade aus der weltlichen Geschichte ist uns bekannt, wie europäische »Eroberer« ganze Kulturen zertraten und die Wahrheit durch besoldete Chronisten verfälschten, so daß bereits errungenes und in die jeweilige Gesellschaft nicht einzuordnendes »Wissen« immer wieder von neuem verloren ging. Wahrscheinlich schrieb der englische Historiker Samuel Butler deshalb: »Gott kann die Vergangenheit nicht ändern, Historiker aber können es.«

Ganz offensichtlich waren die Wissenschaftler der Antike bereits im Besitz von unglaublichen Erkenntnissen. Die Elite der ägyptischen Priestergelehrten berichtete sogar, daß sie vor mehreren Jahrtausenden im Besitz einer »göttlichen Weisheit« gewesen sei. Ägyptens Aufstieg zu einer weltumfassenden Hochkultur scheint somit etwas anders verlaufen zu sein, als es unsere heutigen Gelehrten ihren Studenten weitergeben. So weiß man inzwischen, daß die Pharaonen nicht nur die Elektrizität kannten, sondern aus ihren Bergwerken neben Gold auch Uranerze förderten. Selbst Röntgenapparate, Mikroskope und Teleskope sind nach den alten Überlieferungen nur Wiederentdeckungen. Nicht nur Ägyptologen, sondern auch Mitarbeiter der amerikanischen Weltraumbehörde NASA wissen, daß mit hoher Wahrscheinlichkeit im Zentrum der Großen Pyramide radioaktive Energie enthalten ist, die der Vernichtungskraft einer Atombombe entspricht!

Dieses und ähnliches Wissen wird von den Verantwortlichen allerdings ständig unter Verschluß gehalten und wie ein verborgener Schatz streng gehütet. Genau diese Geheimniskrämerei ist es, warum auch innerhalb der heutigen Archäologie undefinierbare Funde und mysteriös anmutende Forschungsergebnisse der breiten Bevölkerung gar nicht erst zugänglich gemacht werden. So ist neben dem historisch wichtigen Wissenschaftszweig der »Ägyptologie« noch ein anderer entstanden: die »Verbotene Ägyptologie«.

Lassen Sie uns dem Geheimnis dieser Verbote näherkommen und einiges zu seiner Aufklärung beitragen.

Kapitel 1

DIE WEISHEIT DER ALTEN

Insofern unsere Historiker heute auf ein Land als Wiege der westlichen Zivilisation blicken, schauen sie in aller Regel staunend in das antike Griechenland. Die alten Griechen ihrerseits blickten mindestens genauso erstaunt auf die alten Ägypter, deren Urwissen nach ihren Chroniken bereits vor über 23.000 Jahren begonnen haben soll. Damals lebten in Ägypten hochgebildete Persönlichkeiten, die man als Götter bezeichnete und denen außergewöhnliche Regierungszeiten bescheinigt werden. Demnach handelt es sich beim Volk der alten Ägypter um die Bewahrer der ältesten menschlichen Zivilisation überhaupt, die uns von ihren überragenden Erkenntnissen, außer einigen Papyri, auch steinerne Bauwerke in Form der ägyptischen Tempel und Pyramiden hinterlassen haben.

Anscheinend waren die Griechen über diesen Tatbestand schon sehr früh informiert, so daß sie fortwährend diese geheimnisvollen Ursprünge zu ergründen versuchten. So trieb die Neugier griechische Forscher und Historiker seit über 3.000 Jahren nach Ägypten; und das, was sie dort vorfanden, übertraf ihr Vorstellungsvermögen. Homer, Solon, Herodot, Platon und Pythagoras – um nur einige zu nennen –, sie alle besuchten Ägypten auf der Suche nach dem Ursprung der Weisheit. Doch bereits in den Jahren 391 bis 404 n. Chr. wurden unter dem christlichen geistlichen Theodosius I. die alten Kulturgüter der Ägypter von der Kirche verboten und für heidnisch erklärt. Nicht

Abb. 1: Ägypten

nur deshalb war es ein langer Weg, bis wir einen erneuten Zugang in die Welt der alten Ägypter bekamen.

Im Jahre 1638 entschloß sich der britische Professor John Greaves (1605–1652), ein 33 Jahre alter Mathematiker und Astronom, der in Oxford studiert hatte und später Mathematik in London lehrte, zu einer Reise nach Ägypten. Ihn trieb nicht die bloße Neugier, sondern das erhoffte Ziel, gerade in den ägyptischen Bauwerken einen Anhaltspunkt für die konkrete Berechnung der Dimension unserer Erde zu finden. Diesen Hinweis hatte ihm der Mailänder Arzt und Mathematiker Girolamo Cardano gegeben, der im frühen 16. Jahrhundert mit dem Universalgenie Leonardo da Vinci befreundet war. Cardano wußte zu diesem Zeitpunkt, daß es bereits vor den Griechen bemerkenswerte naturwissenschaftliche Erkenntnisse gegeben hatte und daß die Weisheit der Alten schon Tausende von Jahren vor den Gelehrten von Alexandria den Begriff der Breitengrade gekannt und ihre Ausdehnung genauer berechnet hatte als Eratosthenes oder Ptolemäus.

Greaves las vorerst die zum damaligen Zeitpunkt vorhandene Literatur und ging dann nach Ägypten, um zunächst die Große Pyramide von Giseh zu studieren. Er verwarf alles Gerede, die Giseh-Pyramiden seien von biblischen Gestalten oder sagenhaften Königen erbaut worden. Aus klassischen Quellen schloß er, die altägyptischen Könige Cheops, Chephren und Mykerinos hätten die Pyramiden als sicheres Grab für ihre leibliche Hülle erbaut, weil das nach altem Ägypterglauben das Fortleben der Seele gewährleiste.

John Greaves begann mit den besten verfügbaren Instrumenten und streng wissenschaftlicher Methodik die präzise Vermessung der Pyramiden. Beim Erklimmen der Großen Pyramide zählte er 208 Stufen und schätzte daraus die lotrechte Höhe des Bauwerks auf 152 Meter (tatsächlich 146,59 Meter). Die Höhe der Seiten bildenden Dreiecke berechnete Greaves auf 211,23 Meter, wobei er sich um 19,15 Meter verrechnete. Das lag nicht an der mangelnden Gründlichkeit von

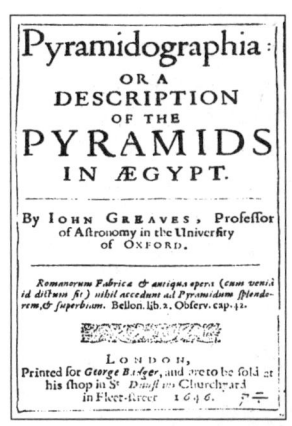

Abb. 2: Pyramidenbuch von Greaves.

Greaves, sondern war dem Umstand zuzuschreiben, daß die Araber eine nicht unbedeutende Zahl von Steinblöcken im Laufe der Zeit zum Bau eigener Behausungen abtransportiert hatten. Ohne moderne Geräte erlaubte die übriggebliebene Fundamentplattform von 212,48 Meter, dem Forscher keine exakte Rekonstruktion.

Greaves beschrieb weiter, wie er über einen Schutthaufen zum Originaleingang in der Höhe der 16. Steinlage gelangte, und gab anhand der fehlerhaften Fundamentdaten auch die Basisgröße der Pyramide mit 44.615 Quadratmeter falsch an (tatsächlich 54.300 m²). Trotzdem führten die von Professor John Greaves gezogenen Schlußfolgerungen im damaligen England zu einer lebhaften Kontroverse, bei der sich Ablehnung und Zustimmung die Waage hielten. Selbst Dr. William Harvey – der Entdecker des Blutkreislaufes – beteiligte sich daran und zeigte sich erstaunt, daß Greaves keine Luftschächte entdeckt und beschrieben hatte, wodurch die Kammern im Innern der Pyramide während der Bauphase mit Außenluft versorgt werden konnten. Nach Harvey mußten solche Schächte vorhanden sein, was er wie folgt begründete:

»… wie wir inzwischen wissen, können wir die selbe Luft nicht zweimal einatmen. Wir benötigen immer wieder frische Luft!«

Greaves hatte tatsächlich an der Süd- und Nordwand der Königskammer zwei Einbuchtungen bemerkt, die er anhand von Rußspuren als Nischen für das Abstellen von Öllampen erklärte. Wahrscheinlich stammte der Ruß aber nicht von den Bauherren der Pyramide, sondern von späteren Eindringlingen, die sich im 9. Jahrhundert einen Zugang in das Bauwerk verschafft hatten.

Inzwischen wissen wir jedoch, daß die architektonische Vermutung von Dr. Harvey berechtigt war. Die britischen Pyramidenforscher Richard William Howard Vyse (1784–1853) und sein Mitarbeiter John Shea Perring (1813–1869) entdeckten nämlich 200 Jahre nach Greaves an den Außenwänden der Pyramide die Ausgänge der Schächte zur Königskammer. Zunächst vermuteten sie, daß die Schächte in einen weiteren Raum führten. Die Forscher ließen diese Theorie jedoch wieder fallen, als sie den südlichen Schacht von Schutt befreit hatten und plötzlich Luft in die Königskammer strömte. Daraus zogen sie den falschen Schluß, daß die Schächte der Belüftung gedient hätten und prägten damit den seither angewandten Begriff »Luftschächte«.

Überraschenderweise wurde diese Erklärung schon damals von den geachteten Wissenschaftlern des 19. Jahrhunderts in den »Mitteilungen des Instituts für Orientforschung« *(Deutsche Akademie der Wissenschaften zu Berlin)* abgelehnt.

Bevor John Greaves nach England zurückkehrte, übergab er seine Instrumente einem jungen Venezianer namens Tito Livio Burattini, der ihn zur Pyramide begleitet hatte. Dieser war nicht minder als der Brite darauf bedacht, die genauen Maße der Großen Pyramide zu ermitteln und vor allem auch die dem ursprünglichen Bauplan zugrundeliegende Längeneinheit – »Elle«, »Fuß« oder »Handbreite« – herauszufinden. Die Ägyptenreise des Italieners war nämlich durch den deutschen Jesuitenpater Athanasius Kircher (1602–1680) finanziell unterstützt worden. Dieser war gerade nach Rom übergesiedelt, um sich mit Galileo Galilei (1564–1642) über die Frage einer universal gültigen Längeneinheit und deren ägyptische Verbindung zu beraten.

Schon der griechische Gelehrte Pythagoras von Samos (580–501 v. Chr.) vertrat die Ansicht, daß die Maße der Antike von ägyptischen Vorbildern abgeleitet seien und auf einem unveränderlichen Standard basierten. Doch bis heute bleibt es ein Rätsel, wie die bedeutenden wissenschaftlichen Leistungen der alten Ägypter in Jahrhunderte lange »Vergessenheit« geraten konnten!

War da etwa Vorsatz mit im Spiel?

Die Männer der Amerikanischen Revolution scheinen die altägyptischen Traditionen sehr wohl noch im Detail gekannt zu haben. Gestützt auf die Untersuchungsergebnisse von Professor Greaves, hatten es der damalige Präsident George Washington und sein Verteidigungsminister Peyton Randolph im November 1777 nämlich unternommen, das Freimaurersymbol der »Pyramide« auf der Rückseite des Großsiegels der USA abzubilden. In ihr sahen sie, wie die Griechen auch, eine alte Verbindung zu ihren Urahnen.

Auch als die Franzosen im Jahre 1789 sich anschickten, Staat und Gesellschaft nach ihren ebenfalls von der Freimaurerei beeinflußten revolutionären Idee umzugestalten, schafften sie die biblische Siebentagewoche ab und ersetzten sie durch den Zehntagerhythmus der alten Ägypter. Napoleon Bonaparte I. (1769–1821) dachte dabei an die historischen Vorbilder der Ägyptenzüge Alexanders des Großen und Julius Cäsars. Der Korse wußte, daß es dabei nicht

14

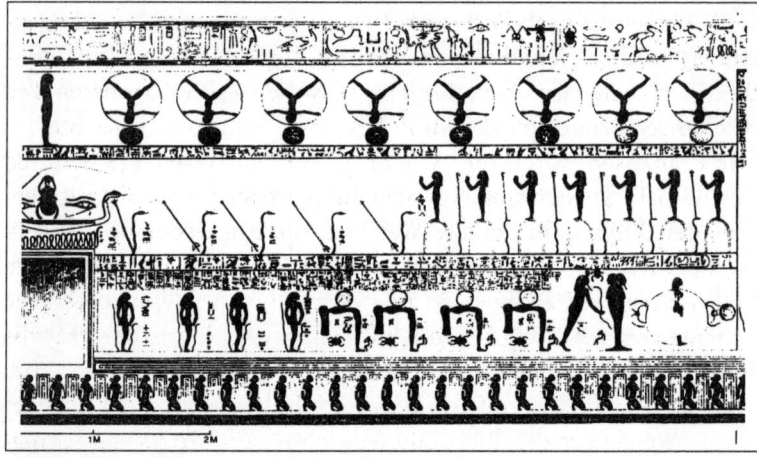

Abb. 3: Dieses alte Wissen war den Revolutionären vertraut.

nur um eine militärische und politische Eroberung, sondern um die »Wiederbelebung« eines alten Wissensschatzes im Zuge der Aufklärung ging.

Am 12. August 1799 besuchte Napoleon gemeinsam mit Imam Muhammad und zwölf seiner Begleiter die Königskammer der Großen Pyramide und bat, wie bereits Alexander der Große, darum, allein gelassen zu werden. Als Napoleon am nächsten Tag darauf angesprochen wurde, ob er in der Kammer irgend etwas Geheimnisvolles erlebt habe, antwortete er seinem Adjutanten Las Cases: »Es hat keinen Zweck, Sie würden mir doch nicht glauben!«

Die französischen »Sansculotten« schafften daraufhin auch die herkömmlichen kirchlichen Festtage ab und feierten statt dessen nur noch zu Ehren der Natur und des höchsten Wesens der Menschheit.

Um die alte Maßeinheit des »Klafter« zu ersetzen, ließ die Französische Akademie sogar den Meridianbogen

Abb. 4: Die Begegnung des französischen Kaisers Napoleon Bonaparte I. mit der ägyptischen Kultur.

von Dunkerque nach Perpignan ausmessen und wählte als Längen-einheit auf der Grundlage des antiken Dezimalsystems das »Me-ter«, der nach ihrer Berechnung genau den zehnmillionsten Teil des Pariser Längengrads vom Pol bis zum Äquator ausmachte.
Die Franzosen waren im 18. Jahrhundert mit ihren 328 Schiffen nur deshalb in Richtung Ägypten aufgebrochen, weil sie mit dem erneuten Zugang in die alte Weisheit, die Engländer überflügeln wollten. Als sie schließlich am 19. Mai 1798 in Ägypten ankamen, begleitete sie außer einer Armee von 35.000 Soldaten auch eine Gruppe von 500 Zivilisten, unter denen sich Gelehrte der Franzö-sischen Akademie befanden. Nachdem die Franzosen am 21. Juli 1798 die Pyramiden von Giseh erreicht hatten, wurde die Lage je-doch vorerst brenzlig: Der Kalif Murad Bey und 10.000 seiner ma-meluckischen Reiter griffen die Europäer an. Doch jedesmal, wenn die Franzosen attackiert wurden, bildeten die Soldaten ihre berühm-ten »Karrees«, und pflegten den Ruf ertönen zu lassen: »Gelehrte und Esel in die Mitte!«

Abb. 5: Die
Schlacht um Giseh.

Das anschließende Massaker fand jedoch ausschließlich in den Rei-hen der unerschrockenen Mamelucken statt. Innerhalb von zwei Stunden bedeckten über 2.000 Tote das Schlachtfeld, während die Franzosen nur 40 Mann verloren hatten.
Nur einen Monat später indessen sah es für die französische Armee weitaus schlimmer aus. Die britische Armee unter der Führung des nur 1,57 Meter großen Admiral Lord Horatio Nelson griff in das Geschehen ein und versenkte in Abukir nicht nur 13 der 17 franzö-sischen Schiffe, sondern nahm gleich alle Soldaten gefangen. Bei

dieser Auseinandersetzung hatten die Franzosen 3.105 Verwundete und 1.700 Tote zu beklagen. Der Pariser Meeresforscher Franck Goddio vom *Europäischen Institut für Meeresarchäologie* konnte am 4. Juni 1999 die zertrümmerten Reste der französischen Armada in einem schlammigen Sediment von elf Meter Meerestiefe orten. Die Wrackteile liegen etwa 20 Kilometer nördlich vom heutigen Alexandria und wurden zum Teil im Sommer 2000 geborgen. Somit erwies sich Napoleons Unternehmen militärisch zwar als ein Fiasko, doch gleichzeitig begründete dieser Feldzug die neue Wissenschaft der »Ägyptologie«. Obwohl man bei den Schriftzeichen der alten Ägypter noch auf eine anscheinend unüberwindbare Grenze stieß, begann ein allmählicher Zugang zur Kultur Altägyptens. Einer der scharfsinnigsten Expeditionsteilnehmer war Edmé François Jomard, der uns schildert, wie mühsam es damals für die Franzosen war, sich gebückt und kriechend in den engen Stollen der ägyptischen Bauanlagen voranzuarbeiten. Von der Hitze der Fakkeln versengt und halb erstickt, aus Mangel an Luft, durchkroch er vielmals die verschütteten Gangsysteme der ägyptischen Bauwerke. Unter anderem begleitete ihn auch Oberst Jean-Marie Coutelle zu den Untersuchungen eines Pyramidenschachts. Jomard berichtet, wie sie durch Schwärme aufgescheuchter Fledermäuse immer wieder geplagt wurden, die ihnen das Gesicht zerkratzten und mit ihrem beißenden Geruch den Atem nahmen.

Auch als Edmé F. Jomard die Große Pyramide untersuchte, beklagte er sich über den vielen Schutt und Sand, der sich im Laufe der Zeit an all ihren Seiten angehäuft hatte. Mit 150 Helfern gelang es ihm schließlich, die Nordost- und Nordwestecke des Bauwerks freizulegen. Dabei wurde eine bedeutsame Entdeckung gemacht. Man fand den von Professor John Greaves übersehenen Pyramidenstumpf, auf dem die gewaltige Anlage errichtet worden war. Unmittelbar an der Fundamentplattform wurden zwei flache, rechteckige 3,05 x 3,66 Meter umfassende Vertiefungen von Sand befreit, die in ent-

Abb. 6: Originaleingang der Cheops-Pyramide.

sprechender Höhe etwa fünfzig Zentimeter tief in den gewachse-
nen Fels des Fundaments hineingehauen waren. Doch wozu?
Damit der wahre Sinn dieser architektonischen Merkmale ergrün-
det werden konnte, mußte die Bauanlage genau vermessen werden.
Um die Höhe der Pyramide zu ermitteln, maß Jomard jede einzelne Stufe und kam dabei auf einen Wert von 144 Metern. Nach einfachen trigonometrischen Berechnungen ergab der für die 184,722
Meter umfassende Seitenhöhe ermittelte Neigungswinkel
51° 19' 14". Jomard war außer sich und machte sich daraufhin daran, die klassischen Schriften einzusehen, welche die französischen
Gelehrten im Gepäck nach Ägypten mitgebracht hatten. Er entdeckte dabei, daß das »Stadion« der alexandrinischen Griechen eine
Länge von 185,5 Meter hatte. In der Vermutung eines möglichen
Zusammenhangs mit der von ihm errechneten Seitenhöhe der Pyramide wurde Jomard später durch die Untersuchungsergebnisse
von Napoleons Landvermessern bestärkt. Er entdeckte, daß bestimmte Entfernungsangaben zwischen den altägyptischen Ortschaften und dieser Maßeinheit übereinstimmten, wenn man davon ausging, daß das »Stadion« eine Länge von 185 Metern hatte.
Es schien dem Franzosen so, als besäßen die alten Ägypter ein universelles System von Maßen und Gewichten, das als eines der fort-
schrittlichsten Modelle von Zeit- und Längenmessungen gelten
kann. Mit dieser Ansicht lag Jomard nicht verkehrt. Dieses altägyptische System beruht nämlich auf der scheinbaren Drehung des
Himmels um die verlängerte Erdachse und stellt ein Modell dar,
das vor etwa 150 Jahren in der westlichen Welt zum erstenmal von
dem britischen Astronomen Sir John Her-
schel (1792–1871) vorgestellt wurde. Es
ist sehr wahrscheinlich, daß die altägyptischen Baumeister nicht nur über die
mittlere Länge der Erdbahn Bescheid
wußten, sondern auch mit der spezifi-
schen Dichte unseres Planeten und dem
25.826,6jährigen Zyklus, der sogenannten
Präzession (Kreiselbewegung der Erde),
sowie der Fallbeschleunigung und der
Lichtgeschwindigkeit recht gut vertraut
waren.

Abb. 7: Präzession

Eratosthenes, Hipparch von Alexandria, Pythagoras und andere
Griechen, die innerhalb unserer Lehrmeinung als die Begründer
der Mathematik gelten, müssen demnach nur die Bruchstücke einer uralten Wissenschaft aufgegriffen haben, die schon Tausende
von Jahren vor den Griechen, entweder von den Ägyptern oder
sogar von unbekannten Vorgängern, begründet wurde. Der Lehrsatz des Pythagoras entstand erst im fünften Jahrhundert v. Chr.
und das wahrscheinlich nur deshalb, weil dieser griechische Gelehrte zuvor 22 Jahre seines Lebens in Ägypten verbracht hatte.
Erst nachdem er in babylonische Kriegsgefangenschaft geraten war
und aus dieser wieder frei kam, begründete er im alten Griechenland seine Akademie!

Doch wie kommen wir hier weiter?

In der altägyptischen Stadt »Iwnw« (»Stützen des Himmels«), welche die Griechen als »Heliopolis« bezeichneten und die Verfasser
der Bibel »On« nannten, existierte die bedeutendste Universität der
Welt. Zur Zeit des Pharaos Ramses III. (1191–1159 v. Chr.) sollen
dort 13.000 Priester gewirkt haben. Diese zwischenzeitlich wieder
lesbaren Aufzeichnungen der alten Gelehrten von Heliopolis zeigen uns, daß die geographische Wissenschaft in Wirklichkeit nicht
von griechischen Pionieren entdeckt wurde, wie man das lange Zeit
vermutete. Sie stützten sich statt dessen im wesentlichen auf die
großen wissenschaftlichen Leistungen der alten Ägypter, die sie,
wie auch unsere heutigen Ägyptologen (!), nur zum Teil verstanden bzw. verstehen.

Unsere heutigen Gelehrten schreiben zum Beispiel die Berechnung
des Erdumfanges dem griechischen Gelehrten Eratosthenes zu, der
aus heiterem Himmel zur Zeit einer Sommersonnenwende in Alexandria den Einfallswinkel der Sonnenstrahlen vermessen haben soll.
Es ist inzwischen aber erwiesen, daß er sein Wissen vom Umfang
der Erde aus altägyptischen Quellen bezogen hatte und daß er die
Bedeutung der von den Ägyptern übernommenen Daten nicht wirklich begriff. Obwohl nämlich für die Ausdehnung eines Breiten-
grades 50 Stadien zugrunde lagen, behauptete Eratosthenes, daß es
700 wären.

Der Kunsthistoriker Dr. Florian Huber griff 1997 die These mit
den 700 Stadien auf und präsentierte anhand der antiken Daten,
daß dies in Wirklichkeit die Maßangabe für den Erdumfang war.

Der Grieche beanspruchte für sich auch die Entdeckung, daß die Sonne über Alexandria einen Schatten von 7° 12' wirft, wenn sie an der Südgrenze von Ägypten keinen Schatten erzeugt. In Wirklichkeit hatte er auch hierbei altägyptischen Aufzeichnungen entnommen, daß sich der Wendekreis des Sternbilds Krebs bei einer Breite von 23° 51' befinde und daß die Sonne in Elephantine keinen Schatten werfe. Was Eratosthenes nicht wissen und auch nicht durch Messungen feststellen konnte, war die Tatsache, daß sich der Wendekreis inzwischen durch die Rotation der Erdachse auf 23° 45' verschoben hatte. Gleichfalls war es dem Griechen nicht bewußt, daß er seine Zahlenwerte gemäß dem Radius der Sonne berichtigen mußte. Eratosthenes glaubte auch, daß die Städte Alexandria und Elephantine auf dem selben Meridian (Gradnetz der Erde) lagen, obwohl sie durch etwas mehr als 300 Kilometer voneinander entfernt sind.

Woher wußten das aber die alten Ägypter?

Wer heute glaubt, daß die Geschichte vom »Aschenputtel« eine Erfindung von Walter Elias Disney oder den Gebrüdern Grimm wäre, der befindet sich im Irrtum. Tatsächlich sieht es so aus, daß die ursprüngliche Aschenputtel-Geschichte aus dem Ägypten der vierten Dynastie (2505–2348 v. Chr.) stammt und die 4.500 Jahre alten Geschehnisse um die ägyptische Prinzessin Nitokris erzählt. Der griechische Geograph und Historiker Strabon (63 v. Chr.–27 n. Chr.) hat uns diese Überlieferung, die im Zusammenhang mit dem Bau der kleinsten Pyramide von Giseh stand, in seiner »Geographica« 17. Buch, I, 33 bewahrt:

»Als Rhodopis (Nitokris) einmal badete, nahm ein Adler einen ihrer Schuhe der Dienerin weg. Er trug ihn nach Memphis, wo der Pharao gerade im Freien saß und Recht sprach. Er blieb über seinem Haupte schwebend stehen und ließ ihm den Schuh in den Schoß fallen. Dieser Pharao aber war sowohl über das Ebenmaß des Schuhes wie über den wunderbaren Vorfall erregt, schickte im ganzen Lande umher, damit man nach der Trägerin des Schuhes suchte.«

Die Prinzessin wird dann nach einer großangelegten Suchaktion im Gebiet des Deltas gefunden und heiratet darauf den Pharao. Ob es sich bei dem König um Mykerinos (2389–2364 v. Chr.) handelte, geht aus dem Fragmenten dieser Überlieferung nicht ganz klar hervor. Auf jeden Fall wird die Prinzessin in dieser Geschichte nach ihrem Tode in Giseh beerdigt und soll laut Strabon in der kleinen Pyramide, die von unseren Ägyptologen Mykerinos zugeschrieben wird, liegen. Strabon schreibt dazu:

»Man sagt, sie stellt das Grabmal einer Hetäre dar, das ihre Liebhaber ihr errichtet hätten, ...«

Verbotenes Wissen und jedes Medium, das dieses Wissen hätte übermitteln können, zu vernichten, scheint bei den Verantwortlichen innerhalb der gesamten menschlichen Geschichte eine beliebte Aufgabe gewesen zu sein. Deshalb ist bereits errungenes, wertvolles Gedankengut tatsächlich unter Vorsatz auf der Strecke geblieben, so daß es bis in unsere Zeit nur sehr lückenhaft vordringen konnte. Papst Gregor I., der Große, der ab 590 n. Chr. für vierzehn Jahre sein Amt ausübte, ließ beispielsweise die gesamte Bibliothek des Apollo-Tempels auf dem Palatin einäschern. Das älteste dokumentierte Verbrechen solcher Art, von dem wir wissen, beging Shih Huang-ti, der erste Kaiser von China, das er zwischen 246 und 221 v. Chr. mit eiserner Faust vereinigte. Im Jahre 213 v. Chr. überredete Minister Li Szu seinen Kaiser selbst dazu, alle in den unterworfenen Einzelstaaten vorhandenen Bücher zu verbrennen, die keinen praktischen Nutzen im Sinne der Zentralregierung hatten. Der Kaiser ließ dabei sogar 460 Gelehrte hinrichten, weil sie sich dem Befehl widersetzen wollten. Aber auch das gerade ausgeklungene 20. Jahrhundert war voll von mutwilliger Vernichtung des Überlieferten, wie das Wirken von Mao, Stalin oder Hitler aufzeigen. Obwohl Heinrich Himmler seine SS nach dem Vorbild mittelalterlicher Ritterorden organisierte, waren es gerade Hitlers Helfer wie Joseph Goebbels, die 1933 zur großen Bücherverbrennung in Berlin schritten, nur um Teile des Altdokumentierten zu vernichten. Da die Nazi-Führer der ersten Stunde einen Hang zum Okkultismus hatten, sollte die christliche Weltordnung des Dritten Reiches in einem neu verstandenen germanischen Sinn umgeformt werden. In anderen (Einzel-)Fällen waren es die Erben, die Nachlässe verfälschen oder aber vereinzelte Forscher, die Ergebnisse für ihre eigene Wissenschaft zurechtzubiegen versuchten. Deshalb dürfte es heute eigentlich nicht verwundern, daß viele als westliches Gedankengut bezeichnete Ideen in Wirklichkeit ihre Ursprünge bei den alten Ägyptern haben. So sollte heute auch kein Zweifel mehr daran bestehen, daß die ägyptische Weisheitstradition schon sehr früh

berühmte wissende Menschen und Weise hervorgebracht hat, die
bereits zu ihren Lebzeiten Großartiges geleistet haben. Beispielsweise wurde der weise Ägypter Hesy (»Irj«), der aus der dritten
ägyptischen Dynastie stammte und den in der heutigen Zeit kaum
jemand kennt, auch noch lange nach seinem Tod mit archaischen
Titeln gesegnet, weil er innerhalb der Geschichte des alten Ägypten besonders hervorzuhebende Taten wie auch medizinische Wunder vollbrachte. Bei der Bekämpfung von »Hämorrhoiden« berei-
tete dieser Priester beispielsweise zum ersten Mal die Medizin »bm«
vor, die zum »Wächter des After« erhoben wurde ...
Der Name des alten Ägypters bedeutet »der zweifach Gesegnete«.
Gemäß seiner Titel stand Hesy im Dienst von Mehit, einer alten
Löwengöttin, die wie Sechmet über die altägyptische Priesterschaft
präsidierte. Sein Titel »Großer der Zehn von Oberägypten« bezog
sich wahrscheinlich auf die »zehn Richter«, die den höchsten altägyptischen Gerichts-
hof (vergleichbar dem
deutschen Verfassungs-
gericht in Karlsruhe)
unter der Schutzherr-
schaft der Göttin Maat
bildeten.

Wie aus einer von Pro-
fessor Hermann Junker
1926 in Giseh entdeck-
ten Stele hervorgeht,
war Hesy offensicht-
lich Priester, Arzt,
Richter und noch vie-

Abb. 8: Die Metallverarbeitung hatte im alten
Ägypten bereits eine lange Tradition.

les mehr. Die Priesterschaft, der er angehörte, nannte man die
»hemu-Netjer« (»Diener der Götter«), die nichts Geringeres darstellten als die direkten »Vermittler« des Pharaos zu ihren mysteriösen Gottheiten. Wie uns der *Papyrus Abusir* berichtet, war diese
altägyptische Priesterschaft in einer Pyramidenstruktur nach einer
besonderen Hierarchie organisiert, an deren Spitze der Hohepriester stand. Der Hohepriester von Ptah zu Memphis, wurde indes
»Großes Oberhaupt der Artisane« genannt. Den Hohepriester des
Atum nannte man hingegen »Er, dem es erlaubt ist, den Großen

Gott zu sehen«, und der Hohepriester des Ra wurde »Er, der groß im Sehen ist« genannt.

Die unterste Basis innerhalb dieser Machtstruktur wurde von den Web-Priestern gebildet, die man »die Geeinigten« nannte. Auf die höheren Ränge folgte das endgültige Amt des Cheri-heb, welche »die Eigner der Bücher des Thot« waren. Die Cheri-heb wurden deshalb auch als Vorlesepriester bezeichnet, wohingegen sie von den alten Griechen einfach »Geflügelte« (»Pteroforoi«) genannt wurden. Unsere Ägyptologen führen die Entstehung dieser griechischen Bezeichnung auf die zwei Federn, die die ägyptischen Hohepriester an ihrer Kopfbedeckung trugen, zurück. Wahrscheinlich lehnt sich die Darstellung der römischen Gottheit »Merkur« ebenfalls an diese altägyptische Tradition an. Der Cheri-heb war der archetypische ägyptische Priester mit kahl geschorenem Kopf und in ein Leopardenfell gehüllt. Diese Priester spielten eine zentrale Rolle in allen Staatszeremonien und Mysterienspielen. Sie waren als die Erhalter und Hüter der priesterlichen Weisheit in das »Lebenshaus« eingeweiht, anders als die rangniederen Priester, die einfach nur liturgische Pflichten erfüllten.

Der weise Pet-Osiris, von dem wir im weiteren Verlauf dieses Buches noch hören werden, war ein Hohepriester des Thot. Er wurde sogar bereits zu Lebzeiten verehrt, und nach seinem Tod zog auch sein Grabmal wie bei Hesy Scharen von Pilgern an.

Weitere Priesterspezialisten waren die »Horuskopoi« – woraus sich unser Begriff »Horoskop« herleitet –, die mit dem mythologischen Kalender der Ägypter vertraut waren. Außerdem gab es da noch die Sem-Priester, die speziell beim Begräbnisritual die Mundöffnungszeremonie ausführten.

Der ägyptische Hohepriester war allerdings kein Theologe, sondern ein Experte auf seinem Gebiet. Es gab Priester-Architekten, Priester-Astronomen und Priester-Ärzte, wohingegen wir von unseren heutigen theologisch geschulten Priestern nicht erwarten würden, daß sie einen jener Berufe ausübten. Im Gegensatz zu anderen Ämtern war das Priesteramt nicht vererbbar, wie es bei der Bestimmung des Thronfolgers der Könige der Fall war.

Den langen Weg vom Web, dem untersten Priesterrang, zum Oberpriester zeigt der Lebenslauf des Priesters Bek-Nechon, der uns aus dem dreizehnten vorchristlichen Jahrhundert überliefert wurde. Bek-Nechon wurde von seinem fünften bis zum sechzehnten Lebensjahr als Kavallerist für das Heer von Pharao Sethos I. (1303–1292 v. Chr.) ausgebildet. Er zeichnete sich dabei durch überdurchschnittliche Intelligenz aus, und als er sich im siebzehnten Lebensjahr befand, wurde er als Web in den Tempel des Amun in Theben einberufen. Bereits nach vier Jahren stieg Bek-Nechon in den nächsthöheren Rang innerhalb der Amun-Priester-Hierarchie auf. Der Dienst während der zweiten Stufe dauerte zwölf Jahre, bevor Bek-Nechon die dritte Priesterstufe erklimmen konnte. Es dauerte dann noch einmal fünfzehn Jahre, bis er zweiter Priester der Stadt Theben wurde. Nach weiteren zwölf Jahren, im sechzigsten Lebensjahr des Bek-Nechon, ernannte ihn der berühmte Pharao Ramses II. (1292–1225 v. Chr.) zum obersten Priester des Amun. Diesen Posten konnte er bis zu seinem siebenundachtzigsten Lebensjahr ausüben.

Als oberster Hohepriester war Bek-Nechon gleichzeitig Vorsteher einer Art Universität. Denn wie in Heliopolis, gab es auch am Tempel von Theben eine Künstlerakademie, eine Musikhochschule und eine technische Hochschule. Der Hohepriester Pentu, der Leibarzt von König Amenophis IV. (1370–1350 v. Chr.), war nicht nur engster Vertrauter des Pharaos, sondern auch erster Diener des Aton. Diese Magier waren mächtige Männer, die von den Pharaonen stets hofiert wurden, weil sie über wissenschaftliche Kenntnisse verfügten, die sonst keiner besaß. Sie waren eine verschworene Kaste von Eingeweihten einer alten Weisheit, die ihr Wissen niemandem mitteilte. Ihre okkulten, naturwissenschaftlichen und medizinischen Kenntnisse wurden auf Papyrusrollen aufgezeichnet und bei Bedarf zu Rate gezogen. Außer den Kenntnissen, die auf Papyrus aufgezeichnet waren, beherrschte die ägyptische Priesterschaft die »astronomische Geometrie«, welche sie in die ägyptischen Bauanlagen einbrachte. Genau dieses altägyptische Wissen existierte aber nicht nur bei jüngeren Völkern des Vorderen Orient, sondern auch bei den Europäern des Mittelalters. Während der Renaissance übernahmen sogar christliche Gelehrte diese Weisheit der alten Ägypter und brachten sie unverstanden in die neuen Bauwerke ein.

Doch aus welchem Grund?

Die Gründe waren stets religiöser Natur und eng mit dem Werden des Menschen verknüpft. Bereits in den Klöstern des Mittelalters retteten nämlich Mönche durch emsige Abschrift große Teile der antiken Literatur. Zwar wurden die Schriften in einer weithin christlich bestimmten Auswahl und oft mit frommen Glättungen der Textpassagen vervielfältigt und erhalten, doch nachdem die für zu heidnisch befundenen Stellen korrigiert waren, hatten sie, ganz oberflächlich gesehen, immer noch eine gewisse Übereinstimmung mit der antiken Urquelle. Nur deshalb schaut die traditionelle Kirchengemeinde heute noch andächtig zu, wenn ein Pfarrer einem neugeborenen Säugling einige Tropfen Weihwasser über die Stirn gießt. Es folgt danach eine Zeremonie, die in jeder christlichen Umgebung fast identisch verläuft: »Ich taufe dich im Namen des Vaters und des Sohnes und des heiligen Geistes …«, wird vom Pfarrer dazu feierlich gesprochen. Nach dieser Handlung ist das Kind mit sofortiger Wirkung in die Gemeinde der Gläubigen aufgenommen. Allerdings ist die Taufe ein christlicher Kult, der sich weitgehend auf das Neue Testament stützt. Es gibt jedoch viele Völker, die in ihren Zeremonien ganz unterschiedliche Praktiken anwenden, welche uns zum Teil sogar eigenartig vorkommen.

Das Wort »Kult« leitet sich aus der lateinischen Bezeichnung »cultus« her und bedeutet soviel wie »Verehrung« oder »Pflege«. Es geht dabei immer um genau festgelegte feierliche Handlungen, die mit der Verehrung Gottes oder eines über dem Menschen stehenden höheren Wesens zu tun haben. Wie der Kult ablaufen soll, bestimmt wiederum der Ritus, der Handlungsanweisungen enthält.

Wo liegt aber der Ursprung dieser unterschiedlichen Handlungen?
Im Berliner Museum für Völkerkunde Dahlem ist unter der Katalognummer VI 7287 eine steinerne Gottheit aus Hawaii ausgestellt, die eine typisch europäische Halskrause und eine Perücke des 18. Jahrhundert trägt. Diese Gottheit mit dem Namen »Kii Akua Pohaku« wird von unseren Archäologen als »Spanier von Hawaii« bezeichnet und ist nach der Ansicht des Ethnologen Dr. Karl Wernhart sogar niemand anderer als ein Geistlicher und Zeitgenosse des britischen Seefahrers James Cook (1728–1779), der 1779 auf Hawaii landete. Die Hawaiianer müssen aus dieser Begegnung mit dem weißen Mann irgendeine andere Gottheit identifiziert haben, die sie offensichtlich schon seit langem erwarteten. Doch weder die spanischen Eroberer noch James Cook und sein Gefolge konnten die Originalgötter der Eingeborenen gewesen sein, die sie seit Jahr-

tausenden verehrten. Nichtsdestotrotz wurde hier ein technisch höher entwickeltes europäisches Volk zu Göttern erhoben.

Hatte die westliche Zivilisation möglicherweise einst eine ähnliche Begegnung?

Sollten Sie einmal die italienische Metropole Rom besuchen, versäumen Sie nicht, auch die Piazza della Minerva in der Altstadt aufzusuchen. Vor der alten Kirche der heiligen Maria steht ein von dem großen Bernini entworfenes Monument, das einen barockartigen Elefant zeigt, der auf seinem Rücken einen Obelisken trägt. Tatsächlich handelt es sich bei dem Obelisken um ein Original aus Ägypten, das zur Regierungszeit von König Psammetichos I. (664–610 v. Chr.) angefertigt wurde. Das Erstaunliche an diesem Obelisken ist seine von italienischen Gelehrten verfaßte lateinische Inschrift, die in ihrer deutschen Übersetzung wie folgt lautet:

»Die Weisheit Ägyptens, die sich in eingemeißelten Zeichen auf diesem Obelisken befindet und von einem Elefanten getragen wird, dem stärksten unter den Tieren, mag demjenigen, der sie betrachtet, als Beweis dienen, daß es der Geisteskraft dient, um das Gewicht der Weisheit zu tragen.«

Als Papst Alexander VII. dieses Monument Mitte des 17. Jahrhunderts auf dem Minerva-Platz errichten ließ, gab es niemanden in der westlichen Welt, der die fremdartigen Zeichen, die auf allen vier Seiten des ägyptischen Obelisken eingemeißelt sind, übersetzen konnte. Bekanntlich gelang es erst 1822 dem großartigen Franzosen François Champollion (1790–1832), die ägyptischen Hieroglyphen durch seine geniale Kombinationsgabe zu entschlüsseln.

Woher wußten die Verfasser der lateinischen Inschrift, daß diese Hieroglyphen-Texte von Weisheit handelten?

Bevor die Ägyptologie in Zusammenarbeit von Franzosen, Briten und Deutschen begründet wurde, führte der griechische Gelehrte Horapollon schon 1.500 Jahre zuvor für die altägyptischen Zeichen den Begriff »ta hieroglyphica« ein, über die er auch zwei Bücher veröffentlichte. Es gelang ihm jedoch zu keiner Zeit, die ägyptische Hieroglyphenschrift auch tatsächlich zu entziffern. Ein anderer Grieche, den wir unter den Namen Herodot (485–430 v. Chr.) kennen, hat in seinen neunbändigen »Historien« (II, 142) über die seit langem vorherrschende Weisheitstradition Ägyptens die entsprechenden Hintergrundinformationen hinterlassen:

»Sie haben mir nachgewiesen, daß zwischen dem ersten König von Ägypten und jenem letztgenannten Priester des Hephaistos dreihundertvierzig Menschenalter liegen. Denn so viele Oberpriester und Könige hat es im Laufe dieser Zeit gegeben. Nun machen aber dreihundert Generationen einen Zeitraum von zehntausend Jahren aus. Denn drei Menschenalter sind gleich hundert Jahre. Zu den dreihundert kommen noch die eintausenddreihundertvierzig Jahre. Das heißt also: in einem Zeitraum von elftausendfünfhundertvierzig Jahren haben nur menschliche Könige, nicht Götter in Menschengestalt, in Ägypten geherrscht.«

Demnach ließen die Ägypter ihr Land bereits seit über 11.500 Jahren (!) vor Herodots Besuch erblühen, so daß wir annehmen können, daß sich auch eine ausgereifte Wissenschaft ausbilden konnte. Von Herodots Bericht abgesehen, hat es auch eine Auflistung des ägyptischen Priesters Manetho von Sebennytos (325–245 v. Chr.) mit ähnlichen Zahlenangaben in dem nur noch fragmentarisch erhaltenen Werk »Aigyptiaka« gegeben, auf die auch unsere heutigen Ägyptologen gerne noch zurückgreifen. Obwohl der Beginn des ägyptischen Königtums von heutigen Gelehrten mit 3.000 v. Chr. angegeben wird, vertraten bereits großartige Ägyptenexperten des 19. Jahrhunderts einen wesentlich früheren Beginn der ersten Dynastie: François Champollion 5.867 v. Chr., August Böckh 5.702 v. Chr. und William Flinders Petrie 5.546 v. Chr.

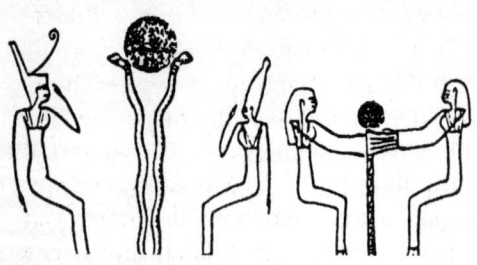

Abb. 9: Älteste Darstellung zweier Sonnen.

William Flinders Petrie (1853–1942) ist es auch zu verdanken, daß die Existenz von 28 Eisenfundstellen in die Zeit zwischen 5.000 bis 3.000 v. Chr. datiert werden konnte und die Epoche der sogenannten »Eisenzeit« somit eine wesentlich ältere Tradition besitzt. Allein im Grab des Königs Djer (3032–3000 v. Chr.) wurden 121 Messer, 7 Sägen, 32 Haarnadeln, 262 Nadeln, 15 Ahlen, 75 Hacken, 79 Meißel, 102 Krummäxte, 68 Gefäße und 75 rechteckige Metallplatten, allesamt aus Kupfer, geborgen. Auch als der französische Koptologe Edouard Amélineau im Jahr 1895 das Grab von König Chasechemui (2671–2644 v. Chr.) öffnete, berichtete er:

»Die Metallobjekte, die ich im ersten Teil des Monuments gefunden habe, sind zahlreich: Für diese ferne Zeit gibt es Bronzevasen in bedeutender Anzahl, Instrumente für Frieden wie für Krieg in beträchtlicher Anzahl, und an einem einzigen Tag habe ich 1.220 kleine Votivgaben aus Kupfer gefunden.«

Somit wäre an dieser Stelle eine erste Korrektur erforderlich!

Und wie stellte sich die Tradition der ägyptischen Mathematik dar? Die Maße und Gewichte bestimmen schon seit undenklichen Zeiten unsere Gesellschaftsordnung und bilden dabei eine Art universelle Sprache. Das griechische Wort Metrelogie ist die Bezeichnung für die Lehre vom Messen, von Maßsystemen und den dazu gehörigen Einheiten.

Die aus den Aufgaben des Messens, Zählens und Rechnens hervorgegangene Wissenschaft nennen wir heute Mathematik, was sich ebenfalls aus dem Griechischen herleitet. Die abendländische Mathematik hat nach Auffassung unserer Gelehrten zwei Quellen: zum einen die mesopotamischen Kulturen, besonders die der Babylonier, die vor allem von der Astronomie her zu mathematischen Überlegungen gekommen zu sein scheinen, und zum zweiten die des Nillandes, da die alten Ägypter nach Ansicht unserer Ägyptologen durch die jährliche Nilüberschwemmung zur Erdvermessung gezwungen waren. Erst aus diesen alten Quellen schufen die Griechen demnach die Wissenschaft der reinen Mathematik.

Nur auf diese alte Weisheit aufbauend begann Pythagoras von Samos bereits in frühen Jahren ein geometrisches System zu schaffen und begründete daraufhin im Alter von 51 Jahren eine Bruderschaft mit einer dazugehörigen naturphilosophischen Akademie. Der »pythagoreische Bund« befaßte sich unter anderem mit der Seelenwanderung und sah das Wesen aller Dinge in der Zahl als universelles Prinzip. Der grundlegende Lehrsatz des Pythagoras über die Geometrie lautete: in einem rechtwinkligen Dreieck ist der Flächeninhalt des Quadrates über der Hypothenuse c gleich der Summe der Quadrate über den Katheten a und b, was gleichbedeutend mit der Schreibweise $c^2 = a^2 + b^2$ ist. Vereinfacht bedeutet dies nichts anderes, als daß sich in rechtwinkligen Dreiecken die Summen der Quadrate gleichen (5 : 4 : 3). Doch schon im Jahre 440 v. Chr. fiel die

Akademie der »Pythagoreer« nach blutigen innenpolitischen Auseinandersetzungen einem Brandanschlag zum Opfer. Nach dem
Vorbild des Pythagoras gründete im Jahre 387 v. Chr. auch Platon
(427–347 v. Chr.) im antiken Athen eine Akademie. Diese bestand
indes länger als neun Jahrhunderte. Der Zweck dieses Lehrinstituts
sollte ebenfalls allein die »Wiedererinnerung« an die alte Zeit ermöglichen, in der noch Götter auf Erden herrschten.

Und was sagen die Ägyptologen?

Sie vertraten bislang die Ansicht, daß ihnen mathematische Schriften aus der Zeit der Giseh-Pyramiden nicht bekannt seien. Wir kennen allerdings den aus der Zeit von König Amenemhet III. (1861–
1853 v. Chr.) kopierten *Papyrus Rhind*, in dem die Berechnung des
Böschungswinkel einer ägyptischen Pyramide als »seqed« bezeichnet wird. Darüber hinaus beinhaltet der *Moskauer Papyrus* die Vo-
lumenberechnung eines quadratischen Pyramidenstumpfs, und der
Berliner Papyrus läßt es als wahrscheinlich annehmen, daß die alten

Ägypter zumindest beim gleich-
schenklig-rechtwinkligen Dreieck
die Flächenrelationen der zugehö-
rigen Quadrate kannten.

Obwohl die Ägypter auch bei den
Griechen als die Stammväter der
Geometrie angesehen wurden, ver-
treten die Ägyptologen die Ansicht,

Abb. 10: Papyrus Abusir.

daß erst die Griechen eine auf Beweisen basierende Geometrie entwickelten, was, wie wir sehen werden, Unsinn ist.

Herodot, der eigentlich einige Jahrtausende nach dem Bau der Großen Pyramide nichts mehr von ihren Relationen wissen sollte, notierte im II. Band, 124 seiner »Historien« eine von ihm wahrscheinlich gar nicht verstandene Merkwürdigkeit:

»Sie ist vierseitig und jede Seite acht Plethren breit und ebenso
hoch.«

Diese Notiz kann allein dahingehend interpretiert werden, daß jede
der vier Seitenflächen der Großen Pyramide so groß war wie ein
Quadrat mit der Pyramidenhöhe als Seite. Diese Anwendung läßt
sich überdies anhand der Königskammer studieren.

Viele Pyramidenforscher, die über den Zweck der fünf sogenann-

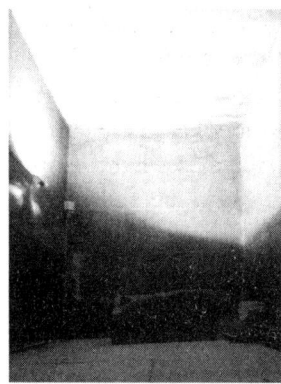

Abb. 11: Königskammer

ten »Entlastungskammern« über der Königskammer nachgedacht haben, glaubten immer, die Baumeister hätten sie nur deshalb eingebaut, um den Druck auf diese Kammer zu verringern. Das ist aber beispielsweise in der Kammer der Königin und in der Hauptkammer der Chephren-Pyramide, auf denen noch viel mehr Steinmassen lasten, ohne Entlastungskammern erreicht worden. So ist den Pyramidenforschern innerhalb der Königskammer in der Großen Pyramide bereits im 19. Jahrhundert aufgefallen, daß sich ihr Grundriß zwar in ganzzahligen Maßen angeben läßt, nicht aber ihre Höhe. Dr. Heribert Illig vertritt dazu die Ansicht:

»Auch wenn sich Ägyptologen, wie Professor Rainer Stadelmann darüber negieren, ist dieses krumme Maß weder Zufall noch die Schlamperei eines ägyptischen Baumeisters. Es war eine wohl überlegte Entscheidung des Architekten, der auch in einer geschlossenen Kammer absolut rechte Winkel erzielen wollte. Er wählte dafür ganzzahlig nicht die Höhe, sondern die Diagonale der Schmalseite mit 15 Ellen, wodurch ein gradzahliges Dreieck entstand, das präzise kontrollierbar ist und senkrechte Kanten garantierte.«

Deshalb muß auch der Zweck der Entlastungskammern einen logischen Sinn beinhalten! Mit dem bisher Dargestellten ist jedoch definitiv bestätigt, daß altägyptisches Wissen nicht bei simplen Streckenrelationen Halt machte, sondern Flächen durchaus ineinander umformen konnte. Hinter diesem Vergleich von Dreiecks- und Quadratsfläche steckt erneut der griechische Gelehrte Pythagoras mit seiner Aussage:

»Das Quadrat über der Höhe der Seitenfläche minus dem Quadrat über der halben Grundseite ist gleich dem Quadrat über der Pyramidenhöhe.«

Was war aber der tatsächliche Zweck der Königskammer?
Möglicherweise stellte sie ein Wunderwerk der Mathematik dar, wie es auch die Priester der Kopten berichten. Der Ägyptologe Edmè François Jomard erklärte jedenfalls bereits 1824:

»… die Königskammer und ihr Sarkophag sind nicht als Bestattungsort, sondern als Aufbewahrungsort für Meßinstrumente zu betrachten.«

Er hatte festgestellt, daß es ohne den damals vorherrschenden Touristenansturm in den Räumen der Großen Pyramide keine Schwankungen der Temperatur und Luftfeuchtigkeit gab. Deshalb kam er zu dem Entschluß, daß dieser Ort ideal wäre, um hier geeichte empfindliche Meßinstrumente aufzubewahren. Obwohl die Wissenschaftler auch 1964 immer noch nicht gewillt waren, von der Theorie, die Pyramiden seien Gräber gewesen, abzulassen, vertraten die Ägyptologen Dr. Virginia Trimble und Dr. Alexander Badaway zu-

Abb. 12: Richard William Howard Vyse. Seinem vorsätzlichem Betrug ist die falsche zeitliche Zuordnung der Pyramiden zu verdanken.

mindest die Ansicht, daß die sogenannten »Luftschächte« der Königskammer möglicherweise ursprünglich eine astronomische Funktion gehabt hätten, da sie um 1° auf den Polarstern ausgerichtet sind. Zweifellos muß die Ausrichtung der Schächte vorausbestimmt worden sein, und es gibt auch zu denken, daß die Temperatur in der Königskammer immer stabil bei 20 °C bleibt, ganz gleich, was außerhalb des Baues für ein Wetter herrscht.

Doch lange Zeit war das alte Wissen der Antike in Vergessenheit geraten. Nur deshalb ist 1977 die *Projektgruppe Plinius* gegründet worden. Vierzehn Altphilologen, Archäologen, Historiker, Natur- und Ingenieurwissenschaftler sind seitdem damit beschäftigt, die 37bändige »Historia Naturatis« von Plinius dem Älteren (23–79 n. Chr.), zum erstenmal korrekt zu übersetzen und so wirklich zu verstehen. Bislang hatten sich nämlich daran nur Philologen versucht, die nichts von Technik und Wissenschaft verstanden, oder Ingenieurwissenschaftler, die zu wenig Latein beherrschten. Nun aber wollte man einen Meilenstein für die Ursprungsforschung aufstellen.

Doch warum Plinius?

Weil uns gerade dieser römische Gelehrte das umfangreichste Kompendium antiken Wissens hinterlassen hat. Er forschte nicht, er überprüfte nicht, er sammelte nur und dies mit wahrer Besessenheit. Er zitiert völlig unkritisch nahezu 500 antike Autoren. Dabei berichtet er über Einhörner und beschreibt Pferde mit Flügeln. Als er um 79 n. Chr. im Schwefeldampf des Vesuv beim Untergang von Pompeji erstickte, versuchte er selbst im Aschenregen Notizen zu machen.

Bereits Mitte des 14. Jahrhunderts gewannen die Schriften antiker Autoren wie Plinius einen entscheidenden Einfluß auf die Geisteswelt der Gelehrten und bestimmten das Fundament unserer heutigen Lehrmeinung. Einige studierten indes die Schriften des Aristoteles (384–322 v. Chr.) und äußerten sich zu philosophischen Fragen – wie Giovanni Pico della Mirandola (1463–1494). Der italienische Philosoph Marsilio Ficino (1433–1499), der ein führender Leiter der Akademie der »Cosimo de'Medici« war, übersetzte bereits einige Jahre zuvor die alten Schriften von Pythagoras, Platon und Plotin (205–269 n. Chr.). Den Bereich der Wissenschaft prägte zu dieser Zeit das »Universalgenie« Leonardo da Vinci (1452–1519).

Das sogenannte »Genie« da Vinci begann seine Laufbahn im Jahre 1482 im Alter von 30 Jahren als Maler in Florenz. Es war weder der lateinischen noch der griechischen Sprache mächtig. Dann lernte da Vinci Marsilio Ficino kennen, der ihn mit alten unzugänglichen Schriften vertraut machte. Urplötzlich konnte Leonardo da Vinci eine ziemlich flugtüchtige Flugmaschine auf dem Reißbrett konstruieren. Es existieren in den umfangreichen Notizbüchern da Vincis, die größtenteils in seiner berühmten Spiegelschrift verfaßt wurden, sogar Skizzen für einen mit Muskelkraft betriebenen Hubschrauber. Auch die Entdeckung von U-Booten und Taucherglokken wird dem Universalgenie zugeschrieben.

Obwohl Leonardo da Vinci sich durch das praktische Sezieren von Leichnamen auch eine Menge an Kenntnissen über die menschliche Anatomie aneignen konnte, gelang es ihm zu keiner Zeit, seine technischen Apparaturen auch tatsächlich zu bauen oder gar zu erproben.

Warum gelang es Leonardo da Vinci aber nicht, seine Erfindungen auch in die Praxis umzusetzen?

Vielleicht deshalb, weil das sogenannte Genie gar nicht der geistige Urheber dieser technischen Ideen war, sondern lediglich ältere Ideen aus der Bibliothek der Cosimo de'Medici unverstanden kopiert hatte. Nachdem weitere ausgewählte Personen einen Zugang auf diese Übersetzungen und somit in die neue Bibliothek erhielten,

spalteten sich die Cosimo de'Medici und begründeten darauf gegen Ende des 15. Jahrhunderts die »Academica Platonica« in Florenz, die nach dem Vorbild der Akademie Platons aufgebaut war. Fortan gingen die Beobachtungen und Messungen der natürlichen Umwelt in Riesenschritten voran. Man erfand wie aus dem Nichts 1609 das Fernrohr, 1618 das Mikroskop, 1622 den Rechenschieber, 1641 das Thermometer und 1644 das Barometer. Die vielleicht dramatischsten Resultate wurden erzielt, als die Gelehrten mittels Teleskopen Himmelsbeobachtungen anzustellen begannen. Bereits im Jahre 1610 veröffentlichte Galileo Galilei (1564–1642), der damals Professor an der Universität von Padua war, seine Beobachtungen des Mondes und der Planeten, aus denen er die unvermeidliche Schlußfolgerungen zog, daß sie sich wie auch die Erde um die Sonne drehen. Obwohl der dänische Astronom Tycho de Brahe (1546–1601) bereits vor Galilei die Kreisbahnbeobachtungen der Planeten auch ohne Teleskop tätigte, wurde die Theorie Galileis vom Papst formell verurteilt, so daß die Schriften des Gelehrten verboten wurden. Ein Zeitgenosse Galileis, Giordano Bruno (1548–1600), war sogar neun Jahre zuvor auf dem Scheiterhaufen gelandet, weil er behauptet hatte, daß das menschliche Leben auf der Erde nicht einzigartig sei, sondern es im Universum viele erdähnliche Planeten gebe, auf denen vernunftbegabte Lebewesen existieren würden. *Erklärt sich all dies möglicherweise nur mit dem neu errungenen Zugang zu der Weisheit der Alten?*
Tatsächlich gab es fortan Verbindungen nach Frankreich, England und Deutschland, um das alte Wissen der ersten Zeit zu ergründen. Es ging um die Zeit, zu der der Mensch den Göttern am nächsten stand, und die in der antiken Literatur als »Goldenes Zeitalter« bezeichnet wird. Nur der militanten Energie des Islam ist es überhaupt zu verdanken, daß dieses Wissen im 8. Jahrhundert über die Eroberung Spaniens nach Europa gelangte. Als die Spanier im 15. Jahrhundert ihrerseits über die Eroberer die Oberhand gewannen, versuchte sich die spanische Inquisition von all den fremden Elementen (Judentum/Islam) zu befreien. Trotzdem wurde die Epoche von esoterisch vorbelasteten Königen beherrscht, die nach Altüberliefertem wie dem Paradies und seinem Jungbrunnen suchen ließen. Der spanische Abenteurer und Offizier Ponce de León, der im Jahre 1511 in der »Neuen Welt« (Amerika) zum Gouverneur

von Hispaniola (Haiti) und Puerto Rico aufsteigen konnte, war an diesen Nachforschungen erheblich beteiligt.

Bei einem Verhör gefangener Eingeborener hatte de León von einer Quelle gehört, der man nachsagte, daß »… wenn ein altersgebeugter Bürger von ihr getrunken habe, ward ihm seine Manneskraft zurückgegeben«. Für Ponce de León war das ein schlüssiger Beweis für die Existenz des biblischen Jungbrunnens. Denn am spanischen Hof und in ganz Europa hingen zahlreiche Bilder der bedeutendsten Maler, die bei allen Darstellungen von Liebesszenen und sexuellen Allegorien immer einen Brunnen mit Zauberwasser zeigten.

Als König Ferdinand von Spanien von dem Gouverneur über diese neuen Gerüchte benachrichtigt wurde, übermittelte er am 23. Februar 1512 Ponce de León einen Freibrief für eine Expedition, die vorerst zum nördlichen Teil von Hispaniola führte. Offiziell wurde selbst der königlichen Admiralität als Hintergrund für die Expedition die Suche nach Edelmetallen angegeben. 1513 gab Ponce de León wieder auf, weil, wie er sagt: »… kein einziges Quellwasser Wunder wirkte.« Doch trotz des Mißerfolges der Expedition schrieb der Geistliche Petrus Martyr noch ein Jahr nach der fruchtlosen Mission von Ponce de León am 17. Juni 1514 an Papst Leo X. folgende Nachricht:

»… 325 Meilen von Hispaniola entfernt soll es im Norden die Insel Boyuca geben, die einen außergewöhnlichen Brunnen besitzt, dessen Wasser die Alten verjüngt. Möge Eure Heiligkeit nicht denken, dies sei leichthin oder unüberlegt gesagt; denn das Wort davon hat sich als Wahrheit am ganzen Hofe verbreitet, so daß alle Leute, die sich vom gemeinen Volk unterscheiden, es für wahr halten.«

Während in der Neuen Welt der Jungbrunnen gesucht wurde, spaltete sich indes in Europa das Christentum. Menschen wie Martin Luther (1483–1546), der Professor der Theologie an der deutschen Universität Wittenberg in Sachsen war, kritisierten die christliche Obrigkeit. Im Jahre 1517 veröffentlichte er unter anderem eine Schrift, in der er den Ablaßhandel verurteilte. Der Disput eskalierte rasch, und Luther wurde bald zum führenden Theologen einer unabhängigen protestantischen Kirche mit Anhängern in ganz Nordeuropa. Selbst Spanien, Portugal und Italien, die rein katholisch blieben, bekamen die Auswirkungen des Protestantismus zu spüren. Gleichzeitig führten andere protestantische Reformatoren, vor allem Ulrich Zwingli von Zürich aus in der Schweiz, und Jean Calvin von Genf aus im südwestlichen Deutschland, eine neue, eigenständige Glaubenslehre ein, die später unter dem Schutz der weltlichen Obrigkeit stand und vom Papst unabhängig war. Später schlossen sich viele Christen in Frankreich, Polen und den Ländern der Habsburger den Lehren Calvins an. Die Niederlande, Schottland sowie mehrere deutsche Staaten führten sogar den »Calvinismus« als offizielle Religion ein. Trotzdem weigerte sich der Vatikan in Rom noch vierzig Jahre lang standhaft, die Kritik der Reformatoren in irgend einer Form zur Kenntnis zu nehmen. Erst nach zwei mißlungenen Anläufen legten die römisch-katholischen Bischöfe und Theologen zwischen 1562–1563 genau fest, woran ein Mitglied der Kirche zu glauben und wie es sich zu verhalten habe. Ein allgemeines Konzil (1545–1563) in der kleinen Stadt Trient am Südrand der Alpen verabschiedete eine Reihe von Dekreten, die wesentlich zu einer Erneuerung des Katholizismus beitrugen. Der Vatikan richtete mit einer neuen Inquisitionsbehörde in Rom und einem Index verbotener Bücher eine effiziente Überwachungshierarchie ein, um sicherzustellen, daß Klerus und Laien die neuen Regeln der Rechtgläubigkeit so befolgten, wie es von ihnen erwartet wurde. Die Kirche unterdrückte danach auch viele neue wissenschaftliche Erkenntnisse, weil sie glaubte, sie könnten den Glauben an Gott erschüttern. Auch mit der Suche nach dem phantastisch anmutenden Jungbrunnen war Schluß. Daran hat sich bis heute nichts geändert. Wegen der Machenschaften der Obrigkeit hat es danach 1.800 Jahre gedauert, bis Nikolaus Kopernikus (1473–1543) zum zweitenmal das entdeckte, was schon Aristarch von Samos 2.300 Jahre zuvor bereits gewußt hatte: nämlich, daß die Erde sich um die Sonne dreht. Und 5.000 Jahre dauerte es, bis die ältesten Kenntnisse der Chinesen ihren Weg nach Europa fanden.

Ist aber wirklich alles, was frühere Generationen wußten, tatsächlich irgendwann bei uns angekommen?

Gruppierungen, die einen Zugang zu diesem alten Wissen der ersten Zeit hatten, operierten im Geheimen und waren schon damals aktiv. Auch der preußische Domherr Kopernikus hatte, als er im italienischen Padua studierte, den florentinischen ficinischen Neuplatonismus wie die pythagoreischen Schriften kennengelernt, und aus all dem zog sich bei ihm die Formel der alten Baumeister nach. Wie Leonardo da Vinci war auch Nikolaus Kopernikus nicht der Urheber seiner für die damalige Zeit neu aufgestellten Theorien. Er besaß lediglich den Mut, die neu errungenen Einblicke in das alte Wissen zu veröffentlichen. Denn 438 n. Chr. hatte der griechische Philosoph Proklos (410–485 n. Chr.) bereits in seinen Kommentaren zu Platons Werk »Timaios« folgende Erkenntnis veröffentlicht: »In jeder der Planetensphären gibt es unsichtbare Sterne, die zusammen mit ihren Sphären rotieren.«

Somit war die Wissenschaft des Kopernikus von 1543 erwiesenermaßen eine Wiederholung der alten Wissenschaft. Am Ende von Buch IV., II–307 seines Timaios-Kommentars äußert Proklos: »Aber es ist pythagoreisch, sich an die orphischen Stammbäume zu halten. Denn das Wissen über die Götter gelangte erst durch Pythagoras aus der orphischen Überlieferung zu den Griechen.«

Was aber war die orphische Überlieferung?

Die »Orphik« ist eine schon im 6. vorchristlichen Jahrhundert nachweisbare Geheimlehre, die vor allem in Süditalien und in der antiken Stadt Attika gepflegt wurde und bis heute überdauert hat. Der aus der Verbindung zwischen dem Gott Öagros und der Menschentochter Kalliope hervorgegangene Halbgott Orpheus hatte der griechischen Mythologie zufolge die heiligen Schriften dieser Lehre während seines Aufenthaltes in der Unterwelt von dem Gott Hades erhalten. Doch nicht Hades, sondern Apollon selbst soll die Schriften verfaßt haben, bevor sie zusammen mit einem Saiteninstrument Orpheus geschenkt wurden. Apollon wird von den Griechen wiederum mit der ägyptischen Gottheit Horus identifiziert, so daß auch der Ursprung dieser Weisheiten auf die alten Ägypter zurückgeht. Wie die alten Ägypter glaubten auch die »Orphiker« an eine Belohnung sowie eine Bestrafung nach dem Tode. Die Bestrafung lag für einen Orphiker darin, daß er nach seinem Aufenthalt in der Unterwelt für die dort befindlichen Götter, wie die irdischen Sklaven der Königshäuser auch, arbeiten mußte.

Besteht diese Tradition vielleicht heute noch fort?

Im April 1997 rief mich Dr. Florian Huber an, der gerade dabei war, die fünfte *Orda et Mensura*, einen internationalen Metrelogen-Kongreß, in München zu organisieren. Er unterrichtete mich darüber, daß meine These über »Das Sternentor der Pyramiden«

gelesen habe, und ob ich nicht daran interessiert wäre, an dem
5. Kongreß aktiv teilzunehmen. Der Tagungsort war mit dem Deutschen Museum in München gut ausgewählt.

Für diese Veranstaltung war des weiteren die Teilnahme hochdekorierter Professoren unserer Lehrmeinung vorgesehen, die extra
aus Deutschland, den USA, aus Großbritannien, Spanien und Österreich anreisten. Für mich war es eine große Ehre in einem solch
erlesenen Kreis mit einem Vortrag teilnehmen zu dürfen. Der Kongreß, bei dem ich mit mehreren Vertretern unserer Lehrmeinung
interessante Gespräche führen konnte, fand vom 4. bis 7. September 1997 statt. Doch gleich am ersten Tag überraschte mich der amerikanische Assyriologe Professor Marvin A. Powell von der
Nothern Illinois Universität mit der Aussage, daß von den bisher
entdeckten 500.000 Keilschrifttafeln lediglich 20 Prozent veröffentlicht seien. Das bedeutet, daß weitere 80 Prozent zwar übersetzt
sind, aber der Öffentlichkeit vorenthalten werden. Weil Professor
Powell nicht wußte, daß ich kein Lehrmeinungsvertreter im herkömmlichen Sinn bin, gab er auch unbekümmert seine Begründung
bekannt, warum die Texte der Öffentlichkeit vorenthalten werden:
»Die Keilschrifttafeln enthalten eine unzählige Anzahl von Informationen über Astronomie, fremde Planetensysteme, Sternenbesucher und Angaben über die Entstehungsgeschichte des Menschen,
die unser Weltbild auf den Kopf stellen würden. Mit der Bekanntgabe dieser Informationen würden wir nur Futter für die ›Däniken-Jünger‹ geben …«

Nachdem ich mit anderen Kongreßteilnehmern diverse Diskussionen geführt hatte, stellte ich schnell fest, daß hier eine eingeschworene Kaste am Werk war. Auch unter den Kongreßbesuchern befand sich eine große Anzahl von Mitgliedern von Bruderschaften
der Orphiker und Freimaurer, die ihre alten Traditionen anscheinend heute noch pflegen.

Die freimaurerische Tradition steht der »Naometria« des Württembergers Simon Studion von 1592 nahe, die ebenfalls ein mystisches
Rechnen, eine Tempelmeßkunst des neuen Jerusalem und ein Ahn
des mythischen Grundes alter mathematischer Kunst gewesen ist.
Es war die der astronomischen Geometrie, die den Baustil der Renaissance erheblich beeinflußte und in der italienischen Metropole
Florenz in vollen Zügen heute noch bewundert werden kann. Das

Ganze wird noch interessanter, wenn man weiß, daß selbst die Existenz der Neuen Welt den in der Metropole Florenz aufgekommenen Bruderschaften vermutlich lange Zeit vor der Entdeckungsreise des Christoph Kolumbus bekannt gewesen sein dürfte.

War die Entdeckung von Amerika somit doch kein Zufall?

In der Franchthi-Höhle in Süd-Griechenland haben Archäologen in aufeinanderfolgenden Grabungsschichten vom 11. Jahrtausend v. Chr. beginnend immer wieder »Obsidian« gefunden. Obsidian ist ein vulkanisch entstandenes Glas, das in prähistorischer Zeit sehr gefragt war. Neueste Laboranalysen bestätigten jetzt, daß der Obsidian aus der Franchthi-Höhle von der 160 Kilometer entfernten Insel Melos stammt. Dieser erstmals nachweisbare Seehandel unserer Vorfahren muß sich über die nächsten Jahrtausende fortgesetzt und ausgeweitet haben, denn Obsidian aus Melos findet sich nicht nur immer wieder an den verschiedensten Fundorten Süd- und Nord-Griechenlands, sondern auch in Ägypten.

Doch die ersten Entdeckungsfahrten der Antike, die uns schriftlich überliefert sind, gingen von Ägypten aus. Sie dienten ebenfalls dem Handel und der Beschaffung von Rohstoffen. Schon vor über 7.000 Jahren fuhren ägyptische Schiffe über das Mittelmeer, um Holz zu beschaffen. In Ägypten gab es keine Wälder, aber Holz brauchte man beispielsweise zum Bauen. Ob die alten Ägypter dabei sogar den Mittelmeerraum verlassen haben und somit weit vor den Europäern um die Welt segelten, bereitet unseren Gelehrten noch immer Kopfzerbrechen.

Im Juli 1997 entdeckten Archäologen der Berkeley Universität New York 4.500 Jahre alte Gräber in Ägypten, die ebenfalls für eine erhebliche Unruhe innerhalb der Fachwelt sorgten. Nach Auffassung der Forscher handelt es sich bei den Gräbern um die letzten Ruhestätten von Arbeitern, die gelegentlich auch auf Wandmalereien dargestellt wurden. Wie Untersuchungen der Skelettreste zeigten, war jemandem zu Lebzeiten ein Bein amputiert worden; er überlebte diesen chirurgischen Eingriff um sage und schreibe 14 Jahre! Aufgrund der Knochenanalysen konnte des weiteren gezeigt werden, daß einer der sechs Beerdigten an Gehirnerschütterung und ein anderer an Syphilis gestorben war. Das Seltsame an dem an der Geschlechtskrankheit Verstorbenen ist, daß diese Krankheit in der »Alten Welt« völlig unbekannt war und deshalb nicht auftrat. Erst Chri-

Abb. 13: Altägyptische Arbeiter.

stoph Kolumbus sowie andere europäische Seefahrer hatten sie aus Amerika eingeschleppt.

Waren die alten Ägypter somit bereits vor Kolumbus in Amerika?
Die bulgarische Pathologin Dr. Irina Balbovana entdeckte vor einigen Jahren bei ihren Untersuchungen an ägyptischen Mumien Spuren von Kokain und Nikotin, die wie die Syphilis ebenfalls nur in Amerika heimisch waren. Die internationale Ägyptologen-Gilde begegnete diesen Ergebnissen der Wissenschaftlerin seltsamerweise nur mit Hohn und Spott. Frau Dr. Balbovana berichtet:
»Für meine Entdeckung bekam ich von den Ägyptologen keinen Dank, sondern richtig beleidigende Briefe, weil die Untersuchungsergebnisse meiner Arbeit veröffentlicht wurden.«
Eine historische Tatsache ist es aber nun einmal, daß, bevor Christoph Kolumbus am 14.10.1492 Amerika »entdeckte«, zu seiner Orientierung auf hoher See mindestens zwanzig Jahre vorher angefertigte Seekarten existierten, die der italienische Gelehrte Paolo Dai Pozzo Tocanelli von älteren Vorlagen abgezeichnet hatte. Toscanellis Briefe aus dem Jahre 1472 an Kolumbus sind bis heute erhalten geblieben und geben uns somit ein lebendiges Bild von der lebhaften Diskussion der Fachleute:
»Dem Christoph Columbus entbietet der Naturforscher Paolo seinen Gruß! Ich nahm Kenntnis von Deinem wundervollen und großartigen Begehr, eine Fahrt dorthin, wo die Gewürze wachsen, zu unternehmen. Als Antwort auf Deinen Brief sende ich Dir eine Abschrift eines anderen Briefes, den ich einst vor dem kastilischen Krieg

an einen Vertrauten des Königs von Portugal geschrieben habe, in Beantwortung des Schreibens, das er auf Veranlassung Seiner Majestät an mich gerichtet hatte. Auch schicke ich Dir eine gleiche Seekarte, wie ich sie ihm zugeleitet habe. Hiermit dürfte Deine Bitte erfüllt sein.«

Auch das Antwortschreiben von Kolumbus an Toscanelli bestätigt den Erhalt einer derartigen Seekarte, in der die amerikanischen Kontinente bereits verzeichnet waren. Analysen in bezug auf bestimmte Vereisungsgebiete der Erde bescheinigen der Seekarte ein Entstehungsdatum um 8.900 v. Chr.! Darüber hinaus wird von antiken Artefakten sowie der Kugelform unseres Planeten berichtet:

»Deinen Brief und die mir zugesandten Gegenstände habe ich empfangen und große Genugtuung darüber empfunden. Ich habe Kenntnis genommen von Deinem hochherzigen und großartigen Plan, auf dem Wege nach Westen, den Dir die gesandte Karte anzeigt, zu den Ländern des Ostens zu segeln. Besser hätte er sich mit Hilfe einer runden Kugel klarmachen lassen. Es freut mich, daß Du mich richtig verstanden hast. Der genannte Weg ist nicht nur möglich, sondern wahr und sicher.«

Und seit wann kannte man den Seeweg nach Amerika?

Im dritten Jahrtausend v. Chr. dürfte es den ersten Japanern bereits gelungen sein, das amerikanische Festland weit vor Kolumbus und den Wikingern betreten zu haben. In Ecuador legten Archäologen in der Nähe von Valdivia eine Siedlung frei, die Keramik aus der japanischen Jomon-Kultur enthielt. Es ist daher zu vermuten, daß diese uralte Siedlung japanischen Fischern ihre Entstehung verdankt, die nach der Ansicht unserer Gelehrten von zufälligen Meeresströmungen an die amerikanische Westküste getrieben wurden. Das sehe ich anders! Meiner Ansicht nach bestanden schon sehr früh internationale Handelsbeziehungen.

Die Ägypter führten bereits vor 5.000 Jahren eine nachweisliche Expedition zu dem geheimnisvollen Land Punt durch, dessen Lage bis heute noch immer nicht lokalisiert werden konnte. Außer, daß Punt als das Land der Götter angesehen wurde, holten sich die alten Ägypter von dort Weihrauch und Gold. Inwieweit die altägyptischen Seefahrer dabei die Welt umsegelten, ist unter den Ägyptologen heute noch umstritten. Durch Zufall brachte die Schminkdose im Grab einer Prinzessin, die etwa um 2.300 v. Chr. gestorben war, erste Anhaltspunkte über die Lage von Punt. Die Dose enthielt noch Schminke, in der ein Stoff war, den es damals in Ägypten nicht gab – nämlich Antimon. Dieses seltene graue Metall holten

Händler tief aus dem Süden Afrikas vom Fluß Samesi im heutigen Staat Simbabwe. Man konnte sich zunächst kaum vorstellen, daß die Ägypter schon zu dieser Zeit soweit im Süden waren. Doch eine Grabinschrift bewies es dann: Ein Seemann namens Knemhotep soll sogar elfmal in Punt gewesen sein. Immer ist er wohlbehalten nach Hause zurückgekehrt.

Abb. 14: Hochseetaugliche altägyptische Handelsschiffe.

Auch König Nechao II. (610–595 v. Chr.) beauftragte um 600 v. Chr. seinen Admiral nachweislich mit der erneuten Umseglung Afrikas. Dieser Pharao glaubte, daß Afrika bis auf einen kleinen Teil im Nordosten ganz von Wasser umgeben sei. Deshalb gab er seinem Kapitän den Befehl zu erforschen, ob diese Vermutung richtig sei. Nechao II. ordnete an, daß die Expeditions-Schiffe vom Roten Meer aus immer entlang der Küste nach Süden fahren sollten. Nach der Umrundung Afrikas würden sie dann durch das Mittelmeer wieder nach Ägypten zurückkehren. Dies ist der erste historisch belegte Beweis, daß die Ägypter 2.300 Jahre vor den Europäern bereits Afrika umsegelten.

Hatte der König diese Weisheit vielleicht aus altägyptischen Chroniken geschöpft?

Die bisherigen Erkenntnisse lassen durchaus den Schluß zu, daß die alten Ägypter bereits vor Jahrtausenden selbst Amerika bereist haben könnten. Einem Zeitungsbericht der amerikanischen *Phoenix Gazette* zufolge, soll vor neunzig Jahren im Grand Canyon tatsächlich das uralte Grab eines Ägypters gefunden worden sein. In der Titelstory der Zeitungsausgabe vom 5. April 1909 wird der Entdecker dieser Grabstätte als Professor S. A. Jordan von dem bekannten *Archäologischen Smithsonian Institut* vorgestellt. Doch

Anfragen über die Richtigkeit dieser Entdeckung, die im September 1998 von meinem amerikanischen Kollegen David Hatcher Childress gestellt wurden, wollte die Pressesprecherin des Instituts nicht bestätigen. Allerdings beinhalten auch die Loltun-Höhlen in den Púuc-Hügeln von Mittel-Yucatan bemerkenswerte Zeugnisse, die eine altägyptische Verbindung erkennen lassen. Das Wort »Loltun« bedeutet »Blume im Stein« und gleicht in seiner Schreibform der ägyptischen Hieroglyphe für »Stadt«. Der amerikanische Archäologe Dr. Manson Valentin berichtet:

»Nahe verwandt ist es mit dem bedeutungsvollen und verbreitetsten aller Symbole, dem Kreuz im Kreis. Auch mit ihm kann ›Loltun‹ verglichen werden, wenn man die rundum führenden Durchgänge in Betracht zieht, die sozusagen die Speichen eines Rades verbinden.«

Demnach soll es sich bei dieser Entdeckung um eine labyrinthähnliche Bauanlage handeln, die nach der Ansicht von Dr. Valentin allerdings nicht von den Maya stammt:

»In den erstaunlichen Räumen finden sich Beweise in Fülle, daß die vielen seltsamen Bildwerke, bearbeiteten Naturformationen und in Stein gehauenen Zeichen nicht von Mayas geschaffen wurden, sondern von einer älteren Rasse.«

Einige ungewöhnliche Funde von Dr. Valentin sind kolossale Statuen, die augenscheinlich in einem sehr frühen Zeitalter aus den Stalagmiten und Stalaktiten (Tropfsteinsäulen) der Höhlen herausgehauen worden waren. Deutliche Wasserstandzeichen in den Höhlen und an diesen Bildwerken zeigen, daß der ganze Komplex, der heute mehr als 100 Meter über dem Meeresspiegel liegt, sich eine gewisse Zeit lang unter Wasser befunden haben muß, und zwar *nachdem* die seltsamen Steinfiguren geschaffen wurden. Diese Erkenntnis bestätigt wiederum das urzeitliche Alter der Seekarten, die im 15. Jahrhundert Christoph Kolumbus zur Verfügung gestanden haben.

Stammten sie vielleicht aus den Bibliotheken der alten Ägypter?
Der australische Archäologe Dr. Rex Gilroy vom *Mount York Natural History Museum* von New South Wales sagte in einem Interview:

»Australien scheint auf den ersten Blick über keine großartige kulturelle Vergangenheit zu verfügen. Es existieren keine antiken Tempel, keine schriftlichen Aufzeichnungen, keine auf eine irgendwie geartete Technik zurückzuführenden Artefakte.«

Doch dieser erste Eindruck des Archäologen täuscht! Auch die Ureinwohner Australiens, die Aborigenes, wissen von einer längst vergangenen australischen Epoche zu berichten, die sie »Traumzeit« nennen. Während dieser Zeit lebten bei den Ureinwohnern mächtige menschenähnliche Wesen, die nach dem Glauben der Aborigenes von den Sternen kamen.

Könnte es sich möglicherweise um einen altägyptischen Kontakt gehandelt haben?

In Australien existiert eine große Anzahl pyramidenförmiger Bauwerke und künstlicher Aufschüttungen, die auf diese urzeitlichen Kulturbringer zurückgehen soll. Seit 1866 gruben australische Farmer und Siedler während ihrer Feldbestellungen tatsächlich immer wieder Artefakte aus, die unbestreitbar aus dem Vorderen Orient stammen mußten. So ordnete man viele der Gegenstände Palästina, Phönizien und vor allem dem alten Ägypten zu. Unsere Archäologen hielten sich allerdings lange Zeit im Hintergrund insofern, als

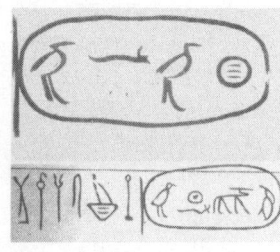

Abb. 15: Ägyptische Chufu-Kartuschen fand man auch in Australien.

sie die Fundstücke nicht kartographieren wollten. Aber auch 100 Jahre später fanden sich die seltsamen Funde immer noch. Am 17. Mai 1966 entdeckte der Farmer Dal Berry bei Feldarbeiten eine grob geformte Statue, die sich heute im südaustralischen *Gympie-Museum für Heimatgeschichte* in einem Glaskasten befindet. Es ist die Darstellung eines Affen. Außer im Zoo existieren in Australien aber keine Affen! An der linken unteren Seite der Skulptur ist eine – allerdings schon etwas abgescheuerte – Gravur angebracht, die an die Hieroglyphe für das Hieroglyphenzeichen »hez-ur« erinnert. Das ist das Zeichen des »Weißen Affen« und symbolisiert womöglich Thot, den ägyptischen Gott der Gelehrsamkeit.

Waren die Pharaonen somit nachweislich in Australien?

Es existieren mittlerweile tatsächlich genügend Hinweise, die uns den Aufenthalt der Pharaonen im alten Australien bestätigen. Beispielsweise wurde in einer Kupfermine von Mareeba eine Statue der ägyptischen Gottheit Aton ausgegraben, die jemand bereits vor 3.500 Jahren hier angebetet hatte. Nördlich von Cooktown wurden die Abbilder eines Streitwagens sowie Darstellungen von geflügelten Sonnenscheiben entdeckt. Im Jahre 1912 hatten Arbeiter in der Nähe von Gordenvale einen Monolithen gefunden, auf dem ein altägyptisches Kriegsschiff abgebildet ist. Der australische Forscher und Filmemacher Paul Whilte, entdeckte überdies 1994 nordöstlich von New South Wales ebenfalls Hieroglyphen, die ägyptischer Herkunft sind. Selbst eine Königskartusche des König Cheops konnte nachgewiesen werden, der vor 4.500 Jahren über Ägypten herrschte.

Somit muß die Weisheitstradition unserer Spezies sich in einem wesentlich früheren Stadium entwickelt und ausgeprägt haben, als es die offizielle Lehrmeinung wahrhaben will. Inzwischen gelangten auch Wissenschaftler unserer Lehrmeinung, wie der Anthropologe Dr. Donald Johanson, zu dem Schluß, daß Länder wie Australien bereits vor 60.000 Jahren durch ein modern anmutendes Volk besiedelt wurden, das schon zu dieser Zeit eine ausgeklügelte Seefahrt betrieben hatte.

Welches aus Jägern und Sammlern bestehende Volk sollte jedoch vor 60.000 Jahren zu derartigen technischen Leistungen fähig gewesen sein?

Kapitel 2

DAS ERSTE ZEITALTER

Als der jüdische Rabbi Benjamin ben Jonah aus Navarra, im 12. Jahrhundert Ägypten besuchte und später die Pyramiden von Giseh erreichte, schrieb er in sein Tagebuch:
»Die Pyramiden, die hier zu sehen sind, wurden mit Hilfe von Zauberei errichtet.«
Nur weil der Schleier des Aberglaubens mit dem Eroberungsfeldzug der Araber seit Mitte des 7. Jahrhunderts in den Köpfen der damaligen Bevölkerung seinen Platz eingenommen hatte, versuchte man das bereits errungene und wieder vergessene alte Wissen der Antike durch Wunder zu erklären. Beim Volk hielten sich die dauerhaften Vorstellungen, daß in allen ägyptischen Bauwerken Gespenster ihr Unwesen trieben, die speziell Frevler und Grabschänder straften, über Jahrhunderte lang. Nach Meinung der Araber wachte ab Sonnenuntergang eine nackte Frau mit gewaltigen Zähnen über die Bauruinen und lockte junge Männer in ihre Gewalt, um sie dann mit Wahnsinn zu schlagen. Der schlimme Ruf der ägyptischen Bauwerke verbreitete sich rasant in alle Landen bis nach Europa. Denn auch als der britische Forscher Sir John Mandeville im 14. Jahrhundert Ägypten besuchte, beklagte er, daß ihm der Mut fehle, eine ägyptische Pyramide zu betreten. Deshalb war es lange Zeit nicht möglich, einen wissenschaftlichen Zugang zu den kulturellen Errungenschaften der alten Pharaonen zu bekommen. Erst vor etwa 200 Jahren, mit der Begründung der Ägyptologie, entwickelte sich durch speziell ausgebildete Gelehrte eine nüchterne Einschätzung der Kulturform und Bauanlagen Ägyptens. Heute kann man diesen Wissenschaftszweig sogar an den Universitäten studieren, obwohl alle Dozenten mit ihrem konservativen Lehrstoff die geschlossene Ansicht vertreten, daß es im Land der Pharaonen nichts Dramatisches mehr zu entdecken gebe. Es gab oder gibt unter den neuzeitlichen Gelehrten aber auch Querdenker wie den großartigen britischen Ägyptologen Professor Allan H. Gardiner (1879–1963), der bezüglich der Ägyptenforschung die folgende Ansicht vertrat:

»Was von den heutigen Ägyptologen stolz als ägyptische Geschichte
ausgegeben wird, ist in den meisten Fällen nicht viel mehr als eine
Sammlung von Bruchstücken und Fetzen, die keinen überzeugen-
den Sinn ergeben.«
Wenn wir auf das allererste Zeitalter der bereits zivilisierten Ägypter als Ganzes zurückblicken, erweist es sich in Wirklichkeit nämlich so, daß weder unsere Ägyptologen im besonderen noch die
Archäologen im allgemeinen in der Lage sind, mit Bestimmtheit zu
sagen, wann es begann und wie lange es tatsächlich gedauert hat.
Dank unserer modernen Technologie, beispielsweise in Form von
Untersuchungen mittels Satellitenaufklärungstechnik, ist es uns heute jedoch möglich geworden, gewisse geschichtliche Vorgänge ver-
nünftig zu rekonstruieren. So können wir ziemlich genau erklären,
daß in sehr weit zurückliegender Zeit, möglicherweise vor 50 Millionen Jahren, die Landgebiete, die das heutige Ägypten bilden, sich
noch unter dem Meeresspiegel befanden. Umwälzungen von un-
vorstellbaren Ausmaßen gestalteten das damalige Bild der Erde und
führten zu den heute bekannten Bodenformationen. Während dieser als »Kreidezeit« bezeichneten Epoche lagerten sich in Nubien
(Äthiopien) der Sandstein und über ihm die ältesten Kalkstein- und
Lehmschichten ab. Nach einer gewaltigen Zeitspanne tauchte das
Land wieder auf, um später noch einmal von Norden her vom Meer
überspült zu werden. Dieser sich über riesige Zeiträume erstrek-
kende erdgeschichtliche Vorgang leitete zu einer Entwicklungsstu-
fe von sehr langer Dauer über, in der sich der äozenische Kalkstein
absetzte, der nach den in ihm eingeschlossenen fossilen Meerestier-
chen von unseren Geologen »Nummulitenkalkstein« genannt wird.
Darauf folgte eine Periode, in der sich die Senke des Roten Meeres
bildete und durch Faltungen auf beiden Seiten die Gebirgszüge der
Sinai-Halbinsel und der östlichen Wüste entstanden. Erst später
begann im Ausgang des Miozäns der heutige Nil sich sein Tal tief
in den vorhandenen alluvialen Grund zu graben.
Wo sich das heutige Delta-Gebiet in Form eines Fächers ausdehnt,
reichte zur damaligen Zeit noch ein Golf des Mittelmeeres bis weit
in das Landesinnere. Gegen Ende des Pliozäns setzte dann eine gewaltige Höhenverschiebung ein. Ihr ging eine fast vollständige Auf-
füllung des Nilbettes mit Sand und Kies voraus, die von den Ne-
benflüssen herangetragen und von den seitlichen Höhenzügen her-

untergewaschen wurden. In diese Ausschwemmungen fing nun der Nil sein endgültiges Bett zu graben an. Dieser allmähliche Prozeß läßt sich heute an den treppenartigen Kiesterrassen ablesen.

Wo aber blieb der Mensch, der aus diesen geologischen Schichten später die ägyptischen Pyramiden baute?

Die Vielzahl der ägyptischen Königslisten beginnt das erste Zeitalter des zivilisierten Menschen vor 23.000 Jahren mit einer oder mehreren zwergenhaften Göttergestalten, die sich »Ptah« nannten. Wie aus verschiedenen Überlieferungen und Entdeckungen von Plastiken hervorgeht, hatten die »Ptah-Gestalten« einen überdimensionalen Schädel, wobei die Körpergröße vermutlich nicht über 140 Zentimeter betragen haben dürfte. Diese Überlieferungen sind deshalb interessant, weil nach den neuesten Untersuchungergebnissen des französischen Genetikers Dr. Jomard Lucotte auch die Körpergröße des »Ur-Adam« nur 140 Zentimeter betrug. Im Gegensatz zu den ägyptischen Ptah-Gestalten hat der Wissenschaftler mit seinen Experimenten allerdings nachgewiesen, daß der genetisch ermittelte »Ur-Adam« bereits vor 200.000 Jahren Afrika besiedelte und mit den afrikanischen Pygmäen vom Aka-Stamm verwandt ist. Diese Untersuchungsergebnisse wurden überdies von der Yale Universität Chicago und von der Harvard Universität Boston bestätigt.

Abb. 16: Entdeckung aus dem Jahr 1820 von Belzoni: früheste ägyptische Gottheit mit Helm und Atemgerät.

Doch was passierte vor 200.000 Jahren wirklich?

Mit dem Aufkommen der modernen Wissenschaft, die sich in Wirklichkeit neben der Religion entwickelte, ist im Laufe der Jahrhunderte auch eine vorgefaßte Lehrmeinung entstanden, die unser heutiges Weltbild und unsere Gesellschaftsordnung bestimmt. Nur durch unsere Erziehung und Tradition ist unser Geschichtsbild deshalb stets von dem evolutionären Gedanken des Fortschritts geprägt. Wir haben in aller Regel die Vorstellung, daß die menschliche Zivilisation sich im größtenteils nach folgendem Muster vorwärts und nur aufwärts entwickelt hat: Sie begann in Mesopotamien und Ägypten, erreichte erst dort einen Höchststand auf den

Gebieten der Religion, Kunst und Politik, um sich dann auf dem Weg über Palästina, Syrien und Griechenland weiter auszubreiten. Mit der Entfaltung des Römischen Reiches und nach einem gewissen Rückschlag im europäischen Mittelalter folgte mit der Renaissance und der Wiederentdeckung der Neuen Welt ein stürmischer Aufstieg und eine »Industrielle Revolution« bis hin ins 21. Jahrhundert.

Stimmt dieses Bild vom Fortschritt der Zivilisation aber wirklich?
Der amerikanische Pyramidenexperte John Anthony West vertritt in bezug auf die Region des alten Ägyptens folgende Ansicht:
»Jeder Aspekt des ägyptischen Wissens scheint von Anfang an vollendet gewesen zu sein. Die naturwissenschaftlichen, die künstlerischen und baulichen Techniken sowie das System der Hieroglyphen weisen praktisch keine Zeichen einer ›Entwicklungsperiode‹ auf; viele Leistungen der frühen Dynastien wurden später nie mehr übertroffen.«

Wie sollte es aber möglich gewesen sein, daß eine komplexe Zivilisation innerhalb kürzester Zeit dieses Niveau erreichen konnte?
Meine englischen Kollegen Graham Hancock und Robert Bauval meinen eine passende Antwort gefunden zu haben:
»Des Rätsels Lösung liegt natürlich auf der Hand; sie ist jedoch dem vorherrschenden modernen Denken so zuwider, daß sie selten erörtert wird. Die ägyptische Zivilisation war keine ›Entwicklung‹, sie war ein Vermächtnis.«

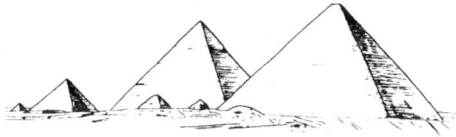

Abb. 17: Die ägyptischen Pyramiden sind ein Vermächtnis.

Wie wir bisher gesehen haben, sind wir mit unseren modernen wissenschaftlichen Methoden heute durchaus imstande, die Spuren unserer Vergangenheit genauer und umfassender zu erforschen. Trotzdem werden viele neue Entdeckungen, die in dieses von unserer Gesellschaft vorgegebene Weltbild nicht einzuordnen sind, immer noch ignoriert. Besonders in den letzten Jahren sind jedoch gewisse beunruhigende und verwirrende Dinge zutage getreten, die irgendwann auch von unseren Gelehrten beachtet werden müssen.

Viele dieser Entdeckungen, die über die Entwicklungsgeschichte des Menschen Aufschluß geben, sind merkwürdigerweise aber entweder in den Archiven der Museen oder in irgendwelchen anderen dunklen Kanälen verschwunden und werden der Öffentlichkeit vorenthalten. Doch warum?

Bei der Beurteilung der Entstehungsgeschichte des menschlichen Lebens war man bisher davon ausgegangen, daß sich die ersten Organismen in der anfänglichen Ursuppe unserer Erde aus Wasserdampf, Kohlendioxid, Methan und Ammoniak bildeten. Die bisherige Vorstellung gründet auf der Annahme, Sauerstoff sei erst sehr spät (vor 400 Millionen Jahren) durch die Photosynthese der Pflanzen entstanden und in die Atmosphäre gelangt. Neuere Erkenntnisse der modernen Astronomie widersprechen diesem Modell jedoch und verwirren die Wissenschaftler. Bereits im 5. Jahrhundert v. Chr. behauptete der griechische Philosoph Anaxagoras (500–448 v. Chr.):

»Die Saat des Lebens gehört zum Kosmos, es schlägt überall Wurzeln, sobald die Bedingungen günstig sind.«

Der deutsche Physiker und Physiologe Dr. Hermann von Helmholtz schrieb 1874 etwas Ähnliches wie der griechische Gelehrte 2.500 Jahre zuvor:

»Falls alle unsere Versuche fehlschlagen, die Erzeugung von Organismen aus lebloser Materie zu begründen, scheint es mir ein korrektes Verfahren, die Frage aufzuwerfen, ob das Leben jemals entstand, oder ob es nicht vielmehr so alt wie die Materie selbst ist und ob nicht die Saat von einem Planeten zum anderen übertragen wurde, um sich überall dort zu entwickeln, wo sie auf fruchtbaren Boden fiel …«

Kam also der »Funke«, der irdisches und somit menschliches Leben erst ermöglichte, aus dem Weltall?

Die Entwicklung der menschlichen Spezies ist eine lange und komplizierte Geschichte, die etwa acht Millionen Jahre umfaßt. Manchmal nutzten die frühen Menschen Höhlen, um sich an einer Feuerstelle, wie ein 400.000 Jahre alter Fund in Chou Kou Tien in der Nähe von Peking (China) beweist, in der klirrenden Kälte der Eiszeit zu wärmen. Doch die populäre Vorstellung vom frühen Menschen als einem gewohnheitsmäßigen Höhlenbewohner ist irreführend, denn in den meisten uns bekannten Fällen lebten die Menschen im Freien und fanden vor den Unbilden der Witterung in Zelten oder einfachen Häusern Schutz. Doch da diese Behausungen größtenteils aus vergänglichem Material bestanden, das im Boden keine Spuren hinterläßt, weiß man heute nur wenig darüber. Deshalb liegt der größte Teil der Geschichte des ersten Zeitalters immer noch im Dunkel der Ungewißheit. Denn die einzigen Hinweise, die wir über den Werdegang des Menschen besitzen, sind heute nur eine Handvoll verstreuter Fossilien, die an meist ebenso abgelegenen wie weit voneinander entfernten Orten gefunden wurden. Deshalb wird die Rekonstruktion über den schon erreichten Intelligenzgrad und den Kulturstand unserer Urahnen für die heutigen Forscher sehr schwierig. Dabei ist jedoch festzustellen, daß die Meinungen auch unter ihnen – zwischenzeitlich wie die irdischen Kontinentalplatten – auseinanderdriften und nach einer erneuten Korrektur verlangen.

Auch unsere heutige Archäologie für ägyptische Artefakte und Baudenkmäler ist seltsamerweise felsenfest davon überzeugt, daß die altägyptische Kultur, die nach Ansicht unserer Lehrmeinung vor Pharao Menes (3.100–3.060 v. Chr.) schon mindestens 4.000 Jahre bestanden hätte, keinerlei Steinbauten errichtete, um uns Zeugnisse von ihrem Dasein zu hinterlassen. Zwar hatte man schon Geräte aus dem Paläolithikum (Altsteinzeit 600.000–8.000 v. Chr.) gefunden, doch unterschieden diese sich kaum von denen in Europa und verrieten nichts Spezifisches über Ägypten. Menes und seine unmittelbaren Nachfolger kannte man nur durch die klassischen Autoren und die ägyptischen Königslisten. Das erste Zeitalter vor Menes lag hingegen noch bis in das Jahr 1895 in völligem Dunkel. Und obwohl durch aktuelle Funde und neuere Analysen älterer Funde vieles während dieser ersten Zeit nachweisbar geworden ist, bleibt die sogenannte Schulwissenschaft stur in ihrer Weltvorstellung stecken.

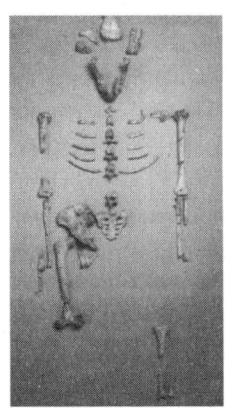

Abb. 18: Die letzten Reste von »Lucy«.

Demnach soll die Menschheit gerade vor etwa 5.000 Jahren durch die Verwendung des Metalls Bronze begonnen haben, die erste Zivilisation zu begründen, aus der wir uns dann bis ins Computerzeitalter entwickelten. Selbst die Bibel schreibt dem zivilisierten Menschen in bezug auf die erdgeschichtlichen Perioden eine untergeordnete Rolle zu und beziffert sein Erscheinen lediglich mit einer etwa 6.000 Jahre andauernden Geschichte. Bei diesen Rekonstruktionsversuchen sollte man allerdings die Meinung des amerikanischen Archäologen Professor Merrill Unger nicht unberücksichtigt lassen:

»Gelehrte müssen auch außergewöhnlich vorsichtig sein und dürfen den Schätzungen der Archäologen und ihren Interpretationen von Daten nicht ungebührende Bedeutung beimessen. Daß die Festlegung von Daten und Schlußfolgerungen, die aus archäologischen Funden gezogen werden, oft von subjektiven Faktoren abhängt, zeigt sich zur Genüge in den weit voneinander abweichenden Meinungen kompetenter Fachleute auf diesem Gebiet.«

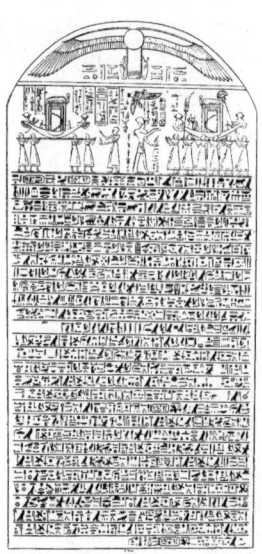

Abb. 19: Diese Stele berichtet von teuflischen Mächten, die über die Menschen herfielen.

Nach der Ansicht unserer Wissenschaft entstanden die ersten menschlichen Gemeinschaften, die hauptsächlich von Anbau und Zucht moderner Pflanzen- und Tierarten lebten, im Nahen Osten, als durch das Abschmelzen des Inlandeises immer mehr Wasser freigesetzt wurde, so daß Luftfeuchtigkeit und Regenmenge zunahmen. In den Hügeln und Bergen des Nahen Ostens soll die vermehrte Feuchtigkeit dadurch zur Ausbreitung offener baumbestandener Landschaften und der dazugehörigen großsamigen Gräser geführt haben, die den Vorläufer der Kulturformen von Weizen und Gerste darstellten. Warum der Mensch jedoch überhaupt Landwirtschaft betrieb, wird auch heute noch nur vermutet. Es waren dazu nämlich zwei wesentliche Dinge nötig: Er mußte zunächst vom umherwandernden Jäger und Sammler abgehen, um erst einmal seßhaft zu werden. Des weiteren mußte er lernen, einen Zeitraum von 12 Monaten zu überschauen, was eine kontrollierte Zeitmessung voraussetzte. Erst die genaue Zählung der Tage nach dem Mond führte dann womöglich zu Zeichen, die durch die Ergänzung der

Symbole für den Tierkreis ein System ergaben, aus dem sich schließlich das Alphabet entwickelte. Ohne ein solches Zeitgefühl hätten die Menschen die mühselige Arbeit eines Ackerbauern mit Sicherheit nicht auf sich genommen, weil sie in den meisten Fällen ein ganzes Jahr warten mußten, bis die Feldfrüchte geerntet werden konnten. Im Alten Testament wird dieser Prozeß als Sündenfall ge-

Abb. 20: Paradiesische und irdische Welt.

schildert, bei dem das älteste Menschengeschlecht den ersten Schritt wagt sich die Erde untertan zu machen. Der erste Mensch, Adam, nascht dabei vom »Baum der Erkenntnis« und wird daraufhin von den Göttern aus dem »Paradies« verstoßen. Ab diesem Zeitpunkt, als Adam zum Ackerbauern konvertiert, leitet die Bibel das erste Zeitalter ein. Diese Geschichte existiert in einer ähnlichen Weise auch innerhalb der ägyptischen Mythologie. Dabei nennen die alten Ägypter den »Baum der Erkenntnis« »kesbet-Baum«, und der »Baum der Unsterblichkeit« wurde »isched-Baum« genannt.

Im Gegensatz zum »Baum des Lebens« aus dem Alten Testament konnte bei den Ägyptern mit ihrem »isched-Baum« auch der Tod eines Jeden beschlossen werden. So sollen auch die Götter innerhalb der ägyptischen Mythologie aus einem »Baum« hervorgekommen sein. Anders als das Alte Testament berichtet die ägyptische Mythologie auch, daß die Menschen lange »vor dem Bau der Pyramiden« sich gegen ihren Obergott Ra auflehnten und eine Rebellion entfachten, um in den Besitz des »isched-Baums« zu gelangen:

»Ich bin jener Große ›mjwe‹ (Ra), der den ›isched-Baum‹ neben sich gespalten hat in ›Iwnw‹ (Heliopolis) in jener Nacht des Kampfes, der Einsperrung der Rebellen, an jenen Tagen, an dem man die Feinde des Allherrn vernichtet.«

Wie man aus dem Spruch 17, 192–195 des Ägyptischen Totenbuchs erkennen kann, gelingt es Ra, mit der Unterstützung seiner Gefolgsleute den Plan der Rebellen zu vereiteln, worauf wir im Kapitel 5 noch einmal zurückkommen werden.

Was aber war das für ein mächtiger Baum, der seit Urbeginn eine Schlüsselrolle in der Entwicklung des zivilisierten Menschen ein-

nahm? Vielleicht war es etwas Ähnliches wie der ägyptische »Djed-Pfeiler«, der sich in diesem Zusammenhang nur technisch interpretieren läßt. Dieser in den alten Texten als »Wirbelsäule« oder »Rückgrat« bezeichnete »Gegenstand« hatte seinen Ursprungsort im ägyptischen Heliopolis. Unsere Ägyptologen sagen über dieses mysteriöse Ding:
»Am wahrscheinlichsten ist die Auffassung, daß der Djed ursprünglich ein Pfahl war, um den stufenweise Getreideähren kreisförmig gebunden wurden.«
Gleichzeitig aber räumt der Ägyptologe Dr. Manfred Lurker ein:
»Der Djed-Pfeiler ist ein prähistorischer Fetisch, dessen Bedeutung noch immer nicht restlos geklärt ist.«
In der altägyptischen Hauptstadt Memphis gab es bereits im Alten Reich eigens Rituale, bei denen die »Priester des ehrwürdigen Djed« die »Aufrichtung des Djed-Pfeilers« zelebriert hatten. Die Djed-Zeremonie, die jährlich im Monat des Choiak (Mitte November) gefeiert wurde, begann immer mit einem Opfer, das der Pharao der

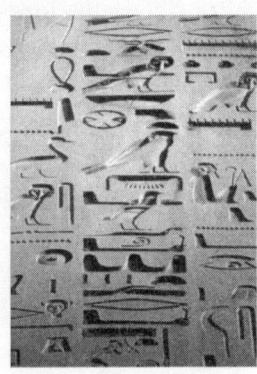

Gottheit Osiris, »dem Herrscher der Ewigkeit«, darbrachte. Auch die Göttinnen Isis und Nephtys werden auf Tempelwänden stets vor einem »Djed-Pfeiler« kniend dargestellt, über den sie die Verbindung zu der Gottheit Osiris hatten.
In der koptischen Schrift »Der Augenstern des Kosmos« heißt es über Isis und Osiris:
»Isis und Osiris sind gesandt worden, um der Welt dadurch zu helfen, daß sie der primitiven Menschheit die Künste und die Techniken einer Hochkultur beibringen sollten.«

Abb. 21: Die Hieroglyphen konnte man nur mit technischen Apparaten exakt eingravieren.

Das kann bedeuten, daß während einer dunklen Zeitepoche auf der Erde mindestens zwei unterschiedliche Kulturstufen existierten. Dies ist problemlos möglich, wie auch der heutige Vergleich zwischen unserer eigenen Kulturstufe und jener der auf dem Erdenrund verstreuten Dschungelstämme, die sich immer noch auf der Kulturstufe des Neolithikum (Jungsteinzeit) befinden, aufzeigt. Sie existieren mit uns parallel, teilweise ohne die blasseste Ahnung von unseren technischen Errungenschaften zu besitzen. Diese Tatsache erlaubt uns die Hypothese, daß auch die alten Pharaonen durchaus den Kontakt zu einer damals schon existierenden höheren Kulturform besessen haben könnten. Unter anderem sahen die alten Pharaonen gerade in dem »Djed-Pfeiler« die »Wirbelsäule« des Kulturbringers Osiris. Vielleicht hatten die ägyptischen Könige in grauer Vorzeit eine unverstandene Technik erblickt, die eine der göttlichen Personen auf dem Rücken getragen hatte, wie es in unserem Jahrhundert bei einigen Cargo-Kulturen auch der Fall gewesen ist, und dann fehlinterpretiert. Sogar einer der Beinamen des »Ptah« lautete »ehrwürdiger Djed«.

Ist unsere Hochzivilisation somit doch nicht die erste?

In einer 3.700 Jahre alten mesopotamischen Keilschrifttafel wird die Schöpfung des Menschen im Gegensatz zur Detailtreue der Bibel folgendermaßen beschrieben:

»Laß mich Blut zusammenmengen und Knochen machen. Laß mich das Urwesen erschaffen – Mensch sei sein Name.«

Der erste Mensch, den die Assyrier »Adapa« nennen, stellt keinen Geringeren dar als den biblischen »Adam«. Im weiteren Verlauf berichten die Keilschriften auch über Sinn und Zweck der Erschaffung des Menschen:

»Ich will einen primitiven Arbeiter erschaffen; er soll im Dienst der Götter stehen, auf daß sie es leichter haben.«

Dieses Sklavenwesen kannten auch die Ägypter, das sie »Adepti« nannten, welches ebenfalls erst mit der göttlichen Weisheit ausgestattet wurde.

Basiert die Ähnlichkeit unserer Schöpfungsgeschichte in den wichtigsten Kulturen nur auf Zufall?

Die Auseinandersetzungen der Söhne Adams – Kain, der ein handwerklich arbeitender Bauer war, und Abel, der ein wandernder Viehzüchter gewesen ist – wird von unseren Vorzeitforschern als eine Erinnerung an den plötzlich entflammenden Kampf um die Ländereien auf unserem Planeten interpretiert. Doch auch diese Überlieferung findet sich in den Berichten Mesopotamiens und Ägyptens wieder, die jedoch im Gegensatz zu den Bibelberichten einige tausend Jahre früher niedergeschrieben wurden.

Bei den Mesopotamiern sind die Vorläufer von Kain und Abel, DU.MU.ZI. und EN.MEN.GAL.ANNA., die sich bei den alten

Ägyptern als Seth und Osiris identifizieren lassen. Aber auch in einer jüngeren Version aus dem hieratischen *Papyrus Chester Beatty* wird im sogenannten »Zweibrüder-Märchen« eine Urform dieser Auseinandersetzung widergespiegelt. Doch die besten Beweise für die Bestätigung der Berichte aus dem Alten Testament, als unsere Urahnen intensiv anfingen wilde Getreidepflanzen zu sammeln, welche die Seßhaftigkeit von Jägern und Sammlern einleiteten, stammen laut Meinung unserer Gelehrten aus Palästina, wo bereits um 14.000 v. Chr. erste kleine Dörfer aus runden Steinhütten entstanden. Die steinzeitlichen Bewohner dieser Dorfgemeinschaften lebten jedoch vorerst von der Gazellenjagd und zu einem wesentlich jüngeren Zeitpunkt von der Gazellenhaltung. Für die Landwirtschaft benutzten die frühen Menschen dann Emmer, eine wilde Weizenart, die sie regelmäßig ernteten. Im südlichen Palästina wurden jedoch statt der Gazellen bereits Ziegen gehalten. Als effiziente Nutzer des vorhandenen Weidelandes hatten sie die Gazellen weitgehend verdrängt und verbreiteten sich in ihrer domestizierten Form im ganzen Nahen Osten aus. Schafe waren im Zargos-Gebirge Mesopotamiens möglicherweise schon um 9.000 v. Chr. domestiziert worden, und andere Tierarten, die Fleisch lieferten, kamen bald nach: das Schwein im Süden der heutigen Türkei um 8.000 v. Chr. und das Rind im Bereich der Ägäis vor 7.000 v. Chr. Abgesehen von Fleisch lieferten diese Arten auch Milch, Wolle und Dünger für die Felder.

Kann man hier nicht schon von einer ersten zivilisierten Gesellschaft sprechen?
Das Wort »Zivilisation« leitet sich aus dem Lateinischen »civis« ab und bedeutet nichts Geringeres als »Städter«. Städte wie Jericho (Mondstadt) im Westjordanland und Catal Höyük in Anatolien, in denen »civis« lebten, existierten nach den neuesten Forschungsergebnissen bereits vor über 11.000 Jahren.
Das Rätsel der prähistorischen Stadt Jericho wurde im Jahre 1994 durch die Ausgrabungsarbeiten von Dr. Christopher Edens für das Archäologenteam geradezu unheimlich. Die Arbeiten brachten weitere Ansiedlungen und Stätten der Natufkultur hervor, die bereits vor 12.500 Jahren Getreidesilos angelegt hatte. Das ist im Hinblick auf die während dieser Zeit angeblich vorherrschende Jäger- und Sammlertradition insofern erstaunlich, als die hier entdeckten Ar-

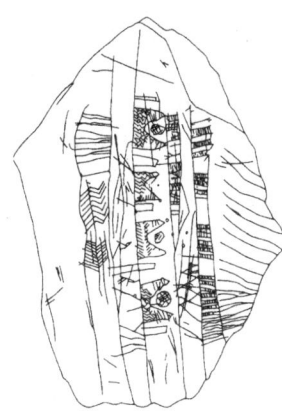

Abb. 22: Älteste Landkarte auf einem 13.000 Jahre alten Mammutknochen.

tefakte nicht nur das Praktizieren einer Landwirtschaft beweisen, sondern somit auch einem bereits seit längerer Zeit seßhaften gewordenen Volk zugeordnet werden müssen.

Gerade aber die biblische Stadt Jericho gab den Forschern nicht nur wegen ihres hohen Alters Rätsel auf, sondern auch wegen der vorhandenen Ruinen, die unsere Archäologen dort in dieser Form nicht vermutet hatten. Neben Türen mit hölzernen Querbalken wurden die Wände und Mauern der Häuser mit roter Farbe gestrichen und zum Teil mit kunstvollen Wandmalereien versehen. Unsere Lehrmeinung ist sich zwar sicher, daß zu dieser Zeit die Schrift noch nicht entdeckt wurde, eine gewisse Kunstfertigkeit will man der Urbevölkerung von Jericho jedoch trotzdem nicht absprechen. Überdies waren die Häuser schon damals überwiegend auf steinernen Fundamenten errichtet worden. Zudem waren die Straßen gepflastert und mit Mustern versehen, und dazu hatten die damaligen Bauherren an den Straßenrand sogar in regelmäßigen Abständen Feuerstätten und Wasserbecken eingelassen. Daraus könnte man schließen, daß die Feuerstellen als eine Art Beleuchtung für die Nacht und die Wasserstellen als eine der ersten sozialen Einrichtungen zur Wasserentnahme für die damalige Bevölkerung gedient hatten. Des weiteren war die ganze Stadt bereits vor über 11.000 Jahren von einer massiven Stadtmauer für den Schutz gegen Eindringlinge umgeben. Es müssen somit noch andere, vielleicht kriegerische Zivilisationen existiert haben, die für die Bewohner der Stadt Jericho schon damals ebenbürtige Gegner darstellten. Die beachtenswerte Schutzmauer erhob sich inmitten eines zehn Meter breiten und zweieinhalb Meter tiefen Grabens, den man aus dem harten natürlichen Felsgestein angeblich ohne die Hilfe von Metallwerkzeugen herausgehauen hatte.

Eine archäologische Expedition der Italiener, die 1929 vom päpstlichen Bibelinstitut des Vatikan organisiert wurde, betätigte sich nicht in Jericho, sondern in den 107 Kilometer südöstlich gelegenen Rui-

Abb. 23: Das älteste Volk von Jericho.

nenfeldern von Teleilat Ghassul. Der Expeditionsleiter Dr. Alexis Mallon wunderte sich schon zu Beginn der Ausgrabungen im Jahre 1931 über die dort vorherrschende Wohnkultur, die sogar als noch erstaunlicher eingestuft wurde als die Überreste von Jericho. Hier vermutete man die zweite Zivilisation, vor der die Bewohner von Jericho vor großem Respekt ihre Schutzmauer errichtet hatten. Auch in Teleilat Ghassul war der natürliche Fels mit ungewöhnlichen Auswuchtungen und Löchern versehen, die häufig paarweise als Zylinderform in den massiven Stein eingebohrt wurden. Diese Art von Bohrlöchern findet sich außer in Mesopotamien auch in Ägypten und auf der griechischen Insel Kreta sowie auf Malta und in Südamerika. Obwohl es sich bei diesen Löchern um keine Kochstellen handelt, standen mit ihnen zum Teil rätselhafte »Aschebänder« in Verbindung, die mit feinem Sand und darüber mit Erde bedeckt waren.

Unter den Gegenständen fand das Archäologenteam eine kleine, runde Scheibe, die aus gebranntem Ton hergestellt worden war. In ihrer Mitte befanden sich ein Holm sowie ein Loch, das womöglich zur Montage an einem technischen Gerät benutzt wurde. Der technische Nutzen dieser Scheibe ist allerdings heute noch unklar. Das Archäologenteam, das hier bis 1933 Ausgrabungen durchführte, entdeckte zudem einige eigentümliche Wandmalereien, die neben Szenarien des Lebens auch geometrische Muster enthielten. Darunter befand sich ein Stern mit acht Zacken, der, aus den Farben schwarz, rot, weiß, grau bestehend, kunstvoll herausgearbeitet war und die früheste Darstellung über die Himmelsrichtungen Nord,

Abb. 24: Die älteste Darstellung über die acht Himmelsrichtungen.

Nordost, Ost, Südost, Süd, Südwest, West und Nordwest abbildet. Nach der Ansicht von Dr. Mallon war der achtstrahlige Stern gleichzeitig die Versinnbildlichung der Göttin Ischtar, die in der Historie mit der ägyptischen Göttin Isis gleichzustellen ist. Man fand aber in Teilelat Ghassul keine Kultobjekte, die eine religiöse Bedeutung dieser Darstellungen rechtfertigen könnten.

Wurde dieser Ort vielleicht von den mysteriösen Göttern selbst genutzt?

In diesem Zusammenhang sind drei geheimnisvolle Darstellungen von besonderem Interesse, die von den Babyloniern zu einer jüngeren Zeitepoche »Igigi« genannt wurden, das sich mit »Hindurchsehende« übersetzen läßt. Das ägyptische Gegenstück der »Igigi« wird in den Hieroglyphentexten »Ikesi« oder »Iseki« genannt. Unsere Philologen übersetzen dieses Wort mit »Gott im Ei«. Das Ägyptische Totenbuch berichtet im Kapitel 149 über die Eigenschaften des »Ikesi«: »… seine Öffnung ist Feuer, sein Lufthauch ist Vernichtung für die Nasen« – eine Beschreibung, welche durchaus an einen Raketenantrieb erinnert, mit dem die Luft verpestet wurde. Die bildlichen Darstellungen erinnern in ihrem Aussehen tatsächlich an Konstruktionen der amerikanischen Weltraumbehörde NASA, die vor drei Jahrzehnten nach Überlieferungen aus dem Alten Testament modelliert wurden. Der NASA-Ingenieur Josef F.

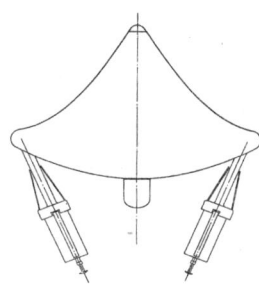

Blumrich rekonstruierte anhand der Berichte des Propheten Ezechiel diesen Flugapparat in Eiform. Scheinbar hatten die Hebräer diese Überlieferungen der altägyptischen Traditionen entnommen, was noch einmal in den Bezeichnungen »Ezechiel« und dem in Hieroglyphen geschriebenen »Ikesi« verdeutlicht wird.

Waren das Apparate, die möglicherweise zu Beobachtungszwecken des Menschen eingesetzt wurden?

Abb. 25: Igigi/Ikesi/NASA-Erfindung = Ei des Ra?

Wie uns das Alte Testament im 2. Buch der Könige 2–11,12 berichtet, wollte ein Priester mit dem Namen Elia vor 3.000 Jahren zwischen Jericho und Teleilat Ghassul den Fluß Jordan überqueren, um sich mit seinem Priesterschüler Elisa zu treffen, als plötzlich der Himmel aufbrach:

»Und siehe, da kam plötzlich ein feuriger Wagen mit feurigen Rossen und trennte beide voneinander, und Elia fuhr im Wirbelwind zum Himmel empor.«

Elia verschwand allerdings nicht für immer im Himmel, sondern kehrte wieder zurück und übte danach noch für mehrere Jahre sein Priesteramt aus. Daß in den dunklen Anfängen des ersten Zeitalters tatsächlich schon Flugapparate sowie Beobachtungssatelliten existierten, werden wir im weiteren Verlauf dieses Buches (Kapitel 5) nachweisen.

Widmen wir uns nun aber noch einmal den Wandmalereien der antiken Ausgrabungsstätte. Denn auch die chemische Analyse der Farben ergab, daß bei den Wandmalereien keine in der Natur vorkommenden Substanzen benutzt wurden, wie es im Neolithikum der Regelfall gewesen ist, sondern zwölf bis achtzehn zusammengesetzte Mineralien, die wiederum nur in einem chemischen Labor hätten verarbeitet werden können. Untersuchungen der französischen Kosmetikfirma *L'Oreal* an altägyptischen Farbzusammensetzungen, die im Frühjahr 1999 ausgewertet wurden, bestätigten ebenso den frühen Umgang mit chemischen Stoffen wie »Laurionit« und »Phosgenit«, die in der Natur ebenfalls nicht vorkommen und nur »naß-chemisch« hergestellt worden sein können. Die Pressesprecherin Patricia Pineau von *L'Oreal* kommentierte die Untersuchungsresultate folgendermaßen:

»Unsere Laborwissenschaftler waren über die erzielten Ergebnisse wirklich überrascht. Es ist erstaunlich, daß die alten Ägypter bereits Mineralien aufbereiteten, zermahlen und dann Lösungen erzeugen konnten, die verschiedene Farben und sogar therapeutische Anwendungen ermöglichten.«

Woher hatten die alten Ägypter schon so früh derartig erstaunliche Kenntnisse?

Der britische Archäologe James Mellaart sagt zu all dem:

»Es war eine spektakuläre Entwicklung, deren Ursachen uns noch immer unbekannt sind.«

James Mellaart war es auch, der im Jahre 1958 eine andere uralte Stadt in Anatolien entdeckt hatte. Bereits nach kurzzeitigen Ausgrabungen kamen unter einem Erdhügel die Überreste einer Siedlung aus der Steinzeit zum Vorschein. Der Fundort befindet sich in der heutigen Türkei und wird »Çatal Höyük« (»Gabel der Erhe-

bungen«) genannt. Die jetzigen Grabungsarbeiten werden zur Zeit
von dem britischen Archäologen Dr. Ian Hodder und Dr. Anthony
Legge von der Universität Cambridge sowie einhundert Helfern
durchgeführt. Computersimulationen vom Januar 1999 der *Hochschule für Gestaltung* in Karlsruhe haben die neolithische Metropole des Fortschritts wieder auferste-
hen lassen. Merkwürdige kastenförmi-
ge Häuser reihen sich in enger Nach-
barschaft, wo es weder Gänge noch
Straßen gab. Das Besondere an den
Häusern in Çatal Höyük ist, daß sie
über keine Türen verfügten. Die Menschen, die hier lebten, konnten die
Häuser deshalb nur über Leitern und
kleine Dachluken betreten. Die Dach-

Abb. 26: Çatal Höyük.

platten wurden von vier T-förmigen
Pfeilern getragen, die aus den 200 Kilometer entfernten Steinbrüchen eigens für die Bauwerke herangeschafft wurden. Das größte
bislang freigelegte Gebäude ist über 12 Meter lang und verfügt über
1,4 Meter dicke Mauern. Die im Durchschnitt 25 Quadratmeter
großen Behausungen waren stickig und unkomfortabel.
Außer den Wandmalereien ragten aus den Wänden wulstige, aus
Lehm modellierte Stierköpfe hervor, die unsere Archäologen Bu-
kranien nennen. Es konnte von den Archäologen immer noch nicht
restlos geklärt werden, warum zu Beginn aller erdgeschichtlichen
Zivilisationen gerade der Stier stets eine vordergründige Rolle spielte. Das Gefühl für eine übersinnliche Kraft, die den Stieren inne-
wohnt, ist beispielsweise auch bei den Ägyptern so lebendig geblieben, daß der französische Schriftsteller Gustave Flaubert am
15. Januar 1850 an seinen Freund Dr.
Jules Cloquet schrieb:
»Wissen Sie, daß man noch vor einigen Jahren den, der ein Stier getötet
hatte, mit dem Tode bestrafte, ganz
wie zu den Zeiten des Apis?«
Auch bei den Briten, den alten Griechen, den Völkern Mesopotamiens
und beim Volk der Hebräer stellte der

Abb. 27: Die ältesten Artefakte
über den Stierkult.

Stier womöglich eine Verbindung der königlichen Herrschaft zu den mysteriösen Göttern dar. Im Buch 4. Mose 23, 22 wird sogar das Aussehen des jüdischen Hauptgottes Jahwe mit einem Stier gleichgestellt:

»Jahwe hat sie aus Ägypten geführt. Er hat Hörner wie ein Wildstier.«

In Çatal Höyük existieren darüber hinaus eigentümliche Podeste, die Ian Hodder als die Vorform eines Diwans deutet. Mit seiner Schlußfolgerung über die Bedeutung dieser Wohnkultur verblüfft uns der Archäologe aber auch:

»Die Betten dienten zugleich als Grabstätten.«

Demnach stand der Stierkult, wie bei den anderen Völkern auch, im Zusammenhang mit dem Totenkult der urzeitlichen Bewohner Çatal Höyüks.

Wieso werden derartige Kenntnisse immer wieder ignoriert?

Nicht nur die neuesten Ausgrabungen neuer Grabanlagen der Göttin Hathor in der Nähe des Suezkanals (Zeus?), die unter der Leitung des Ägypters Dr. Abd el-Halim Nur el-Din durchgeführt werden, müssen nach der aktuellen Datierung ihrer Fundamentlegung mit 4.500 v. Chr. zu einer drastischen Korrektur an den dynastischen Zählungen führen. Auch astronomische Überlieferungen, die heute mit modernster Technik bestätigt wurden, schreien förmlich nach einer Korrektur. Es existieren nämlich niedergeschriebene Beobachtungen der ägyptischen Priesterschaft, die schon damals ihre ältesten Bauwerke zu unserer Sonne und zu den unvergänglichen Sternen in Beziehung stellten. Doch nach Meinung unserer Ägyptologen dürfte es während dieser Zeitepoche derart genaue Sternenbeobachtungen noch nicht gegeben haben. Dabei wird auch im Alten Testament im 2. Mose 10, 21–23 über eine drei Tage andauernde Sonnenfinsternis berichtet:

»Da sprach der Herr zu Mose: Streck deine Hand zum Himmel aus; dann wird eine Finsternis über Ägypten kommen, und schon breitete sich tiefe Finsternis über ganz Ägypten aus, drei Tage lang. Man konnte einander nicht sehen und sich nicht von der Stelle rühren, drei Tage lang.«

Auch wenn dieser biblische Bericht über eine dreitägige Sonnenfinsternis unglaubwürdig klingt, wird sie doch auch von den alten Ägyptern bestätigt. Die Überlieferungen der ägyptischen Priesterschaft sind sogar naturwissenschaftlicher Art und können dadurch noch genauer nachvollzogen werden.

Die Kreisbahn, die die Sonne im Laufe eines Jahres am Himmel von Westen nach Osten durchläuft, nennt man Zodiakus, Tierkreis oder Ekliptik. Am 21. März, bei Frühlingsanfang, befindet sich die Sonne in seinem Äquinoktionalpunkt. Dies ist einer der beiden Tage des Jahres, an denen die Nachtstunden den Stunden des Tages gleichen. Das Gegenstück dieses Frühlingspunktes ist der Herbstnachtgleichenpunkt am 21. September. Darüber hinaus gibt es noch am 21. Juni die Sommersonnenwende sowie am 21. Dezember die Wintersonnenwende. Dieses astrologische Wissen über die Präzession war auch den Völkern Mesopotamiens bereits seit ältesten Zeiten bekannt. Die Tatsache nämlich, daß bei Frühlingsanfang die Sonne nicht alljährlich an derselben Stelle des Tierkreises steht, sondern daß dieser Punkt ebenfalls den ganzen Zodiakus durchläuft und zwar in entgegengesetzter Richtung zur Ekliptik.

Der griechische Astronom Hipparch von Alexandria (180–125 v. Chr.) fand um 150 v. Chr. durch den Vergleich mit früheren Beobachtungen heraus, daß der Frühlingspunkt sich im Verlaufe eines Jahrhunderts um mehr als einen Grad nach Westen verschiebt. Spätere Astronomen des Computerzeitalters bestimmten diese Differenz noch genauer mit 71,74 Jahren für einen Grad. In 25.826,6 Jahren vollbringt der Frühlingspunkt einen vollen Umlauf von 360 Grad. Diesen Zeitraum nennen wir das Große oder das Platonische Jahr. Selbstverständlich handelt es sich bei allen diesen Vorgängen nur um scheinbare Bewegungen. Da die Erde keine perfekte Kugel ist, verursachen die auf sie wirkenden Anziehungskräfte der Sonne und des Mondes eine unrunde Bewegung. Die Erdachse verlagert sich wie die Achse eines auslaufenden Kreisels in Beziehung zum Sternenhintergrund. Über einen kurzen Zeitraum vollzieht sich diese präzessionale Verzögerung unmerklich, aber auf Dauer hat sie ganz konkrete Folgen

Abb. 28: Die Ägypter benutzten die selben Sternbilder wie wir Heutigen.

und praktische Auswirkungen auf die jeweilige Zivilisation, die sich ernsthaft mit Sternenbeobachtungen beschäftigt.

Zwischen 4.867 und 4.787 v. Chr. erlebten die alten Ägypter drei totale und eine ringförmige Sonnenfinsternis, was sie uns über mehrere tausend Jahre überliefert haben. Es muß für die damalige Priesterschaft alarmierend gewesen sein, daß sich die erste Sonnenfinsternis etwa zeitgleich mit dem Verschwinden des unvergänglichen Sterns Aldebaran ereignete, der in der damaligen Zeit die Tagundnachtgleiche markierte. Des weiteren wurde am 27. Juli 4.867 v. Chr. eine totale Sonnenfinsternis über den Orten Badâri, Hâmmiya und Mustagidda beobachtet. Weiterhin gibt es einen Bericht über eine ringförmige Sonnenfinsternis im Jahre 4.864 v. Chr. in Abydos, Diospolis Parva, Hermonthis und Nechen. Es wird zudem von einer zweiten totalen Sonnenfinsternis im Jahre 4.849 v. Chr. über den Orten Abydos, Badâri sowie Diospolis Parva berichtet. Eine dritte totale Sonnenfinsternis wurde schließlich im Jahre 4.787 v. Chr. beobachtet. In Nechen dürfte Aldebaran zur Tagundnachtgleiche bis zum Jahr 4.788 v. Chr. zu sehen gewesen sein, also bis genau zu dem Jahr vor der sensationellen totalen Sonnenfinsternis. Auch der Ägyptologe Dr. Christian Leitz erwähnt in seinem Buch »Studien zur ägyptischen Astronomie« nicht nur das Bestehen eines Sonnenkalenders der alten Ägypter seit mindestens 4.760 v. Chr., sondern er äußert auch die Vermutung, daß die Ägypter schon damals den Umfang unserer Erde berechnen konnten. Darüber hinaus existieren astronomische Beobachtungen des Orion, die nach der Ägyptologin Dr. Jane Sellers bis ins Jahr 7.300 v. Chr. zurückreichen. Demnach sollen schon vor 9.300 Jahren jungsteinzeitliche Himmelsbeobachter das parallele Erscheinen der ersten Sterne des Orion als zeitgleich mit der Sonnenaufgangsstellung des Präzessionszyklus erkannt haben!

Welches aus Jägern und Sammlern bestehende Volk hätte aber derartige Beobachtungen machen sollen?

Seltsamerweise sind sich unsere Wissenschaftler heute ziemlich sicher, wo und wie sich unsere Zivilisation entwickelt hat. Doch über das Warum und Wann der Entwicklung einer menschlichen Zivilisation ist man sich immer noch unschlüssig. Es gibt nämlich gar keinen bestimmbaren Grund, warum gerade die menschliche Spezies im Verlaufe der Evolutionsgeschichte aus der Reihe tanzen soll-

Abb. 29: Erst die Götter brachten dem Menschen die Vernunft.

te, um sich zu einem Kulturwesen zu etablieren, zumal bei den ganzen Rekonstruktionen über das erste Auftreten der Gattung Homo die Zeit immer weiter zurückdatiert werden muß. Erst am 21. November 1996 gaben US-Wissenschaftler bekannt, daß ein bereits 1994 in Äthiopien (Afrika) entdeckter Kieferknochen des Homo habilis (»geschickter Mensch«) aufzeige, daß letzterer doch schon vor 2,3 Millionen Jahren zum ersten Mal aufgetreten sei. Das bedeutete gleichzeitig eine Korrektur um 400.000 Jahre in die Vergangenheit. Viele dieser Rekonstruktionsversuche werden noch dadurch erschwert, daß wir nicht wirklich wissen, wie affenähnlich unsere Urahnen waren.

Der deutsche Zoologe Professor Ernst Haeckel (1834–1919) stellte im Jahre 1866, auf Arbeiten des Briten Charles Darwin (1809–1882) aufbauend, die neue Theorie über das »biogenetische Grundgesetz« auf. Dieses besagt, daß jedes Lebewesen die ganze Stammesgeschichte der Vorfahren während seiner embryonalen Entwicklung wiederholt. Deshalb sollten Embryos von Hühnern, Schweinen, Fischen und Menschen während der Wachstumsphase nicht zu unterscheiden sein. Verstärkt wurde diese Theorie durch die Forschungsarbeiten des schwedischen Naturwissenschaftlers Dr. Carl von Linnè, der sich Anfang des 20. Jahrhunderts auf die Suche nach dem legendären »Schwanzmenschen« begab, in dem er das »fehlende Glied« zwischen einem Affen und dem modernen Menschen sah. Bereits im 19. Jahrhundert wurden von französischen Anthropologen mehrere Expeditionen in Zentralafrika durchgeführt, die ein geheimnisvolles Volk mit dem Namen »Niam-Niamen« suchten, hinter denen sich die »Schwanzmenschen« verbergen sollten. Tatsächlich ist der Schwanz das gemeinsame Merkmal aller Wirbeltiere, der sich bereits in der frühembrionalen Phase entwickelt, beim menschlichen Embryo sogar schon in der sechsten Schwangerschaftswoche.

Im Jahre 1901 wurde ein Junge mit einem 3,5 Zentimeter langen

Schwanz geboren, der mit seinen Erbanlagen die These vom Volk der Schwanzmenschen zu bestätigen schien. Schon nach sechs Wochen war sein Schwanz bereits auf 7,5 Zentimeter angewachsen, bevor er operativ entfernt wurde. Doch bei den Schwänzen Neugeborener handelt es sich in Wirklichkeit um Fettknoten oder um abnorme Verlängerungen des Steißbeins. Hin und wieder kommt es aber auch vor, daß Kinder mit »echten« Schwänzen geboren werden, die in aller Regel aus den noch verbleibenden Weichteilen bestehen. Nachdem man in den Vereinigten Staaten von Amerika bei einigen Kindern auch heute noch einen Schwanz entdecken konnte und sie nach affenähnlichen Merkmalen untersucht hat, sind sich die Wissenschaftler einig:

»Ein mysteriöses Schwanzvolk gibt es nicht!«

Auch die Theorie von Haeckel beruhte nur auf einem Wunschdenken des Forschers, der darüber hinaus seine Forschungsunterlagen für die Bestätigung seiner Theorie vorsätzlich gefälscht hatte. Erst 1997 konnte dieser Weltbetrug durch das Forschungsteam des amerikanischen Biologen Dr. Michael Richardson entlarvt werden:

»Die Zeichnungen, mit denen Ernst Haeckel seine Theorie gestützt hatte, sind frei von menschlichen Embryos abgeleitet. Ein biogenetisches Grundgesetz zur Unterstützung der Evolutionstheorie wurde von Haeckel einfach erfunden.«

Sollte man damit nicht die ganze Evolutionstheorie in Frage stellen?

Nach der Theorie unserer Anthropologen herrschte während des Pliozäns eine langjährige Dürre- und Trockenperiode. Die Trockenheit dauerte mehrere Millionen Jahre und zerstörte dabei die großen Wälder Afrikas. Darüber hinaus vernichtete sie Tausende von Pflanzen- und Tierarten, gleichzeitig aber entstanden auch die Savannen, die neuen Lebensraum boten. Für große Weide- und Raubtiere, die von ihnen lebten, begann ein »Goldenes Zeitalter«. Im gleichen Maße wie die Wälder schrumpften, wurden schwächere Menschenaffen in die Savannenfelder verdrängt, wo es wenig Nahrung und keinen Schutz gab. Die Gelehrtenmeinung geht davon aus, daß unsere Vorfahren hier in der Savanne den aufrechten Gang erwarben, was dazu führte, all ihre Glieder im Überlebenskampf zu gebrauchen, um bestehen zu können. Danach verloren sie ihr Haar und ihr Verhaltensmuster änderte sich gänzlich. Diese

Theorie findet als sogenannte »Savannen-Theorie« die Anerkennung unserer Wissenschaft.

Neben der »Savannen-Theorie« ist es aber auch möglich, daß der Auslöser in der Evolution des Menschen eine amphibische Phase war, denn unsere Urahnen könnten auch im Wasser gelebt haben. Es ist gar nicht so abwegig, wie es sich vielleicht im ersten Moment anhören mag! Denn aus allen Arten der Landsäuger haben sich einige Arten an das Leben im Wasser angepaßt: die Wale vor etwa 70 Millionen Jahren, und vor 50 Millionen Jahren taten Huftiere das Gleiche. Ihre Nachfahren sind die Seekühe, der Manatee und der Dugong. Sie alle waren Vegetarier und ernährten sich von Seegräsern; doch später eroberten auch bärenähnliche Raubtiere die Meere, aus denen sich Walrosse und Seelöwen entwickelten. Aber auch Nager, aus denen die eigentümlichen Schnabeltiere hervorgingen, beschritten nach der gängigen Evolutionstheorie den gleichen Weg.

Alle genannten Arten sind Nachfahren von Landtieren. Daß auch die Vorfahren des Menschen die Küstenbereiche der Meere besiedelten und dem Wasser angepaßt waren, behauptet eine erst 1994 aufgestellte neue Theorie. Demnach verloren die Menschen erst im Meerwasser ihr Fell, entwickelten danach den aufrechten Gang und wurden das, was wir heute sind. Diese gegen jede Schulweisheit stehende Theorie ist die »Wasseraffen-Theorie«. Sie ist das geistige Kind des inzwischen verstorbenen Oxford-Professors Alaster Hardey (1901–1996).

Abb. 30: Schnabeltier

Beim Menschen ist eine Schicht Unterhautfettgewebe mit der Haut verwachsen, bei Hunden, Katzen oder dem Menschenaffen hingegen kann man die Haut einfach anheben. Unsere Haut ist verwachsen wie bei Walen oder anderen Meeressäugern. Dieses Phänomen läßt sich vielleicht nur durch eine amphibische Phase in der Entwicklungsgeschichte des Menschen erklären, denn alle Meeressäuger haben ein solches Unterhautfettgewebe. Sie macht den Körper stromlinienförmig, speichert Energie und bietet Schutz. Der Mensch als »Krone der Schöpfung« besitzt diese Speckschicht auch. Wie bei den Meeressäugern hat sie eine Schutzfunktion. Denn wenn wir mehr Gewicht zulegen, bekommen wir einen dicken Bauch, dicke Finger und Pausbacken. Doch Affen werden nicht dick!

Stammt der Mensch wirklich vom Affen ab?

In dem Forschungszweig der Paläanthropologie wird der Stammvater aller Menschen (Hominiden) und der Menschenaffen (Pongiden) auf einen Ur-Ägypter zurückgeführt, der vor etwa 30 Millionen Jahren im Nil-Tal lebte und danach auch dort wieder ausgestorben zu sein schien. Demnach haben sich Menschen und Menschenaffen erst von ihrem Urvater Aegyptopithecus abgespalten, um sich anschließend unterschiedlich weiter zu entwickeln. Die Nachfahren des Aegyptopithecus waren der Ramapithecus, dem dann die Australopithecinen folgten. Doch parallel zum Australopithecus lebte die Gattung des Homo habilis, der ein Urahn des Homo erectus und des Homo sapiens gewesen ist.

Gab es zwei unterschiedliche Populationen?

Im November 1997 gelang es Dr. Peter Oefner und Dr. Peter Underhill von der Stanfort Universität tatsächlich minimale genetische Abweichungen im Erbgut des Zellkerns jener Menschen zu belegen, die vor etwa 600.000 Jahren begannen, sich auf eine weltumspannende Wanderung zu begeben. Die entsprechende Stelle befindet sich im Y-Chromosom der väterlichen Linie und ist durch einen Adenin-Baustein gekennzeichnet. Die Anfangsbuchstaben der DNS-Bausteine Adenin, Cytosin, Guanin und Thymin stellen das genetische Alphabet (»Histone«) dar. Diese Bausteine steuern die Genaktivität. Nach den neuesten Analysen der Forscher wurde an einer Stelle, an der sich im normalen Verlauf der Gensequenz eigentlich ein Thymin-Baustein befinden sollte, ein Adenin-Baustein eingesetzt. Die Wissenschaftler bemerkten des weiteren, daß an anderen Sequenzabfolgen auch Guanin-Bausteine ebenfalls mit Adenin ausgetauscht worden sind.

Was jedoch war der Anlaß für diese seltsame Veränderung?

Mit der Entdeckung des Homo habilis konnte man bereits 1971 in Tansania (Afrika) an der Olduvai-Schlucht auf älteste Spuren von Häuserbau stoßen, was auf ein sehr altes zivilisiertes Verhalten unseres Urahnen schließen läßt. Bei diesem Fund handelt es sich um einen runden Steinkreis mit 16 Quadratmeter Innenfläche, den der Homo habilis bereits vor 2 Millionen Jahren als von ihm erbaute Behausung nutzte. Heute wissen wir, daß der Homo habilis schon in richtigen Dorfgemeinschaften lebte, die sogar getrennte Bereiche wie eine Schlachtbank, den Steinhauplatz und ihre Wohnhütten besaßen. Die geschlachteten Tiere wie Antilopen und Gazellen wurden gehäutet und danach innerhalb der Dorfgemeinde aufgeteilt. Da die Tierknochen, die man an den Schlachtplätzen gefunden hat, zum Teil zerschlagen waren, lassen sich Rückschlüsse ziehen darauf, daß so das nährreiche Knochenmark verspeist wurde. *Kann man hier nicht schon von einer Zivilisation des Ersten Zeitalters sprechen?*

Obwohl die ältesten Spuren der Nutzung des Feuers inzwischen auf 1,5 Millionen Jahre datiert werden, vertreten die Forscher immer noch die Ansicht, daß der Homo habilis ein Allesfresser gewesen sei, der das zugeteilte Fleisch und das Knochenmark nur roh verzehrte. Erst durch den Verzehr von Tieren, die durch Steppenbrände umkamen, sollen unsere Urahnen eher zufällig auf den Geschmack von gegrilltem Fleisch gekommen sein. Das halte ich allerdings für manipulierten Unsinn, denn diese sogenannten primitiven Vorläufer des Menschen härteten ihre Knüppel nicht nur ganz bewußt mit Feuer, obendrein versahen sie ihre Holzkeulen sogar mit kleinen Steinen oder mit Knochensplittern, so daß sie bereits während der Urzeit über Superwaffen verfügten.

In den Travertinbrüchen bei Bilzingsleben (Sachsen-Anhalt) stießen Forscher 1969 auf ein altes Jägerlager des Homo erectus, der bereits vor 1,8 Millionen Jahren aufgetreten war. Dieses Lager wurde allerdings in die sogenannte Holstein-Warmzeit datiert, die vor etwa 400.000 Jahren stattfand. Das Besondere an dieser Fundstätte sind viele Knochenstücke, die symmetrische Ritzlinien, geometrische Linien und ideogrammartige Gravierungen enthalten. Dadurch sehen unsere Forscher den Beweis erbracht, daß diese Vorläufer des Menschen sich bereits mit artikulierter Sprache unterhalten haben müssen. Könnte man diesen Menschen nicht somit auch die Kenntnis einer bereits entwickelten schriftlichen Kommunikation unterstellen?

Daß der Hund und der Mensch schon sehr alte Weggefährten gewesen sind, haben jetzt Biologen der Universität von Kalifornien durch genetische Analysen nachgewiesen und im Juni 1998 bekanntgegeben. Bisher nahmen unsere Gelehrten zwar immer an, daß Hunde die ältesten Haustiere des Menschen wären, allerdings vertrat man dabei die Ansicht, daß erst vor etwa 12.000 Jahren Wölfe gezähmt wurden, um bei unseren Vorfahren als Haustiere aufgenommen zu werden. Das älteste Fundstück eines domestizierten Tieres ist der Kieferknochen eines Hundes, der in einer Höhle im heutigen Irak gefunden wurde. Zudem fanden deutsche Wissenschaftler am Niederrhein den komplett erhaltenen Schädel eines Hundes, an dem sie die Informationen des Ersten Zeitalters wie aus einem Tagebuch lesen können. Man rekonstruierte daraus, daß es sich um ein kleines Tier gehandelt haben mußte, das sich in seiner Entwicklung vom Wolf schon vor mehr als 80.000 Jahren ziemlich weit entfernt hatte.

In Spanien fand man Felszeichnungen, worin Hunde in steinzeitlichen Jagdszenen als Helfer dargestellt sind. Deshalb stellten auch diese Bilder die Weltanschauung unserer Gelehrten auf den Kopf, da sie im Gegensatz zu ihrer Theorie schon 18.000 Jahre zuvor entstanden waren. Man hatte in diesem Zusammenhang sogar von Fälschungen gesprochen, weil sich die Szenen nicht in das Mosaik unserer Lehrmeinung einordnen ließen. Durch die Genanalysen hat sich das Blatt allerdings wieder gewendet. Demnach trennten sich die Wege von Hund und Wolf sogar bereits vor 135.000 Jahren, über 120.000 Jahre früher also als bisher angenommen! Ungefähr zur gleichen Zeit war die heutige menschliche Rasse des Homo sapiens sapiens bereits vollwertig entwickelt. Damit könnten Menschen und Hunde theoretisch schon in sehr früher Zeit Freundschaft geschlossen haben. Diese Tatsache würde allerdings den immer wieder behandelten ersten Zeitpunkt um 9.000 v. Chr. für die Domestizierung von Tieren generell in Frage stellen.

Ein Schädelfund des modernen Menschen, der in Quafzeh (Israel) entdeckt wurde, sorgte 1991 ebenfalls für Verwirrung, da er von den Paläanthropologen auf 92.000 Jahre datiert wurde. Bis dahin galt Israel stets als der Ort, an dem der Vorläufer (»Neandertaler« 400.000–30.000 v. Chr.) des modernen Menschen vor etwa 32.000 Jahren ausgestorben war. Doch Dr. David Roberts und Professor Lee Berger, zwei südafrikanische Forscher von der Witwatersrand Universität in Johannesburg, entdeckten 1995 in der Langbaan-Lagune in der Nähe von Kapstadt drei versteinerte Fußspuren vom Homo sapiens sapiens, dessen Alter nach ihrem im Juli 1997 veröffentlichten Untersuchungsbericht sogar mit 117.000 Jahren datiert wird. Das ist eine sehr interessante Entdeckung in Hinblick auf die gesamte Entwicklungsgeschichte des modernen Menschen. Bisher nahmen unsere Gelehrten nämlich an, daß der heutige Mensch frühestens vor 30.000 bis 40.000 Jahren zum ersten Mal aufgetreten sei und damit den Neandertaler abgelöst habe. Doch gerade der Neandertaler wurde bisher gründlich mißverstanden.

Im Jahre 1856 fanden Arbeiter in einer 50 Meter tiefen Schlucht in einem Steinbruch bei Neandertal an der Düssel bei Düsseldorf 16 sonderbare Knochen eines, wie sich später zeigte, 60 Jahre alten Mannes, die sie nach einigen Tagen dem Lehrer und Naturforscher Johann Carl Fuhlrott aushändigten. Der Wissenschaftler identifizierte sie als Überreste eines eiszeitlichen Menschen und machte das Tal damit weltberühmt. Rolf Schmitz und Jürgen Thissen vom Rheinischen Amt für Bodendenkmalpflege fanden nach einer langjährigen Suchaktion 1997 noch Reste von über 20 weiteren Knochen und Artefakten in einer Tiefe von 3,5 Metern. Darunter war ein zweiter Oberarm, der nun doppelt vorhanden ist und die Existenz eines zweiten Individuums belegt. Die Sensation jedoch war ein Kniegelenk des Oberschenkels der Person, die Mitte des 19. Jahrhunderts entdeckt wurde. Genauere Untersuchungen der Erbanlagen belegten bisher, daß unsere Spezies kein direkter Nachfahre des Neandertalers ist, obwohl die Alt- und Jetztmenschen mindestens über 5.000 Jahre hinweg gemeinsam in Europa gelebt haben. Doch das Forschungsteam von Professor Erik Trinkhaus von der Universität Washington korrigierte im April 1999 diese alteingebrachte Theorie. Nach jahrelangen Grabungen entdeckte das amerikanische Forschungsteam im Sandgeröll der portugiesischen Atlantikküste nur wenige Zentimeter unter der Erdoberfläche die 24.500 Jahre alten Skelettreste eines vierjährigen Steinzeitbabys. Dieser Fund ist eine weitere Sensation in Hinblick auf unsere Entwicklung, welche die Wissenschaft zwingen wird, die Geschichte der Evolution umzuschreiben. Die Genanalysen haben nämlich ergeben, daß die Neandertaler und der Cro-Magnon sich vermischt haben. Professor Trinkhaus erklärt es folgendermaßen:

»In letzter Konsequenz ist der Homo sapiens sapiens ein Nachkömmling des Neandertalers und des Cro-Magnon. Genauer gesagt: Nachkömmling einer frühen Kreuzung beider Arten.«

Die Untersuchungsergebnisse an dem Steinzeitbaby enthalten seltsamerweise neben Genen des frühen menschlichen Vorfahren Cro-Magnon auch die des Neandertalers in einem Individuum. Dieser im Küstensand von Portugal entdeckte Fund weist darüber hinaus sogar äußerliche Merkmale zweier Spezies auf: Das Kinn und die Zähne ähneln denen des modernen Menschen, die untersetzte Gestalt des Jungen läßt dagegen auf einen Neandertaler schließen.

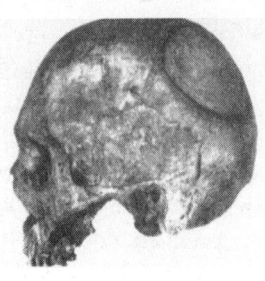

Abb. 31: Schädel aus der Steinzeit mit deutlich erkennbaren Spuren einer Gehirnoperation.

Seltsamerweise war unsere Wissenschaft stets bemüht, diese Gattung mit einem affenartigen Äußeren zu verunstalten. Solange man den Neandertaler als groben Klotz präsentierte, konnte man ihn als das primitive Gegenstück unserer eigenen Vollkommenheit diffamieren. Beispielsweise deklarierte der deutsche Pathologe Professor Rudolf Virchow (1821–1902) den Neandertaler als »rachitischen Idioten« und sein Berufskollege Carl Mayer sah in dem Schädel des Neandertalers einen »mongolitischen Kosaken«.

Der Neandertaler selbst hingegen, der bereits vor über 375.000 Jahren aufgetreten war, scheint sogar schon kontrollierte chirurgische Eingriffe unter seinen Stammesmitgliedern vorgenommen zu haben, was auf ein zivilisiertes Verhalten schließen läßt. Ein 300.000 Jahre alter Neandertalerschädel, der 1933 in Steinheim an der Murr (Baden-Württemberg) entdeckt wurde, wies eine künstlich hervorgerufene Schädelöffnung auf, was unsere Wissenschaftler vor eine bisher ungelöste Aufgabe stellte. Man nahm bis vor einigen Jahren noch an, daß dieser Kopf von dem Körper einer jungen Neandertaler-Frau mit einem Schneidewerkzeug abgetrennt wurde, um die Schädeldecke zu öffnen, damit das Gehirn verzehrt werden konnte. Durch neuere Studien des Anthropologen Dr. Yoel Rak von der Universität Tel Aviv (Israel) hat man jedoch herausgefunden, daß die Neandertaler keinen Kannibalismus betrieben, sondern ihre Toten beerdigten und mit Blumen, Speisen, Tierknochen und Waffen ausstatteten, was auf einen Jenseitsglauben und somit auf eine Götterverehrung schließen läßt.

Auch die Hintergründe der 300.000 Jahre alten Schädelöffnung scheinen jetzt gelöst zu sein: Durch Studien an steinzeitlich lebenden Buschstämmen in Afrika konnten Forscher unserer Tage Schädelöffnungen filmen, wie zum Beispiel ein alter Medizinmann mit einer Art Meißel einem Mädchen ohne Narkose den Schädel öffnete, um eine mögliche Blutgerinselbildung zu untersuchen, die durch einen Unfall verursacht worden war. Trotz dieses mit primitiven Mitteln erfolgenden chirurgischen Eingriffes war das Mädchen schon nach einem Monat wieder gesund. Auch ein etwa 8.000 Jahre alter Fund aus Naês in Dänemark zeigt auf, daß die Schädelöffnung wie bei dem afrikanischen Medizinmann erfolgt ist. Mit einem Meißel ist eine runde Platte von der Größe einer Compact Disk aus der Schädeldecke getrennt worden, um medizinische Eingriffe vorzunehmen. Im *Institut für Menschenkunde* in Cluj in Rumänien wird sogar ein ganz besonderer Fund aus der Vergangenheit aufbewahrt: ein 7.500 Jahre alter Schädel, bei dem man sieht, daß er gleich zweimal geöffnet wurde. An den nachgewachsenen Knochenanteilen kann man heute noch deutlich erkennen, daß der Patient beide Eingriffe überlebt hat.

Inwieweit der Homo habilis Eingriffe an seinen Artgenossen vorgenommen hatte, wissen wir nicht. Wir wissen aber, daß diese Gattung seine Verwandten wie der Neandertaler ebenfalls beerdigt hat. Dr. Rainer Gersonde vom *Alfred Wegener Institut für Polar- und Meeresforschung (AWI)* in Bremerhaven hat im Mai 1999 bei der Forschungstagung *Oceanic Impacts* auch den Grund dafür präsentiert, wie eine mögliche Hochzivilisation bereits vor über 2 Millionen Jahren vernichtet werden konnte:

»Vor etwa 2,2 Millionen Jahren schlug südwestlich von Kap Hoorn ein Asteroid, den wir ›Eltanin‹ getauft haben, mit sechzigfacher Schallgeschwindigkeit ein. Dabei wurden bis zu 400 Meter hohe Wasserberge produziert, die sich mit einer Geschwindigkeit von 700 Stundenkilometern über die Weltmeere ausbreiteten und innerhalb von 24 Stunden ganze Küstengebiete vernichteten.«

Beim Aufprall des über tausend Meter großen Gesteinsbrockens aus dem Weltall kam es nach Ansicht des AWI-Forschers Gersonde zu einer gewaltigen Explosion mit der Sprengkraft von fünf Millionen Hiroshima-Bomben. Der außerirdische Feuerball dehnte sich rasend schnell aus und brachte das Meer zum Kochen, wonach sekundenschnell rund 500 Kubikkilometer Wasser verdampften, was dem zehnfachen Inhalt des Bodensees entspricht. Zusammen mit der ultraheißen Wolke aus Wasserdampf wurden auch zwei Milliarden Tonnen Meersalz sowie Asteroidenstaub in die Atmosphäre geschleudert. Durch diesen gewaltigen Eintrag wurde die chemische Zusammensetzung der irdischen Lufthülle nachhaltig durcheinandergebracht. Nach Meinung des erwähnten Experten zog dies dramatische Veränderungen der Erdatmosphäre nach sich: »Je nachdem, bis in welche Höhe der hochgeschleuderte Wasserdampf gelangte, könnte es durch vermehrte Wolkenbildung in den Jahren danach unten am Boden zu einer Abkühlung gekommen sein, die die irdischen Lebensverhältnisse drastisch veränderte.« Somit lassen die neuesten Entdeckungen völlig neue Möglichkeiten für prähistorische Zivilisationen offen.

Wie läßt sich dieses Rätsel aber nun lösen?

Kapitel 3

VERSCHLÜSSELTE BOTSCHAFTEN

Wie die griechischen Tempel, die römischen Amphitheater oder die Kathedralen des europäischen Mittelalters, zählen auch die ägyptischen Tempel zu den großen Denkmälern der menschlichen Kulturgeschichte. Obwohl wir im Verlaufe dieses Buches noch einigen sonderbaren Tempelanlagen begegnen werden, die ein Alter von über 10.000 (!) Jahren aufweisen, stufen unsere Ägyptologen die früheste Entstehung der ägyptischen Tempel nach wie vor in die Zeit der 5. Dynastie (2348–2205 v. Chr.) ein. Doch in Wahrheit wurden von Nubien bis zum Mittelmeer, von der Oase Siwa bis zur Küste des Roten Meeres, die Lehmhütten jeden Dorfes und die mehrstöckigen Häuser jeder Stadt von monumentalen Pylonen ihrer Tempel beherrscht. Es waren Heiligtümer, die mit ihren gewaltigen Umfassungsmauern alle übrigen Bauten an die Peripherie verwiesen. Darüber hinaus waren diese Tempel durch mancherlei Bezüge zu einem dichten Netz miteinander verwoben. Seltsamerweise waren die Götter nicht nur verwandtschaftlich miteinander verbunden, sondern wohnten auch als »Gastgötter« in fremden Heiligtümern, und häufig zogen ihre Kultbilder zu Wasser oder Land zu benachbarten Tempeln. Auf diese Weise prägten die Götter und ihre Tempel die Landkarte Ägyptens und gestalteten das Land zu einer Art Staat der Götter.

Was für ein Geheimnis verbarg sich jedoch hinter diesen Bauwerken?

Über das zu einem jüngeren Zeitpunkt eingeführte Judentum wissen wir, daß es die Herstellung von Götzenbildern verbot und auch der Islam dieses Tabu von den Hebräern übernahm. Unter dem Judentum wie unter dem Islam bildete sich demnach eine kulturelle Tradition heraus, die jede Abbildung natürlicher Gestalten, also auch die des Menschen, ablehnte. Die Art der Ausschmückung, wie man sie in ägyptischen Tempeln und in christlichen Kathedralen findet, ist den Synagogen oder Moscheen bis heute fremd geblieben. Dieses Verbot leitet sich teilweise aus der Tatsache ab, daß jeder Versuch, die natürliche Welt darzustellen, als Blasphemie und

Bemühung des Menschen galt, mit dem monotheistischen Schöpfergott wetteifern oder ihn gar übertrumpfen zu wollen. Hinter diesem Dogma verbarg sich eine tiefergehende theologische Rechtfertigung, die sich teilweise mit dem alten pythagoreischen Gedankengut überschnitt und möglicherweise von ihm sogar beeinflußt war. So konnte der wahre Gott nur durch die »Grade eines Winkels« manifestiert werden und nicht in der Darstellung unterschiedlicher Gestalten. Deshalb mußte und konnte die göttliche Präsenz im Judentum sowie dem Islam nur durch Gebäude veranschaulicht werden, die auf Formen und Zahlen und nicht auf darstellender Ausschmückung beruhten. Nur über das Studium der Geometrie schienen gewisse Gesetze der allumfassenden Ordnung sichtbar zu werden.

Wer aber war der monotheistische Gott, den man über Jahrtausende immer nur als Zahl manifestierte?

Gegen Ende des ersten vorchristlichen Jahrhunderts entwickelte der römische Architekt Vitruvius einige Grundprämissen für künftige Baumeister, Genossenschaften oder »collegia« zu organisieren. Beispielsweise forderte er, daß die Altäre immer nach Osten ausgerichtet sein müssen. Vor allem aber stellte er den Architekten nicht als bloßen Handwerker dar, sondern verlangte, daß er des Zeichnens kundig sein müsse. Des weiteren verlangte er, daß der Architekt in der Rechenkunst unterrichtet werde und in den Geschichtswerken bewandert sei. Ferner sollte er die Philosophie mit Eifer gehört und sich Kenntnisse in Tonkunst und in Sternkunde angeeignet haben. Für Vitruvius war der Baumeister im Grunde eine Art »Magier«, der die Summe des menschlichen Wissens beherrschte und in die Schöpfungsgesetze eingeweiht war. Den ersten Rang unter diesen Gesetzen habe nach Vitruvius die Geometrie, die der Archi-

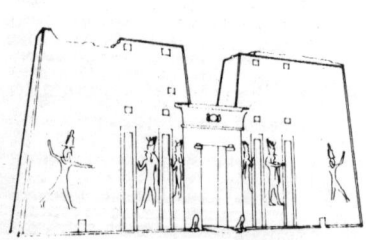 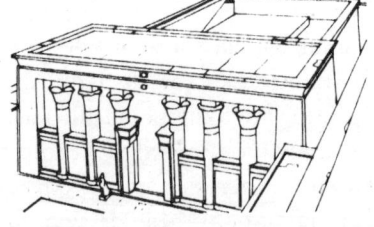

Abb. 32: Ägyptischer Tempel.

tekt heranziehen müsse, um Bauwerke mit »ästhetisch gewählten Verhältnissen« zu bauen.

Auch wer sich ein konkretes Bild von der ägyptischen Vorstellung vom Kosmos machen will, wird beim Betreten eines ägyptischen Tempels die Welt sehen, wie die Ägypter sie sahen, die sie in Stein nachbildeten. Die Tempel stellten nichts anderes dar als den Kosmos im Kleinen. Das wird besonders deutlich, wenn man sich den Umfassungsmauern eines Tempelbezirks nähert. Diese sind nicht in geraden Lehmziegel- oder Steinlagen, sondern in wellenartigen Auf- und Abschwüngen errichtet. Einer nachvollziehbaren Vermutung zufolge werden so die Wogen der den Kosmos umgebenden »Urflut« symbolisiert. Den Ägyptologen sind gegenwärtig 81 astronomische Monumente bekannt, die eine offensichtliche Verbindung zum Sternenhimmel und somit zum Kosmos aufweisen. Sie scheinen jedoch nicht imstande zu sein, irgend etwas anderes als das äußerst Offensichtliche zu erkennen. Beispielsweise nehmen sie zwar eine Sternenkarte auf einer Tempeldecke wahr wie im Fall des ägyptischen Architekten Senemut. Sie scheinen jedoch unfähig zu sein ein stellares Monument zu erkennen, wenn es nicht mit Sternen dekoriert ist!

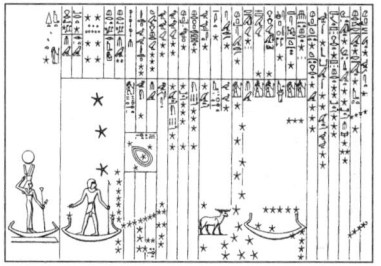

Abb. 33: Astronomische Geometrie in Ägypten.

Der britische Astrophysiker Sir Norman Lockyer (1836–1920) war der erste, der bereits im Jahre 1894 in seinem Buch »The Dawn of Astronomy« auf die möglicherweise kosmische Ausrichtung verschiedener ägyptischer Tempel aufmerksam machte und zu seiner damals neuen Theorie sogar ziemlich exakte Daten über die Bauzeit dieser Tempelanlagen lieferte. Heutzutage wird es allerdings nicht mehr als revolutionär empfunden, daß frühere Zivilisationen über das Wissen verfügten, um aus tausenden

Abb. 34: Die Stiertempel der ersten Zeit.

Tonnen von Gestein bestehende Bauwerke ganz bewußt nach kosmischen Markierungen auszurichten. Dabei existieren erstaunliche Hintergrundinformationen, die auch über die wahren Ursprünge des Menschen Aufschluß bieten.

Im koptischen Buch »Der Augenstern des Kosmos« wird nämlich angegeben, wie erst durch die Götter des Goldenen Zeitalters einst eine Priesterschaft gegründet wurde, welche nach der Rückkehr ihrer Lehrmeister »… die sichere Gewißheit himmlischer Absichten erforschen sollte«.

Das hier verwendete altägyptische Wort »ârqi«, das den Determinativ mit einem Lautzeichen abschließt und mit einem in der Mitte versehenen Punkt als Kreis endet, besitzt bezüglich dieser Himmelsereignisse einen entscheidenden Ausdruck. Die Bedeutung des Wortes bezeichnet wörtlich »das Ende einer Periode«. Dieser Ausdruck hat mit astronomischen Beobachtungen zu tun und wurde von der ägyptischen Priesterschaft unter anderem bei ihren Kalenderbezeichnungen verwendet. Außerdem bedeutet es als Subjektiv »Gürtel« und als Verb »umbinden« oder »umlaufen«, womit bei astronomischen Beobachtungen nur »Umläufe« der Gestirne gemeint sein können. Daher wurde der Gürtel von den Persern und Griechen immer als Zeichen des festen Zusammenhalts auf den Himmel und im besonderen auf die Darstellung unserer Milchstraße bezogen. Die Kreisform des Gürtels verlieh ihm kosmische Macht und galt bei ägyptischen Königen genauso wie beim Germanengott Thor als »kosmischer Kraftspender«. Auch das während der europäischen Renaissance verwendete verwandte lateinische Wort »arcere« bedeutet schließlich »eingehen«, »umgeben«, »umfassen« sowie »einschließen«. So sollte uns nicht verwundern, daß ein ägyptischer »ârqu« auch die Bezeichnung für ein »Gebildeter«, ein »Erfahrener« oder ein »Eingeweihter« war; eine Person also, die in die Geheimnisse des »ârq« eingeführt war, den die alten Ägypter auch »Adept« (»Weiser«) nannten. Ein »ârqu« war somit jemand, der über das Geheimnis des »ârq« Bescheid wußte.

Abb. 35: Die Kartuschenform – Symbol für Ekliptik.

Dieses alte Testament über eine alte astronomische Weisheitstradition hinterließen die antiken ägyptischen Gelehrten als eine

Art »Vermächtnis« für die künftigen Geschlechter. Wahrscheinlich stößt man bei den Untersuchungen dieser Hinterlassenschaft deshalb auch immer wieder auf die praktische Anwendung der Flächenvermessung und der astronomischen Geometrie. Das bedeutet, daß diese alte Priesterschaft nach Ansicht unserer Gelehrten »... ohne den Besitz von modernen Geräten« vor Jahrtausenden bereits über die Kenntnis der »allgemeinen Geodäsie« verfügte und diese bei der Vermessung kilometerlanger Strecken anwenden konnte.

War diese komplizierte Anwendung ohne den Einsatz von modernen Apparaturen überhaupt möglich?

Die griechische Bezeichnung »Geodäsie« ist der Oberbegriff für die Lehre für Erdmessungen (Land- und Feldmessung), welche von einem Geodäten ausgeführt werden. Dabei wird von dem Geodäten mit einer bestimmten »geodätischen Linse« die kürzeste Verbindungsstrecke zweier Punkte einer beliebigen Fläche auf der Erdkugel ermittelt. Das ist zum Teil schwierig, weil sich innerhalb der Verbindungsstrecke Bäume, Gebirgszüge und unüberbrückbar erscheinende Wassermassen befinden, die ein Messen von der Erdoberfläche schier unmöglich wirken lassen. Doch die »Omphallos-Steine« aus den antiken griechischen Ortschaften Delphi und Delos sind heute noch erhalten geblieben, die uns somit etwas anderes bezeugen. Beide sind mit Netzen bedeckt, die ein geodätisches Gitter von Breiten- und Längengraden darstellen.

Was aber war der Grund für diese Anwendung?

Das griechische Wort »omphallos« und das lateinische »umbilicus« bedeuten »Nabel« und bezeichnen aus unerfindlichen Gründen Gegenstände als »Mittelpunkt der Erde«. Es ist gewiß kein Zufall, daß in den semitischen Sprachen »naboh« »voraussagen« und »nabih«

»Prophet« bedeutete. Diese Bezeichnungen gehen zweifellos auf den sumerischen Ausdruck NA.BAR. zurück, der »glänzend heller Stein, der erklärt« bedeutet.

Das Hauptheiligtum des Islams ist die »Kaaba«, ein würfelförmiges Gebäude in Mekka (Saudi-Arabien), in das der heilige Schwarze Stein, der »Hadschar al-aswad«, eingelassen ist. Vielleicht leitet sich das Wort »Kaaba« aus dem hebräischen Wort »Kabala« ab, das »empfangen« bedeutet.

Abb. 36: Flüsternder Stein.

Dieses Heiligtum befindet sich 10° östlich vom westlichen Meridian Ägyptens und 10° südlich der nordägyptischen Stadt Behdet. Den mysteriösen »Hadschar al-aswad«, der nach Ansicht unserer Gelehrten wohl ein Meteorit ist, soll nach der Lehre Mohammeds der Erzengel Gabriel dem Stammvater Abraham (arab. Ibrahim), der auch von den Moslem verehrt wird, vor 3.500 Jahren überbracht haben. Der biblische Patriarch Abraham gilt gleichzeitig auch als der Erbauer der »Kaaba«. Professor Livio Stecchini von der Harvard Universität nimmt an, daß der heilige Stein der »Kaaba« ursprünglich »... einer von ›vieren‹ ...« ist, welche über das Gelände in einer bestimmten Anordnung als »pyramidenartiges Dreieck« aufgestellt waren. Daraus führt der Professor dem Heiligtum trigonometrische Funktionen zu, die von den ursprünglichen Anordnungen abgeleitet werden können. Auch der griechische Philosoph Platon war davon überzeugt, daß alle bestimmbaren Flächenmessungen der Antike aus Dreiecken zusammengesetzt seien.

Der amerikanische Ägyptenforscher Peter Tompkins schreibt in seinem 1973 unter dem Titel »Cheops – Das Geheimnis der Großen Pyramide« erschienenen Buch über die »Hadschar al-aswad«:

»Die islamische Überlieferung betont die Tatsache, daß die Kaaba ursprünglich ein Mittelpunkt der Landvermessung war. Den Kern bildeten danach vier Steine, die ein Quadrat markierten, dessen Diagonalen von Nord nach Süd und von Ost nach West verliefen. Die Nordsüddiagonale bildete mit dem Nordost- und Südoststein nach ägyptischer Auffassung eine Pyramide.«

Tatsächlich sieht die Tradition eines Moslems vor, daß jeder wenigstens einmal im Leben nach Mekka, dem Geburtsort Mohammeds, pilgern sollte, um den heiligen Stein zu berühren oder zu küssen. Jeder, der den »Haddsch« (die Pilgerfahrt) unternommen hat, darf danach den Titel »Haddschi« seinem Namen hinzufügen. Für viele Moslems bedeutet der »Haddsch« eine Reise von tausenden Kilometern, für die sie ein Leben lang sparen müs-

Abb. 37: Die Kaaba.

sen. Später, wenn die Pilger den Stadtrand von Mekka erreichen, legen sie ein zweiteiliges weißes Gewand an und die Frauen laufen von Kopf bis Fuß verschleiert umher. In der Frühzeit des Islam wurden für diese Pilgerreise eigens Koordinaten ermittelt, an denen sich jeder Moslem orientieren konnte, ganz gleich wo er sich befand, um von dort immer an den heiligen Ort zu gelangen.

Bereits der römische Gelehrte Marobius berichtete 800 Jahre vor der Entstehung des Islam in seinen Schriften über den ägyptischen Ursprung dieser heiligen Steine: »… jetzt wird der Gegenstand mehr von den Assyriern verehrt als in ägyptischen Riten.« Die Ägypter nannten diese heiligen Steine »hen«, was sich mit »Kasten« übersetzen läßt. Es war ein Gegenstand, den man dem schakalköpfigen Gott Anubis zuordnete. Isis und Nephtys bildeten an diesem »Kasten des Chepri« die Klagevögel, die über dem »Grabhügel des Osiris« thronten. Andere antike Schriften, wie die der Assyrier, berichten gar über technisch anmutende Besonderheiten dieser Steine: »Es waren Steine der Götter, die sprechen und flüstern konnten. Die Menschen konnten seine Botschaften nicht wissen, die Massen auf Erden sie nicht verstehen.«

Ist hierunter, wie auch bei den ägyptischen Djed-Fetischen, die frühe Existenz von Telekomunikationsapparaten zu verstehen?

Die Ähnlichkeit der Djed-Fetische zu einem modernen Telegrafenmast ist verblüffend! Die ursprünglichen Gegenstände sind zwar verschwunden, doch, wie wir wissen, fanden Archäologen bei Ausgrabungen auch eine steinerne Omphalos-Kopie in Delphi, die in römischer Zeit vielleicht noch außerhalb des Tempels aufgestellt war. Der Sage nach wollte die griechische Gottheit Zeus den Mittelpunkt der Erde finden und ließ deshalb zwei Adler von entgegengesetzten Punkten der Erde los. Diese Adler trafen danach an dem Omphalos in Delphi aufeinander und bildeten so den neuen Mittelpunkt unseres Planeten. Laut dem griechischen Geographen Strabon befanden sich wie auf dem ägyptischen »hen« einst auch auf dem »Omphalos von Delphi« zwei Vogelskulpturen, welche die alte Zeus-Legende symbolisierten.

Welcher geniale antike Techniker oder Mathematiker soll aber in der Lage gewesen sein, derartiges zu berechnen?

Heilige Bücher wie das Alte Testament oder der Koran sind durch ein mysteriöses Zahlensystem verschlüsselt worden, was sich erst mittels modernster Technologie des 21. Jahrhunderts nur teilweise decodieren ließ. Der Moslem Rashad Khalifa hatte 1998 im Fall des Koran mit Hilfe eines Computers herausgefunden, daß dort die Zahl 19 (5 + 14) eine wichtige Rolle spielt. Bei den Römern und Griechen wurde beispielsweise die Fünf wegen der Vermählung durch die weibliche gerade Zwei mit der männlichen ungeraden Drei auch als »Hochzeitszahl« bezeichnet. Pythagoras erhob sie sogar zur Hochzeit zwischen Himmel und Erde. Eine besondere Bedeutung hat die Zahl Fünf auch im Manichäismus (fünf Söhne des Urmenschen, fünf heilige Bäume, fünf teuflische Mächte, usw.) und vor allem im Dschainismus (fünf Rangstufen der Mönche, fünf Elemente, fünf Farben, usw.). Fünf Elemente, fünf Himmelsrichtungen und die fünf Atmosphären unserer Erde waren auch den alten Chinesen schon seit undenklichen Zeiten bekannt gewesen. Darüber hinaus war im alten Mexiko (Huracán) und auch bei den alten Ägyptern die fünfte Nachtstunde immer dem Totengott (Osiris) geweiht. Die Zahl Fünf verweist im übrigen auf die fünf Wunden Christi und im Islam auf die fünf Säulen der Frömmigkeit.

Und was war mit der 14?

Die 14 ist eine alte Mondzahl und bezeichnete den halben Umlauf des Mondes. Diese Symbolik steckt vermutlich auch in einer babylonischen Erzählung, die von dem Kriegsgott Nergal handelt, der von 14 anderen Göttern durch die Unterwelt begleitet wurde. Bezeichnenderweise wurde auch Osiris innerhalb der ägyptischen Mythologie nach einem Attentat in 14 Stücke zerteilt. Überdies wurde im Islam das Alphabet in 14 Sonnen- und 14 Mondbuchstaben eingeteilt und erlangte, wie bei den Christen auch, als doppelte Sieben eine gewisse Bedeutung. Der Koran ist beispielsweise in 114 Suren aufgeteilt, was 6 x 19 entspricht. Die 19 wird von dem Geistlichen Rashad Khalifa als die Summe der zwölf Tierkreiszeichen und der sieben bis in die Urzeit bekannten Planeten einschließlich Sonne und Mond identifiziert. Die Sieben könnte jedoch

Abb. 38: Der Hitat.

durchaus auch als Sinnbild für den Orion stehen, der im Altägyptischen ebenso der Gottheit Osiris entsprach. Darüber hinaus beginnen alle Suren des Koran bis auf die neunte mit »Im Anfang …«.
Auch die Zahl Neun symbolisiert ähnlich wie die Sieben die Vollkommenheit und wurde in der Frühzeit systematisch für die Land-
einteilung benutzt. Beispielsweise wurden acht im Quadrat ange-
ordnete Flächen für die Umschließung einer neunten verwendet,
welche die Chinesen als »Kaiserfeld« bezeichneten.

Auch das Judentum kannte derartige Zahlenanwendungen – doch
zu welchem Zweck? Hebräischen Geschichtsschreibern zufolge war
das ursprüngliche Kultzentrum der Juden nicht Jerusalem, sondern
der Berg Garizim, ein streng geodätischer Punkt 4° östlich der
Hauptachse Ägyptens. Erst 980 v. Chr. wurde dieses Kultzentrum
mit der Baubeendigung des Salomo-Tempel nach Jerusalem ver-
legt.

Wie läßt sich dieses Rätsel jedoch richtig zuordnen?

Mit Beginn der frühen Renaissance wurden die europäischen Kathedralen mit einem kreuzförmigen Grundriß angelegt und in aller
Regel wie die Altäre der Antike nach Osten ausgerichtet. Der
Haupteingang dieser Bauwerke lag deshalb an der Westseite am Fuß
des Kreuzes, was be-
deutete, daß die Gläu-
bigen, welche die Kir-
che betraten, sich in
östlicher Richtung
bewegen mußten.
Damit wird in den
christlichen Gottes-
häusern die Auferste-
hung von Jesus sym-

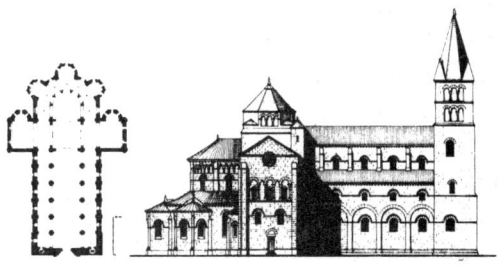

Abb. 39: Christliche Kirche.

bolisiert. Diesen religiösen Erfordernissen mußten sich die Baumeister anpassen und somit der Christenheit entsprechen. Dazu
bedienten sie sich der Geometrie und der Mathematik, um auf symbolische Art die liturgische Funktion des christlichen Kults zum
Ausdruck zu bringen. Auch die einzelnen Bauelemente der Kir-
chen besitzen von jeher eine tiefe symbolische Bedeutung. Die Kir-
chenkuppel stellt das im Alten Testament beschriebene Himmelsgewölbe dar, und der Altar symbolisiert den Kopf des Kreuzes Chri-

sti. Wie wir im Kapitel 6 noch sehen werden, geht diese Tradition der »beobachtenden Astronomie« bis in das Megalithzeitalter vor 15.000 Jahren zurück.

Auch bei den Bauwerken des alten Ägypten wurde das Prinzip der geheiligten Geometrie befolgt. Das bedeutet aber gleichzeitig, daß die alten Bauwerke nichts über den Zweck und die Funktion des jeweiligen Monuments verraten. Deshalb sollte die Aufgabe eines jeden Forschers darin liegen, die symbolische Bedeutung eines solchen Entwurfs und seine Verbindung mit der Liturgie des Kultes herauszufinden.

Wie sollte man dabei jedoch vorgehen?

Im Frühjahr 1999 gelang einem amerikanischen Archäologenteam in der Ortschaft Baharya, die 345 Kilometer südlich von Kairo liegt, die Entdeckung eines ganzen Mumientals. Kurioserweise wurde dieser mit tausenden Mumien ausgestattete Friedhof nicht von den studierten Archäologen, sondern von einem Esel entdeckt, der mit den Vorderbeinen zufällig in ein Loch trat, das zum Grabeingang dieser Fundstelle gehörte. Der Ägyptologe Dr. Zahi Hawass, der im August 1999 in das Grab der verstorbenen altägyptischen Würdenträger und Beamten hinabstieg, berichtet:

»Ich konnte nicht glauben, daß es so schöne Beispiele für Mumien gibt. Die Augen einiger sahen mich an, als würden sie noch leben.«

Natürlich hatte Hawass nicht alle Mumien begutachten können, doch wie man es an seiner weiteren Ausführung erkennt, gab es unter den Mumien durchaus Unterschiede, die der Ägyptologe den phantastischen Hollywood-Mumien gleichstellt:

»Andere Mumien, die nur in Leintücher gewickelt waren, erinnerten mich an jene, wie sie von Hollywood-Filmemachern gezeigt werden.«

Der verantwortliche Ägyptologe dieser Entdeckung, Professor Leonard Lesko von der Brown Universität in Rhode Island, gab indes eine wesentlich undramatischere Erklärung ab und datiert alle Mumienfunde auf lediglich 2.000 Jahre:

»Das ist der wichtigste Fund von Mumien aus dieser Epoche. Er bedeutet soviel, weil dieser Friedhof noch unberührt war. Während Tutanchamun und Ramses in monumentalen Einzelgräbern bestattet waren, handelt es sich hier um einen Friedhof von hohen Beamten und wohlhabenden Landbesitzern!«

Der arabische Arzt Abdar-Rahim Al-Kaisi berichtet im Kapitel 20 des »Hitat« bereits vor 500 Jahren anscheinend über die selben Mumien und solche, die er in der Umgebung der Großen Pyramide erblickte. Al-Kaisi beschreibt dabei einen geheimnisvollen Ort, an dem sich unzählige sonderbare mumifizierte Leichname stapelten. Er erzählt unter anderem, daß die Haut dieser Mumien im Gegensatz zu anderen »... von zähem Leder waren«, so daß es ihm trotz chirurgischen Eingriffs nicht gelang, ihre Glieder zu entfernen. Abdar-Rahim Al-Kaisi berichtet dabei eindeutig nicht von Menschen, sondern von menschenähnlichen Wesen:

»Ihre Leiber gleichen den unseren, doch sind sie nicht von großer Statur. Von ihren Körpern und ihrem Haar ist nichts abgefallen: Kein Greis, keiner, dessen Haar weiß ist, befindet sich unter ihnen.«

An was dachte wohl Dr. Zahi Hawass, als er das Mumiental mit Hollywood verglich?

Die religiösen Riten, die nach dem Tod der ägyptischen Beamten oder des Königs vollzogen wurden, waren im wesentlichen die einer Wiedergeburt. Manche haben sie auch als Osiris-Riten bezeichnet, da der König im Todesfall zu Osiris wurde und zum himmlischen Reich dieser Gottheit aufstieg, das im Sternbild des Orion lag. Dazu schreibt Professor Erik Hornung in »Ägyptische Jenseitsbücher«:

»Die ›Dat‹ scheint noch nicht auf die Unterwelt festgelegt zu sein, sondern himmlische Bereiche mit einzuschließen.«

Deshalb sahen die Ägypter im Tod eines Menschen nicht das Ende des Lebens, sondern einen Augenblick des Übergangs zu einem Ort, wo der Mensch immer seine Individualität behalten konnte. Ein weiterer wichtiger Bestandteil des Rituals war die symbolische Geburt des neuen Königs als Horus, der ebenfalls einen Bezug zu den Sternen hatte, wie es sich aus dem Pyramidentext § 632, d ergibt:

»Horus, der in der Sopted ist.«

Sopted ist wiederum kein geringeres Sternbild als der Sirius, von dem wir noch einiges hören werden. Denn in den ältesten religiösen Spruchsammlungen wie die der Pyramidentexte und die der auf Papyrus geschriebenen Totenbücher wurde uns von den alten Ägyptern ein Vermächtnis über diesen Doppelstern hinterlassen.

Was aber ist das Ägyptische Totenbuch?

In den Anfängen der Ägyptologie bezeichnete vor allem Professor Carl Richard Lepsius (1810–1884) diese Spruchsammlung als »Bibel der alten Ägypter«. Das Totenbuch ist tatsächlich eine Art Gebetsbuch, in dem eine Sammlung von Sprüchen der Schreiber Hunefer, Ani und der Amun-Priesterin Anhai enthalten ist. Man gab die einzelnen Sprüche dem Toten mit ins Grab und legte sie ihm dabei entweder in den Sarg oder wickelte sie einfach in die Mumienbinden. Der Zweck dieser Handlung bestand darin, dem Verstorbenen während seiner Reise durch die Unterwelt (Dat) den richtigen Weg zu ebnen, damit er seinen Bestimmungsort »Wernes« erreichen konnte. In dem aus 190 Kapiteln bestehenden Totenbuch waren somit Gebrauchsanweisungen enthalten, mit denen sich der Verstorbene bei dem Durchqueren der verschiedenen Regionen des »Verborgenen Raumes« zurechtfinden sollte. Aus den Pyramidentexten erfahren wir, daß der vergöttlichte König für seine Reise ein fünffaches rituelles Mahl zu sich nehmen mußte. Das heilige Essen wurde an drei Standorten des Himmels und auf zweien der Erde serviert. Für die irdischen Mahlzeiten waren die Chentiu-Priester verantwortlich. Dazu mußte an den Königsstatuen in den fünf Nischen zwischen dem

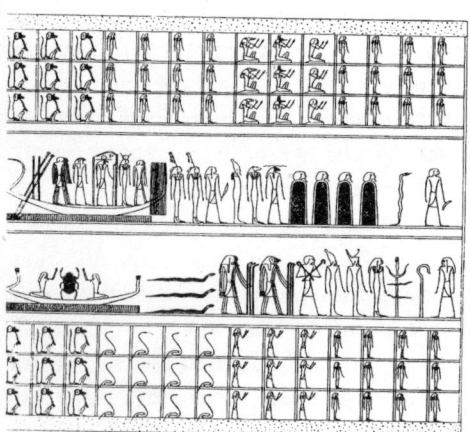

Abb. 40: Totenzeremonie im Amduat.

Vor- und Innentempel der Pyramide eine Mundöffnungszeremonie vollzogen werden. Jede dieser Statuen verkörperte einen anderen Aspekt des Königs.

Nach den Aussagen des *Papyrus Abusir* stellte die mittlere Statue den König als Osiris/Orion dar, und die beiden Endstatuen symbolisierten die beiden Teile (oben und unten) Ägyptens. Die Bedeutung der vierten und fünften Statue ist unter den Ägyptologen immer noch umstritten und völlig unklar, was der amerikanische Ägyptologe Professor Mark Lehner wie folgt bestätigt:

»Was die vierte und fünfte Statue in den Vor- und Innentempeln darzustellen vermochten, wissen wir nicht!«

Meiner Ansicht nach, waren die Statuen vier und fünf sowie die mittlere Statue des Königs ganz mit den himmlischen Ereignissen verknüpft. Es waren die göttlichen Verbindungssterne Orion/Osiris/Asar, Sirius/Isis/Sopted und Aldebaran/Ra/Setech. Die hemu-Netjer-Priester praktizierten diesbezüglich eigens ein Ritual, wobei sie einen Krug mit dem heiligen Natronwasser füllten und um die Pyramiden herumgingen, damit sie die Umgebung der Pyramide besprengen konnten. Diese Zeremonie wurde von den Priestern »der Weg um die Pyramide des hemu-Netjer« genannt. Dabei gingen zwei hemu-Priester durch die Südtür der Innentempel hinaus und kehrten durch die Nordtür zurück. Dieser Pyramidenrundgang im Uhrzeigersinn symbolisiert nach Ansicht unserer Ägyptologen den Lauf der Gestirne. Die Jenseitsbezogenheit dieser Gestirne erkennen die Ägyptologen unter anderem in den 75 Darstellungen der unterweltlichen Aspekte des Gottes Osiris, die beispielsweise im Grab KV 17 des Königs Sethos I. bildlich wiedergegeben sind. Dabei werden die gesamten Texte mit den Totensprüchen wieder Thot, dem Gott der Schreibkunst, zugesprochen. Niedergeschrieben wurden sie wohl im Neuen Reich, obwohl die Tradition bis zu den Anfängen der alten Ägypter zurückreicht. Die Bezeichnung »Totenbuch« stammte ebenfalls von Lepsius, der auch die Einteilung der Kapitelzählung nach einem Zufallsprinzip vornahm. Sein Schweizer Schüler Dr. Edouard Henri Naville faßte im Jahre 1886 alle 1.844 bekannten Sprüche in seinem Werk »Das ägyptische Todtenbuch der 18. bis 20. Dynastie« zusammen, das bis heute die maßgebende Textausgabe geblieben ist. Das Totenbuch firmiert aber auch unter den Namen »Buch der Sonnenlitaneien«, »Buch der Pforten«, »Buch der verborgenen Wohnung«, »Buch der Atmungen« oder »Buch von dem, was in der Dat ist«.

Wie ich bereits erwähnte, glaubt die Fachwelt, daß diese »Bücher« ihrerseits Versionen noch älterer Grundwerke uralter Schriften sind, die von der Himmelfahrt des Ra handeln und nach einer späteren Quelle das segensreiche Leben nach dem Tode der Osiris-Anbeter schildern. Dabei lassen die wissenschaftlichen Theorien unserer Ägyptologen jedoch die »magischen« Aspekte der Informationen innerhalb der Texte außer Acht. Rätselhafterweise ist das »Auge des Horus«, in dem die Reise unternommen wurde, ein selbständiger Gegenstand, ein Objekt, das der König betreten konnte und dessen Farbe von blau zu rot wechselte. Es wird auch von einem Selbstantrieb des Objekts und von Türen, die sich selbst öffneten, berichtet. In der Unterwelt, die angeblich nur von Geistern bewohnt ist, werden des weiteren Brückenträger und Kupferkabel erwähnt. Die alten Ägypter glaubten darüber hinaus, daß zwischen Erde und Himmel ein riesiges Netz ausgespannt sei, in dem sich der König mit seiner Barke verfangen könnte. Um dieser Gefahr zu entgehen, legitimierte er sich durch die Kenntnis der einzelnen Teile und Zusammenhänge dieses Netzes.

Warum heißt es in den Texten aber, der König sei auf dem Weg zum Himmel, wenn ihn die Transfiguration in eine Unterwelt führt? Alle Verse deuten an, daß der verstorbene König bei seiner Reise durch die Dat-Region in Wirklichkeit einem alten Weg der Götter folgte. Demnach erhebt sich die Frage, ob diese Texte nach unserem heutigen Verständnis keine Phantasien waren, die zur Mythologie wurden, sondern Schilderungen und Darstellungen einer fingierten Reise, welche einst die Götter wirklich unternahmen? Bei all diesen Vorstellungen spielte gerade die Gottheit Osiris immer

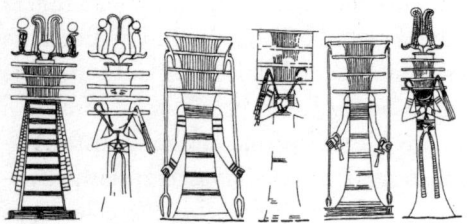

eine vordergründige Rolle.

Osiris ist die griechische Bezeichnung der Nil-Gottheit »As-Ar«, den die alten ägyptischen Schriftgelehrten mit einem Thron und als Augenzeichen darstellten.

Abb. 41: Osiris

Die ursprüngliche Bedeutung dieser Bezeichnung ging jedoch im Laufe der Zeit wieder verloren. Aus jüngeren Schriften wissen wir allerdings, daß diese Gottheit stets mit dem Sternbild des Orion in Zusammenhang gebracht wurde. Der britische Ägyptologieprofessor Ernest Alfred Wallis Budge meint dazu:

»Die alten Ägypter wußten wohl in Wahrheit ebensowenig von der ursprünglichen Bedeutung des Namens As-Ar wie wir selbst, und sie besaßen auch keine besseren Quellen als wir, um sich darüber zu informieren.«

Das weibliche Gegenstück von »As-Ar« war »As-t«, dem anscheinend die gleiche Vorstellung zugrunde lag. »As-t« ist keine gerin-
gere Gestalt als die Göttin Isis, welche wiederum von Anfang an
mit dem Doppelsonnensystem des Sirius in Verbindung stand. Daher ist es interessant, daß das Volk der in Westafrika beheimateten
Bozo den für das menschliche Auge unsichtbar erscheinenden Siri-
usbegleiter »Sirius B« als »Augenstern« bezeichnet. Bei den alten
Ägyptern wurde Osiris (Orion) immer als ein selbständiger Begleiter der Isis (Sirius) dargestellt, wobei die Priestergelehrten Osiris – wie erwähnt – aus bisher ungeklärten Gründen als »Auge«
darstellten. Außerdem apostrophieren die Bozo Sirius als »sitzend«,
wobei ein »Sitz« beziehungsweise ein »Thron« das hieroglyphische Zeichen für Isis ist. Alles nur Zufall?
Was für ein Geheimnis steckt hinter diesem alten Vermächtnis?
Der griechische Philosoph Plutarch von Chaironeia (46–122 n. Chr.)
schreibt in Kapitel 44,61 seiner »Peri Isidos«:
»Unter Anubis versteht man den horizontalen Kreis, der den unsichtbaren Teil der Welt – sie bezeichnen ihn als Nephthys – vom
sichtbaren trennt, dem sie den Namen Isis geben, und da der Kreis
sowohl den Bereich des Lichtes wie den des Schattens berührt, kann
er als beiden zugehörig gelten, woraus sich in ihrer Vorstellungs-
welt eine Ähnlichkeit zwischen Anubis und dem Hund ergibt, denn
man beobachtete, auch Hunde wachen ja tagsüber ebenso wie
nachts.«
Vermutlich beschreibt Plutarch die astrophysikalischen Eigenschaften des Siriussystems, die ihm seine Lebensgefährtin, die eine ägyptische Priesterin war, erzählt haben muß. Auch der amerikanische
Orientalist Robert K. G. Temple kommentiert Plutarchs Bericht
folgendermaßen:
»Man könnte die Schilderung als Beschreibung des Siriussystems
auffassen und außerdem stoßen wir hier auf einen Versuch, die
Hunde-Symbolik zu deuten, die stets auf den Sirius hinweist, der
zu allen Zeiten den Namen ›Hundsstern‹ besaß. […] Wenn in den
ägyptischen Texten vom Siriussystem die Rede ist, dann wird fast
ausnahmslos auch vom Himmel gesprochen und zwar von himmlischen Bereichen, die man als vegetations- und wasserreich schildert – vielleicht eine Hindeutung auf wasserreiche Planeten des Si-
rius-Sterns?«

Wenn wir uns die himmlischen Wege anschauen, die in den ägyptischen Unterweltsbüchern beschrieben werden, lassen sie sich meistens auf Spiegelungen irdischer Wege übertragen. Wie der Nil für die Ägypter eine Hauptverkehrsader bildete, so sah man in der Milchstraße des Weltalls den »Unterweltstrom«, welchen die Barke des Ra nehmen mußte, um zu seinem Bestimmungsort zu gelangen. Den genauesten Weg der Barke beschreibt dabei das »Amduat«, das zudem als einziges Unterweltsbuch einen originalen Titel, nämlich »Schrift des Verborgenen Raumes« trägt. Überdies ist es das erste durchgehend illustrierte Buch, wobei Text und Bild eine Einheit bilden und die Texte immer wieder auf die Bilder hinweisen. Professor E. Hornung schreibt über das Amduat:

»Die ausführliche Titelei betont das ›Wissen‹, das durch diese Schrift vermittelt werden soll, indem sie ›neunmal‹ (ägyptisch gleich »sehr viel«) das ›Wissen‹ um jenseitige Phänomene verspricht; damit gibt sie zugleich eine Übersicht über den Inhalt des Amduat.«

Die Ägyptologie vertritt dabei jedoch die Annahme, das Amduat beschreibe lediglich die Fahrt des Sonnengottes durch die zwölf Stunden der Nacht, von seinem Untergang bis zu seinem morgendlichen Aufgang. Darin erkennen die Fachleute nur einen religiösen Traktat, der den verstorbenen Gottkönig in den täglichen Sonnenlauf einbeziehen will, obwohl Hornung auch in diesem Fall sonderbares eingestehen muß:

»Die Zeit erscheint dort als endlos gewundener, blau bemalter Schlangenleib, umgeben von zwölf Stunden der Nachtfahrt, die hier als Frauengestalten abgebildet sind, aber im Text auch als zwölf Schlangen erwähnt werden.«

Über Osiris sagt Hornung indes:

»Osiris wird zwar immer wieder genannt und mehrfach abgebildet, doch bleibt er völlig passiv und kommt im gesamten Amduat nicht zu Wort.«

Dabei heißt das Ziel in der 5. Stunde der Reise »Wernes«, ein Gefilde des Osiris, das sich 429 Göttliche Meilen von der Erde entfernt im »Verborgenen Raum« (»Unterwelt«) befindet.

In den Versen wird des weiteren darauf hingewiesen, daß während der gesamten Reise nur vegetarische Nahrung verzehrt und wie die Schiffsbesatzung der schwarz umhüllten Mumien nach ihrer »Landung« belebt wurde:

Abb. 42: Darstellung der irdischen und göttlichen Welt.

»Ra ruft zu ihnen: Als ich euch gefunden habe, habt ihr getrauert, und eure Umhüllungen waren über euch verschlossen. Nun aber gebe ich Atem an eure Nasen und weise euch eure Verklärtheit zu.« Professor Hornung interpretiert diese Stelle des Pfortenbuch in »Die Nachtfahrt der Sonne« als »Wiederaufleben der Toten«!

Wieso sollten aber Tote Nahrung zu sich nehmen können und vor allem wiederbelebt werden?

Die Antwort ist, daß die reisenden Personen, die Ra nach Wernes begleiteten, vermutlich gar keine Verstorbenen waren, sondern Menschen, die eingepackt in einem »Ach« eine für die heutigen Ägyptologen unbegreifliche Weltraumodyssee unternahmen. Obwohl Erik Hornung hier folgenden Vorschlag unterbreitet: »Der Ach ist die Hülle, in welchem der Verstorbene als ganzes Wesen weiterleben möchte, vom Wortsinn her eine Art ›Lichtgeist‹«, wird diese Darstellung von der Fachwelt immer noch als »religiöser Irrglaube« interpretiert. Doch wie die alten Ägypter mit dem Begriff »Unten« eigentlich »Oben« meinten, umschrieben sie auch mit dem Wort »Ach« etwas anderes: Damit bezeichneten sie eine Art »Umhüllung«, wie sie heutige Astronauten in Form ihrer Weltraumanzüge benutzen. Innerhalb der Barke wurden die Menschen während ihrer Reise durch das »Himmelsgewölbe« in einen Schlafzustand versetzt. Davon leitet sich wahrscheinlich der zu einem späteren Zeitpunkt entstandene Kult des Mumifizierens her. Denn nur den »Jaru« (»göttliche Ruderer«) – die für den richtigen Kurs der Barke verantwortlich waren – war es vorbehalten, während ihrer Reise im Wachzustand zu verbleiben.

Wohin führte aber diese Weltraumodyssee?

Der Begriff »Jetru-Neter« (»jtrw.ntrw«), der von den Ägyptologen mit »Göttlichen Meilen« übersetzt wird, bedeutet in seiner richtigen Übersetzung eigentlich wörtlich »Lichtentfernung«. Eine ähnliche Bezeichnung verwenden auch heutige Astronomen bei ihren kosmischen Messungen mit dem Begriff »Lichtjahr«, wenn sie die stellaren Entfernungen des Weltalls bestimmen möchten. Das Lichtjahr ist die Strecke, die ein Lichtstrahl bei einer Geschwindigkeit von rund 300.000 km/s in einem Jahr zurücklegt (9,46 Billionen Kilometer). Als Entfernungsmaß ist heute allerdings das »Parsec« (Paralaxe Sekunde) gebräuchlich, das 3,26 Lichtjahren entspricht. Auch hinter der altägyptischen Bezeichnung »Jetru-Neter« verbirgt

Abb. 43: Mumifizierung – Fehlinterpretierter Schlafzustand bei einer Weltraumodyssee?

sich eine astronomische Maßeinheit, wonach 1 »Jetru-Neter« gleich 189,2 Milliarden Kilometer entspricht. Eine Einheit von 50 ägyptischen Lichtentfernungen (»Jetru-Neter«) entspricht somit einem Lichtjahr, das exakt 9,46 Billionen Kilometer ausmacht. In diesem Zusammenhang ist auch interessant, daß der kosmische Wert 189,2 geteilt durch eine ägyptischen Elle von 0,525 Zentimetern exakt die 360 Grad und 38 Minuten der Hemisphäre ergibt!

Schon wieder Zufall?

Für alle bekannten Langfassungen über die erste beschriebene Wegstrecke, die Ra zurücklegte, trifft ausnahmslos die Zahl 309 »Jetru-Neter« zu, während sie bei den Kurzfassungen in den Gräbern von Sethos I. (2 x 480 JN) und Ramses II. (100 + 90 JN) abweichen. Die absolute Streckenbewältigung von 429 »jtrw.ntrw …« wird in den Versen von der Aussage »… hm.t šn.t psd« begleitet, was sich zu deutsch mit »Lichtentfernung ohne zu leuchten und zu strahlen« übersetzten läßt. Das bedeutet, daß hier in der Tat nicht, wie von dem Ägyptologen Dr. Christian Leitz behauptet, von Bewegungen der Sonnenbahn gesprochen wird, sondern eben von jenen »Göttlichen Meilen«, die sich meiner Ansicht nach als »Lichtjahr« identifizieren lassen, mit denen die alten Götter der Ägypter ihre Reiseentfernungen im stellaren Weltall maßen. Der Reiseweg zu dem Bestimmungsort »Wernes« betrug demnach 429 »Jetru-Neter«, was exakt 8,54 Lichtjahre widerspiegelt. Dieses Ergebnis entspricht in etwa der Entfernung zwischen Erde und Siriussystem, die unsere Astronomen mit Werten zwischen 8,4 und 8,7 Lichtjahren unterschiedlich angeben. Die zweite und dritte Stunde des Amduat berichtet überdies von den »menschlichen Bauern vom Wernes«, und wie sie vom Sirius wieder zu ihrem Heimatplaneten zurück kamen: »Nach dem Verweilen im Wernes rudern die ›Jaru‹ des Ra, 309 + 120 ›Jetru-Neter‹ in diesem Gefilde. Die Bilder der Unterweltlichen spiegeln sich in dieser Weise, im Verborgenen der Dat. [...] Der Anfang der Schrift gehört nach Westen, geopfert wird ihnen erst auf Erden.«

Deutet man eine Bemerkung im Totenbuch, nach der die Länge eines unterweltlichen Sees 1.000 »Jetru-Neter« entspricht, ergibt sich kurioserweise die Lage unseres Sonnensystems in bezug zum äußeren Rand unserer Galaxis.

Nach dem Ägyptologen Dr. Jan Assmann kannten die Priestergelehrten der alten Ägypter selbst Begriffe für die Personifikation der Zeit:

»Der Begriff ›Neheh‹ ist die Bezeichnung für die virtuelle Zeit.«

Warum wird dieses alte Wissen vom Großteil der Ägyptologen einfach ignoriert?

Am 10. und 11. April 1998 fand im Berliner *Residence & Congress Hotel ESTREL* der »1. Weltkongreß über Verbotene Archäologie« statt, an dem 23 Referenten aus verschiedenen Wissenschaftszweigen teilnahmen. Außer

Abb. 44: Götterlegenden

Vertretern der Lehrmeinung zählten auch die berühmten Populärwissenschaftler Erich von Däniken und Johannes von Buttlar mit ihren interessanten Vorträgen, zu dem erlesenen Kreis der aktiven Teilnehmer. Ebenso waren Professor Dietrich Wildung, Direktor des Deutschen Archäologischen Instituts (Ägyptologie) in Berlin, sowie sein Stellvertreter Professor Karl-Heinz Priese eingeladen. Diese Herren hatten jedoch anscheinend Grund unbequemen Fragen aus dem Weg zu gehen, und durften an dem wissenschaftlichen Austausch offiziell nicht teilnehmen. Man muß dabei berücksichtigen: Es gibt verschiedene Abstufungen der Archäologie. Dazu gehört einmal die mit Schaufel und Besen angegangene Ausgrabung, also die vor Ort; sowie eine zweite, die Sekundärarchäologie, die am Schreibtisch mit den Auswertungen der Fundstücke und Inschriften beginnt. Dann gibt es noch eine Vorstufe, die sogenannte »Verbotene Archäologie«, die so geheim ist, daß darüber selbst die internationalen Fakultäten und archäologischen Institute kaum etwas wissen.

Einige dieser Eingeweihten kommen dann zwischen den Saisonpausen an vorherbestimmten Treffpunkten zusammen und unterhalten sich über aufgetretene Kuriositäten und Fundstücke, für die sie nach Erklärungen suchen. Bei einem solchen Treffen, an dem elf Archäologen im Dezember 1996 teilnahmen, wurde ein Kuriosum in der Umgebung von Memphis diskutiert.

 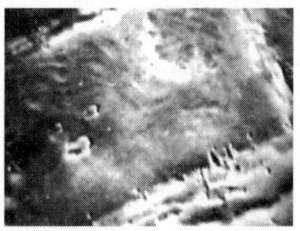

Abb. 45 (a + b):
Gisr el-Mudir.

Bereits in den 1940er Jahren lokalisierte man bei Luftbildaufnahmen 1,1 Kilometer südwestlich vom Sakkara-Plateau eine seltsame Fundstelle. Bis 1995 hatten die Ägyptologen nur wenig Interesse sich mit diesem Ort zu beschäftigen. Doch bei Bodenuntersuchungen durch das *Stanfort Research Institut (SRI)*, noch unter der Leitung von Professor Mark Lehner, entdeckte man ein zweites Plateau, das ein Ausmaß von 800 x 400 Meter aufweist. Die Archäologen konnten nachweisen, daß hier einst eine steinerne Bauanlage gestanden haben muß, die doppelt so groß wie die Djoser-Pyramide gewesen ist und bereits vor dieser aus »Stein« errichtet wurde. Obwohl sich auf dem neuen Plateau im Gegensatz zu Sakkara keinerlei oberirdische Bauwerke wie Pyramiden oder Tempel befinden, herrscht ein seltsam starkes Interesse für diesen Bereich vor. Denn lediglich das 320.000 Quadratmeter große Areal und sein Plateau scheinen hier zu bestehen. Diesen Ort bezeichnet der Direktor von Sakkara, Dr. Muhammed Hagrass, als »Gisr el-Mudir«, was in etwa »die großen Festungsmauern« bedeutet. Wenn man sich diese Gegend jedoch via Fernglas anschaut, ist außer dem Wüstensand weit und breit nichts auszumachen. Um so erstaunlicher ist es allerdings, daß sich für diesen Ort außer Archäologen auch das ägyptische Militär und die NASA zu interessieren scheinen. Anfangs hatte Dr. Ian Mathieson von den *Nationalen Museen Schottland*s noch Untersuchungen mit Meßgeräten, die für Ölbohrungen verwendet werden, vorgenommen, doch seit 1997 wurden hier keine Archäologen mehr beobachtet. Statt dessen nur Soldaten, die auch die Verwaltung der Ortschaft übernommen haben.

Doch zu welchem Zweck?

Obwohl wir schon einen Kaufpreis ausgehandelt hatten, sind mir Satellitenaufnahmen, die ich Anfang 1998 über das Oberpfaffenhofener Büro von Dr. Dech angefordert habe, bis heute, ohne jede Erklärung, nicht zur Verfügung gestellt worden. Auch die ägyptischen Behörden wollten mir eine Zutrittsgenehmigung zu Studienzwecken für den August 1998 nicht bewilligen. Man erklärte einfach, dort sei eine militärische Sperrzone. Doch das ägyptische Militär hatte bereits Anfang 1996 die Sperrgebiete um Dahschur und Sakkara offiziell freigegeben.

Was könnte aber an diesem steinernen Fundament so Geheimnisvolles sein?

Es ist Fakt, daß die Forschungsgruppe in Zusammenarbeit mit dem Militär an der Plateaubegrenzung einen Hangar errichtet hat, in dem ein modernes Labor sowie ein Telekommunikationszentrum eingerichtet wurden. Darüber hinaus ist mir aus sicherer Quelle bekannt, daß in Gisr-el-Mudir eine unterirdische Anlage mit Tempelsäulen entdeckt wurde, die mit einem modern anmutenden Hydraulikmechanismus ausgestattet sind, der allerdings nicht von den alten Ägyptern stammt.

Was hat das alles zu bedeuten?

Möglicherweise bietet der 2.000 Jahre alte *Papyrus 604* des Britischen Museums in London eine Antwort. Er berichtet über Ereignisse, die sich vor 3.250 Jahren ereignet haben sollen. Der junge

Priestersohn Si-Osire führt in dieser Überlieferung seinen Vater Seton Chaemwêse (Sohn von Ramses II.) in die Unterwelt westlich von Memphis. Zwar ist über ein Drittel dieses Textes im Original verloren, aber auf Grund von Fragmenten eines anderen Papyrus läßt er sich dem Sinne nach ergänzen: Demnach besaß ein gelehrter Mann einst das Zauberbuch aus dem goldenen Kasten des Schreibergottes Thot. In diesem Buch standen zwei Sprüche. Wenn man den ersten Spruch las, wurden der Himmel, die Erde, die Unterwelt, die Berge und die Gewässer bezaubert. Wenn man den zweiten Spruch las, so konnte man im Totenreich seine irdische Gestalt wieder annehmen. Nach langer Suche findet Seton Chaemwêse zwar diesen verborgenen Ort, der mit den göttlichen »Ibi-Säulen« ausgestattet ist, doch den geheimnisvollen Goldkasten, worin sich das Buch befindet, findet er nicht.

Meinte der alte Text mit Ibi ... die Hydrauliksäulen?

Der *Papyrus* 604 erzählt des weiteren, wie der Knabe Si-Osire mit seinem Vater zu einem späteren Zeitpunkt erneut in den verborgenen Ort westlich von Memphis eingeht. Sie befinden sich dabei in einem unterirdischen Gebäude »mit sieben großen Hallen«. Es war ein fabrikartiges Gelände, wo sich große Räder mit Seilen befanden, die »von Leuten gedreht« wurden. Zudem wird auch in märchenhafter Form über »göttliche Begegnungen« berichtet, wobei Götter die Menschen in ihre Dienste eingespannt hatten. Hier wird zum ersten Mal die Unterwelt als ein Ort geschildert, an den man gelangen konnte, ohne sterben zu müssen. Vor allem befand sich dieser Ort, den man jederzeit wieder verlassen konnte, dieses Mal nicht in der Dat-Region, sondern westlich von Memphis. Hatte das SRI möglicherweise 1995 genau diesen Ort entdeckt?

Doch warum praktizieren unsere Gelehrten überhaupt eine Verbotene Ägyptologie?

Vielleicht aus politischen und weltanschaulichen Anforderungen? Denn ein auf die Seriosität seiner Arbeitsweise bedachter Ägyptologe, der sich über die seltsam verlaufene Lebensgeschichte des Pharaos Tutanchamun wundert, der zuvor Tutanchaton hieß und dessen Onkel Amenophis IV. und seine Tante Nofretete gleichzeitig auch seine Schwiegereltern waren, täte gut daran, sich mit gewissen Hintergründen dieser Geschehnisse noch einmal ernsthaft auseinander zu setzen.

Im Januar 1907 legte der britische Archäologe Dr. Edward Ayrton ein von Wasserschäden heimgesuchtes, nicht fertig gebautes Grabmal (KV 55) im Tal der Könige frei. Weil die Kartuschen überall ausgeschlagen waren, nahmen die Archäologen zunächst an, das

Grab der Königin Teje entdeckt zu haben, weil es sich offensichtlich um eine weibliche Mumie handelte. Nachdem man jedoch die zuvor als weiblich angesehenen Merkmale des Skeletts, speziell die Beckengegend, mit den Plastiken von König Amenophis IV. (Echn-Aton) verglichen hatte, glaubten die Forscher nun, den toten Ketzerkönig darin zu erkennen. Das lag insbesondere

Abb. 46: Echn-Aton (Achanjati) mit seiner Familie.

daran, daß neuere Untersuchungen die Vermutung zu bestätigen scheinen, daß dieser König zu Lebzeiten an dem »Babinski-Fröhlich-Syndrom« (»Dystrophia adiposgenitalis«) gelitten habe. Die Krankheit ruft bei Männern eine Unterentwicklung der inneren und äußeren Geschlechtsmerkale hervor. Doch eine genauere forensische Untersuchung unter der Leitung von Professor Geoffrey Martin läßt inzwischen vermuten, daß es sich bei der Mumie um den Leichnam des Semenchkare handelt. Bevor die Untersuchungen jedoch abgeschlossen werden konnten, war der Leichnam dieser Mumie samt seinem Sarkophag für etwa 70 Jahre verschwunden.
Ende 2000 lieferte der Berliner Ägyptologe Dr. Rolf Krauss einen ersten Anhaltspunkt für das spurlose Verschwinden dieser Mumie. Dr. Krauss bezichtigte Professor Dietrich Wildung und dessen Ehefrau Dr. Sylvia Schoske der »Hehlerei« und des »Diebstahls«. Demnach, so Krauss, befinde sich die Mumie seit 1971 inoffiziell im Besitz des Ägyptologischen Museums in München. Sie sei über dunkle Kanäle und durch kriminelle Machenschaften in den Besitz des Museums gelangt.
Nur weil Dr. Rolf Krauss einst auf den Posten von Wildung aus war, aber man anstatt seiner den Münchener Professor nach Berlin holte, existiert eine Fehde zwischen beiden Herren. Allein diesem Grund ist es zu verdanken, daß die Öffentlichkeit überhaupt etwas

von den Machenschaften der Ägyptologie erfahren konnte, die Krauss wie folgt erklärt:

»Wildung will nichts als Unruhe stiften. Die Zusammenarbeit mit ihm war nie einfach. Aber dieses Verhalten wird Konsequenzen haben.«

Was war aber so besonders an dieser Mumie?

Inzwischen durchgeführte Blutgruppentests und Gewebeuntersuchungen sowie Schädelmessungen haben ergeben, daß der relativ unbekannte Semenchkare ein Bruder oder Halbbruder von Tutanchamun sein könnte. Um hier genauere Ergebnisse erzielen zu können, hatte der ägyptische Mumienexperte Professor Iskander im Herbst 2000 DNS-Untersuchungen gefordert und eine Zustimmung der ägyptischen Antikenbehörde erhalten. Der Direktor dieser Einrichtung, Dr. Gaballah Ali Gaballah, hatte diesbezüglich mit den japanischen Universitäten von Waseda und Nagoya eigens Verträge für die Durchführung dieser DNS-Tests abgeschlossen. Kurz vor der praktischen Umsetzung dieser Untersuchungen jedoch, wurde das gesamte Vorhaben ohne irgendeinen Kommentar wieder abgeblasen.

Warum dieser kurzfristige Sinneswandel?

Vermutlich lag es an den langjährigen Untersuchungen von Professor Wildung und der islamischen Bevölkerung Ägyptens! Zwar besitzen die Ergebnisse von Wildung keinen offiziellen Stellenwert, weil sie illegal erzielt wurden, trotzdem sind sie aber Bestandteil ägyptologischen Wissens. Philologische Untersuchungen an der Sargwanne haben nämlich nicht nur ergeben, daß zwischen Semenchkare und Tutanchamun eine Verwandtschaft besteht, sondern daß es sich bei dieser Mumie offensichtlich um den biblischen »Aaron« handelt! Nach dem Lexikon der *International Bible Students Association* in New York wurde Aaron in Ägypten geboren und war der um drei Jahre ältere Bruder des Mose. Aaron diente Mose trotz des Altersunterschiedes als »Mund« (Aton = Ra = Mund?) und war derjenige, der gegen den Hofstaat von Pharao die zehn Plagen verhängte (2. Mo 7:1,7 und 7:9–12,19,20).

Was soll man von all dem halten?

Der britische Ägyptologe Dr. Peter A. Clayton nennt in seinem Buch »Die Pharaonen« den Nachfolger von Echn-Aton in der Tat nicht Tutanchamun, sondern Semenchkare:

»Echnatons Nachfolger war nominell Semenchkare, vielleicht ein jüngerer Bruder des Königs ...«

Bislang vertraten die Ägyptologen die Meinung, daß der Titel »Nefer-Nefru-Aton« sich nur auf die Königsgemahlin Nofretete anwenden ließ. Wie der Ägyptologe Dr. Jürgen von Beckerath herausfand, war dieser Titel jedoch »stets nur mit männlichen Titeln und Ephiteten« ausgestattet. Entgegen der Ansicht von Dr. Rolf Krauss meint Beckerath in bezug auf den Pharaonen-Titel »Anchet-Cheprure«:

»Gegen die Ansicht von Krauss, der damit Merit-Aton identifizieren möchte, spricht allein schon ihre Darstellung als Gemahlin des Semenchkare; es ist nach ägyptischer Vorstellung unmöglich, daß eine Frau, die einmal ›Pharao‹ mit göttlichen Aspekten eines solchen war, später in den ›irdischen‹ Stand einer Königsgemahlin zurückversetzt werden könnte.«

Demnach soll dieser König, wie auch Aaron und Mose, gemeinsam mit dem ägyptischen Ketzer-König regiert haben, so daß er Echn-Aton sogar noch um drei Jahre überlebte. Daraus könnte sich meines Erachtens der im Alten Testament angegebene Altersunterschied der berühmten Propheten entlehnt haben. Jürgen von Beckerath bemerkt nämlich noch:

»Semenchkare scheint Echnaton überlebt zu haben, wenn auch nur für kurze Zeit. Damals wird er seinen Namen ›Semenchkare‹ geändert haben, wobei dies sein eigentlicher Geburtsname gewesen sein könnte, den er als Co-Regent Echnatons durch Nefer Cheprure hätte.«

Wer war der biblische Prophet Mose tatsächlich?

Bei einem anderen Treffen der »Verbotenen Ägyptologie« im November 1997 wurde über eine Ausgrabung in Kalabsha gesprochen, das sich in unmittelbarer Umgebung des Nasserstausees befindet. Wie der Wissenschaftsjournalist und Forscher Manfred Dimde berichtet, wurde von einem ägyptischen Archäologen das Doppelgrab des ägyptischen Ketzerkönigs Amenophis IV. und seiner Gemahlin Nofretete entdeckt. Der etwas seltsame Pharao Amenophis IV., der von einigen Ägyptologen auch schon für eine Frau gehalten wurde, schaffte während seiner sechzehn- oder zwanzigjährigen Amtszeit die vielen Götter des alten Ägypten ab, nannte sich fortan »Echn-Aton« und ließ nur noch eine Gottheit gelten –

Aton. Danach gab Echn-Aton auch seinen Regierungssitz in Theben auf und gründete etwa 220 Kilometer nordwestlich davon »Achet-Aton«, das heutige Tell el-Amarna. Damit versuchte der Pharao gleichzeitig das alte geodätische System Ägyptens zu verändern, womit er sofort die Priester gegen sich aufbrachte. Das erinnert durchaus an das Kräftemessen des Aaron und Mose mit dem »hohen Haus« (»Pharao«).

Warum sonst wurden wohl nach dem Ableben Echn-Atons die gesamten Grenzsteine der neu gegründeten Stadt bei Tell-Amarna verstümmelt?

Ohne diese Einführung des Monotheismus durch Echn-Aton hätte nach Ansicht heutiger Ägyptologen ein Glaube an außerirdische Lebensformen nie aufkommen dürfen. Der deutsche Geschichtswissenschaftler Leopold von Ranke (1795–1886) erkannte dies bereits im 19. Jahrhundert:

»In dem einfachen Fortgang eines nationalen Naturdienstes hätte es keine Geschichte des Menschengeschlechtes gegeben. Diese gewinnt erst in dem Monotheismus, der sich von dem Naturdienst losreißt, Grund und Boden.«

Beginnt die Geschichte über fremde Besucher tatsächlich erst vor 3.500 Jahren?

Wie wir aus dem bisherigen Verlauf dieses Buches erkennen können, ist die Antwort ein klares »Nein«! Denn außer dem neuen Glauben an nur einen Gott, führte König Echn-Aton auch ein neues Erscheinungsbild ein, das er aus alten Archivaufzeichnungen übernommen hatte. Allen königlichen Mitgliedern wurden die Köpfe schon im Kindesalter deformiert und der neuen Religionsanforderung angepaßt. Dabei wurden die ausgewählten Kinderköpfe in eigens für die Verformung hergestellte Schraubstöcke gelegt, womit die Deformation der Schädel während des Wachstums gesteuert werden konnte. Der einzige Grund für diese Qual war der, daß man damit seine direkte göttliche Abstammung versinnbildlichen wollte.

Was war an dem neu entdeckten Echnaton-Grab aber so geheimnisvoll?

Nachdem der Archäologe, nennen wir ihn Abdul Hassan, wochenlang an den letzten Resten in der Umgebung der Schwemmlandebene nach brauchbaren Exponaten gesucht hatte, wurde er an dem

Rastplatz der Lasttiere auf einen 60 Zentimeter großen Steinquader aufmerksam. Nach einer näheren Untersuchung stellte sich heraus, daß es sich um einen Eingang handelte, dessen Stufen zu einer unterirdischen Grabanlage führten. Nach vier Jahren andauernden Ausgrabungen wurde ein 21 Meter langer Schacht festgestellt, der zu einem altägyptischen Tempelgrab führte. Aus den Tempelinschriften des Doppelgrabes geht hervor, daß es sich um Echn-Aton und Nofretete handelt. Manfred Dimde sagt über Abdul Hassan:

»Der Mann ist verzweifelt, denn das wäre nach Tutanchamun die zweitgrößte Entdeckung Ägyptens. Doch ist es ihm aus politischen Gründen versagt, der zweite Howard Carter zu werden.«

Ein Archäologenteam aus internationalen Ägyptologen hat das Grab am 27. März 1997 geöffnet und unmittelbar danach wieder verschlossen. Damit wurde auf einmal klar, daß der von Hassan erhoffte Ruhm ausbleiben würde. Diese Leute pflegen aber trotzdem für den Nachweis ihrer Anwesenheit etwas Zeitgenössisches zu hinterlassen, woraus unwiderlegbar hervorgehen soll: »Ich bin schon da gewesen!« Der unglückliche Ägyptologe hatte nach seiner riesigen Enttäuschung bezüglich der von der ägyptischen Antikbehörde vorgegebenen Geheimhaltung ebenfalls etwas hinterlegt: Er entschloß sich, unter den bereits geöffneten Sargdeckel des Echn-Aton eine Coca-Cola-Flasche zu packen, die unzweifelhaft belegen sollte, daß Archäologen hier schon eine Öffnung vollzogen hatten. Darüber hinaus wurden noch andere Zeichen angebracht, über die der Archäologe aber keine Auskunft geben wollte.

Warum hatte man das Grabmal aber offiziell wieder geschlossen?
Der Grund für die Verriegelung steckte hinter den Ergebnissen von zwei Untersuchungskommissionen des Britischen Museums in London. Denn in diesem Grab befanden sich auch mehrere Grabbeigaben und kleine Götterstatuen, die der Göttin Isis ähnelten. Zwei dieser Statuen hatte man nach London gebracht und festgestellt, daß sie 8.500 und 10.000 Jahre alt sind! Entweder hatten Echn-Aton und Nofretete auf äl-

Abb. 47: Deformierte Schädel im Aton-Kult.

tere Relikte zurückgegriffen, oder wir müssen Echn-Aton weiter
zurückdatieren als 3.350 Jahre. Ich persönlich tendiere mehr zu der
Theorie der älteren Relikte, auf die Echn-Aton Zugriff gehabt haben könnte.

Des weiteren existieren unter den Gegenständen Hinweise, die bei
der internationalen Untersuchungskommission heftige Diskussionen ausgelöst haben. Demnach soll es sich bei der Person des Echn-
Aton nachweislich um den Propheten Mose aus dem Alten Testament handeln. Mose ist die wichtigste Person für die jüdische Religion der Israeliten. Doch auch in Islam und Christentum gehört
Mose zu einer der wichtigsten Persönlichkeiten, die eine wesentliche Grundlage der jeweiligen Religion bildet. Da diese weltanschau-
liche Angelegenheit sogar zu einem Weltkrieg führen könnte, kann
man der Handlungsweise der Verantwortlichen durchaus mit Verständnis begegnen, daß sie die Information für die Berichtigung
der Weltreligionen der breiten Bevölkerung vorenthalten. So bleibt
das Ganze nämlich nur ein Gerücht! Genauso wird aber auch nachvollziehbar, warum die Gelehrten nichts über die außerirdische Abstammung des Menschen wissen möchten.

Wozu wird dann aber überhaupt noch Kulturforschung betrieben?
Sir Norman Lockyer hatte bereits 1890 aus verschiedenen philolo-
gischen Arbeiten die Schlußfolgerung gezogen, daß in den alten
Kulturen die Götter überwiegend als Sterne symbolisiert wurden.
Er fing gegen Ende des 19. Jahrhunderts in Ägypten damit an, die
Tempelanlagen zu studieren und kam zu dem Ergebnis, daß die
älteren Tempel »äquinoktial« und die jüngeren »solstitial« ausge-
richtet waren.

Nach diesen Untersuchungen hatte der Astrophysiker eine geniale
Idee: Wenn man den geographischen Längengrad und die Ausrichtung der Tempel bestimmte, so war es möglich, die Neigungsver-
schiebung der Erdachse und damit die Errichtungszeit der Bauwerke zu ermitteln. Und tatsächlich, mit Lockyers Methode ließen
sich beispielsweise die Bauphasen des Amun-Re-Tempels von
Karnak bestimmen, was zwischenzeitlich auch durch moderne
Meßmethoden Bestätigung fand. Dreißig Jahre später, 1921, präsentierte der Astronom F. S. Richards mit Hilfe verbesserter Beob-
achtungs- und Berechnungsmethoden ein wesentlich weiter zurück-
liegendes Datum für die Grundsteinlegung des Amun-Re-Tempels

mit 11.700 v. Chr.! Dieses Datum sollte später jedoch selbst von spekulationswilligen Forschern, aber auch von Richards persönlich, aus unerklärlichen Gründen als »absurd früh« wieder verworfen werden.

In jüngerer Zeit wurde die Achse von Karnak durch Professor Gerald Hawkins von der *Smithsonian Institution* neu vermessen. Hawkins führte seine Beobachtungen von einem Kapellendach über dem Heiligtum durch und erklärte, daß die Fluchtlinien auf eine Erbauung der Tempelanlage zwischen 2.000 und 1.000 v. Chr. hindeuten. Damit war die Welt der Gelehrtenmeinung wieder zurechtgerückt worden – und in Ordnung. Doch Sir Lockyer hatte auch herausgefunden, daß sieben der berühmtesten ägyptischen Tempel auf den unvergänglichen Stern Sirius ausgerichtet waren, der, wie wir gesehen haben, in der Mythologie der Ägypter immer von großer Bedeutung war.

Warum sträuben sich die Gelehrten überhaupt gegen die Existenz 12.000 Jahre alter Tempel?

Bereits vor 5.500 Jahren (Thinitenzeit um 3.500–3.000 v. Chr.) ließen die ägyptischen Pharaonen in Abydos ihre Gräber in den Felsen hauen, weil man gerade an diesem Ort den Gott des Totenreiches verehrte, den man »Erster der Westlichen« (»Chenti-Amentiw«) nannte. In den nächsten 500 Jahren war es geradezu Brauch geworden, die Toten aus allen »Regierungsbezirken« (Gaue) des Landes hier beizusetzen. Unterdessen war nämlich Osiris, der Gott des ewigen Lebens und der Auferstehung, in Abydos so heimisch geworden, daß er mit einer älteren Lokalgottheit verschmelzen konnte. Nach den Berichten des griechischen Philosophen und Historikers Plutarch (Peri Isidos, Kap. 20), soll dieser Gott sogar in Abydos begraben worden sein.

Doch kann man Götter begraben?

Die alten Ägypter meinten: »Ja«! Am Ort des Osiris begraben zu sein, wurde deshalb fortan das Ziel eines jeden Bewohner des Nillandes. So begann vor 3.300 Jahren während der 19. Dynastie auch Pharao Sethos I. (1302–1292 v. Chr.), sich einen prächtigen Kulttempel zu erbauen, der nach seinem frühen Tod von seinem berühmten Sohn Ramses II. vollendet wurde. Diesen Standpunkt jedenfalls vertritt die klassische Lehrmeinung, die Sie bezüglich der Tempelbauherren in unseren Schulbüchern nachlesen können.

Doch was ist wirklich wahr an dieser Meinung? Hatten Vater und Sohn tatsächlich diese Tempelanlage erbaut?

Der Anblick eines ägyptischen Tempels vermittelt spontan den Eindruck eines Bauens nach bestimmten Regeln. Man glaubt zu spüren, daß jedes Element seinen durch Maß und Zahl festgelegten Ort hat und nichts dem Zufall überlassen worden ist. Von den Bauinschriften der Tempel des Neuen Reiches, besonders aber von den weitaus präziseren Beschreibungen der Ptolemäerzeit, wissen wir, wie die Ägypter ihre Vorstellungen von realen Bauten in Worten formulierten, eine Art »grammaire du temple« schrieben.

Die gesamten Maßzusammenhänge eines Tempels sind auf Grundlage eines Quadratnetzes in Ellenabmessung, nach Möglichkeit in Zehner- oder Fünfereinheiten, berechnet. Diese Konstruktion ergibt sich aus der Methode, mit welcher die Architekten ihre Bauten errichten ließen. Zum Beispiel wurde vor der Errichtung der Wände der gesamte Grundriß des Tempels mit Hilfe eines Rasterplanes auf die Oberfläche der Fundamentplatte gerissen und in dieses Raster der Mauerverlauf eingezeichnet. Die Höhengliederung der Bauten folgte dem gleichen Prinzip. Auch wissen wir, auf welche Weise die Neigungswinkel der Außenmauern zahlenmäßig formuliert wurden. Daß beim Entwurf eines Tempels gewisse Zahlenabfolgen und geheiligte Proportionen im Spiel waren, ist nach Ansicht unserer Ägyptologen nicht mit Sicherheit nachweisbar, aber doch vorauszusetzen. Zum Beispiel läßt sich die Anwendung des pythagoreischen Dreieckssatzes gelegentlich nachweisen, ohne daß ihm jedoch eine primär gestalterische Rolle zukam.

Auch südlich von Karnak existiert eine Bauanlage, deren Errichtungszeit nach klassischer Auffassung ebenfalls sehr jung angesiedelt wird – der Hours-Tempel von Edfu. Demnach sollen die Ptolemäer mit dem Bau um 237 v. Chr. begonnen und ihn um 57 v. Chr. fertiggestellt haben. Doch die Inschriften dieser Tempelanlage sagen ganz etwas anderes aus! Daß nämlich die Ptolemäer diesen einstmals zerstörten Tempel lediglich *wiedererrichtet* haben, was man auch ganz leicht am älteren Fundament dieser Anlage erkennen kann. Anscheinend handelt es sich hierbei um das beste Beispiel eines Pylon-Tempels aus der Spätzeit. Doch diverse Schriften, ich schrieb es bereits, erzählen etwas ganz anderes ...

Somit läßt sich heute durchaus feststellen, daß nicht nur die medizinischen Kenntnisse der alten Ägypter schon in den frühen Dynastien weit fortgeschritten gewesen sind. Auch wenn wir heute davon ausgehen, daß der amerikanische Politiker und Schriftsteller Benjamin Franklin (1706–1790) der einzige war, der den Blitzableiter erfand, den er im Jahre 1752 auf dem Dach seines Hauses in Philadelphia montierte, so muß man bei genauer Betrachtung feststellen, daß auch diese Meinung ein Irrtum ist. Bereits im 15. Jahrhundert vor unserer Zeitrechnung pflegten die Pharaonen ihre Tempelbauten so anzulegen, daß der Eingang durch ein großes Tor (Pylon) dargestellt wurde, das wiederum von zwei hohen, festungsartigen Türmen flankiert war. Jeder dieser Türme war mit zwei von oben bis unten durchgehenden Rinnen versehen, die zur Aufnahme von »Mastbäumen« dienten. Solche Masten waren beträchtlich in ihrer Höhe. Am Tempel von Edfu ragten sie 100 Fuß (etwa 30 Meter) hoch in die Lüfte. Man fand dort auch eine Inschrift aus der Ptolemäerzeit, die Aufschluß über Sinn und Zweck dieser »Mastbäume« gibt:

»Das ist der hohe Pylonbau des Gottes von Edfu, am Hauptsitz des leuchtenden Horus; Mastbäume befinden sich paarweise hier, um das Ungewitter in der Himmelshöhe zu zerschneiden.«

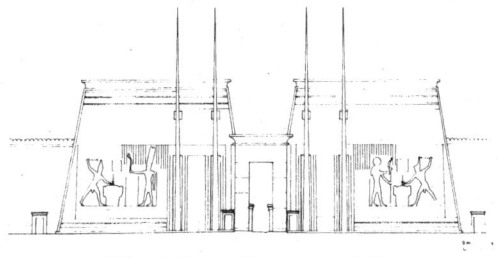

Abb. 48: Horus-Tempel von Edfu.

Anscheinend waren die alten Ägypter mit den Gesetzen der Elektrizität »auf Draht« gewesen: Metall im allgemeinen, so wußten sie, ist ein guter Leiter und Kupfer im speziellen ein noch besserer. Die Tempelinschriften von Edfu berichten:

»Die Mastbäume sind, um ihren Zweck besser zu erfüllen, mit dem Kupfer des Landes beschlagen.«

Bislang hatten wenige Ägyptologen ein Interesse daran, diese Texte in bezug auf den tatsächlichen technischen Kenntnisstand der

Ägypter zu überprüfen, um sie entsprechend zu interpretieren. Deshalb sind derart frühe Kenntnisse von Elektrizität der breiten Bevölkerung nicht ganz geläufig.

Wie weit gingen die Kenntnisse der alten Ägypter in der Elektrizität jedoch wirklich?

Bereits Athanasius Kircher erwähnt in seinen Schriften den Fund einer »brennenden Lampe« in den unterirdischen Gewölben der altägyptischen Stadt Memphis. Selbst in der arabischen Literatur scheint sich die Erinnerung an die elektrische Vergangenheit Ägyptens niedergeschlagen zu haben. Der Gelehrte Murtadi schreibt beispielsweise über wundersame Lichteffekte, die die Magier Ägyptens hervorrufen konnten, wenn sie ihr Gesicht »wie die Sonne leuchten« ließen. Viele der Philologen übersetzen das ägyptische Wort »tk'« in aller Regel mit »Fackel«, wobei sie es sich allerdings zu einfach machen. Der bereits mehrfach zitierte Schweizer Ägyptologe Professor Erik Hornung meint indes:

»Dabei kann ›tk‹ auch ›Lampe‹ heißen …«

Im Hathor-Tempel von Dendera existieren tatsächlich Darstellungen, die von meinen österreichischen Kollegen Peter Krassa und Reinhard Habeck in ihrem gleichnamigen Buch als »Licht der Pharaonen« interpretiert werden. Ihre Untersuchungen haben ergeben, daß die drei unterirdischen Stockwerke des Hathor-Tempels mit ihren zwölf Krypten nicht, wie unsere Ägyptologen erzählen, von den Ptolemäern angelegt worden sind, sondern aus dem Jahr 3.233 v. Chr. stammen. In einer nur 1,12 Meter hohen und 4,60 Meter langen, stickigen, unbeleuchteten Kammer ist eine Szene mit Priestern und deren Helfern zu sehen, die glühlampenähnliche, mit umsponnenen Kabeln verbundene Gegenstände tragen und eine Art Zeremonie praktizieren. Auch hier hatten die Ägyptologen wenig Interesse daran, diese geheimnisvollen Darstellungen an den Tempelwänden zu interpretieren. Das lag insbesondere daran, daß die in Dendera verwendeten Hieroglyphenzeichen nicht den herkömmlichen Hieroglyphen entsprechen, sondern eine Art Geheimschrift darstellen. Das bedeutet, daß nicht nur die abgebildeten Gegenstände einmalig sind, sondern auch die hier verwendete Schrift es ist.

Der Ägyptologe Dr. Wolfgang Waitkus wagte sich 1991 trotz der damit verbundenen Schwierigkeiten an die Übersetzung dieser Geheimschrift und bestätigte zumindest, daß es sich dabei um antike »Leuchten« handeln könnte:

»Die mysteriösen Zeremonie-Gegenstände mit den Schlangen in Dendera könnten durchaus Leuchten gewesen sein. Das mit der Elektrizität ist jedoch Humbug. [...] Auch wenn die Texte in mehreren Passagen von einer Blume berichten, aus der das Licht hervorgegangen sein soll, sind die Objekte doch durchweg ägyptologisch zu erklären.«

Die Antwort auf die alternative »ägyptologische« Energieform außerhalb der Elektrizität, welche die Lampen zum Leuchten gebracht haben könnte, bleibt uns Dr. Waitkus allerdings schuldig. Der Elektro-Ingenieur Walter Garn hingegen konstruierte ein funktionstüchtiges Modell dieser mysteriösen Objekte und sagt:

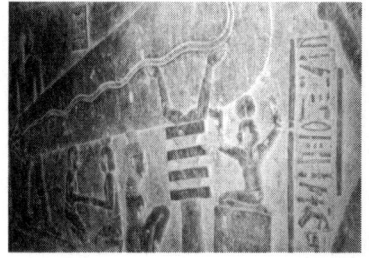

»... sie funktionierten mit elektrischen Entladungen, die Gase zum Leuchten brachten.«

Abb. 49: Glühlampen von Dendera.

Wurde hier erneut ein Abschnitt der Verbotenen Ägyptologie aufgedeckt?

An den Mauern des Horus-Tempels in Edfu finden sich des weiteren die sogenannten »Bautexte«, die sowohl die Baugeschichte als auch die symbolische Rechtfertigung aller ägyptischen Tempelanlagen enthalten. Diese Inschriften beschreiben aber nicht nur die Funktionen jedes einzelnen Teils im Tempel, sie sind an manchen Stellen sogar ziemlich präzise und erzählen, daß der allererste Tempel innerhalb einer Einfassung von etwa 300 Ellen von West nach Ost und ungefähr 400 Ellen von Nord nach Süd errichtet wurde. Und tatsächlich stimmt der Horus-Tempel von Edfu genau mit der in den Texten beschriebenen Tempelanlage überein: Seine Einfassung maß 300 x 400 Ellen!

Grundriß und Aufbau eines ägyptischen Tempels demonstrieren eine ganze Reihe weiterer Richtlinien, wenn nicht »Regeln«, nach denen die ägyptischen Architekten vorgingen. So wendet der Tempel seine Front, wenn möglich, dem Nil zu, der als von Süd nach Nord fließend gedacht ist, auch wenn das nicht immer genau zutrifft (Ost-West-Schleifen kommen vor), so daß, wenn der Tempel auf dem Westufer steht, die Strahlen der aufgehenden Sonne das Innere seines Sanktuares erreichen könnten. Trotz dieser Merkmale erkennt unsere Lehrmeinung nur in der Bauphase aus der Ptolemäerzeit eine verbindliche Altersdatierung an.

Zu diesen Texten gehört auch »Das heilige Buch der Tempel«, das eine Aufstellung von Schreinen und heiligen Stätten präsentiert und ihre mythologische Bedeutung nennt. Die in den Edfu-Texten wiedergegebenen Begebenheiten sind lang und kompliziert, deshalb kann ich sie nur kurz zusammenfassen. Edfu ist nach der ägyptischen Mythologie der Ort, an dem die Menschheit aus den Tränen des Urgottes entstand. Auch wenn die Texte zum Teil verwirrend und unvollständig sind, machen sie dennoch einige genaue Angaben über die wahren Bauherren des ersten Tempels. Sie erzählen die Legende von den »Sieben Weisen«, die nach einer Flut aus dem westlichen Wasser hervorkamen und auf der Insel (Afrika?) landeten. Sie pflanzten der Legende nach ins Urwasser einen Schilfableger, der zu einem Rohr heranwuchs. Diese geweihten Herrscher landeten in der Form des göttlichen Falken, wonach das neue heilige Land entstand. Damit beginnt die Geschichte!

Ist das nicht als Hinweis dafür zu verstehen, daß die Ägypter gar nicht die Urheber ihrer eigenen Kultur gewesen sind?

Ein Unterschied zwischen dem Tempel des Falken und dem jüngeren Sonnentempel kristallisiert sich nur auf einer mythologischen Ebene heraus. Der Kult des Falken steht in Verbindung mit Begräbnissen und Handlungen, die das Ziel haben, das Land in einen Zustand heiliger Natürlichkeit zurück zu versetzen. Die Sonnentempel hingegen waren mit anderen Vorstellungen verbunden, wie zum Beispiel mit dem »Ort der Vernichtung«, wo die Feinde des Ra getötet wurden. Die Innenseite der umschließenden Mauer des Edfu-Tempels berichtet tatsächlich, daß die ursprünglichen Bauherren des Tempels gar keine Ägypter waren:

»Die Baugötter stellten die vier Seiten des Tempels auf ...!«

Höher zivilisierte Wesensheiten sollen es also gewesen sein, die hier die Grundsteine legten. Die Texte werden sogar noch detaillierter und erzählen über die unterschiedliche Aufgaben der Baugötter (»Ogdoad«) für die Außenanlage und solchen, die für die Innengestaltungen zuständig waren. Des weiteren wird geschildert, daß die Ausführungen der Gottheiten Thot als »Herr der Weisheit« und

Seschat als »Herrin der Bücher« geplant wurden. Alle Zeremonien
des Bauens und der Einsegnung, die es an jeder heiligen Stätte ab-
zuhalten galt, waren in diesen frühen Texten aufgezeichnet, so auch
die Zeremonie des »Schnurspannens«. Die Texte erzählen weiter,
wie der Bauleiter Thot sprach:
»Ich bewirkte, daß seine Längenmaße gut waren, seine Breite genau, daß alle seine Maße der Norm entsprachen, daß alle Heiligtümer sich dort befanden, wo sie sein sollten, und die Hallen dem
Himmel ähnelten.«
Demnach hieße das, daß speziell ausgebildete und für Götter ge-
haltene Wesen den ersten Horus-Tempel errichtet hatten und die
ägyptischen Tempelanlagen Himmelsereignisse widerspiegelten, wie
es auch der Astronom Sir Lockyer bereits vor 110 Jahren festgestellt hatte.

Können wir diese Überlieferungen aber wörtlich nehmen?
Die Texte mögen uns manchmal unklar erscheinen, aber für die
Ägypter waren sie von großer Bedeutung! Wenn wir den Sethos-
Tempel von Abydos als Gegenstück zu dieser Anlage nehmen und
diesen genau betrachten, stellen wir in der ersten Säulenhalle seltsame Hieroglyphen fest, die an moderne Techniken des 20. Jahr-
hunderts erinnern. Die eigentümlichen Schriftzeichen zeigen ein-
gravierte Objekte, die an einen Helikopter, einen Panzer und ein
Unterwasserboot erinnern. Zwar haben gewisse Interpreten versucht, die Darstellungen mit sich überlappenden Hieroglyphen zu
erklären, welche zufälligerweise diese modernen Objekte unserer
Tage entstehen ließen. Doch sind diese Symbole in Wirklichkeit
Unikate, die sich an keiner Stelle des Sethos-Tempels wiederholen.
Bei einer zufällig vorgenommenen Schriftüberlagerung hätte min-
destens noch einmal eine ähnliche Darstellungen aufkommen müs-
sen. Dem ist aber nicht so! Auffällig sind auch die Pfeilerstellungen
innerhalb der Säulenhalle, die ganz bewußte Bezüge zu den sieben
Götterkapellen im hinteren Teil enthalten.
Die zweite Besonderheit an dieser Anlage ist das Osireion, in dem
sich einer ägyptischen Legende zufolge der Leichnam des Gottes
Osiris noch heute befinden soll.
Bereits im Jahre 1914 kam Professor Edouard H. Naville vom *Egypt
Explorations Fund* zu dem Ergebnis, daß das Osireion aus einer
sehr frühen Epoche stammen muß, in der auf jegliche Ornamentik

108

verzichtet wurde und die Erbauer in der
Lage waren über 100 Tonnen schwere
Steinblöcke zu verbauen. Naville vertrat
sogar die Ansicht, daß man das Osireion
als das älteste ägyptische Bauwerk überhaupt ansehen müsse.

**Doch wer erbaute den Sethos-Tempel
dann wirklich?**

Unterhalb des dritten Nil-Kataraktes
(Äthiopien) befindet sich die antike Ortschaft Nauri, die etwas Besonderes in bezug auf den Bauherrn des Sethos-Tempels
vorzuweisen hat. Dort ist unter Pharao

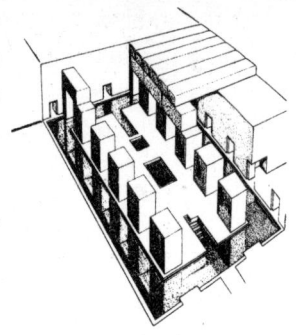

Abb. 50: In dieser Grabstätte
soll der Leichnahm
des Osiris liegen.

Sethos I. ein Gedenkstein an einem Felsen eingemeißelt worden,
der sich etwa einhundert Meter in die Höhe erhebt. Lange Zeit blieb
dieser Gedenkstein unbekannt, bevor er 1924 entdeckt wurde und
seine Schriftzeichen unter Schwierigkeiten abgeschrieben werden
konnten. Die Entzifferung dieser Abschrift ergab eine aus mehreren Teilen bestehende literarische Komposition, die von dem Verfasser wie auch bei anderen Werken auf Papyrus unmittelbar an-
einandergereiht wurden. Außer den Eintragungen über die guten
Beziehungen des Königs zu den Göttern und anderen Lobpreisun-
gen berichtet der Verfasser gerade ab Zeile 5 über den Sethos-Tempel von Abydos, in dem sich die technisch interpretierbaren Hieroglyphen und das Osireion befinden.
Dieser Bericht ist insofern ungewöhnlich, als er im vierten Regie-
rungsjahr von Sethos I. verfaßt wurde und bereits von einem fertig
errichteten Tempel erzählt, der aber nach Meinung der Ägyptologen zu diesem Zeitpunkt unmöglich schon hätte fertiggestellt sein
können. Wie wir gesehen haben, vertritt unsere Wissenschaft sogar
die These, daß der Sethos-Tempel von Abydos erst von Ramses II.
fertiggestellt wurde, nachdem dessen Vater vorzeitig verstorben war.
Der Gedenkstein ist eigentlich ein dokumentierter Beweis dafür,
daß der Sethos-Tempel weder von Sethos I. noch von Ramses II.
erbaut wurde, wodurch wir uns an die allererste Auffassung von
Professor E. H. Naville anlehnen können, der die Theorie vertrat,
daß es sich bei dem Tempel (Osireion) um das älteste ägyptische
Bauwerk handelt. Unsere heutigen Ägyptologen vertreten hinge-

Abb. 51: Anbetung zu Osiris.

gen die Ansicht, daß die Verfasser des Gedenksteins das in Planung befindliche Bauvorhaben beschrieben, was meiner Meinung nach Unsinn ist. Denn normalerweise sprachen die alten Ägypter von einem »per« (Haus), wenn sie einen Tempel meinten. Bei dem Sethos-Tempel hingegen ist von einem »het-Neter« die Rede, was soviel wie »Gehöft des Gottes« bedeutet, womit die Gottheit Osiris gemeint war.

In keiner der 45 Tempelbestimmungen existieren Berichte darüber, daß Sethos I. der tatsächliche Bauherr dieser Anlage gewesen ist. Das einzige, worauf sich die Ägyptologen beziehen, ist ab Zeile 13 geschrieben, die da lautet:

»Das Herz des Königs Men-Maat-Re ist zufrieden in Abydos.«

Seltsamerweise wird diese sich mehrere Male wiederholende Zufriedenheit des Königs von unseren Ägyptologen mit »sein Eigentum« interpretiert. Dabei geht aus den Zeilen 6–7 ganz etwas anderes hervor:

»Freudig ist das Herz des Herrn des Friedhofs, wenn er dich auf dem Thron sieht wie Ra, während du auf der Erde bist und die beiden Länder einrichtest und die Tempel festlich machst. Du bist geboren, damit du Abydos wiederum schütztest und die sich in ihm befinden, indem sie gedeihen durch, was du befohlen hast.«

Unmißverständlich geht aus diesen Zeilen hervor, daß sich im Tempel bereits andere befunden haben (die Leichname der Sieben Weisen?) und König Sethos I. diesen himmlischen Ort unter seiner Herrschaft erneut schützen sollte.

In Zeile 7 heißt es weiter: »du verschönerst Abydos« und »du erneuerst den Tempel des Osiris«. Das bedeutet im Klartext, daß König Sethos I. lediglich Restaurierungen an einer bereits bestehenden Tempelanlage vorgenommen hatte, was man auch heute noch am Eingangsbereich des Tempels gut sehen kann.

In Zeile 27 wird die bisherige falsche Zuordnung dieser Tempelanlage noch einmal eindeutig widerlegt:

»Ich [der König!] habe den Tempel des Osiris wieder hergestellt. Ich [der König!] habe das ehrwürdige Gehöft gereinigt Millionen Male.«

Dieser Textabschnitt ist meiner Ansicht nach ein eindeutiger Beweis dafür, daß dieser Tempel von König Sethos I. – und später von Ramses II. – lediglich verschönert wurde, um ihn der Nachwelt zu erhalten.

Und was sagen unsere Ägyptologen dazu?
Alles nur Unsinn!

Kapitel 4
DIE ZEICHEN DER GÖTTER

Unsere Gelehrten vertreten heute die Ansicht, daß die Menschen der vorgeschichtlichen Zeit, die bereits in kleinen Verbänden zusammenlebten, keine Schrift benötigten, mit der die gesprochene Form von Nachrichten für die Nachwelt konserviert werden konnte. Deshalb sollen unsere Urahnen alle Vorfälle, die für die damalige Menschheit von Wichtigkeit waren, lediglich mündlich weitergegeben haben. Doch wem das Prinzip der »Stillen Post« bekannt ist, wird bereits in seiner Kindheit festgestellt haben, daß die anfänglich losgesandte Nachricht von dem letzten Sprecher stets verfremdet wiedergegeben wird. Hinzu kommt, daß die neuesten Untersuchungen französischer Sprachexperten der bisherigen allgemeinen Ansicht unserer Gelehrten widersprechen. Denn nach dem Linguisten Denise Schandt Besseat, waren im gesamten Vorderen Orient mindestens seit dem Ende des 9. Jahrtausends v. Chr. bereits gewisse »Zählsteine« im Umlauf, mit denen schon Zahlenwerte wiedergegeben wurden.

Auch in Ägypten fanden sich um die Jahrhundertwende Kugelperlen, die sogar aus Meteoriteneisen bestanden und einem vorgeschichtlichen Grab bei Girza beigelegt waren. Auch später noch wurde das vereinzelte Vorkommen von Eisen meteoritischen oder anderen Ursprungs erwähnt. Diese Kugeln wurden sogar noch bis in das 2. Jahrtausend v. Chr. in diversen Palastarchiven der Antike aufbewahrt und zeigten durch ein bestimmtes System den aktuellen Besitzstand des jeweiligen Gutsherrn sowie eine Dreißigeranreihung. Wahrscheinlich bestand die älteste Form des Alphabets deshalb im allgemeinen aus dreißig Buchstaben. Das heißt, daß sie zum einen von der Zahl der Tage im Monat und zum anderen von den wiederkehrenden Konstellationen des Tierkreiszeichens sowie anderer Gestirne beeinflußt wurden.

Die Seefahrer der Antike waren zweifellos darauf angewiesen, auf irgendeine Art die Zahl ihrer Reisetage genau festzuhalten. So könnten sie Zahlen durch vereinfachte Zeichen dargestellt und notiert haben, aus denen sich dann das Alphabet entwickelte. Im Hebräi-

112

schen zum Beispiel, einer alten Sprache, die noch sehr lebendig ist, wurden Zahlen durch die Namen der Buchstaben des Alphabets bezeichnet: Alef, Bet, Gimmel, Dalet waren gleichzeitig eins, zwei, drei, vier. Heute noch haben in Israel manche Uhren auf dem Ziffernblatt hebräische Buchstaben anstelle römischer oder arabischer Ziffern.

Dr. Richard Meadows von der amerikanischen Harvard Universität veröffentlichte im April 1999 eine aus Harappa (Pakistan) stammende sensationelle Entdeckung einer 5.500 Jahre alten, bisher unbekannten Schrift, die an die minoische Linearschrift erinnert.

Nur kurze Zeit vor Medaows präsentierte auch der neue Direktor des *Deutschen Archäologischen Instituts in Kairo (DAIK)*, Professor Günther Dreyer, eine aktuelle ägyptische Entdeckung der Weltpresse, die selbst das bisherige Bild von der Entwicklung der Hieroglyphenschrift auf den Kopf stellt. Die Forscher fanden in Oberägypten 270 Tontafeln und Tongefäße mit einer Lautschrift.

Abb. 51a: Diese Darstellung identifizieren die Ägyptologen mit dem Begriff »Osten«.

Demnach ist diese Entwicklung um einige hundert Jahre älter, als in Fachkreisen bisher angenommen wurde. Als beim Berliner Ägyptologenkongreß im Juni 2000 der Professor erneut anfing, diese neue Entdeckung an die Vorstellungen unserer Lehrmeinung anzugleichen, erschütterte ihn eine Meldung: Der amerikanische Pilot George Cumingham hatte nur einen Monat zuvor 9.000 Jahre alte Felszeichnungen 40 Kilometer südlich von Kairo entdeckt, die somit noch viel älter waren. Der Ägyptologe Dr. Mohammed el-Saqhir von der Ägyptischen Altertümerverwaltung ordnete die Zeichnungen in drei Epochen ein:

1) 7.000 v. Chr.,
2) 3.000 v. Chr.,
3) keine Zuordnung.

Damit sollte die Entwicklungsgeschichte der Schrift neu geschrieben werden! Doch weil sich bei diesen Darstellungen Hieroglyhen mit Göttergestalten und Jagdszenen aus der Jungsteinzeit nebeneinander befinden, beharren die Ägyptologen auf eine zeitliche Aufgliederung in Zeitepochen. Die dritte Eigentümlichkeit an den Felsabbildungen hat die Fachwelt jedoch völlig verwirrt: Es fanden sich auch Schriften, die denen von Dreyer entsprechen und damit das Entstehungsdatum in die Besiedlungsanfänge der Nilregion versetzen. Des weiteren befinden sich darunter auch Schriftzeichen, die der urzeitlichen Maadi-Zivilisation zugeordnet werden. Das sind Symbole, die von Strichmännchen bis bildlichen Darstellungen reichen. Unsinnig von seiten der Ägyptologen ist überdies die Annahme, daß sich in den letzten 9.000 Jahren steinzeitliche Graffiti-Künstler alle 3.500 Jahre an dem gleichen Ort zusammengefunden haben, nur um ihre Zeichnungen auf einen relativ unbedeutenden Fels zu kritzeln!

Was aber ist, wenn alle Darstellungen in Wahrheit aus der ersten Epoche Ägyptens stammen und ihre Verursacher nebeneinander existierten?

Zumindest Dr. Gaballah Ali Gaballah hat im Juni 2000 eingestanden: »Ähnliche Zeichnungen fanden sich auch an Tempelanlagen im Süden Ägyptens. Möglicherweise wanderte dieses Volk vom Süden nach Norden zu den Ma'adi!«

Die altägyptische Kultur der Pharaonen gehört nach wie vor zu jenen Zivilisationen, die unsere Vorstellungskraft sehr stark anregen. Dabei benötigt man in bezug auf den geschichtsträchtigen Landstreifen am Nil gar nicht sehr viel Phantasie, wenn man sich ernsthaft mit den Ursprüngen der geheimnisvollen Nilkultur auseinandersetzen will. Die dort anzutreffende kulturelle Vielfalt, die selbst einem laienhaften Ägypten-Besucher im Übermaß begegnet, übersteigt jegliches Phantasievermögen! Selbst unsere Wissenschaftler sind in den meisten Fällen nicht in der Lage, gewisse Botschaften aus unserer Vergangenheit wahrzunehmen. Die Blindheit unserer Lehrmeinungsvertreter ist nur damit zu erklären, daß sie entweder nicht alles sehen wollen oder es bewußt verheimlichen. Denn trotz intensiver Forschungsarbeiten sind innerhalb der Ägyptologie immer noch viele Fragen ungelöst geblieben, auf die man eine Antwort erhofft hatte.

Selbst während des Paläolithikums wurden Hieroglyphen an Felsen und Höhlen angebracht und waren bis zum Ende der römischen Besatzung Ägyptens noch im Gebrauch. Das Erstaunliche an den Hieroglyphen ist ihr Entwicklungsstadium. Es handelt sich bei diesen Zeichen nicht etwa um eine einfache Bilderschrift, sondern um eine komplett ausgeformte Silbenschrift, die schon aus über dreitausend Zeichen bestand. Wir haben in aller Regel zwei Möglichkeiten, unsere Vorstellungen durch eine Bilderschrift zum Ausdruck zu bringen:

1) mit einer eigentlichen Bilderschrift (Piktographie) oder
2) mit einer symbolischen Bilderschrift (Ideographie).

Die »Piktographie« ist die natürliche Form, die wir schon im Kindesalter anwenden.

Wenn wir beispielsweise Worte wie Sonne, Haus oder Baum wiedergeben wollen, zeichnen wir einen gestrichelten Kreis, ein Viereck oder ein Oval mit einem Strich. Aber bei abstrakten Begriffen erweist sich diese Übermittlung als unzulänglich; hier muß dann die »Ideographie aushelfen. Wir benutzen die symbolische Bildersprache heute zum Beispiel im Straßenverkehr, auf Bahnhöfen, Flughäfen oder bei Aushängeschildern unserer Handwerksbetriebe. In Wörterbüchern des vorigen Jahrhunderts gab es sogar zu einigen Wörtern Ideogramme, so daß, wenn beispielsweise ein Wort der Gaunersprache entnommen wurde, dieses Wort ein Galgenbildnis zierte. Viele antike Völker, wie die Chinesen, Mesopotamier oder die Mesoamerikaner, sind mit Ideogrammen ausgekommen. Die Pharaonen hatten hingegen auch Phonogramme, womit sie den bloßen Lautwert einer Silbe darstellen konnten. Wir finden hierzu aber keine Vorstufe bei den primitiven Stämmen des frühen Ägyptens, aus der sich die Hieroglyphenschrift entwickeln konnte.

Da es innerhalb der menschlichen Entwicklung bereits viele Bilderschriften gegeben hatte, war die Annahme, auch die ägyptischen Hieroglyphen seien eine Bilderschrift, anfangs gar nicht so abwegig, zumal sie wie bei dem Rebus-Prinzip viele bildliche Darstellungen enthält. Nach dem »Oxford English Dictionary« stammt das Wort für die Bezeichnung der sogenannten »Rebusschrift« aus Frankreich und war ursprünglich die lateinische Übersetzung für »durch Gegenstände«.

Französische Rechtsanwaltsgehilfen führten früher einmal Satiren auf, die Rätsel in Bildform enthielten und übersetzt »von Sachen, die sich ereignen«, hießen. Diese Abhandlungen haben dann in den letzten 200 Jahren auch in den französischen sowie englischen Kinderbüchern Verwendung gefunden, um die Denkfähigkeit der Kinder zu testen. Bei diesem Experiment wurde der Satz »Ich habe Tante Rose gesehen« als Bilderrätsel durch ein »Auge«, eine »Säge«, eine »Ameise« und eine »Rose« ausgedrückt. In diesem aus dem Englischen übernommenen Beispiel wurde etwas, wie z. B. die Schwester der Mutter eines Menschen, das bildlich sehr schwer darzustellen ist, einfach durch ein gleichlautendes, aber leichter zu malendes Wort aus der wirklichen Welt sichtbar gemacht (Ameise »ant« für Tante »aunt«).

Auch die Pharaonen ließen sich bei ihren Hieroglyphen eine Besonderheit einfallen. Für die Darstellung des Königsnamen »Narmer« nahmen sie im Gegensatz zum Rebus-Prinzip zwei Symbole zur Grundlage: »Nar« (»Fisch« oder »Feuriger Falke«) und »Mer« (»Meißel« oder »Technik«). Sie stellten so aus den unterschiedlichen Silben den einen Begriff des Königsnamen zusammen.

Bereits um das Jahr 1800 erkannten der deutsch-dänische Schriftforscher Georg Gustav Zoega (1755–1805) und der Brite Thomas Young (1773–1829) diese phonetische Eigenschaft der Hieroglyphen, die aber erst 1822 endgültig entziffert werden konnten. Obwohl sich neben den Hieroglyphen auch die einfacheren Formen der »hieratischen« (»priesterliche«) und der »demotischen« (»volkstümliche«) Schriftvarianten entwickelten, blieben die Hieroglyphen trotz dieser Begleitschriften mehrere Jahrtausende bemerkenswert unverändert.

Der amerikanische Linguist Dr. Ignace Gelb war einer der ersten Forscher, die ein sachkundiges Schema für die Entwicklung der Schrift präsentierten. Dr. Gelb war ein Fachmann für die Sprachen und Schriften des Vorderen Orients am Orientalischen Institut der Universität von Chicago und konnte sich als einer der Entzifferer der anatolischen (hethitischen) Hieroglyphenschrift auszeichnen. Er hatte aber auch – wie viele andere Inschriftenforscher – eine schwache intellektuelle Seite. Er vertrat nicht nur eine eigenartige Ansicht, wonach sich die Schrift erst aus einer anfänglichen »Bilderschrift« zur phonetischen entwickelt haben soll, sondern auch rassistische Weltanschauungen, wie die folgende Äußerung aufzeigt: »Wir haben eine phonetische Schrift und das Alphabet – und ›sie‹, all die Wilden, und Barbaren und Chinesen, nicht.«

Ignace Gelb meinte mit seiner Ausführung, daß nur die Christen die erste Begegnung mit Gott und dessen Sohn Jesus hatten, wo-

116

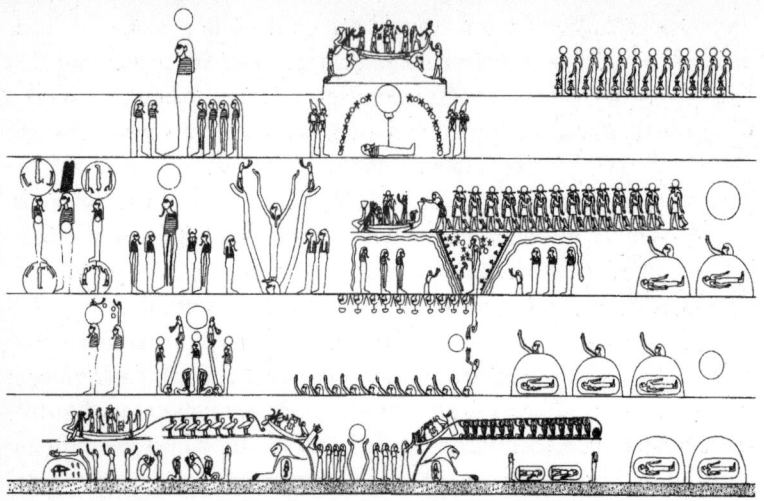

Abb. 52: Geheime Wegbeschreibungen in den Kosmos.

durch erst die Zivilisation zu den Menschen gelangte. Alle anderen
»Götterbegegnungen« läßt die christliche Gesellschaft nicht zu!
Doch auch die Pharaonen schreiben die Urheberschaft für die Entwicklung ihrer Hieroglyphenschrift einer göttlichen Begegnung zu.
Diese Gottheit kennen wir unter dem Namen Thot (»Djehuti«).
Die Legenden erzählen, daß sie schon in der Urzeit auf einer »Lo-
tusblume« vom Himmel herabgestiegen sei und den altägyptischen
Priesterkasten ihr Wissen weitergegeben habe. Die Gottheit Thot
trat immer nur mit dem Kopf eines Ibisvogels oder in Gestalt eines
weißen Affen auf und wurde im Altägyptischen »Taati« genannt,
was »der Leuchtende« bedeutet. Thot galt bei den alten Ägyptern
auch als Urheber sowohl der Astronomie als auch der Rechenkunst
sowie des Würfelspiels, und hatte schon seit dem Anfang der ersten
Zeit innerhalb der ägyptischen Chronologie seinen Platz eingenommen. Das erste datierbare Auftreten von Thot geht auf das Jahr
8.670 v. Chr. zurück, als er die ägyptische Priesterschaft, »die Priester des Thot«, begründete und dem Hohepriester der Pharaonen
»die 42 heiligen Bücher der Weisheit« und den »Kalender« hinterließ.
Daraufhin erschien die ägyptische Gesellschaft wohl geordnet. Über
alles wurde nun äußerst genau Buch geführt: Steuern, Volkszäh-

Abb. 53: Der weise
Thot.

lungen, Berechnungen für Bauprojekte. Auch die tägliche Arbeit der Tempelverwaltung und ihre Mysterienspiele waren stets gut organisiert. Jeder Tempel hatte seine eigene Bibliothek und sein eigenes Archiv. Dort wurde auf unzählige Papyrusrollen alles aufgezeichnet und bewahrt, was es über Mythologie, religiöse Riten, Medizin, Geometrie, Astronomie und Recht zu wissen gab. Gerade die Medizin war im alten Ägypten bereits hoch entwickelt und hoch angesehen, so daß die Pharaonen schon weit vor der Epoche der »Renaissance« und ihren Kenntnissen ein Buch über die menschliche Anatomie verfaßten. Doch leider sind nur neun medizinische Abhandlungen aus jener vergangenen Zeit erhalten geblieben. Eine davon, das älteste Buch über die Chirurgie, enthält beispielsweise die genauen Angaben über 48 verschiedene Operationen. Darunter befindet sich auch eine Darlegung, wie man schon damals einen Schädel durch Bohren oder Aufmeißeln öffnete (Trepanation), um den »Innendruck« des Kopfes zu senken. Auch das Ägyptische Totenbuch beschreibt im Spruch 175,83–91, eine derartige Schädelöffnung:

»Darauf hatte Osiris ein Leiden an seinem Kopf durch die Hitze der Atef-Krone, die an seinem Haupt war, damit die Könige ihn fürchteten. Da kehrte nun Ra in Frieden zurück nach Herakleopolis, um Osiris zu sehen. Er fand ihn in seinem Hause sitzend, seinen Kopf angeschwollen durch die Hitze der Atef-Krone. Da ließ Ra dieses Blut und diesen Eiter abfließen, und sie sammelten sich in einem Teich.«

Andere Papyri enthalten zum Beispiel auch nur medizinische Ratschläge und nennen Heilmittel, die man zum Teil heute noch verwendet wie Rizinusöl, Wermut, Natron oder Arsen. Die ägyptischen Priester hatten für offene Wunden sogar selbstklebende Pflaster, die sie schon vor Jahrtausenden verwendeten. Auch der Zahnersatz durch die Anbringung von Brücken sowie der Nutzen von Lederkondomen zur Verhütung, waren in jener ägyptischen Epoche bereits im täglichen Gebrauch. Doch all diese medizinischen Themen waren immer nur der Teil einer heiligen verborgenen Weisheit (Wissenschaft), womit sich ausschließlich die rangältesten Prie-

sterschreiber beschäftigten. Den Rangniederen jedoch wurde dieses Wissen vorenthalten. Deshalb konnten auch unsere Philologen bis heute nicht alle Hieroglyphentexte wirklich entziffern. Das liegt nicht nur an der sprachlichen Struktur, sondern auch an der Tatsache, daß gewisse mythologische Texte nicht im Hinblick auf Leser geschrieben wurden, die sich Jahrtausende später mit den Texten beschäftigen würden. Da diese gesamten Überlieferungen zudem kryptographisch (verschlüsselt) ausgewählt wurden, konnte in diesen Verstexten neben der eigentlichen Bedeutung stets noch eine weitere Aussage enthalten sein. Deshalb stoßen unsere Philologen bei dem Versuch, den Informationsgehalt der Hieroglyphen-Bilder in artikulierte Sprache umzusetzen, schnell an eine Grenze. Das liegt zum einen daran, daß die ganze Wirklichkeit in einem einzigen Bild eingefangen sein kann, aber auch daran, daß die Beschreibung eines Bildes in natürlicher Sprache ein ganzes Buch füllen könnte. Professor Erik Hornung meint deshalb:
»Vieles bleibt unsagbar, weil es nur in der Aussage des Bildes vermittelt werden kann.«

Abb. 54: Zeremonielle Darstellung.

Trotzdem propagiert die Vielzahl unserer Ägyptologen heute noch die Ansicht, daß durch die 1822 veröffentlichte Übersetzung des berühmten »Steins von Rosette« durch den genialen französischen Gelehrten François Champillon (1790–1832), alle ägyptischen Hieroglyphen lesbar geworden seien. Doch obwohl seit der Entschlüsselung der Hieroglyphen über 180 Jahre vergangen sind, wissen unsere Ägyptologen meiner Ansicht nach immer noch nicht, was die Texte eigentlich sagen wollen. Denn in Wirklichkeit kennen wir bisher nur die Laute von etwa 750 Hieroglyphen. Es existieren aber noch über 1.000 weitere, von deren wahrer Bedeutung wir und natürlich auch unsere Ägyptologen nicht die blasseste Ahnung haben!

Darüber hinaus gibt es mindestens ebenso viele Ideogramme aus der Frühzeit, die sich ohne einen »Schlüssel« nur nach dem gesunden Menschenverstand interpretieren lassen. Hinzu kommen die kryptographischen Informationen der einzelnen Bilder, welche sogar – wie die Laute der Hieroglyphen im 19. Jahrhundert – noch entschlüsselt werden müssen. Wahrscheinlich schrieb der griechische Priestergelehrte Plutarch schon vor 1.950 Jahren deshalb: »Durch Symbole enthüllten sie bestimmte Bilder mystischer Ideen, die verborgen und unsichtbar sind.«

Die Griechen bezeichneten die altägyptischen Schriftzeichen als »ta hieroglyphica« (»die heiligen gemeißelten Buchstaben«), woher unser Ausdruck »Hieroglyphen« stammt. Die Ägypter selbst nannten ihre Einkerbungen »Medu Neter«, was nichts Geringeres bedeutet als »die Zeichen der Götter«. Jeder Buchstabe hatte sein eigenes Geheimnis, und die Sprache diente insgesamt einem doppelten Zweck – wie übrigens sämtliche heiligen Sprachen der Antike. Beispielsweise wurde der hieroglyphische Buchstabe »R« in einer linsenartigen Form des halbgeöffneten Mundes geschrieben. Der Mund als »Ra« bezeichnet dabei die obere Öffnung des Körpers, die durch zwei Kanäle mit der Lunge und dem Bauch in Verbindung steht. Daher steht diese Hieroglyphe außer für die Bezeichnung »Licht, Mund, Sonne« auch für die allgemeine Bezeichnung für »Eingang«. Der Name des Gottes Ptah hingegen wurde unter Verwendung der phonetischen Werte geschrieben. Dabei wurde »P« durch den Himmel dargestellt, »T« als die Erde und »H« als eine Gestalt mit erhobenen Armen. Nach der memphitischen Theologie trennte Ptah in der grauen Vorzeit einst den Himmel und die Erde und galt gleichzeitig als die personifizierte Verbindung des »Himmlischen«.

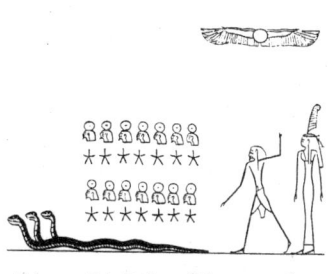

Abb. 55: Die Reisen führten zu den Sternen.

Indem die Gestalt des Gottes zwischen Himmel und Erde gesetzt wird, offenbart sein Name gleichzeitig seine schöpferische Funktion. Auch die Welt der Toten, die Region der »Dat« (»Weltall«), wird mit »D« und »T« buchstabiert. Diese Laute werden auch verwendet, um die Worte »Körper« und »Ewigkeit« zu buchstabieren. Die Hieroglyphe für Dat zeigt beispielsweise eine um eine Mumie gerollte Schlange. Hierbei ist die Feststellung wichtig, daß gerade die ägyptischen Schlangenhieroglyphen bei den Pharaonen schon immer eine vordergründige Rolle spielten, die zudem gleichzeitig eine vielfältige Bedeutung hatten. So wurde oftmals ein einfaches Wort verwendet, um Namen zu buchstabieren und deren Natur zu offenbaren. Bei dem Begriff »Dat« rufen zwei winzige Bilder die Vorstellung von »Körper«, »Wächter der Unterwelt« und »Ewigkeit« wach. Die Szenenbilder aus dem ägyptischen Pfortenbuch und dem Buch »Amduat« gehen sogar noch weiter und berichten uns detailliert, daß das irdische Leben und somit die »Spezies Mensch«, ursprünglich aus einer Region der Dat stammten. Deshalb überreichte der Urgott Ptah in Memphis dem König zwei Modelle für das Begehen seiner Regierungsjubiläen mit der Aufforderung, diese Jubiläen sechsmal hunderttausend Jahre lang zu feiern. Demnach kamen vor 600.000 Jahren 908 göttliche Wesen vom Sternbild des »Sirius« auf die Erde, die dann den ersten »Adam« schufen, »indem sie sich durch Genmanipulation mit den irdischen Primaten kreuzten«.

Wie in allen weltlichen Mythologien überliefert wird, ist unsere Spezies somit ein »Kunstwesen«, daß von göttlichen Wesen erst im Labor erschaffen wurde!

Wie abwegig ist diese Überlieferung, die eigentlich utopisch klingt?
Im *Papyrus Vandier* existiert eine mysteriöse altägyptische Geschichte über derartige Kunstwesen, die von unseren Ägyptologen allerdings als Märchen klassifiziert wird. Der Papyrus befindet sich heute im Besitz der französischen Universität Lille III und stammt vermutlich aus der 26. Dynastie (664–525 v. Chr.). Sein Fundort ist allerdings nicht bekannt, da er erst 1973 in Paris in den Handel kam und von dem Ägyptologen Dr. Jomard Vandier eher zufällig entdeckt wurde. Die erste Hälfte des Papyrus ist gut erhalten und besteht aus 65 Fragmenten, die zweite Hälfte wird hingegen aus sporadischen Fetzen gebildet.

Beispielsweise berichtet der *Papyrus Vandier* über die Ermordung von König Mykerinos (2389–2364 v. Chr.) während seiner Regentschaft innerhalb der 4. Dynastie (2505–2348 v. Chr.), doch die Hauptgeschichte spielt während der Regierungszeit von Ramses III. (1191–1159 v. Chr.). Die deutsche Ägyptologin Professor Emma Brunner-Traut schreibt über den historischen Kern des *Papyrus Vandier*:

Abb. 56: König Mykerinos.

»Diese Stelle ist für den Fachmann mit die aufregendste, denn hier erscheint erstmals in der Geschichte der Literatur ein ›Golem‹, ein aus Erde geformter Mensch, der stellvertretend für seinen Hersteller nach dessen Weisungen handelt.«

Was aber ist ein Golem?

Nach der jüdischen Theologie ist in Hinblick auf die Schöpfung überliefert, daß, als die Götter der Hebräer den ersten Menschen Adam schufen, sie sich der roten Erde bedienten, in die sie dann ihren Lebensodem einhauchten. Auch innerhalb der ägyptischen Theologie finden wir dieses Material.

Wenn die Göttin Isis mit List den alternden Gott Ra durch den Biß einer Schlange vergiften und erpressen will, so wird im Text auch davon berichtet, wie sie die beschriebene »Zauberschlange« vorher aus einem Maß mit roter Erde knetet und zum Leben erweckt. Das von den ägyptischen Priestern verwendete Zeichen »tet«, dessen ursprüngliche Bedeutung unter den Ägyptologen immer noch unbekannt ist, ähnelt zwar dem Zeichen der Lebensschleife, doch die Seitenarme sind hier nach unten geklappt. Seit dem Neuen Reich versinnbildlichten die Pharaonen mit »tet« die Bedeutung »Blut der Isis«. Die Farbe rot symbolisierte dabei immer das Leben, so daß den verstorbenen Ägyptern dieses Zeichen aus einem roten Halbedelstein bestehend, als Amulett, mit auf den Weg ins Jenseits gegeben wurde. Nach dem Ägyptenforscher und Internisten Dr. Andreas Ocklitz symbolisierte dieses Zeichen die »Weltkräfte« und »Unversiegbarkeit« des Lebens als älteste niedergeschriebene »Bluttransfusionsgedanken« der Menschheit:

»Die Blutspende der Isis wurde in Ägypten für Jahrtausende zum

Symbol der Wiederbelebung schlechthin und findet sich auf zahllosen Sargwannen und Sargböden dargestellt.«

Auch das Wort, das im Schöpfungsepos aus der hebräischen Fassung der Bibel mit »Rippe« übersetzt worden ist, woraus die Gottheit Jahwe Eva erschuf, lautete im Original »Im« (»Zelle«) und im sumerischen Schöpfungsepos TI. Im Akkadischen könnten wir es statt mit »Rippe« auch mit »Formerde«, »Leben«, »Bauch« oder »Blut« übersetzen. Somit könnte die Bezeichnung für »Formerde« auch im Ägyptischen (hamitisch/semitisch) mit »tet« oder »Blut« gleichzusetzen sein. Überdies umschrieben die Priestergelehrten von Memphis mit der Silbe »Im« die Bezeichnung für »friedlich kommen« sowie den Begriff »Samenerguß«. Des weiteren bezieht sich die altägyptische Silbe »Tui« oder »ti« auf den Begriff »Zeit« oder »Dauer«, die bei den alten Ägyptern im ständigen Zusammenhang mit der Lebenserwartung eines Menschen stand.

Alles nur Zufall?

Auch die ägyptischen »Uschebti-Figuren«, die den Verstorbenen in die Jenseitsregion begleiteten, um ihm beizustehen und die ihm durch die Götter auferlegte Arbeit zu übernehmen, bestanden anfänglich aus roter Erde und mußten für ihren Einsatz erst belebt werden. Die ältere sprachliche Schreibform des Wortes »Uschebti« lautete vor der 1. Dynastie »Schawabti«, doch auch seine ursprüngliche Herkunft ist den Ägyptologen heute noch unbekannt. Die alten Ägypter selbst deuteten die neue Schreibform seit dem ausgehenden Neuen Reich als »Antworter«. Über die Eigenschaften der »Uschebti« heißt es im Ägyptischen Totenbuch, Spruch 6,1–5: »O ihr Uschebti, wenn ich verpflichtet werde irgendeine Arbeit zu leisten, die dort im Totenreich geleistet wird – wenn nämlich ein Mann dort zu seiner Leistung verurteilt wird – dann verpflichtete du dich dem, was dort getan wird.«

Ein fragmentarischer Auszug aus dieser alten Wiederbelebungspraxis ist uns auch innerhalb der ägyptischen Mundöffnungszeremonie erhalten geblieben. Nach den Überliefe-

Abb. 57: Medizinische Instrumente ägyptischer Ärzte.

rungen kam diese Praxis gerade immer an Mumien und Uschebtis zur Anwendung. Dr. Andreas Ocklitz vertritt neben seiner Bluttransfusions-Theorie bereits seit 1985 auch die vielbeachtete Hypothese, daß die alten Pharaonen mit der priesterlichen Dechsel zumindest Wiederbelebungsversuche an Atemnotpatienten praktizierten.

Bei der Belebung des jüdischen »Golem« hingegen diente gerade der biblische Urvater Adam als Muster. Jüdische Rabbis wollten es im Mittelalter den Göttern gleich tun, als sie beschlossen, selbst zum Schöpfer zu avancieren. Angespornt wurden sie durch die Aussage von Jahwe aus dem Alten Testament, 1. Mose 2,7:

»Da formte Gott, der Herr, den Menschen aus der Erde des Ackerbodens und blies in seine Nase den Lebensatem. So wurde der Mensch zu einem lebendigen Wesen.«

Nach den Überlieferungen entspricht das Wesen des künstlichen »Golem« dem eines willenlosen Sklaven. Nur mit einer magischen Formel konnte der »Golem« belebt werden und führte dann die Befehle seines Herrn aus. Ein »Golem« konnte jedoch auch unkontrolliert Amok laufen und einen ganzen Stadtteil vernichten, wie es Überlieferungen aus der tschechischen Stadt Prag des 16. Jahrhundert berichten. Dort soll nach den Legenden vor 500 Jahren der letzte »Golem« im Turm der jüdischen Synagoge im Stadtzentrum außer Kraft gesetzt worden sein – und immer noch existieren.

Bisher galt der jüdische »Golem« des Mittelalters als erster Beleg für die magisch anmutende Vorstellung von der Erschaffung künstlicher Wesen. Doch wie es uns der *Papyrus Vandier* berichtet, erschuf vor etwa 3.200 Jahren der aus dem Delta stammende General, Priester und Magier Merire einen wesentlich älteren Erdmann:

»Da nahm General Merire einen Klumpen Tonerde, formte daraus einen Menschen und vollzog an ihm die Mundöffnung.«

Merire hatte dieses künstliche Wesen zwar in Absprache mit der Gottheit Ra erschaffen, doch nur, um an Pharao Menptah (1193–1191 v. Chr.) Rache zu üben, weil dieser trotz einer vertraglichen Vereinbarung Merires Familie und seine Besitztümer vernichtet hatte. Nachdem das künstliche Wesen seinen Vernichtungsfeldzug in der Umgebung des Faijum vollendet hatte, konnte es über ein »Tor«, das sich in der ägyptischen Stadt Heliopolis befand, die Erde wieder verlassen und in den Himmel zurückkehren. Als Ra dann aber erfuhr, daß ein Erdmann auf der Erde sein Unwesen getrieben habe, war er darüber sehr entsetzt und verurteilte die Handlung von Merire.

Leider werden die Texte im weiteren Verlauf des Papyrus unleserlich oder fehlen gänzlich. Es läßt sich allerdings noch der Hinweis entnehmen, daß die Gottheit Ra dieses Ungetüm in ein Gewässer warf, so daß es sich wieder in seine Bestandteile auflöste. In jedem Fall ist es aber interessant, daß nicht die Hebräer die Urheber des »Golem« sind, sondern auch diese Urheberschaft auf die alten Ägypter und auf ihre Gottheit »Ra«, der gleichzeitig »der Erbauer« des Menschen war, zurückgeht.

Sind das vielleicht die ersten erkennbaren Versuche innerhalb der Genforschung gewesen?

Erst im Jahre 1953 konnten der amerikanische Professor Francis Crick und der Brite Professor James Watson als erstes Forschungsteam die sogenannte Desoxyribo-Nuklein-Säure (DNS) als Erbinformationsträger der Zellen identifizieren, womit die Basis für die Entschlüsselung des genetischen Codes des Menschen vorbereitet wurde. Die Wissenschaftler veröffentlichten am 25. April 1953 Auszüge ihrer Arbeit in dem Wissenschaftsmagazin *Nature* und stellten diesen Informationsträger als zwei spiralförmige, umeinander gewickelte bunte Schlangen dar, die sie »Doppel-Helix« tauften. Doch wie es scheint, wurde auch hier nur eine bereits existierende Geheimwissenschaft der alten Pharaonen wiederentdeckt.

Die ägyptische Schlangenhieroglyphe »tchet« bedeutet sowohl »Schlange« als auch »Körper«. Ebenso verhält es sich bei der Kobra-Hieroglyphe »ârâ«, die sowohl eine einfache »Schlange« bezeichnet als auch den Begriff für eine weibliche »Gottheit«. Somit könnten auch in diesen Schlangenbegriffen kryptographische Botschaften über die erst vor 50 Jahren entdeckten DNS-Stränge enthalten sein, die wir heute ebenfalls als schlangenförmige Ketten darstellen. Verblüffenderweise scheint das »Ägyptische Pfortenbuch« diese Annahme tatsächlich zu bestätigen. In einer Darstellung während der fünften Stunde (31. Szene) tragen zwölf attribut- und namenlose Götter eine mit der Hieroglyphe für »Lebenszeit« bestückte Schlange. Dem Text zufolge heißt sie »Metui«, was von Professor Erik Hornung mit »Doppelstrick« übersetzt wird. Während die göttlichen Träger als Kollektiv »Welche die Lebenszeit im

Westen tragen« bezeichnet werden, zeigt eine andere Szene, wie eine einzelne Gottheit dem Menschen die Lebenszeit einstrickt. Dabei handelt es sich um die alte Vorstellung der Pharaonen von der Zeit als Schlange, die hier den konkreten Vorrat an »Lebens-

Abb. 58: Doppelstrick als Lebenszeit.

zeit« für alle Lebewesen in sich birgt. Der Text über die altägyptische Variante der »Doppel-Helix« im Pfortenbuch lautet weiter: »O Götter, die der Dat vorstehen, die den ›Doppelstrick‹ tragen, beim Messen der Lebenszeit – Möget Ihr den ›Doppelstrick‹ pakken, möget Ihr die Lebenszeit messen, die auf ihm ist.«

Liegt hier der Beweis vor, daß die Pharaonen die »Doppel-Helix« als Erbinformationsträger der Zellen kannten?

Die Anthropologen Dr. Eugene Harris und Dr. Jody Hey von der Rutgers Universität in New Jersey werteten 1998 DNS-Material von Menschen aus acht Populationen aus und wurden von den Ergebnissen sehr verblüfft. Sie entdeckten nämlich, daß ein Zuckerstoffwechsel-Gen namens PDHA1 in differenzierten Aufbaustufen auftrat. Die Wissenschaftler fanden heraus, daß dieses Gen auch bereits in den Sequenzfolgen (Hatplotypen) der Nucleotid-Basen des Neandertalers vorhanden gewesen war. Der Leiter des Forschungsteams, Professor Henry Harpending, kommentierte darauf die Entdeckung wie folgt:

»Das ist ein wichtiger Beweis! Wenn wir den Implikationen dieser Arbeit folgen, ist die ›Out of Africa‹-Hypothese falsch.«

Ein zweites Gen mit der Bezeichnung NR2W, das von Dr. Joe Z. Tcien und Professor Lee M. Silver von der Princeton Universität (USA) entdeckt wurde, ist wiederum das Gen, mit dem man die Intelligenz aller irdischen Lebewesen steuert. Bei langjährigen Tests, in denen man die Eizellen von Nagetieren mit diesem Gen-Baustein ausstattete, produzierten sie tatsächlich intelligente Super-Mäuse, deren Fähigkeiten im Januar 2000 vorgeführt wurden. Danach funktionierten die Lernfähigkeit und das Langzeit- sowie Kurzzeitgedächtnis der genmanipulierten Tiere auf erschreckende

Weise gut. Professor Hans-Jochen Hinze von der Universität Magdeburg sagt:
»Wer in Zukunft Super-Kinder wünscht, wird sie auch bekommen.«
Und wer hat den Primaten erst zur Entwicklung zum Homo sapiens sapiens verholfen?
Die Natur scheint es jedenfalls nicht gewesen zu sein! Bereits im Jahre 1985 entdeckten die US-Wissenschaftlerinnen Professor Carol Greider und Dr. Elizabeth Black noch ein anderes Eiweiß-Molekül, das sie »Telomerase« tauften. Dieses Molekül ist wiederum dafür verantwortlich, daß beim Menschen überhaupt ein Alterungsprozeß beginnt, das zu einem programmierten Tod durch die eintretende Altersschwäche führt. Mit der Kontrolle der Telomerase findet sich somit die Antwort auf den »Jungbrunnen«, der seit Generationen gesucht wird. Demnach stirbt der Mensch nur deshalb, weil seine Lebensspanne genetisch vorprogrammiert ist. Die Zellbiologen vertreten dabei die Ansicht, daß die vielfache Teilung der Telomere während der embryonalen Phase dem Menschen sein Lebenselixier nimmt und ihn im Höchstfall 120 Jahre alt werden läßt. Das, was unsere Wissenschaftler erst jetzt herausgefunden haben, beschreibt die Bibel im 1. Mose 6,3 wie folgt:
»Da sprach der Herr: Mein Geist soll nicht für immer im Menschen bleiben, weil er aus Fleisch ist; daher soll seine Lebenszeit hundertzwanzig Jahre betragen.«
Wissenschaftlern der Universität von Mailand ist es im November 1999 tatsächlich gelungen, das mysteriöse PDHA1-Gen bei Mäusen auszuschalten. Die Folge war, daß das Leben der Mäuse mit ausgeschaltetem Gen sich um ein Viertel verlängerte und sie im Gegensatz zu ihren Artgenossen weniger anfällig für Krankheiten wurden. Somit kann jeder Mensch die von Gott auferlegte eingeschränkte Lebenserwartung ohne seinen künstlich verursachten Gendefekt wieder höher schrauben lassen.
Ist das somit der Beweis für die Schöpfungs-Theorie?
In der Lehre des ägyptischen Priesters Merikare aus der 10. Dynastie werden die Menschen als das »Kleinvieh Gottes« bezeichnet. Diese Lehre erinnert in ihren Grundzügen an den Schöpfungsmythos der Sumerer, der dem Menschen während seiner Anfangszeit ebenfalls tierische Merkmale zuschreibt:
»Als die Menschen erschaffen wurden, kannten sie Brot als Nah-

rung nicht und kannten keine Gewänder. Sie aßen Pflanzen mit dem Mund wie Schafe, tranken Wasser aus einem Graben.«

Daraus ist zu entnehmen, daß die allerersten Menschen »Wilde« waren und zu dieser Zeit mit Sicherheit noch keine Landwirtschaft betrieben, aus der »Brot« oder »Baumwollkleidung« resultierten.

Die Sumerer berichten in ihrem Schöpfungsepos »Eluma-Elisch«, daß der erste Mensch »zottelig behaart« war und einen Schwanz trug. Überdies berichtet das hebräische »Buch von der Urzeit«, daß, wie schon bei den Assyriern, auch Jahwes Gefolgschaft nach einem Wesen Ausschau hielt, um es »... mit dem Bild der Götter zu vereinen«:

»Ein Tier lebt in den Bergen, das dem gesuchten Wesen in allem gleicht.«

Unmißverständlich geht hieraus hervor, daß die Götter bei ihrem Manipulationsvorhaben für die Erschaffung des Menschen fündig wurden. Auch über Osiris

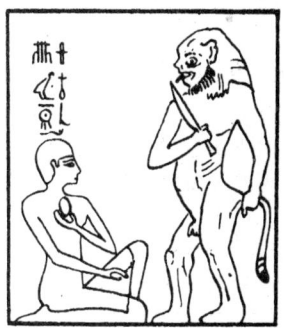

Abb. 59: Ägyptischer Schwanzmensch.

heißt es, daß es ihm gelang, »die Geschwänzten« zu erzeugen, die sich später vom ihm jedoch wieder abwendeten und sich Seth anschlossen:

»O Ihr Geschwänzten, ich bin die Wurzel! Meine Abscheu ist die Richtstätte der Götter, und dieses Herz soll mir nicht fortgenommen werden von den ›Kämpfern‹ von Heliopolis.«

Seth wiederum wird mit niemand Geringerem gleichgestellt als dem biblischen Gott Jahwe. Seths als auch Jahwes gemeinsame Wurzel findet sich hingegen im Baal-Kult Mesopotamiens. Das alles kann kein Zufall mehr sein!

Inwiefern sind aber die mythologischen Weltanschauungen der Mesopotamier mit denen Ägyptens wirklich verknüpft?

AN. und KI. waren innerhalb der Mythologie des Zweistromlandes Mesopotamien (Euphrat und Tigris) miteinander vermählt. Die Kombination beider Begriffe ergab ein zusammengesetztes Hauptwort (»anki«, wörtlich »Himmel-Erde«), das die Sumerer in der Bedeutung als »Universum«, »Kosmos« und »Weltall« verwendeten. Man beachte hierbei die lautliche Ähnlichkeit zwischen AN.KI. und dem Namen der ägyptischen Göttin »Anukis«, die man immer

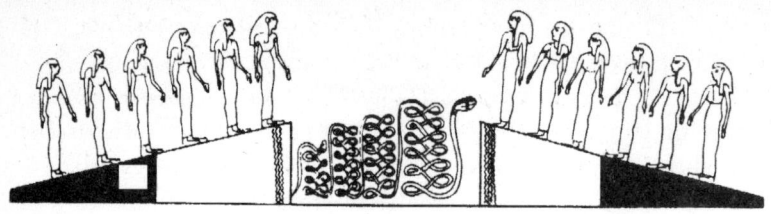

Abb. 60: Die Ägypter kannten jede Art der Zeit.

mit »Sothis-Sirius« gleichsetzte. Ebenso läßt es sich natürlich auch mit dem babylonischen »Anunnaki« (»die vom Himmel auf Erden sind«) und dem ägyptischen »Ankh« oder »Anch« vergleichen. Interessant wird in diesem Zusammenhang auch die unter unseren Ägyptologen heute noch umstrittene ursprüngliche Bedeutung der Lebensschleife »Anch«. Als Hieroglyphe bedeutet das Zeichen zwar »Leben«, doch als Symbol weist es auf das göttliche »ewige Leben«. Wenn in den altägyptischen Tempeldarstellungen ein Gott die Lebensschleife dem Pharao vor die Nase hält, oder wenn bei der kultischen Reinigung der Wasserstrahl sich in Gestalt von Lebensschleifen über den Pharao ergießt, ist dies mit dem »Lebensodem« der Bibel gleichzusetzen. Deshalb und wegen seiner kreuzähnlichen Form ist das »Anch-Zeichen« auch in die christlich-koptische Symbolik eingegangen.

Doch woher leitet sich seine wahre Herkunft überhaupt ab?

Die deutschen Ägyptologen Dr. Rainer Hannig und Dr. Petra Vomberg vertreten die unsinnige Theorie, daß dieses Dreikonsonantenzeichen sich ursprünglich von einem »Sandalenriemen« ableitete. Was ein Sandalenriemen außer einem möglichen »Knoten« allerdings mit dem ägyptischen Lebenssymbol gemeinsam haben soll, bleibt das Geheimnis der hochgelobten Forscher. Deshalb bin ich für eine vernünftige Lösung und bevorzuge eine andere These: Ist es vielleicht nicht möglich, daß wir hier die früheste Darstellung einer männlichen Samenzelle sehen?

Der widderköpfige Gott Chnum ist in der ägyptischen Mythologie der Gestalter von Kinderleibern, die er symbolisch auf einer Töpferscheibe formt und sie erst danach in dem produzierten Samen in den Leib der Mutter einführt. Wenn wir uns des mythologischen Beiwerks dieser Überlieferungen entledigen, haben wir es hier durchaus mit dem medizinisch richtigen Bericht einer Retortenbe-

fruchtung zu tun. Die britischen Biologen Dr. Robert Edwards und
Dr. Patrick Steptoe hatten 1977 bereits das Gleiche getan: Mit der
ersten außerhalb des Mutterleibes künstlich befruchteten Eizelle
zeugten sie, wie schon die ägyptische Gottheit Chnum tausende
Jahre vor ihnen, mit der Engländerin Louise Brown am 20. Juli 1978
»das erste Retortenbaby« der Welt. Hinzu kommt, daß der gestalterische Beiname dieser Gottheit »Bildner, der belebt« lautet und
sie anscheinend schon während der Anfänge der Urzeit über die
Eigenschaften der Spermien Bescheid gewußt haben muß. Im Ägyptischen Totenbuch, Spruch 17,80, wird uns über die Zahl von Spermien berichtet: »Sperma von Millionen.«

War hier vielleicht die natürliche Anzahl der Spermien gemeint?
Die alten Ägypter bezeichneten mit dem Wort »mt« die männlichen Spermien. Das einzelne Spermium, das im natürlichen Schöp-
fungsprozeß nach der Bewältigung einer 7,5 Meter langen Strecke
in das weibliche Ei im Mutterleib eindringt und es befruchtet, ist
der Sieger eines Wettlaufs, zu dem bis zu 500 Millionen Konkur-
renten starten. So viele Samenfäden kann ein Mann nämlich bei einem einzigen Samenerguß produzieren. Doch nur wenige Tausend
überleben und erreichen überhaupt die Nähe des weiblichen Eilei-
ters, wo danach durch das Eindringen einer einzigen männlichen
Samenzelle in die weibliche Eizelle die Befruchtung stattfindet. Anscheinend waren auch die alten Pharaonen über diesen Tatbestand
längst informiert.

*Wie konnten die Pharaonen aber die natürliche Form einer Sper-
mie erkennen, die für das bloße Auge doch unsichtbar ist?*
Aus dem alten Pharaonen-Reich sind uns heute mehr als 100 Prie-

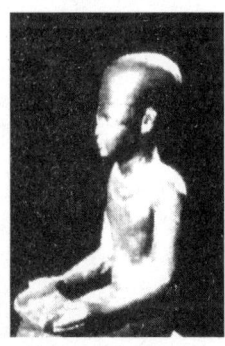

ster-Ärzte namentlich bekannt, die alle Hüter
eines traditionsreichen Geheimnisses waren.
Ein ägyptischer Priester aus der 3. Dynastie
(2644–2505 v. Chr.) mit dem Namen Imhotep,
der mit dem weisen Arzt Asklepios aus der
griechischen Mythologie gleichzusetzen ist, soll
nach Ansicht unserer Ägyptologen seine Aus-
bildung sogar erst bei den Sumerern in Mesopotamien erhalten haben, bevor er sie in Ägypten anwendete. Wieder zurück im eigenen Lande, überraschte er die Ägypter mit erstaunli-

Abb. 61: Imhotep

chen Heilmethoden, die vom einfachen Volk stets als Zauberei bewundert wurden.

Imhotep wurde an den Hof des Pharao Chasechem gerufen, um das Leben der Königin zu retten. Nach der Geburt des Prinzen Djoser stellte der weise Imhotep fest, daß die Pharaonin unter einem Dammriß litt. Mit schnellen Handgriffen unterband er trotz der Klagen der Königin und ihrer drei Hebammen die Blutung und nähte die Wunde. Danach wandte sich Imhotep an die sprachlosen Hebammen und wies sie an, auf die Wunden Kompressen aus frischem Fleisch zu legen und diese täglich fünfmal zu wechseln. Des weiteren solle die kranke Königin mit Rindergalle vermischte Kuhmilch trinken, woraufhin sie tatsächlich überlebte.

Eines Tages litt Apopi, die Ehefrau Imhoteps, an einer grausamen Augenkrankheit, die nach Imhoteps Meinung »von kleinen, unsichtbaren Würmern« verursacht wurde. Doch seine Priesterkollegen wußten es besser und nannten ihm sofort eine ärztliche Rezeptur, die Hilfe bringen sollte: Sie rissen einem Mistkäfer Kopf und Flügel ab und tauchten ihn in eine Öllösung. Danach wurde die Tinktur auf die Augen seiner Frau gegeben, ohne daß jedoch eine Heilung erfolgte. Schließlich erinnerte sich Imhotep »nicht« an sein (von den Ägyptologen unterstelltes) Exil in Mesopotamien, sondern an ein Rezept, das ihm die Gottheit Thot bereits vor 4.500 Jahren gegeben hatte. Der Oberpriester fertigte nach dem göttlichen Rezept eine Paste an, die er auf einer Schminkpalette aus grünem Schiefer aufbereitete. Nach einer kurzen Weile strich er die Salbe über die Augen von Apopi und siehe da: Die antibakterielle Salbe brachte die von der Trachom-Krankheit befallenen Augen zum Eitern und machte seine Frau wieder gesund.

Der Arzt und Oberpriester Imhotep wandte vor mehr als 4.500 Jahren bereits eine Wissenschaft an, die wir erst seit 400 Jahren kennen – »die Bakteriologie«.

Es bedurfte allerdings erst der Erfindung des Mikroskops im Jahre 1618, damit man die Eigenschaften von Bakterien und Viren erkennen und sie erst dann wirksam bekämpfen konnte.

Hatte der weise Imhotep ein Mikroskop, mit dem er die unsichtbare und wurmartige Form der Bakterien erkennen konnte?

Die Pharaonen hatten tatsächlich optische Linsenapparate bereits vor mehreren Jahrtausenden benutzt und eingesetzt, die überwiegend aus Bergkristallen geformt waren. Zum einen beobachtete man mit diesen Apparaten das Weltall und die Sterne und zum anderen lokalisierte man damit den Mikrokosmos, worauf wir im Kapitel 5 noch einmal eingehen werden.

Diese frühe Kenntnis erklärt uns somit aber auch die Abbildung einer Szene im Tempel von Pharao Ramses VI. (1149–1142 v. Chr.),

Abb. 62: Samenzelle

in der meines Erachtens ein einzelner Samenfaden dargestellt wird. In Abb. 62 ist die irdische Zeugung des Menschen dargestellt, wobei im linken Teil des weiteren eine mit erigiertem Phallus ausgestattete Gestalt zu sehen ist. Aus dem Phallus tritt ein Strichmännchen in menschlicher Form aus, das hier von einem Samenfaden begleitet wird. Erst daraus hat sich meiner Ansicht nach die Darstellung für das »Anch-Symbol« als Zeichen für »Leben« entwickelt.

Eine Bestätigung finden wir in dem Wort »inedj«, das ebenfalls mit einer kreuzähnlichen Hieroglyphe geschrieben wird, die die Ägyptologen immer noch nicht zuordnen konnten. Dieses Wort bezeichnete eine »göttliche Energieform« als Kreuz wie in dem Determinativ »nini«. Professor Christian Jacq sagt:

»Nini ist die magische Formel, mit der Isis ihren Brudergemahl Osiris aus dem Tod zum ewigen Leben erweckte.«

Es war also eine »göttliche Weisheit«, die nur wenige kennenlernten!

Ist eine derartige Wissenschaft in dieser frühen ägyptischen Epoche überhaupt möglich gewesen?

Professor Sir Edward Taylor, der eigentliche Begründer der modernen Ethnologie, behauptete Mitte des 19. Jahrhunderts, daß die Entwicklung der Menschheit von der Barbarei zur Zivilisation eine Folge der Verschriftlichung gewesen sei. Doch wie die Verschriftlichung ihren Anfang nahm, ist nach wie vor eines der umstrittenen Rätsel unserer Wissenschaft. Denn eigentlich ist die Schrift nichts anderes als eine in sichtbare Form gebrachte Sprache. Auch wenn unsere heutigen Linguisten inzwischen geschlossen die Meinung vertreten, daß die erste Schrift vor gerade 5.000 Jahren von den Sumerern und fast gleichzeitig von den alten Ägyptern erfunden wurde, gibt es genügend Hinweise, aus denen sich anderes rekonstruieren läßt: Beispielsweise existiert bei dem Dorf El-Hosch, das 30 Kilometer südlich von Edfu auf der Westseite des Nils liegt, ein seit 1892 bekannter Tempel aus der Steinzeit, dessen Entstehungsdatum von dem britischen Ägyptologen Dr. Stanley Hendrickx bei 6.690 v. Chr. angesiedelt wird. Wie die zwischen 1998 und 1999 durchgeführten Untersuchungen ergeben haben, befindet sich der Tempel in einem 12.000 Quadratmeter umfassenden Gebiet und ist mit Petroglyphen eines bislang noch unbekannten urägyptischen Volkes übersät. Insgesamt wurden drei Stellen intensiv untersucht:

1) Campus Nr.: 57.553 – Abu Tanqurah Bahari, 2;
2) Campus Nr.: 60892 – Gebelet Jussef, 7;
3) Campus Nr.: 60893 – Abu Tanqurah Bahari, 7.

Als von besonderem Interesse erkennen die Wissenschaftler die vielen Fisch- und Giraffen-Motive in den Darstellungen an, die auch im dynastischen Ägypten einen wesentlichen Bestandteil bildeten. Des weiteren existieren neben abstrakten Figuren auch menschliche Gestalten sowie Krokodildarstellungen und Abdrücke von Schuhsohlen. Stilistisch erinnern diese Darstellungen an die der Dogon, worauf wir im weiteren Verlauf des Buches noch einmal eingehen werden. Auch die *VIII. Deutsche Inner-Afrikanische Forschungsexpedition* aus den Jahren 1926 und 1937 unter der Leitung von Dr. Robert Mond berichtete bereits von dieser Petroglyphen-Gegend, die jedoch wieder vergessen wurde. Hendrickx ließ 1999 an einigen Stellen von Abu Tanqurah Bahari, die dunkle Patina des nubischen Sandsteins anhand von 40 Proben mineralogisch und geochemisch analysieren, woraufhin er ein Entstehungsdatum um 8.000 v. Chr. ermitteln konnte. Dr. Erik Paulissen konnte überdies Texte entziffern, die von Sintflut-Katastrophen berichten, die einmal um 13.000 und ein weiteres mal um 7.000 v. Chr. auftraten.

Was für Sintflut-Katastrophen aber waren das?

Etwas weiter südlich in der Umgebung von Touschka (Gebiet von Unternubien) wurde 1998 ein neuer Tempel entdeckt, der etwa 38 Kilometer nordöstlich von Abu Simbel liegt. Nach Untersuchungen des *Lawrence Livermore National Laboratory* im Tempelumfeld ergaben die ersten Datierungen des amerikanisch-britischen Archäologenteams ein Gründungsjahr des Bauwerks um 8.700 v. Chr. Somit ist der Tempel älter als die offizielle Entstehungszeit der Pyramiden von Giseh. Dieser alte Tempel wurde seltsamerweise auch nicht durch eine besondere Suchmethode der Archäologen entdeckt, sondern eher zufällig von Arbeitern ausgegraben, die in den umliegenden Feldern von Touschka Gräben für Bewässerungslöcher aushoben. Obwohl der Tempel – ähnlich wie das Osireion von Abydos und der Taltempel von Giseh – aus 100 Tonnen schweren Megalithquadern errichtet wurde, besitzt er im Gegensatz zu diesen Bauwerken hieroglyphische Inschriften, die jedoch laut unseren Gelehrten zu dieser Zeit noch nicht erfunden waren. Aus diesen Aufzeichnungen konnten die Forscher detailliert die sintflutartigen Umstände im Spät-Pleistozän entnehmen, wozu der wilde Nil erheblich mit beitrug. Die Texte berichten sehr genau über seit langer Zeit vergangene Epochen, in denen bereits mehrere Zivilisationen existierten, die immer wieder vernichtet wurden.

Nach der Ansicht von Dr. Robert Morkot sollen die Urbewohner dieser Region ursprünglich von 23 Sintflutkatastrophen heimgesucht worden sein. Es wird dabei überwiegend von einem weit in der Vergangenheit liegenden Zeitalter berichtet, in dem noch »die Schöpfergötter« lebten, die nach der »letzten« Überflutung an verschiedenen Orten »heilige Grabhügel« errichteten. Diese hatten für die künftig zu errichtenden Tempel als Fundamente zu dienen und deren Ausrichtungen nach den Sternen zu bestimmen.

Die »Heimat jener Wesen aus der Vorzeit«, sei »eine flammende Insel« gewesen, die »in der Dunkelheit der vorzeitlichen Wasser« lag. Schließlich seien die meisten dieser Wesen, die in den Texten »Horizontbewohner« genannt werden, ertrunken. Danach wurde auch der »Sitz der Götter überflutet«, so daß von ihnen und ihren Besitztümern außer den steinernen Zeugnissen nichts mehr übrig blieb.

Was wollen die Ägyptologen an Überlieferungen denn noch lesen? Bezeichnenderweise will sich kein Wissenschaftler mit Reputation mit den in Mythen überlieferten Fakten ernsthaft beschäftigen. Dabei hätten sie durchaus eine Legitimation dafür. Denn bereits 1865 schrieb der hochangesehene Professor Alfred Wollheim da Fonseca über seine unzähligen Untersuchungen zur Mythologie:

134

»Derjenige hat keine Ahnung von der Bedeutung, der hier nur unsinnige Fabeln und schöne Allegorien erblickt. Die Mythologie ist etwas ganz anderes: Sie ist der erhabenste Ausdruck der erhabensten Wahrheit. Eigentlich ist sie sogar weit mehr: Sie ist auch die Urgeschichte der Menschheit.«

Während der Grabungssaison 1998 fanden an dem Tempel von Touschka auch flüchtige Untersuchungen des DAIK statt, die dabei sogar ein noch älteres Tempelfundament bestimmen konnten, auf dem die »heutige«, 10.700 Jahre alte Bauanlage errichtet wurde. Darüber hinaus beinhalten auch die Tempelinschriften von Touschka einen Bericht über die Gottheit Thot, die demzufolge diesen Tempel persönlich ausgerichtet haben soll. Es ist die älteste Form einer altägyptischen Paviangottheit aus der Frühzeit, die hier »hezur« genannt wird, was soviel wie »Großer Weiße« bedeutet. Des weiteren sind auch die auf Wasseruhren entdeckten und über den Ausflußöffnungen sitzenden Affengestalten ebenfalls mit Thot als »Gott der Zeitrechnung« zu versinnbildlichen. Somit bestätigen auch diese neu entdeckten und bisher ältesten schriftlichen Spuren und Plastiken Ägyptens das chronologisch einstufbare Datum mit dem ersten Erscheinen der Gottheit Thot im Jahre 8.670 v. Chr. Deshalb hat auch der Linguist Dr. Harald Haarmann in seinem Buch »Universalgeschichte der Schrift« die Frage behandelt:

Welche Schrift ist denn nun die älteste, und warum hat sie der Mensch überhaupt erfunden?

Wissenschaftler vermuten, daß die Anfänge der Schrift prähistorische Jäger erfanden, indem sie ihre Beute verfolgten und anfänglich nur die Tatzenabdrücke der gejagten Tiere an die Felsen malten. Doch schon die Sprachwelt unserer Ahnen führt zu einem deutlichen Erklärungsdefizit. Niemand weiß wirklich, wann oder wo sie entstanden ist. Im Jahre 1956 veröffentlichte das amerikanische *Journal of Semitic Studies* über den Ursprung der Sprache:

»Die menschliche Sprache ist ein Geheimnis; sie ist eine göttliche Gabe, ein Wunder.«

Das Alte Testament der Bibel berichtet uns, daß der erste Mensch Adam von seinem Schöpfer mit einem Wortschatz und der Fähigkeit erschaffen wurde, neue Wörter zu prägen und so seinen Wortschatz zu erweitern. Diese erste Sprache des Adam ging der Überlieferung nach erst nach der letzten großen Sintflut wieder verloren. Ein König mit Namen Nimrod bedrohte durch den Bau eines sehr hohen Gebäudes den Himmel und die dort lebenden Götter. Ob bei dem Bauwerk von den ägyptischen Pyramiden die Rede ist, geht aus der Bibel nicht klar hervor. Doch die Götter der Bibel, denen das Oberhaupt Jahwe vorstand, schauten sich das Tun der Menschen an und beschlossen daraufhin zu handeln. Aus dem 1. Mose 11,5–8 erfahren wir:

»Da stieg der Herr herab, um sich Stadt und Bauwerk anzusehen, die die Menschenkinder bauten. Er sprach: Seht nur, ein Volk sind sie, und eine Sprache haben sie alle. Und das ist erst der Anfang ihres Tuns. Jetzt wird ihnen nichts mehr unerreichbar sein, was sie sich auch vornehmen. Auf, steigen wir hinab, und verwirren wir dort ihre Sprache, so daß keiner mehr die Sprache des anderen versteht. Der Herr zerstreute sie von dort aus über die ganze Erde, und sie hörten auf an der Stadt zu bauen.«

Die Babylonier nannten das Bauwerk »Etemenanki«, was sich mit »Verbindungshaus der Fundamente von Himmel und Erde« übersetzen läßt. Eine ägyptische Bezeichnung für ein Dreieck oder eine Pyramide klingt in ihrer Übersetzung ähnlich: »… Verbindungsort, an dem es von uns aufsteigt.« Berücksichtigt man die mesopotamischen Zikkurate und den Ursprung dieser Überlieferung, dann muß das biblische Bauwerk des Nimrod mindestens die Form einer Stufenpyramide besessen haben.

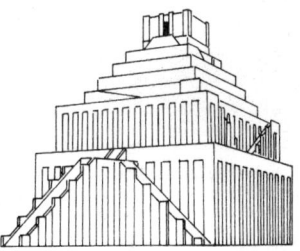

Abb. 63: Zikkurat

Im Juli 1991 wurde ein Forschungsprojekt durch amerikanische Experten in Gang gesetzt, die als unabhängige Arbeitsgruppe aktiv sind. Das zwölfköpfige Team besteht aus NASA-Spezialisten, Kryptologen der CIA, Philologen und Altertumsforschern. Die Gruppe operiert seitdem in Ägypten und Babylon, wo sie in antiken Bauanlagen nach einem alten, zeitübergreifenden »Informativ-System« sucht.

Doch nicht die Forschungsgruppe, sondern der deutsche Sprachforscher Friedhelm Erich Will, der seit über dreißig Jahren die Ursprünge der minoischen Urbevölkerung erforscht, hat seinen Arbeitsergebnissen zufolge dieses uralte und weltumfassendes »Informativ-System« entdeckt und entziffert. Genau dieses System soll nach Will die verlorengegangene vorsintflutliche Einheitssprache sein, die das amerikanische Forschungsteam in Ägypten oder Babylon vermutete und seit zehn Jahren sucht. Das durch die Übereinstimmung von Farben, Buchstaben und Zahlen in Einklang gebrachte »Informativ-System«, soll nach Friedhelm E. Will sogar die Schrift und Sprache sein, die Jahwe Adam im Paradies verlieh, als die Götter noch mit den Menschen in Einklang lebten. Demnach sieht dieses System für eine Lesung folgende Formulierung vor:

Buchstabe	Zahl	Farbe	Begriff
A	1	Blau	Zentrum/Das Sein
B	2	Gelbgrün	Basis/Leben
I	3	Grün	Beginn/Anfang/Bewußtsein
T	4	Grünweiß	Tun/Wirken/Wissen
M	5	Weiß	Ratio/Kopfbezogen/Mensch
N	6	Weißorange	Sehen/Dynamik
E	7	Orange	Wahrheit/Erde
Y	8	Orangerot	Zeit/Verbindung
K	9	Rot	Plan/wie die Dinge sein sollen/Rationales Prinzip
P	10	Rotviolett	Weg/Verlängerter Ort/Licht
U	11	Violett	Dynamik/Dunkel
L	12	Violettschwarz	Richtung/Sonne
R	13	Schwarz	Emotion/Körperbezogenheit/Stern
G	14	Schwarzgold	Gewicht/Erde/Licht des Wissen
o	15	Goldgelb	Verbindung/Licht des Menschen
X	16	Gelb	Darstellung/wie die Dinge sind/Licht der Erde
S	17	Gold	Umfassung/Zusammenfassung/Alles/Licht der Verbindung
O	18	Silber	Stärke/Macht/Leben/Tod

Versucht man beispielsweise nach dem »Informativ-System« oder der »Formel des Adam« die Lichtspiegelungen eines Regenbogens zu deuten, ergibt sich nach Friedhelm E. Will folgende Lesung: »Rot-Orange-Gelb-Grün-Blau-Violett = K-E-S-I-A-U, oder in Zahlen 9-7-17-4-1-11. ›Rationales Prinzip der Erde als Licht der Erde‹ sowie ›Wissen des Seins der Nacht/der Dunkelheit‹.«

Was hier auf den ersten Eindruck wie irgendeine esoterische Geheimlehre wirkt, erweist sich jedoch nach einigen Tests als ein äußerst genau ausgeklügeltes Informationssystem. Die Bezeichnung für den ersten Menschen A-D(?)-A-M (blau-blau-weiß) hätte also die Numerologie 1-1-5 und würde sich so lesen: »Zentrum des Seins als Mensch« (Planet/Erde/Heimat). Im Neudeutschen hieße dies: »Die Existenz des Menschen im Paradies«.

Mit dieser Formel läßt sich fast jede Information entschlüsseln, wenn eine Informationsübermittlung vorgesehen war. Die Formel entspricht in gewisser Weise sogar den ägyptischen Hieroglyphen, wie beispielsweise das ägyptische Zeichen »D36«, das »Gerechtigkeit, Wahrheit, Recht, Weltordnung« sowie »Schuldlosigkeit« bedeutet. Ich möchte an dieser Stelle noch zwei weitere Beispiele nennen, die jeder Leser anhand der Tabelle selbst überprüfen kann.

Zunächst habe ich die Anwendung dieser Formel auf die ägyptische Bezeichnung für Hieroglyphen (»Medu Neter«) untersucht. Nach dem informativen System der Alten ergibt sich für den alten pharaonischen Begriff »Medu Neter« die Numerologie 5-7-11-6-4-13 mit folgender Bedeutung: »Geistige Wahrheit dynamisch sehen und durch das Wirken emotional [aufnehmen].«

Eine interessante Umschreibung für eine gesprochene Sprache, die zu Papier (Papyrus oder Pergament) gebracht wurde, wie ich meine. Die griechische Bezeichnung »ta hieroglyphica« wird bei der Übertragung in das System sogar noch ergiebiger. Da das »Informativ-System« nach Friedhelm E. Will seinen Ursprung auf der griechischen Mittelmeerinsel Kreta hat und dem minoischen Urvolk zugeschrieben wird, kann die Ergiebigkeit dieses Wortes nur damit erklärt werden, daß auch die alten Griechen dieses System noch kannten und anwendeten. Bei der Umsetzung erhalten wir die Zahlenabfolge 3-7-13-15-14-12-8-10-3-1, die folgende Aussage enthält:

»Wissen kam seit Anbeginn auf die Erde als geistiges Übergewicht für die Entwicklung der Zivilisation und die Bewahrung der Wahrheit für die späteren Geschlechter.«

Auch hier erkennt man eindeutig den Sinn der Hieroglyphen in ihrer schriftlichen Verwendung. Selbst bei dem deutschen Begriff »Schrift« mit der Numerologie 17-13-3-4, erhalten wir mit dem alten Kommunikations-System eine sinnvolle Erklärung: »Emotionale Darstellung des bewußten Wissens.«

Dieses System läßt sich überdies aber auch auf Bauwerke jeglicher Art übertragen, bei denen zum Teil ebenfalls eine informative Darstellung für nachfolgende Geschlechter vorgesehen war. Beispielsweise steht für den Oberbegriff »Pyramide« als Zahl die »3«, als Buchstabe »I« sowie die Farbe Grün. Grün wäre die Farbe, mit der die Gottheit Osiris dargestellt wurde, die immer mit der Ausrichtung der Pyramidenanlage von Giseh und dem Sternbild des Orion im Zusammenhang stand. Diesen Stern setzten die alten Ägypter nur deshalb mit Osiris gleich, weil sie in ihm den legendären Überbringer der Zivilisation in einer längst vergangenen Epoche (»Sep Tepi«) sahen. Als nächstes haben wir die Hieroglyphe »I«, was zu deutsch nichts Geringeres bedeutet als »Grundsteinlegung«. Die Zahl »3« symbolisiert hier wiederum die dreieckige Seitenfläche einer Pyramide. Wenn wir jetzt für die Lesung auf die Tabelle schauen, erhalten wir die Begriffe »Beginn/Anfang/Bewußtsein«. Somit symbolisiert jedes Dreieck oder der oberflächliche Seitenanblick einer »Pyramide« nichts anderes als den »Beginn der Zivilisation«.

Ist das »Informativ-System« tatsächlich die Ursprache des Adam?
In seinem Werk »Phaidros« läßt der griechische Philosoph und Historiker Platon (427–347 v. Chr.) seinen Kollegen Sokrates (469–399 v. Chr.) einen alten Mythos über den ägyptischen Gott Theuth (Thot) zitieren, nach dem dieser neben der Geometrie auch die Schrift erfand. Theuth brachte seine Erfindungen vor den König, einen gewissen Thamus, und forderte, daß sie allen Ägyptern zur Kenntnis gebracht werden sollten. König Thamus begutachtete jedes einzelne Wort und war dem Neuen gegenüber sehr argwöhnisch. Doch Theuth erklärte darauf zur Schrift voller Freude:
»Die Kunst, o König, wird die Ägypter weiser machen und gedächtnisreicher, denn als ein Mittel für den Verstand und das Gedächtnis ist es erfunden.«

Doch König Thamus war nach wie vor skeptisch und hatte eine weise Antwort für die ägyptische Gottheit parat:

»O kunstreicher Theuth, einer versteht, was zu den Künsten gehört, aus Licht zu gebären; ein anderer zu beurteilen, wieviel Schaden und Vorteil sie denen bringen, die sie gebrauchen werden. So hast du jetzt als Vater der Buchstaben aus Liebe das Gegenteil dessen gesagt, was sie bewirken. Denn diese Erfindung wird der lernenden Seelen vielmehr Vergessenheit einflößen aus Vernachlässigung des Gedächtnisses, weil sie im Vertrauen auf die Schrift sich nur noch von außen vermittels fremder Zeichen, nicht aber innerlich sich selbst und unmittelbar erinnern werden. Nicht also für das Gedächtnis, sondern nur für die Erinnerung hast du ein Mittel erfunden.«

Mit anderen Worten heißt das: Der Mensch werde aus der Schrift eine Fülle von Informationen erhalten, aber ohne sachgerechte Belehrung. Der Mensch werde zwar klug erscheinen, aber in Wahrheit unwissend bleiben. Genau an diesem Problem scheitern auch unsere heutigen Philologen und Linguisten, wenn sie sich in der Interpretation alter Schriften versuchen. Sie lesen nicht mehr das überlieferte Wort, sondern versuchen die Jahrtausende alten Berichte unverstanden und rücksichtslos in das System der Gesellschaftsordnung des 21. Jahrhundert zu integrieren.

Darf man mit altem Wissen, das möglicherweise über unsere wahre Herkunft Aufschluß bietet, wirklich so umgehen?

Die umfassendsten Archive unserer modernen Welt befinden sich in der Hauptstadt der Vereinigten Staaten von Amerika, in Washington (D.C.). Die *Library of Congress* wurde im Auftrag des amerikanischen Kongresses im Jahre 1800 gegründet und umfaßt heute eine Fläche von etwa 26 Fußballfeldern! Hier lagern mehr als 107 Millionen Gegenstände, worunter sich unter anderem an die 30 Millionen Bücher, über 43 Millionen Manuskripte, Kunstdrukke, Zeitungen, Landkarten, Fotografien, Filmaufnahmen sowie Ton- und Videoaufzeichnungen befinden. Darüber hinaus hüten die *National Archives* (Nationalarchive) der amerikanischen Regierung weitere sechs Milliarden historische Dokumente, die gesondert aufbewahrt werden, um unserer Nachwelt eine lückenlose Beschreibung unserer kulturellen Errungenschaften zu geben.

Doch wie sicher sind derartige Archive?

Bereits zwölf Jahre nach der Gründung der *Library of Congress* wurde schon ein Großteil dieser Sammlung während der amerikanischen Revolution von britischen Soldaten zerstört, so daß alles wieder neu aufgebaut werden mußte. Sollte sich allerdings eine derartige Auseinandersetzung wiederholen, wäre die *Library of Congress* wegen der größeren Vernichtungskraft unserer modernen Waffen kaum vor der Zerstörung sicher.

Wie aber sieht es mit dem kulturellen Erbe unserer Ahnen aus?

Sollte es mit dem Fortschreiten unserer Technologie einem Historiker ermöglicht werden, einen Blick hinter den Schleier der Geschichte zu werfen, so wäre es wohl das Ziel vieler, die altägyptische Stadt Alexandria um das Jahr 300 v. Chr. zu sehen.

Als gegen Ende des Jahres 332 v. Chr. der Makedonenkönig Alexander der Große Ägypten in die Knie zwang, wurde er nicht als

Abb. 64: Pyramide im Zeichen des Krebs.

Eroberer, sondern als Befreier gefeiert und in der heiligen Stadt Memphis zum Pharao erhoben. Von Memphis zog es den König dann in den Norden nach Kanopos, dem wichtigen Binnenhandelsplatz im westlichen Delta, danach weiter entlang der Küste bis zum Fischerdorf Rhakotis. Hier erkannte er, daß die Nehrung zwischen Binnengewässer des Mareotissee und der Meeresküste ideale Voraussetzungen für die Anlage einer Hafenstadt bot. Schon der griechische Historiker Homer sprach vor knapp 3.000 Jahren von dem »sicheren Hafen, wo die Schiffe frisches Wasser schöpften, um wieder seewärts zu segeln«.

Im April 331 v. Chr. erfolgte die Stadtgründung nach einem uralten magischen Ritual. Die Stadtgrenzen umfaßten ein Rechteck von dreißig Stadien (5.549 Meter) östlicher Länge und sieben Stadien (1.295 Meter) nordöstlicher Breite. Antike Berichte verglichen die Stadtgrundmaße der gegründeten Stadt im direkten Maßstab mit dem Soldatenmantel (»Chalamys«) der Makedonen. Das gitterförmige Straßennetz konnte erst vor zwanzig Jahren durch Sondierungsuntersuchungen europäischer Archäologen nachgewiesen werden. Dabei verliefen etwa fünfzehn 30 Meter breite offene Straßen in Richtung des kühlenden Nordwindes vom Meer zum See, und sieben halb so breite zogen sich in Ost-West-Richtung. In dieses Raster fügten sich die Stadtbauwerke wie Theater und Tempel ein. In dem internationalen Studierzentrum Alexandria befand sich unter anderem eines der Sieben Weltwunder – ein gewaltiger Leuchtturm, den die Griechen »Pharos« nannten. Angeblich wurde er in einer fünfzehnjährigen Bauphase zwischen 297 und 282 v. Chr. von einem griechischen Privatmann mit dem Namen Sastratos errichtet. Doch das Bauwerk war von seinem technischen »know-how« weitaus komplizierter, als daß es von nur einer Privatperson hätte geplant und erbaut werden können. Der arabische Historiker Ibn Dschubair schreibt über den Pharos:

»Zu den größten der Wunder, die wir selbst gesehen haben, gehört der Leuchtturm von Manarah (Pharos), den Allah gegründet hat mit den Händen derer, denen er diese Fronarbeit auferlegt hat.«

Der Leuchtturm stand auf einem Kalksteinriff vor der Ostspitze der Insel Pharos, die schon damals durch eine Steinbrücke mit dem Festland verbunden war. Der Aufbau des Turmes verlief auf drei Stufen. Von der quadratischen Basis mit 30,6 Meter Seitenlänge stiegen die linsengegliederten Außenmauern sich leicht verjüngend rund 58 Meter hoch. An den Ecken der Plattform waren Triotonenfiguren angebracht; eine soll durch Klangzeichen die Stunden angegeben, eine andere mit Hornstößen die Ankunft von Schiffen gemeldet und eine dritte den Sonnenstand markiert haben.

Die zweite Stufe war ein Oktogon von nahezu 28 Meter Höhe. Dieses wiederum trug den 7,5 Meter hohen Rundbau mit der Laterne, auf deren Kegeldach die Monumentalfigur des »Zeus Soter« stand. Die Gesamthöhe betrug also nahezu 120 Meter.

Den Kern der Konstruktion bildete ein Schacht, der die Last der beiden jeweils eingezogenen oberen Turmabschnitte trug und durch Gewölbe in mehrere Geschosse unterteilt war. Öffnungen im Gewölbescheitel der hohen Räume dienten einer Aufzugsvorrichtung ähnlich unserem heutigen Fahrstuhl.

Nach einer arabischen Überlieferung griffen die Soldaten des Kalifen Omar (el-Amr) im 7. Jahrhundert Alexandria an, und es gelang ihnen auf Pferden in das Areal von Manarah einzudringen. Den Überlieferungen zufolge verirrten sich die Reiter in einem Gewirr von Tunneln und Gängen unter einem gläsernen Krebs unterhalb

142

des Meeresspiegels. Als die Belagerer schließlich einen Ausgang fanden, stürzten sie aus sehr großer Höhe samt ihren Pferden ins Meer und ertranken. Auch der Geistliche Gregor von Tours berichtete bereits im 6. Jahrhundert:
»Der Turm war auf vier Krebsen von wundersamer Größe errichtet worden. Diese konnten freilich nicht klein sein, da sie ein so riesiges Gewicht in Höhe und Breite zu tragen hatten; man überliefert, daß ein Mensch, der sich über die Schere eines der Krebse ausgestreckt legt, diese nicht abzudecken vermag.«
Der lateinische Kirchenvater Beda beschreibt den Leuchtturm ebenfalls als eine auf vier gläsernen Krebsen, 20 Fuß unter dem Meeresspiegel errichtete bauliche Anlage. Daß beim Bau des Pharos Glas verwendet wurde, berichtet im 8. Jahrhundert auch der christliche Gnostiker Epiphenes von Jerusalem. Ein anderer Berichterstatter heißt Lukian, der außerdem von wundersamen Glasvorrichtungen im Turmbereich erzählt, die sich aus heutiger Sicht nur technisch interpretieren lassen.

Wie alt ist Glas tatsächlich?
Der bedeutendste deutsche Glashistoriker Dr. Anton Kisa schrieb bereits im Jahre 1908:
»Die ältesten Spuren des Glases führen uns unzweifelhaft in das Pharaonenland des vierten Jahrtausends v. Chr. zurück …«
Darauf und auf den wundersamen Bericht des Lukian kommen wir im nächsten Kapitel noch einmal zurück.
Wenden wir uns vorerst einer anderen großartigen Leistung der Pharaonen zu: Das größte Wunder Alexandrias war die dortige legendäre Bibliothek und das in sie gegliederte Museum, das in neun Abschnitte aufgeteilt war. Darüber hinaus umfaßte der Komplex zehn geräumige Säle, die jeweils einem bestimmten Forschungsgebiet (Zoo, Sezierraum, Observatorium usw.) vorbehalten waren. Das Kernstück der Bibliothek bildete aber ihre 750.000 Papyrus- und Pergamentrollen umfassende Büchersammlung, in der alle Sprachen der damaligen Welt vertreten waren. Es gab spezielle Agenten, die im Ausland ganze Büchereien ausspionierten und sie dann aufkauften. Fremdländische Handelsschiffe, die in Alexandria anlegten, wurden sogar von der Hafenpolizei nach Büchern durchsucht, nur um diese nach ihrer Entdeckung möglicherweise durch Abschreiben kopieren zu können.

Von Alexandria aus wurde nicht nur das Weltall studiert, es wurden auch die Gebiete der Physik, Medizin, Geographie, Mathematik und die Maschinenbaukunst erforscht. Beispielsweise war es Heron von Alexandria, der hier bereits vor über 2.000 Jahren das Zahnradgetriebe und die Dampfmaschine erfand. Darüber hinaus besaßen die alten Priestergelehrten von Alexandria auch Niederschriften aus dem alten Indien, die ebenso über technische Apparaturen zu berichten wußten. Das aus über 200.000 Strophen bestehende Buch »Mahâbhârata« berichtet beispielsweise an 41 verschiedenen Stellen über fliegende Maschinen, die »Vimânas« (»Himmelsdurchstoßer«) genannt werden. Die alten Schriften berichten auch über ein hölzernes Fluggerät, das von dem Hindu-König Bhoja im Buch »Samarângana-Sutrad-Hâra« »Falkenvogel« genannt wird und einen ägyptischen Ursprung hat.

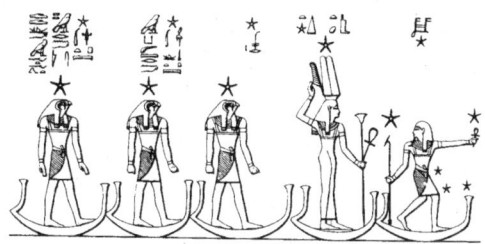

Abb. 65: Die Söhne des Horus folgen Osiris.

Auch das von dem indischen Historiker Kautilya verfaßte dreibändige politische und wissenschaftliche Werk »Arthusâstra« aus dem fünften bis dritten Jahrhundert v. Chr. hat sich in Alexandria befunden. Der Historiker weiß in seinem Werk von mechanischen Apparaten zum Zerstoßen von Reis oder von einem Wagen zu berichten, der ohne Rosse so schnell fuhr, daß die Steine von seinen Rädern stoben. Darüber hinaus schildert Kautilya eine automatische Feuerlöschmaschine und eine Tür, die auf Handdruck hin im Boden versenkbar war. Heron von Alexandria erwähnt ebenfalls in seinem Buch »Automata« die frühe Einsatzmöglichkeit von Robotern. Bânabhatta, ein gefeierter Schriftsteller des siebenten Jahrhunderts n. Chr., kannte diese alten Erfindungen ebenso und berichtet in seinem Buch sogar ziemlich detailliert über mechanische Puppen, Unterwasseruhren, Geräte zur Regulation von Wasserströmen und Wasserventilen sowie die künstliche Produktion von Wolken und Regenbögen. In dem Hindu-Buch »Arthusâstra« finden sich schließlich auch Hinweise auf die Destillation von Quecksilber zu wissenschaftlichen Zwecken und auf den Gebrauch verschiedener pulverisierter Stoffe, um damit Feuer und Explosionen zu erzeugen.

So darf es niemanden verwundern, daß auch aus Alexandria stammende Berichte von griechischen Gelehrten existieren, die demnach von der altägyptischen Priesterschaft bereits über die Gewinnung von Radium aus Uranerzen informiert wurden. Man wußte vor 2.000 Jahren nicht nur über die Beschaffenheit des Atom Bescheid, sondern experimentierte sogar mit »unsichtbaren Strahlen«. Bedauerlicherweise ist all das bis dahin errungene lückenlose Wissen im Auftrage der Christenheit durch Rebellion und Brandanschläge im 4. Jahrhundert n. Chr. vernichtet worden. Das, was noch übrig blieb, wurde drei Jahrhunderte später durch den Eroberungsfeldzug des Kalifen Omar dem Erdboden gleich gemacht. Der Kalif soll gesagt haben:

»Entweder stimmen diese Bücher mit dem Koran überein, dann ist der Koran allein genug; ist dies nicht der Fall, dann sind die Bücher verderblich. Laßt sie deshalb verbrennen.«

Bücher wurden aber nicht nur im Verlauf siegreicher Feldzüge vernichtet. Viele wurden gerade von den übereifrigen Christen der Frühzeit zerstört, oft auf den ausdrücklichen Befehl der Bischöfe und mit einem Eifer und Argumenten, die denen des Kalifen Omar ähnelten.

Obwohl wir angeblich das Wissen der Antike mittlerweile überflügeln konnten, klaffen in unseren historischen Kenntnissen immer noch unüberbrückbare Lücken. Schon die Antike wußte, daß die Welt sehr alt ist, und versuchte ins tiefe Dunkel der vergangenen Zeit zu blicken. Dort stand unter anderem die dreibändige »Weltgeschichte« des babylonischen Priesters Beressos, der den im ersten Band behandelten Zeitraum von der Schöpfung bis zur Sintflut mit 432.000 Jahren veranschlagte!

Wie abwegig sind derartige Behauptungen?

Kapitel 5

DIE SIEBEN WEISEN

Die Archäologie, vor allem ihr prähistorischer Forschungszweig, ist ein geistiges Kind des entwickelten 19. Jahrhunderts. Deshalb schwingt in diesen uralten Fragestellungen natürlich auch der Geist jener Zeit mit. Nicht ohne Grund gehen wichtige Forschungsmethoden gerade auf den Vater der Evolutionstheorie Charles Darwin zurück. Doch auch Karl Marx und Friedrich Engels haben die wissenschaftliche Forschung in bestimmte Bahnen gelenkt, die heute noch Bestand haben. Aber gerade die evolutionistischen Vorstellungen der Vorreiter unserer heutigen Wissenschaft verführten auch dazu, Evolution mit technischem Fortschritt gleichzusetzen, obwohl man damit nicht nur der Antike widersprach, sondern auch den fortschrittlichen Denkmechanismus der antiken Zeit verbiegt. So ist unsere Wissenschaft des 21. Jahrhundert nach wie vor von dem evolutionären Gedanken des Fortschritts geprägt. Dabei wurde Ursprungsforschung schon viel früher betrieben, als manch einer heute annimmt. Denn der erste nachweisbare Archäologe der Weltgeschichte war ein gewisser König Nabunaid (556–539 v. Chr.) aus Mesopotamien. Lange bevor die heutige Wissenschaft entstand, ließ er nahe der Stadt Babylon die Ruinen von Tempeln und Heiligtümern ausgraben und die große Zikkurat von Ur wieder aufbauen, welche bereits um 2.050 v. Chr. für den Mondgott Nanna errichtet worden war. In den Fundamenten dieser Tempelanlage hinterließ der archäologisch interessierte König für die Nachwelt Rollsiegel mit Inschriften, die über seine Taten berichteten.

Abb. 66: Rollsiegel

Heute dagegen sind unsere Archäologen selten in der Lage, mehr als eine Sammlung kulturhistorischer Fakten über die Götter der fernen Vergangenheit zu liefern. Beispielsweise existiert über die historischen Zusammenhänge der Sieben Weisen, die nach einer weltumfassenden Naturkatastrophe als Kulturbringer erschienen, so gut wie keine Fachliteratur. Dabei gibt es auf der ganzen Welt Legenden und Überlieferungen mit einem im wesentlichen so ähnlich verlaufenden Inhalt, daß man kaum an einem gemeinsamen Ursprung dieser Geschichte zweifeln kann. Am dramatischsten dabei ist die Sintflutlegende, nach der ein Gott oder mehrere Götter beschlossen, eine vor dem Ende der letzten Eiszeit bestehende Zivilisation wegen ihrer Verderbtheit zu vernichten. Im ersten Buch des Alten Testaments hat uns der biblische Patriarch Mose darüber einen Bericht hinterlassen. Wie bei den anderen Überlieferungen auch, gab es jedesmal Auserwählte wie beispielsweise einen Mann, ein Paar oder mehrere andere Personen, die überleben sollten und vor der bevorstehenden Katastrophe gewarnt wurden. So sind inzwischen über 250 Jahre vergangen, seitdem eine erste wissenschaftliche Theorie über die große Sintflutkatastrophe der Bibel aufgestellt worden ist. In diesem Zusammenhang haben Kirche und Wissenschaft selten eine Übereinstimmung erzielen können. Wenn man jedoch die Bibel ihres mystischen Beiwerks entledigt, so meinen unsere Bibelforscher, bliebe ein zeitgeschichtliches Werk übrig, das einen Aufschluß über die Entwicklung der menschlichen Vergangenheit bietet. Doch die Geschichte vom Urvater Noah, der durch die Bewältigung der Sintflut das Fundament für eine bessere Menschheitslinie einleitete, wird nicht wirklich auf den Tag genau datierbar, so daß sie sich im Grunde geschichtszeitlich schwer einordnen läßt. Darüber hinaus sind seit 1872 Entdeckungen gemacht worden, die vermuten lassen, daß die Überlieferung der biblischen Sintflutgeschichte in Wahrheit von älteren Quellen wie um die archaische Gottheit »Jahes« (»Iʿḥš«) übernommen wurde und damit in ihrem Kern auf einen ägyptischen Ursprung zurückzuführen ist. Von dieser in dem Pyramidentext § 994 besonders hervorgehobenen Gottheit, die ganz eng mit »Min« und »Seth« verbunden war, könnte sich die biblische Gottheit »Jahwe« hergeleitet haben.

Welchen Weg nahm die Sintflutgeschichte tatsächlich?

Der britische Archäologe Sir Austen Layard (1817–1879) und sein Assistent Harmuzd Rassan entdeckten im Jahre 1849 einige ziegelbedeckte Erdhügel in Kujundschik (Ninive), die zu neuen Grabungen reizten. Im Herbst des genannten Jahres wurden die beiden schließlich belohnt und brachten bei der Freilegung von Palasträumlichkeiten des assyrischen Königs Sanherib (704–681 v. Chr.) etwa 25.000 Tontafeln zutage, die mit einer Keilschrift versehen waren. Sie stammten aus der Bibliothek des Enkels Sanheribs, König Assurbanipal (668–626 v. Chr.). Die Inhalte der Tontafeln enthielten geisteswissenschaftliche Abhandlungen über Philosophie, Astronomie und Mathematik. Die Werke legten ein genaues Zeugnis über das kulturelle, wissenschaftliche und politische Niveau der Bewohner Mesopotamiens ab. Darunter befand sich auch eine Ahnenreihe der Könige, die »vor«, und jene, die »nach« einer großen Sintflutkatastrophe das Land regiert hatten. Des weiteren beinhalteten die Keilschrifttafeln das größte literarische Werk Mesopotamiens: das Gilgamesch-Epos.

Das ist die Legende vom herrlichen und schrecklichen Gilgamesch, dem sumerischen Helden, der zu zwei Dritteln Gott und zu einem Drittel Mensch war, und die Unsterblichkeit der Götter beanspruchte.

Dem deutschen Assyriologen Professor Theodore Kwasmann von der Universität Köln war es im Mai 1998 endlich gelungen, die ersten Zeilen dieses literarischen Werkes zu entdecken. Er fand sie in den Archivräumen im Keller des Britischen Museums in London. Auf dem nur 2 x 3 Zentimeter großen Ton-Täfelchen ist zu lesen: »Gilgamesch, der alles sah, der Gründer des Landes, der alles wußte und weise war.«

Abb. 67: Gilgamesch

Alle mit der sogenannten Keilschrift beschriebenen Ton-Täfelchen würden heute jedoch nutzlos in den Museen dieser Welt verstauben, hätte der Perserkönig Dareios der Große (521–485 v. Chr.) nicht angeordnet, daß seine Inschriften dreisprachig in Stein zu meißeln seien: auf persisch, elamisch und babylonisch. Dank dieser Tatsache war es dem Wissenschaftler Georg Friedrich Grotefend (1775–1853) möglich, im Jahre 1802 den Schlüssel zur Entzifferung der Keilschrift zu finden. Der Text des Gilgamesch-Epos' ist in Form eines Gedichtes auf zwölf Tontafeln eingraviert worden und konnte die Zeit nur deshalb überdauern, weil die sogenannte Keilschrift von den vielen nachfolgenden Eroberern des Zweistromlandes nicht als Schrift erkannt wurde.

Die 200 vierzeiligen Strophen beinhalten erstaunliche Parallelen zur Bibel, nur daß sie einige Jahrtausende vor der Bibel niedergeschrieben worden waren. Die Archäologen, die diesen Fund gemacht hatten, erkannten leider nicht die Sensation, die in ihm steckte, und verpackten sie mehr schlecht als recht, damit die Schriften für eine Übersetzung nach England verschifft werden konnten. Deshalb waren bei der unsachgemäßen Behandlung viele der Tonschrifttafeln beschädigt und unleserlich geworden. Nur dank der Arbeit von George Smith (1840–1876), einem bis dahin unbekannten jungen Angestellten des Britischen Museums in London, erkannte man allmählich die geschichtliche Bedeutung dieser alten Überlieferungen. Dieser Mann war einer der Außenseiter auf dem Gebiet der Archäologie, der abends in seinem Kämmerchen mit Eifer ohnegleichen sich dem Studium der ersten Publikation der Assyriologie widmete. Als 26jähriger schrieb er ein paar kleine Aufsätze über damals noch zweifelhafte Keilschrift-Charaktere. Diese Aufsätze erregten zwar die Aufmerksamkeit der Fachwelt, doch weil Smith Autodidakt war, versuchte man ihn stets zu ignorieren.

Zu dieser Zeit wußte aber niemand aus der sogenannten Fachwelt, daß es bereits eine babylonisch-assyrische Literatur gegeben hatte, die es alle Male wert war, den großen Leistungen späterer Literaten beigeordnet zu werden. Dies war aber nicht der Grund, der Smith fesselte – ihn faszinierte der Inhalt dieser Erzählung selber. Mit Beginn der Übersetzungsarbeit im Jahre 1872 ließ ihn die Arbeit nicht mehr los. Der junge Smith war gerade an der Stelle, wo Gilgamesch mit seinem Freund Enkidu den feurigen Stier Humbada erfolgreich im Zedernwald des heutigen Libanon besiegen konnte: Bei Gilgameschs triumphaler Rückkehr erblickte ihn die Göttin Ischtar im Schmuck seines Siegeskranzes in seiner Festkleidung und verliebte sich in ihn. Gilgamesch hingegen wollte von seiner Anbeterin nichts wissen und beschimpfte sie als Hure, weil sie schon zahlreiche Liebschaften hinter sich hatte. Nach dieser Demütigung kehrte Ischtar wütend in den Himmel zurück und beschwerte sich bei den großen Göttern. Von ihrem Vater AN.U. fordert sie dann den Tod des Gilgamesch. AN.U. entsandte daraufhin einen neuen »Himmlischen Stier« auf die Erde, den Hunderte von Kriegern nicht bändigen konnten. Gilgamesch aber besteht auch diese Probe und siegt mit seinem Freund Enkidu.

Ischtar, die den Kampf vom Himmel aus beobachtet, verflucht Gilgamesch und Enkidu. In der darauffolgenden Nacht sieht Enkidu in seinem Traum den Rat der Götter, der ihn zum Tode verurteilt, weil er Gilgamesch bei der Vernichtung Humbadas geholfen hatte. Die Strafe wird sofort vollzogen, so daß Enkidu noch in derselben Nacht an einer unheilbaren Krankheit verstirbt. Die Symptome der Krankheit machen sich durch Schüttelfrost und Fieber bemerkbar.

Zwar trauert Gilgamesch um seinen Freund, doch bei dem Gedanken möglicherweise auch sterben zu müssen, bekommt er Angst und erinnert sich an einen entfernten Verwandten, dem die Götter Unsterblichkeit verliehen hatten. Gilgamesch begibt sich auf die Suche nach Utnapischtim.

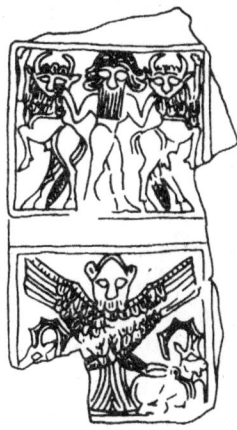

Abb. 68: Enkidu und Humbada.

Gerade als die Sensation ans Tageslicht kommen sollte, hörte die Geschichte auf. Smith mußte feststellen, daß nur ein Teil der Inschrift vorlag und die Erzählung von dem unsterblichen Utnapischtim nur in Bruchstücken vorhanden war.

Wie aber war der Schluß des geheimnisvollen Epos?

Die Tonschrifttafeln mit der Fortsetzung dieser Überlieferung schlummerten irgendwo in den Kammern des Palastes in Ninive. Smith hatte nämlich voller Spannung auch die Stelle in der Geschichte entdeckt, die Utnapischtim Gilgamesch über die vorsintflutliche Zeit erzählt hatte. Als dadurch der Wahrheitsgehalt der Bibel fragwürdig schien, fehlten die nächsten Tonschrifttafeln mit der Fortsetzung. Doch was er bis zu diesem Zeitpunkt aus dem Gilgamesch-Epos herausgelesen hatte, ließ ihm keine Ruhe mehr. Weil er über den Inhalt nicht schweigen konnte, geriet das bibelfeste demokratische England in Aufruhr. Smith war in Anbetracht seiner sensationellen Entdeckung verzweifelt: Er mußte unbedingt nach Ninive, um seine Forschungsarbeiten fortzusetzen.

Doch wie sollte er als einfacher Museumsangestellter sein ehrgeiziges Projekt finanzieren?

Im viktorianischen Zeitalter nahm die Bevölkerung jedes einzelne Wort der Heiligen Schrift ernst. Wer in England sollte schon bei diesem Ziel, das Smith verfolgte, dem jungen Forscher helfen, die fehlenden Tonschrifttafeln zu finden, wenn erst bekannt würde, daß sie möglicherweise den Beweis enthielten, daß die in der Bibel enthaltene Wahrheit nicht die älteste und schon gar nicht alleinige war? Dennoch fand sich ein Spender aus London, der daran interessiert war, das Vorhaben und somit die Herausforderung, die George Smith an die damalige Gesellschaft gestellt hatte, mit 1.000 Guineen (etwa 40.000 Euro) zu finanzieren. Es war die Londoner Tageszeitung *Daily Telegraph*, die ein risikofreudiges und redaktionelles Interesse an der Berichterstattung des jungen Forschers zeigte, wodurch uns überhaupt der Zugang zu dem alten Wissen ermöglicht wurde.

Am 3. Dezember 1872 berichtete George Smith vor einem Auditorium der Londoner *Society of Biblical Archeology* einem staunenden Publikum von seiner Entdeckung. Auch wenn die Herrschaften über diese Entdeckung nicht sehr erfreut waren und zum Teil über Smith lästerten, hatten sie doch nichts in der Hand, um den ehrgeizigen Forscher von seinem Vorhaben abzubringen. Daraufhin machte sich der Forschungsreisende Anfang des Jahres 1873 auf den Weg nach Ninive. Gleich nach seiner Ankunft begann Smith am 7. Mai mit seinen Ausgrabungsarbeiten. Man sollte meinen, die Nadelsuche im Heuhaufen hätte eigentlich erfolglos verlaufen müssen, doch der Einsatzwille des Forschers sollte belohnt werden: Denn in einem riesigen Trümmerhaufen, der von der sagenhaften assyrischen Hauptstadt übriggeblieben war, fand George Smith 384 Bruchstücke von Tonschrifttafeln, unter denen sich auch die fehlenden Teile der Geschichte von Utnapischtim befanden.

Die Tafeln erzählen: Lange Zeit vor der Sintflut bestand die Stadt Schurupak am Euphrat, als die Götter beschlossen die Erde mit einer Sintflut zu überschwemmen. Die Gottheit Ea, die an dem Rat der Götter teilnahm, hatte den Menschen Utnapischtim zu seinem Schützling auserkoren und beschloß, ihn vor der drohenden Katastrophe zu warnen:

»Mann aus Schurupak, gib deinen Reichtum auf und baue dir ein Schiff, um dein Leben zu retten. Alle Arten von Sämereien sollst du auf dem Schiff mit dir nehmen. Die Maße des Schiffes, das du dir bauen wirst, sind wohl berechnet …«

George Smith wurde an dieser Stelle in seiner Annahme bestätigt:

Der Mesopotamier Utnapischtim aus Schurupak hatte das gleiche durchlebt, wie es die Bibel Noah zuschrieb! Auch der weitere Verlauf dieser Überlieferung im direkten Vergleich über die Handlung und Dauer entspricht exakt der biblischen Sintflutlegende. Die mesopotamischen Überlieferungen sind im Gegensatz zum Alten Testament sogar noch detaillierter und enthalten deshalb wesentlich mehr Hintergrundinformationen.

Im weiteren Verlauf der Geschichte erreicht Gilgamesch tatsächlich seinen Verwandten Utnapischtim und fragt ihn (Tafel 11,7–8), wie er denn selbst ebenso die Unsterblichkeit der Götter erlangen könne:

»Sage mir: Wie fandest du Eingang in den Rat der Götter und gewannst das ewige Leben?«

Nachdem Utnapischtim mit Gilgamesch einen Dialog geführt hat, antwortet er ihm (Tafel 11,267), daß es einen wundersamen Ort der Götter gebe, wo eine Wunderpflanze existiere, welche ihm erst die Unsterblichkeit der Götter ermöglichte:

»Verborgenes will ich Gilgamesch künden! Ich werd dir das Geheimnis der Götter verraten: Da gibt es eine Pflanze, ›Stechdornähnlich‹, sie sticht dich gleich der Rose in die Hand.«

Daraufhin machen sich Utnapischtim und Gilgamesch auf den Weg zum »östlichen Meer«, um die Pflanze zu holen. Das an ein U-Boot erinnernde Gefährt von Utnapischtim soll nach den Überlieferungen stets »auf dem Meer« sowie »unter dem Meer« gefahren sein und erreicht schließlich nach einigen Tagen seinen Zielort. Anscheinend wurde hier von den Reisenden tatsächlich ein U-Boot benutzt, weil Utnapischtim in der Überlieferung den Ort der Wunderpflanze auf dem Meeresgrund angibt und Gilgamesch daraufhin eine algenähnliche Pflanzenkultur zeigt und ihm deren Anwendung erklärt:

»… diese Pflanzen sind Wunderkraut und geben dem Menschen die Jugend wieder.«

Auch die alten Ägypter kannten diese Art von göttlichen Pflanzen, welche sie »Anch-imi« (»Lebenskraut«) nannten. Das »Anch-imi« wird allerdings im Vergleich zur assyrischen »Wunderkraut-Pflanze« von Professor Hornung ohne Dornen und in Kugel- beziehungsweise Pillenform beschrieben.

Handelte es sich vielleicht um Gen-Pillen?

Nach dreijähriger Forschungsarbeit machte sich Gorge Smith 1876 wieder auf den Weg nach England, wo er seine für damalige Verhältnisse neuartige Theorie in bezug auf die Bibel veröffentlichte: »Noah und Utnapischtim waren in Wirklichkeit ein und die selbe Person, die von der gleichen Naturkatastrophe heimgesucht wurden.«

Da George Smith schon im Alter von nur sechsunddreißig Jahren verstarb, konnte er den Triumph der geologischen Bestätigung seiner Theorie durch Sir Charles Leonard Woolley leider nicht miterleben. Auch die geographische Lage des Ausmaßes der Sintflut konnte nach der Analyse von Bohrkernen aus dem Meeresgrund genau bestimmt werden. Im August 1998 hat Dr. William Ryan von der *Lamont-Doherty Earth Observatory* nach jahrelangen Forschungsarbeiten und durch den Einsatz der Technik des 20. Jahrhunderts die Ergebnisse von Charles L. Wooley aus dem Jahre 1929 noch einmal bestätigt. Demnach soll durch die Erwärmung der Nordhalbkugel schmelzendes Eiswasser den Meeresspiegel derart ansteigen lassen haben, daß die ehemalige Landbrücke zwischen Europa und Kleinasien am Bosporus brach.

Das Schwarze Meer existierte nach Ansicht von Dr. Ryan noch nicht, doch an seinem tiefsten Punkt war ein Süßwassersee, an dessen Ufern Menschen lebten. Um 8900 v. Chr. soll das Mittelmeer mit der zweihundertfachen Gewalt der Niagarafälle in den ehemaligen See, der sich heute noch auf dem Grund des Schwarzen Meeres nachweisen läßt, gestürzt sein. Über zwei Jahre lang strömten täglich rund 16 Kubikkilometer Salzwasser in das Schwarze Meer, so daß der Wasserspiegel pro Tag um 15 Zentimeter anstieg. Der See dehnte sich bei dieser sintflutartigen Katastrophe an jedem Tag um zwei Kilometer aus. Dr. Ryan schließt daraus:

»Aus diesem Inferno könnte die biblische Sintflut entstanden sein.« Auch James Ballard (der Finder der »Titanic«) meldete sich am 28. September 1999 zu Wort und verkündete, daß er nun bis in 140 Meter Tiefe tauchen wolle, um auf dem Grund des Meeres gut erhaltene Schiffe aus biblischen Zeiten zu finden. Im Sommer 2000 konnte der Forscher tatsächlich antike Gebäudereste in der Umgebung der nordtürkischen Stadt Sinop nachweisen. Dort haben einst Menschen gelebt, die ihre Behausungen fluchtartig verlassen haben müssen.

Bei all dem müssen wir allerdings auch berücksichtigen, daß weder das Alte Testament noch die Keilschrifttafeln über eine Naturkatastrophe berichten, sondern über eine kontrollierte Bestrafung der Götter. Zudem ist in den Texten von einer weltumfassenden Sintflut die Rede und nicht von einer auf eine Region bezogenen. Daraus kann man schließen, daß die eigentliche Ursache der weltlichen Katastrophe in Wirklichkeit aus dem Himmel kam. Und tatsächlich haben unsere Geologen im Laufe der Jahrzehnte konzentrierte Meeresfossilien in bis zu 4.000 Meter Höhe im Gebirge weltweit nachweisen können. Zwar erklären die Wissenschaftler diesen Tatbestand mit dem Auftürmungsprozeß der Kontinentalplatten, die sich in den vergangenen Jahrmillionen »... halt bis auf 4.000 Meter hochhieften«. Doch wie die entdeckten Skelette von riesigen Walen es ebenfalls schafften, diese Höhen zu erreichen, bleibt weiterhin rätselhaft, zumal die Versteinerungen der Walfossilien ein jüngeres Datum aufweisen. Überdies existieren weltweit mehr als 300 Sintflutlegenden, in denen immer von einer »Großen Sintflut« sowie einem durch die Götter bestimmten Schützling und dem Bau einer Arche die Rede ist.

Wie aber sieht eine ägyptische Variante der Sintflut aus?
Vor etwa 8.000 Jahren hatten unbekannte Priestergelehrte aus Ägypten damit begonnen, eine göttliche Personifikation des Urgewässers vorzunehmen. Die älteste Bezeichnung für die ägyptische Himmelsgöttin Nun lautete bei den alten Ägyptern »mehet-weret«, was die »Große Flut« bedeutet. Außer dieser Verbindung existieren aber noch mehrere Überlieferungen wie beispielsweise aus dem *Papyrus Harris* sowie den Tempelinschriften von Edfu und dem bereits erwähnten Tempel von Touschka, die stets von einer großen Wasserkatastrophe erzählen.
Ein hieratisch geschriebener Mythos aus dem 13. Jahrhundert v. Chr., der das unersättliche Meer behandelt und 1932 von Professor Allan H. Gardiner übersetzt wurde, beschreibt ebenfalls eine »Große Flut«. Hier findet sich meines Erachtens die ursprüngliche Schilderung der biblischen und mesopotamischen Sintflutlegende. Im Gegensatz zum Alten Testament und zum Gilgamesch-Epos ist der ägyptische Noah/Utnapischtim eine weibliche Erntegöttin, die in ihren Eigenschaften an die Gottheit Osiris erinnert. Um die Gewalt des Meeres zu bändigen, schickt die Göttin wie Noah und

Utnapischtim einen Vogel aus, der zu Astarte (Isis) eilt. Astarte will daraufhin helfen und spricht mit ihrem Vater Ptah. Schließlich beschließt Ptah mit Unterstützung des Wettergottes Seth das Meer wieder zu beruhigen:

»Seth zog gegen das Meer und schleuderte gegen das Meer seine Waffen, ›die Blitzenden‹, und Seth brüllte gegen das Meer. Das Meer hörte die Stimme des Seth. Dann setzte Seth sich nieder, das Meer aber beruhigte sich.«

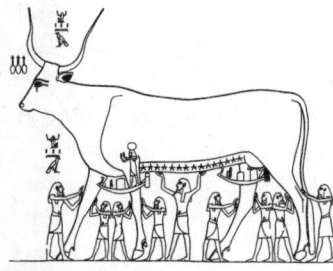

Abb. 69: Buch von der Himmelskuh.

In diesem Zusammenhang scheint auch die Hinterlassenschaft von Pharao Ramses III. (1191–1159 v. Chr.) über das »Buch von der Himmelskuh« in direkter Verbindung zur biblischen Sintflutlegende zu stehen. Professor Erik Hornung hat mit seiner 1982 veröffentlichten philologischen Arbeit »Der Ägyptische Mythos von der Himmelskuh« die wohl mit Abstand bestverständliche Übersetzung dieser Geschichte geliefert. Sie beginnt während des »Sep Tepi Neter«, des »Goldenen Zeitalters«, als die Götter noch über die Menschen wachten. Es ist die Zeit, in der die Menschen mit den Göttern noch vereint waren

Abb. 70: Kriege zwischen Menschen und Göttern.

und in ausgeglichener Harmonie lebten. Doch aus unerklärlichen Gründen war es mit dieser Harmonie und der Götterverehrung irgendwann vorbei. Das gestörte Verhältnis ging aber nicht von den Göttern aus, sondern von den Menschen. Diese gingen dabei sogar soweit, daß sie gegen die Gottheit Ra Anschläge unternahmen:

»Du ältester Gott, aus dem ich entstanden bin, und die Götter der Urzeit. Seht, die Menschen, die aus meinen Tränen entstanden sind, sie haben Anschläge ersonnen gegen mich. Sagt mir, was ihr dagegen tun würdet, denn wahrlich, ich suche Rat. Ich will sie nicht töten, bis ich gehört habe, was ihr dazu sagen werdet.«

Wie die Anschläge der Menschen genau verübt wurden, verschweigen uns die ägyptischen Überlieferungen.

Der italienische Ägyptologie-Professor Alberto Tulli hatte einen in den 1930er Jahren entdeckten und möglicherweise in bezug zu diesen göttlichen Ereignissen stehenden Papyrus aus den Annalen des Königs Thutmosis III. (1478–1434 v. Chr.) für das ägyptische Museum des Vatikans in seinen Besitz gebracht. Doch erst nach dem Tode des Entdeckers hatte dessen Bruder Gustavio Tulli dem damals führenden Ägyptologen Boris de Rachewiltz einen Zugang zu diesem Fundstück ermöglicht, wonach ein seltsames Ereignis aus dem Jahre 1456 v. Chr. in Erscheinung trat:

»Im dritten Monat des Winters im Jahre 22 zur sechsten Tagesstunde bemerkten die Schreiber im Lebenshaus ein Feuer, das aus dem Himmel kam. Dieses Feuer besaß zwar keinen Kopf, doch aus seinem Munde strömte ein Atem mit einem widerwärtigen Geruch. Sein Körper maß eine Rute in seiner Länge und eine Rute in seiner Breite, und es kam auf uns zu ohne eine Stimme. Und die Herzen der Schreiber erfüllten sich mit Angst und Verwirrung, und sie fielen auf ihren Bauch [...] nieder.«

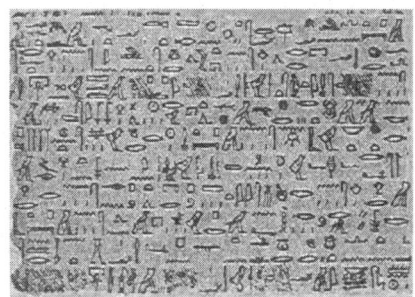

Abb. 70a: Papyrus Tulli.

Obwohl der Tulli-Papyrus an einigen Stellen nach über 3.400 Jahren unleserlich geworden ist, geht aus den Texten hervor, daß hier möglicherweise eine Begegnung mit einem unbekannten Flugobjekt stattgefunden hatte. Die Priesterschaft tritt darauf in eine meditative Phase und möchte gern Thutmosis III. vor dem unbekannten Zorn der Götter schützen. Tatsächlich berichtet der Papyrus, daß im Lande »Kemet« vorerst wieder Ruhe eingekehrt sei, doch dann:

»Nun, nachdem einige Tage vergangen sind, siehe – so sind diese Dinge zahlreicher am Himmel geworden als jemals vorher. Sie schienen mehr als die Helligkeit der Sonne und erstreckten sich bis an

156

die Grenzen der vier Himmelsstützen. [...] Kraftvoll war, die Lage dieser Feuerkreise am Himmel, die wir beobachteten. Auch die Armee des Pharao schaute danach aus nach ihnen mit seiner Majestät selbst in ihrer Mitte. Es war nach dem Abendmahl, als die Feuerkreise sich wieder entfernten. Jene Feuerkreise stiegen dann hoch hinauf in den Himmel, zum südlichen Sternenhimmel und entschwanden. So war es ein Wunder, das unbekannt war seit der Gründung dieses Landes. Und seine Majestät der Erhabene ordnete an, daß Weihrauch dargebracht werde, um Friede auf Erden werden zu lassen [...] und was geschehen war, sollte auf Befehl des Pharao in den Annalen des Lebenshauses niedergeschrieben werden, so daß es für immer erinnerlich bliebe.«

Waren das jene ägyptischen Götter des Himmels, denen Thutmosis 1456 v. Chr. begegnete?
Wie einige Ägyptologen annehmen, ist es durchaus möglich, daß die einzelnen Götternamen der alten Ägypter aus Furcht vor dem wahren Namen der jeweiligen Gottheit entstanden. Das wäre mit dem Namenstabu ähnlich dem der Hebräer gleichzusetzen, denen es bis heute verboten ist den Namen »Jahwe« auszusprechen.

Doch wovor fürchteten sich die Ägypter?
Aus dem »Horus-Mythos« erfahren wir den Zeitpunkt der bereits erwähnten und die Sintflut auslösenden Rebellion unserer Urahnen gegen ihre Götter, der mit 11.607 v. Chr. angegeben wird. Da die Gottheit Ra zu dieser Zeit schon alt war, rief sie seinen Enkel Horus Behedeti zu Hilfe. Horus eilte schnell herbei und besiegte dann die Halbgötter und die menschlichen Feinde von Ra, indem er von Unternubien (Äthiopien) im Süden bis zur Meeresküste (Delta) im Norden Ras Feinde mit einem »Flugapparat« von einem Kampfplatz zum anderen trieb:
»Horus Behedeti flog auf zum Horizont als große Flügelsonne; man nennt ihn deswegen ›großen Gott und Herrn des Himmels‹ bis auf den heutigen Tag. Nachdem er die Feinde vom Himmel aus gesehen hatte, zog er vor ihren Gesichtern dahin als großer Api. Wütend wandte er seine Stirn gegen sie. Da konnten sie nicht mehr sehen mit ihren Augen.«

Was für eine Wunderwaffe war das überhaupt?
Diese Waffe in Spießform mit Widerhaken war die Verkörperung der gottfeindlichen Mächte und wurde »Horusspeer« oder auch

»Horus mit starkem Arm« genannt. Nach den Pyramidentexten § 1205,11 wird sie auch mit dem Morgenstern in Verbindung gebracht und als »Einzack« bezeichnet. Der Ägyptologe Dr. Max Müller beschrieb diese Wunderwaffe bereits in seinem 1893 erschienenen Werk »Asien und Europa nach Altägyptischen Denkmälern« als »Harpune mit unmöglichen Kopf« und »Waffe der Dreißig«. Überdies berichtet das Ägyptische Totenbuch im Spruch 115,15, daß es nach den Kriegen auch den Menschen zuteil wurde eine derartige Waffe zu besitzen:

»Nimm die Waffe der Dreißig, das Erbstück der Menschen, und so entstand das Dreißiger-Tribunal durch den, der in seiner Nähe ist.« Der amerikanische Orientalist Zecharia Sitchin nahm diese Hinweise bereits 1980 in seinem Buch »Stairway to heaven« auf und erkannte darin eine Mehrstufenrakete, wie sie die Firma McDonnell Douglas in Missouri/USA in den 1980er Jahren entwickelt hatte. Aus den Pyramidentexten erfahren wir aber auch etwas über das Material, aus dem sie bestand. Nach den alten Ägyptern hieß das Material »tchâm« und war das härteste Material im Universum. In jedem Fall war es ein Metall gewesen, das nicht auf der Erde gewonnen wurde, sondern aus dem stellaren Weltall stammte.

Auch wenn unsere Ägyptologen das Wort »tchâm« lediglich mit »Zepter« übersetzen, verdeutlichen die alten Überlieferungen doch wesentliche Unterschiede. Die Ägypter sprechen nämlich von einem »wertvollen Metall« und berichten des weiteren von dem »tchâm vom Berggipfel« oder »feine tchâm« sowie einer Art »echtes tchâm«.

Mit dem Begriff »tchâmti« hingegen sprachen die alten Ägypter von den »Bogenmännern«, die große »meni« (»Kämpfer«) waren. Hieraus gewinnt man durchaus den Eindruck, daß das Material »tchâm« stets mit kriegerischen Auseinandersetzungen verbunden war und nur von Göttern eingesetzt wurde.

Auch die Griechen kannten bereits die Überlieferung über ein Metall, das als äußerst »stark« und »hart« galt. Sie nannten es »âdamas« (»unbezwingbar«) und berichteten dabei wie schon die Ägypter, daß nur in ihrer Götterwelt darüber verfügt wurde. Die Gottheit Kronos, die den »âdamas« beim Kampf gegen die Gottheit Uranos benutzte, kastrierte sie damit und konnte den Kampf dadurch zu seinen Gunsten entscheiden. Es soll ein sehr widerstandsfähiges

Material gewesen sein, das nur diese mythologischen Personen auftreiben konnten.

Hatte auch Horus dieses unbezwingbare Material benutzt?

Nachdem Horus wieder nach Unternubien zurückgekehrt war, mußte er erneut eine Revolte niederschlagen, an der diesmal auch ein Gott beteiligt war. Er mußte seinen Feind Seth, den Bruder seines Vaters Osiris, besiegen und schnitt ihm einen Hoden ab. Seth hatte nämlich zuvor Osiris ermordet, danach zerstückelt und seine Körperteile über ganz Ägypten verstreut. Bei der Götterkonferenz wurde bereits vorher beschlossen, daß Horus eine andere mysteriöse Wunderwaffe, die »das göttliche Auge des Ra« genannt wird, gegen die Menschen und seine Feinde anwenden dürfe:

»Laß dein Auge ausziehen, auf daß es sie dir vernichte jene, die sich als Böswillige gegen dich verschworen haben. Es gibt kein Auge, das sie besser für dich vernichten könnte …«

Das »Auge des Ra« war nach Ansicht unserer Ägyptologen nicht nur ein Körperteil von Ra, sondern verfügte nach den Überlieferungen selbst über ein »eigenes Wesen«. Es existieren mythologische Überlieferungen, wonach das »Auge« im Einsatz war, sei es in Ausführung eines Befehls zur Vernichtung von Feinden oder zur Suche nach irgend etwas. Aus den Pyramidentexten, Spruch § 705, erfahren wir, daß das »Auge« seinen Aufbewahrungsort über den Augen Ras, auf der Stirn des Gottes, hatte. In der jüngeren Epoche Ägyptens wurde aus diesem legendären Gegenstand das Symbol der Uräus-Schlange, das als unverstandene Darstellung in das ägyptische Königtum einging. So wurde die Schlange auch an die »Chepresch-Krone« gesetzt, was ebenfalls das »Auge des Ra« symbolisierte. Doch einige Ägyptologen möchten das am Haupt getragene Emblem auf die bei altbabylonischen Stämmen getragene Stirnlocke zurückführen. Der Ägyptologe Dr. Hermann Schreiber betrachtet die Schlange indes als Symboltier eines prähistorischen Reiches von Buto, dessen Göttin Uto sich in Gestalt des »Uräus« auf den Scheitel des Königs setzt.

Im Gegensatz zu den ägyptischen Überlieferungen erfahren wir aus den mesopotamischen Keilschriften noch ausführliche Einzelheiten über diese bürgerkriegsähnlichen Zustände. Nachdem die Götter den Menschen erschaffen hatten, lebten sie innerhalb der mesopotamischen Mythologie in ständiger Harmonie. Doch Eas

Bruder Enlil, der sich von Anfang an gegen eine künstliche Erschaffung der »Schwarzköpfigen« (Menschen) aussprach, war auch während des Goldenen Zeitalters argwöhnisch eingestellt. Nachdem einige Personen der Göttergefolgschaft zum Ärgernis von Enlil auch noch angefangen hatten zwischengeschlechtliche Beziehungen zu den Menschentöchtern zu unterhalten, platzte ihm der Kragen. Enlil beraumte ebenso wie Ra in der ägyptischen Mythologie die »upskkinaku« (»Versammlung der Götter«) ein, in der beklagt wurde:

»Das Land breitet sich aus, die Menschen vermehrten sich, wie wilde Stiere trieben sie es. Den Gott ergrimmte ihre Fortpflanzung, der Gott Enli vernahm ihre Äußerungen, und er sprach zu den großen Göttern, lästig sind die Äußerungen der Menschen geworden, ihre Vermehrung raubt mir den Schlaf …«

Enlil, der sich mit der ägyptischen Gottheit Seth gleichstellen läßt, verlangt daraufhin die Bestrafung der Menschen. Doch vorerst ist es nicht die Sintflut, welche die Menschen heimsucht, sondern es sind Seuchen und Krankheiten, die Schmerzen und Fieber verursachen. Die Menschen flehen Ea, der wiederum mit dem ägyptischen Gott Ra zu identifizieren ist, um Hilfe an:

»Ea, O Herr, die Menschheit stöhnt, der Zorn der Götter verzehrt das Land. Du aber bist es, der uns erschaffen hat! Mach ein Ende den Schmerzen, der Krankheit, dem Fieber!«

Dieser Bericht erinnert an die Vorgehensweise des Horus, woraus wir bereits zitiert haben. Jedenfalls kann Ea (Ra) Enlils (Seths) ersten Vernichtungsplan gegen die Menschheit vorerst verhindern, indem er, wie auch Horus in der ägyptischen Version, im Land etwas erscheinen läßt. Dadurch ist Enlil aber noch mehr verärgert und klagt erneut bei den großen Göttern:

»Die Menschen haben sich nicht vermindert, ihre Anzahl ist größer denn je!«

Bei seinem zweiten Plan, den er diesmal mit Unterstützung der großen Götter realisierte, versuchte Enlil die Menschen durch Durst und Hunger auszulöschen, was sieben »Schaattam« (»Periode« oder »Jahr«) andauerte:

»Eine Periode lang aßen sie der Erde Gras. Während der zweiten Periode litten die Menschen unter Vergeltung. In der dritten Periode kam der Hunger und veränderte ihre Züge, ihre Gesichter waren verkrustet und sie lebten am Rande des Todes. Als die vierte Periode kam, sahen ihre Gesichter grün aus, sie gingen gebeugt in den Straßen, ihre breiten (?) wurden schmal. In der fünften Periode versperrten Mütter den hungernden Töchtern die Tür. Die Töchter sahen den Müttern nach und suchten die Verstecke des Eßbaren. Als die sechste Periode kam, bereiteten sie aus der Tochter eine Mahlzeit zu; aus dem Kind, bereiteten sie eine Mahlzeit zu. Ein Haus verschlang das andere. Während der siebenten Periode sahen Männer und Frauen wie Totengeister aus.«

Während dieser schwierigen Zeit verwildern die Menschen derart, daß sie selbst der eigentlich freundlich gesonnenen Gottheit Ea auflauern und sogar auf sie losgehen. Doch obwohl sich der Gott in seiner Ehre verletzt fühlt, begreift er schnell, daß die Menschen gegenüber den göttlichen Mächten nichts ausrichten können. Daraufhin ist Ea sehr traurig, so daß er weinen muß. Es geht sogar soweit, daß Ea die Menschen auffordert ungehorsam zu werden:

»Verehrt eure Götter nicht, betet nicht mehr zu euren Göttern!«

Hier sind meiner Meinung nach durchaus Parallelen zu den Überlieferungen aus dem »Buch über die Himmelskuh« erkennbar. Somit erhalten wir einen detaillierten Einblick in die Hintergründe der ägyptischen Sintflutvariante, die auch von Professor Erik Hornung so bestätigt wird. Nach dem Aufstand und der Rebellion gegen Ra verhängt er über die Menschheit ebenfalls eine Sintflut. Er führt sie allerdings nicht selbst aus, sondern beauftragt die Göttin Hathor. Doch kurz vor der absoluten Vernichtung der Menschheit, für die Hathor das »Göttliche Auge« einsetzen will, besinnt sich Ra wieder und überwältigt sie mit Unterstützung des Horus, womit der Plan zur Vernichtung der Menschheit vereitelt wird. Bei der mesopotamischen Version hingegen muß diesmal auch Ea schwören:

»Enlil öffnete den Mund, um zu sprechen, und sagte zur Versammlung aller Götter: kommet und leistet einen Eid in Anbetracht der tödlichen Flut! Anu schwor zuerst; Enlil schwor, seine Söhne schworen mit ihm.«

Im Gegensatz zu Ra gibt bei der Götterkonferenz zwar auch Ea

seine Stimme für die todbringende Wasserflut. Die Gottheit wird aber abtrünnig und rettet Utnapischtim und seine Angehörigen, indem er sie warnt und die Arche konstruiert.

Abb. 72: Auch andere Völker kannten durch ihre Götter die DNS.

Die mesopotamischen Keilschrifttafeln geben uns sogar einen astronomischen Hinweis auf den Zeitpunkt der großen Sintflut, die im Gegensatz zu den ägyptischen Überlieferungen allerdings etwa 1.000 Jahre früher angesiedelt wird:

»Das Sternbild des Löwen hat die Wasser der Tiefen bemessen.«

Diese Angabe entspricht der Zeit der großen Gletscherschmelze, die sich gegen Ende der letzten Eiszeit zwischen dem 13. Juni 10817 und dem 30. Mai 8664 v. Chr. ereignete und auch in unserer Lehrmeinung ihre Bestätigung findet. Während dieser drei Jahrtausende wurde das Bild unserer Erde von heftigen Stürmen, sturzbachartigen Regenfällen und dem Ansteigen der Weltmeere geprägt. Nachdem die Sintflut zu Ende ging, war ein großer Teil der Menschheit ausgestorben. Wie wir im Kapitel 4 erfahren haben, waren die Götter aber nicht verschont geblieben, sondern ebenfalls umgekommen. Auch die schriftlichen Zeugnisse der alten Zeit gab es nicht mehr. Die wenigen Überlebenden verfielen wieder in eine Phase der Primitivität, in der sie vorerst Kannibalismus betrieben und danach wieder versuchten sich als Jäger und Sammler »über Wasser zu halten«.

Schon ein 2.600 Jahre altes Experiment im alten Ägypten zeigt, daß isoliert lebende Kinder verwildern und ohne menschliches Zutun nicht sprechen lernen. Im 7. Jahrhundert v. Chr. ließ Pharao Psammetichos I. (664–610 v. Chr.) zwei Neugeborene einsperren, die für zwei Jahre von einem Schäfer betreut wurden, der aber mit ihnen nicht reden durfte. Nach den zwei Jahren sprachen die Kinder nur ein einziges Wort: »bekos«. Das war das phrygische Wort für »Brot«. Für den damaligen Pharao war das der Beweis dafür, daß Phrygisch die Ursprache der Menschheit sei, obgleich die Kinder offenbar nur das Blöken der Schafe nachgeahmt hatten. Im Band I., Kapitel 1–5, greift auch der Historiker Diodor von Sizilien die Abschaffung des Kannibalismus auf, der auch von der primitiven Bevölkerung des Niltals nachgegangen wurde:

»... in jener fernen Zeit war der Vorläufer des heutigen Menschen noch eine primitive Gestalt und die Götter haben den Menschen entwöhnt sich gegenseitig aufzufressen.«

Die Götter, von denen hier die Rede ist, waren altbekannte Kulturbringer, die plötzlich wieder erschienen und eine neue nachsintflutliche Zivilisation einleiteten. Es waren sieben Gestalten, die in nahezu allen Kulturen wiederzufinden sind. Gleichzeitig mit dem Auftreten dieser Gestalten fällt die Begründung der Thot-Dynastie (8670–7100 v. Chr.) zusammen, in der die ägyptische Gottheit Thot »sieben nomoj« (»Priestergelehrte«) auserwählte und sie mit dem »göttlichen Wissen« vertraut machte, woraufhin sie Weise wurden. Aus dem Ägyptischen Höhlenbuch 1,3 erfahren wir:

»O ›Gehörnter‹, der in seiner Höhle ist, mit großem Schrecken in der Dat – beuge deinen Arm und mache deine Schulter schmal (?)! Siehe, ich trete ein in den vollkommenen Westen, um für Osiris zu sorgen, um die zu begrüßen, die von ihm gekommen sind.«

Der erste der ägyptischen sieben Weisen wird ebenfalls als »Osiris« bezeichnet. Die anderen sechs scheinen indes allesamt Fischnamen zu tragen, die an die Begegnungen mit Kulturbringern des afrikanischen Volks der Dogon erinnern. Nummer zwei dieser mysteriösen weisen Gestalten trägt die Bezeichnung der Gattung »Mugil« und Nummer vier einen Namen für den »Wels«. Beim fünften und siebenten wird die allgemeine Bezeichnung für »Fisch« verwendet, während die Fischnamen des dritten und sechsten nicht näher zu identifizieren sind. Sieben Weise gab es aber nicht nur bei den Ägyptern, sondern auch bei den mesoamerikanischen Völkern, den Indern ebenso, wie bei den Babyloniern, die alle nach einer großen Sintflut erschienen und die Weisheit für die neue Kultur mitbrachten. Sie standen stets für den »Neuanfang« und wurden bei den Indern »Rischis« und bei den Babyloniern »Apkallu« genannt. Das Wort »Apkallu« bedeutet so viel wie »Großer, der uns führt«. Die ältere sumerische Bezeichnung dieser Weisen lautete AB.GAL., was »Meister, der den Weg weist« bedeutet. Wie die Keilschrifttafeln berichten, waren diese »Weisen« vorerst auf die Beseitigung ihrer vor der Flut befestigten Unterkünfte und Bauanlagen bedacht:

»Als das Volk in seiner Gesamtheit hinabstieg, machte es großen Aufruhr und Übel. Es ruinierte das Heiligtum, die Wohnung der großen Dingir-Mach und den ehrfurchtgebietenden Glanz des Gartens an dessen Seite.«

Die Beinamen dieser Personen, die nach der Sintflut erschienen, lauteten unter anderem »die Vogelmenschen«, die in den heute noch erhaltenen Tempelreliefs als menschliche Sphingen mit »Adlerkopf« dargestellt werden. Hierbei könnte der »Adler« die Fähigkeit des Fliegens dieser mysteriösen Weisen symbolisieren und gleichzeitig ihre »Himmlische Herkunft« darstellen. In den ägyptischen Hieroglyphen existieren tatsächlich verschiedene Silben und Zeichen (echi, epi, kem, pa), welche die Bedeutung »Fliegen« haben. Dabei wird jedes Wort, das die Bedeutung »Fliegen« besitzt, durch die Umrisse eines »Flügels« oder »Vogels« gekennzeichnet. Das Wort »kema«, das für einen »geworfenen Stab« oder »Bumerang« steht, wird durch eine fliegende Ente versinnbildlicht. Der Bumerang, den vermutlich die alten Ägypter nach Australien brachten, ist in Wirklichkeit nach seinen aerodynamischen Eigenschaften ein geknickter Flügel, der es erst möglich macht, daß das Wurfgerät zu seinem Ausgangspunkt zurückkehrt.

Das einzige heute noch erhaltene Modell eines ägyptischen Segelflugzeuges befindet sich unter Verschluß im Ägyptischen Museum von Kairo. Es stammt aus dem 3. Jahrhundert v. Chr. und wurde am 12. Mai 1898 von französischen Archäologen in Sakkara entdeckt. Dieses Flugzeugmodell trägt die Inschrift »Padi-Imen«, was in etwa »Geschenk der Weisen« bedeutet.

Wie bereits erwähnt, existieren im Kapitel 4 des Hindu-Buches »Samarângan-Asutrad-Hâra« Hinweise zu diesem Apparat, wobei es sich um einen hölzernen Motorsegler handelt, der überdies mit einem Heißluftballon kombiniert werden konnte. Auf den ersten Blick mag das »primitiv« erscheinen, aber die weiteren Beschreibungen zeugen von modernster Aeronautik. Nach den Überlieferungen wurden die Flugapparate anhand noch älterer Schriften »der Weisen« gebaut. Der Hauptkörper der Maschine, von dem im Kapitel 31, Vers 95–100 ausführlich die Rede ist, sah einem riesigen Vogel ähnlich und bestand aus Holz, wobei die einzelnen Teile mit einer Art »Zement« (»voyvalepa«) verleimt waren. Im Inneren befanden sich vier Behälter (»kumbha«) aus Metall, die mit einer unserem Quecksilber ähnelnden Flüssigkeit gefüllt waren und als Treibstoff dienten. Tatsächlich existiert auch im Alten Testament ein entscheidender Hinweis auf die Fähigkeit des künstlichen Fliegens, der allerdings wegen eines bisherigen Übersetzungsfehlers nicht weiter beachtet wurde. Das hebräische Wort »néschera« der Bibel, das in der lateinischen Ausgabe des Alten Testaments mit »Adler« übersetzt wurde, leitet sich eigentlich von »brausendes Geräusch« oder »Blitz« ab und wird deshalb nur onomatopoetisch (lautmalend) mit dem Sturzflug eines Adlers gleichgesetzt. Doch die Hebräer wußten ganz genau, wann sie von einem Fischadler oder einem Falken sprachen: Den Fischadler nannten sie »peress« und einen Falken einfach »nez«. Das Wort »néscher« hingegen ist nicht einmal ein hebräisches Wort, sondern leitet sich vom Ägyptischen »nechenj« (Horus) und »nechab« (Nechbet), der Schutzgöttin von Oberägypten, ab. Wie wir bereits gesehen haben, war die Gottheit Horus wiederum mit der »geflügelten Sonnenscheibe« verknüpft, die ihren Aufenthaltsort in aller Regel in einem schmelzofenartigen Schrein in »Nechen« (Hieranokopolis) hatte und von dort aus in den Himmelshorizont auf- und absteigen konnte.

Daß hier von einem Flugapparat die Rede war, bestätigen auch die Überlieferungen zu den mesoamerikanischen Weisen. Hier wird der Anführer der Sieben Weisen Quetzalcôatl oder Kukulkân genannt, was unsere Philologen in aller Regel mit »Gefiederte Schlange« falsch übersetzen. Die richtige Übersetzung von »Quetzal« (Flügel) und »Côatl« (Schlange) müßte daher »Flügelschlange« lauten. Somit würde »Quetzalcôatl« innerhalb der ägyptischen Mythologie und den Sieben Weisen sich mit der Gottheit »Sokar« identifizieren lassen.

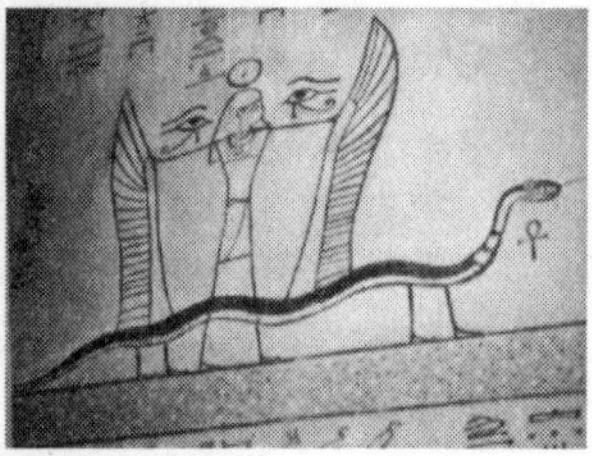

Abb. 73: Sokar

Was von seiten unserer Forscher bezüglich der mesoamerikanischen Kulturbringer stets ohne Berücksichtigung geblieben ist, ist der Beiname »Ah roxa lac« dieser mysteriösen Besucher, was sich wiederum mit »Herr der grünen, flachen Schale« übersetzen läßt.

Ist hier vielleicht von UFO-ähnlichen Flugapparaten die Rede?

Auch über die Ankunft des Weisen Thot ist in den Tempelinschriften von Edfu zu lesen:

»Deine Stätte ist seit der Urzeit auf dem Hügel von Wenu; du bist an Land gestiegen aus dem Meer der Messer, und bist erschienen in dem Wasser aus dem Geheimen Ei.«

Dem Götteroberhaupt Ra wird im Ägyptischen Totenbuch, Spruch 17,209 ebenfalls der Besitz einer Himmelsschale nachgesagt:

»Ra, der in seinem Ei ist; Ra, der auf seiner Himmelsschale schwimmt.«

Der ägyptische Hohepriester Pet-Osiris, der für den Verbleib der Überreste dieser fliegenden Schalen die altägyptische Stadt Hermopolis angibt, berichtet, daß »die beiden Hälften des Eies« noch bis in seine Tage aufbewahrt wurden. Natürlich hat bis jetzt kein Ägyptologe den ernsthaften Versuch unternommen, nach diesen Überresten zu suchen. Doch andere Archäologen waren erfolgreich, die der griechischen Mythologie vertrauten und diesen märchenhaft klingenden Berichten folgten, um zum Beispiel das sagenhafte Troja oder die minoische Kultur zu entdecken.

Pet-Osiris gibt auch einen Hinweis zum möglichen Herkunftsort dieser mysteriösen Himmelsschalen:

»Das Ei hat in einem Nest auf dem Urhügel auf der ›Flammenden-Insel‹ in dem Meersee gelegen.«

Wie wir gesehen haben, erwecken viele seltsame Geräte, die sich im Besitz dieser mysteriösen Überwesen befunden haben, durchaus den Eindruck von modernster Technik, die wir heute aber nur deshalb begreifen können, weil unser wissenschaftlicher Fortschritt in den letzten Jahren rasante Sprünge nach vorn gemacht hat. Auch als die NASA in der Nacht vom 24. April zum 25. April 1990 mit dem Hubble-Weltraum-Teleskop ein neues Fenster in das Weltall öffnete, konnte keiner der Beteiligten ahnen, daß das für die alten Pharaonen nichts Neues gewesen wäre. Die technischen Eigenschaften des ägyptischen »Seh-Vogels« sind uns im *Papyrus Tebtunis* überliefert:

»Ich kann bis ans Ende der Finsternis sehen, und ich kann durch das Meer hindurchblicken bis zum Urwasser Nun.«

Dieses Zitat umschreibt die Fähigkeiten des ägyptischen Sehvogels, der wie unsere heutigen Satelliten die Erdoberfläche abtasten konnte. In den Pyramidentexten § 389 wird auch von »... dem Berg des Seh-Seh-Vogels« gesprochen, der als ein Hinweis auf die wahre Funktion der Pyramiden zu werten ist. Darüber hinaus ist den Textinhalten zu entnehmen, daß der Seh-Vogel wie unser Hubble-Teleskop heute in die tiefe Finsternis des Weltalls blicken konnte.

Sollten wir nicht diese Indizien als eine altägyptische Antwort auf das Hubble-Teleskop werten?

Ob die jüdisch-christliche Religion oder der Islam: alle Glaubenslehren haben eine übereinstimmende Gemeinsamkeit von den »alles erblickenden Gottheiten« bewahrt. Vielleicht ist dies eine alte Erinnerung an eine Zeit, als die Menschheit noch von modern anmutenden Satelliten beobachtet und kontrolliert wurde. Gerade wenn wir uns an die Göttin Ischtar erinnern, die den Kampf des Gilgamesch gegen Humbada vom Himmel aus beobachtete, spricht es durchaus für eine derartige Zeitepoche, in der Satelliten längst erfunden worden waren. Aus den »Apokryphen« (Verbotene Schriften der Bibel) kennen wir die reisenden Patriarchen wie Abraham, Baruch, Henoch und Moses, die alle in Begleitung von göttlichen Weisen einen Trip in den Weltraum unternahmen. So berichtet Baruch im Kapitel 6, 1–2 über seine Apokalypse:

»Und siehe ein Vogel lief mit herum vor der Sonne her wie neun Berge groß.«

Nach seinen Eindrücken fragt Baruch den Weisen nach der technischen Funktion des Vogels, worauf er erklärt bekommt:

»Das ist der Wächter des Erdkreises. Dieser Vogel geht neben der Sonne her, und indem er dabei seine Flügel ausbreitet, fängt er ihre Strahlen auf, die feuerähnlich sind.«

Nachdem Baruch staunend zugehört hat und die unverstandene Technik zu verstehen versucht, schildert er erneut seine Eindrücke und entdeckt dabei Vertrautes:

»Und der Vogel breitete seine Flügel aus, und ich sah auf seinem rechten Flügel gewaltige Buchstaben.«

Unsere heutigen Satelliten besitzen auf langen, ausgefalteten Verstrebungen montierte »Solarzellen«, die wir als »Sonnenflügel« bezeichnen. Die fangen das Sonnenlicht ein und nutzen es zur eigenen Energieversorgung.

Und was war mit den gewaltigen Buchstaben?

Auch auf unseren Satelliten und Raumschiffen befinden sich solche Buchstaben, die beispielsweise die Bezeichnungen NASA oder ESA bilden.

Der französische Künstler Jean Marc Philippe sammelte in den ver-

Abb. 74: Sah so der ägyptische Seh-Seh-Vogel aus?

gangenen Jahren für das *KEO-Projekt* Botschaften von Menschen aus aller Welt, um sie im Jahre 2001 an Bord eines Satelliten in den Orbit um die Erde bringen zu lassen. Überdies werden eine Bibliothek mit der »offiziellen Geschichte der Menschheit« sowie Proben der Erdatmosphäre, des Meerwassers, menschlichen Blutes, Bilder von Männern, Frauen und Kindern, mit an Bord des Satelliten gebracht. Insgesamt soll der Satellit für 50.000 Jahre seine Kreise um die Erde ziehen, um danach mit einem überwältigenden Lichtspektakel wieder auf der Erde zu landen.

Hatten unsere Urahnen einen ähnlichen Versuch unternommen?

Nach den altägyptischen Berichten über Horus oder Ra, die entweder ihre Feinde oder aber auch nur die Taten der Menschen vom Himmel aus beobachteten, müssen meiner Ansicht nach tatsächlich derartige Beobachtungsgeräte existiert haben. Aus den Pyramidentexten § 390 erfahren wir über ein entscheidendes Indiz:

»Die beiden Pfeiler stehen fest, (aber) Stützblöcke stürzen herab. Er steigt trotzdem hinauf auf die Leiter, die ihm sein Vater Ra gemacht hat. Horus und Seth greifen nach dem Arm desjenigen, damit sie ihn zu der Dat (Weltall) fahren.«

Nachdem Horus und Seth in den Weltraum gelangt sind, öffnet sich die Weltraumstadt, die in den Pyramidentexten § 391 wegen ihrer Form »Gesicht« genannt wird:

»Das Gesicht des Gottes öffnet sich dem Reisenden. Dieser Reisende der Dat läßt sich nieder auf dem Thron zur Seite des mächtigen Gottes.«

Nach den Überlieferungen besaßen die Apparaturen Eigenschaften, die sie von der Erde zum Himmel fliegen und jederzeit wieder zurückkehren ließen. Es gab aber auch eine Vielzahl von Kommunikationsapparaten, die man »Hörvögel des Ra« nannte und nach der Entledigung des mystischen Beiwerks auch nur technisch interpretieren kann:

»Ich höre, was Ra, der Sonnengott, der Vergelter unter den Göttern, täglich im Glanzort des Himmels für die Erde bestimmt.«
Wie schon im Buch »Baruch« geht auch aus dem nächsten Vers der Hinweis hervor, daß diese Apparate ähnlich wie das Hubble-Teleskop mit Solarenergie betrieben wurden:
»Es ist mir zuteil geworden, weil ich vom Licht der Sonne lebe und (regelmäßig) meine Nahrung zu mir nehme und viel schlafe ..., so daß ich mich recreiere im Hellen – und ich esse nichts mehr nach Sonnenuntergang.«
Wenn sie vorhanden war, warum finden wir dann keine Restbestände dieser Hochtechnologie?
Am 26. März 1857 entdeckte der französische Astronom Lescarbault einen unbekannten Himmelssatelliten innerhalb der Merkurbahn. Er hatte ihn bei seinen Sonnenforschungen vor der Scheibe unseres Zentralgestirns vorbeigleiten sehen. Er berechnete die Masse auf ein Siebzehntel der des Merkur, seine Umlaufzeit auf neunzehn Tage und seinen Durchmesser auf 285 Kilometer. Lescarbault nannte ihn »Vulkan«. Seine Beobachtungen wurden von der Akademie der Wissenschaften in Paris anerkannt und Napoleon III. verlieh ihm sogar die Auszeichnung der Ehrenlegion. Doch bereits kurze Zeit später verblich der astronomische Ruhm Frankreichs, denn »Vulkan« war plötzlich unauffindbar verschwunden. Erst 1878 konnte er von dem amerikanischen Astronomen James Watson wiederentdeckt werden.
1966 und 1970 gelang es dem Astronomen Henry Courten diesen »Himmelssatelliten« während einer gerade andauernden Sonnenfinsternis auf fotografischen Platten festzuhalten und seinen Durchmesser mit 770 Kilometer zu berechnen. Seitdem ist »Vulkan« jedoch erneut nicht mehr aufzufinden. Wie abwegig ist der Gedanke, daß die Astronomen einen altägyptischen Seh- oder Hör-Vogel erblickten?
Im Rahmen des *Linear-Satelliten-Projekts* zu Beginn des Jahres 1999, bei dem automatisch nach Asteroiden gesucht wurde, ist von den Meßsensoren ein nur 50 Meter Durchmesser umfassender Himmelskörper entdeckt worden, der sich fast kreisförmig um unsere Sonne bewegt. Er wird von den Astronomen CG9 genannt, der mit seinem ungewöhnlichen Orbit in neun Kilometer Abstand sich um unser Zentralgestirn dreht. Alle anderen Himmelskörper in-

dessen umrunden die Sonne in einer Ellipse. Es gibt jedoch noch einen ähnlichen Körper, der bereits 1991 entdeckt wurde und sich wie CG9 verhält.

Die amerikanische Astronomiezeitschrift *Sky + Teleskope* bezeichnete diesen Satelliten im November 1991 sogar als »... ein echtes UFO!«

Doch warum?

Es lag daran, daß die außergewöhnliche Bahn des 1991 VG nahezu der unserer Erde entsprach. Zudem wurden an 1991 VG technisch interpretierbare Reflektionen festgestellt, die des öfteren aus dem Himmelskörper in kurzen Abständen austraten. Auch die Untersuchungen mit Radarstrahlen, die gewöhnlich von natürlichen Himmelsobjekten wie Asteroiden reflektiert werden, erbrachten in diesem Fall absolute Nullwerte. Nach Ansicht des Forschungsteams schieden natürliche Himmelskörper als Erklärung für dieses Phänomen nahezu aus! Auch die Hypothese möglicher Bruchteile von älteren Sonden oder Raketen konnte mit den ermittelten Bahndaten in keine Übereinstimmung gebracht werden. Dennoch versuchen die offiziellen Stellen der amerikanischen NASA und der europäischen ESA diesen Himmelskörper als sogenannten »Weltraummüll« zu diffamieren, nur weil sie der festen Meinung sind, daß alles für einen von Menschenhand erbauten Gegenstand spricht.

Warum schauen sich die Damen und Herren nicht einfach die alten Überlieferungen an?

Auch ein im Jahre 1996 entdeckter Himmelskörper mit der Bezeichnung 1996 PW zeigt genau die bereits zuvor beschriebenen Verhaltensmuster. Der NASA-Astronom Dr. David Green meint: »Die Situation ist alles andere als geklärt.«

Wie wir in Kapitel 1 bereits gesehen haben, konnte Galilei Galileo das für seine Planetenbeobachtung benutzte Teleskop nur deshalb erfinden, weil er die Zugriffsmöglichkeit auf die Weisheit der Alten hatte. Aus dem Ägyptischen Totenbuch 115,23–24 erfahren wir überdies, wie die alten Priester von Heliopolis, die hier als »Gelockte« oder »Kahlköpfige« bezeichnet werden, in die »göttlichen Mächte« eingeführt wurden:

»Als ihnen das göttliche Erbe zuteil wurde, war groß, was sie schauten, und da wurden sie zu den ›Größten der Schauenden‹ von Heliopolis«.

Das »Sechem« war im alten Ägypten ein »Machtsymbol«, womit die Sterne beobachtet wurden, die in den ägyptischen Texten als »zwischen Göttern und Menschen stehende Wesen« bezeichnet werden. Vielmals wurde es sogar als »Eigenwesen« beschrieben und mit den Göttern auf einer Ebene stehend dargestellt. Für unsere Ägyptologen ist die Funktion dieses Gegenstandes bis jetzt ein Rätsel geblieben. Dabei liegt in ihm die Lösung für Galileis Planetenbeobachtungen. Die Ägyptologen interpretieren den »Sechem« nur als einen gewöhnlichen »Herrscherstab«, ohne jedoch die Kraft zu berücksichtigen, die laut den Überlieferungen in ihm wohnte. Meines Erachtens handelt es sich dabei um nichts anderes als einen fernglasähnlichen Gegenstand (Teleskop), der die Könige und Priester dem Himmel näher brachte. Das erklärt auch, warum in dessen oberen Teil in den Abbildungen von den ägyptischen Malern ein »Augenpaar« eingezeichnet ist.

Wegen der »Sehkraft«, die in einem »Sechem« steckte, ist auch ein Beiname der Gottheit Osiris zu erklären, der da lautet: »Großer Sechem, der im Himmlischen Gau wohnt.«

Bereits im Jahr 1853 wurde der *British Association for the Advancement of Science* ein solcher Gegenstand von Sir David

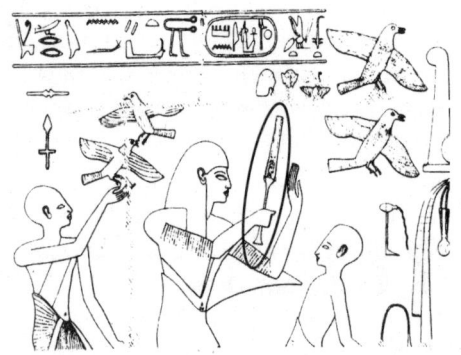

Abb. 75: War der Sechem ein Teleskop?

Brewster übergeben. Es handelte sich um eine optische Linse, die dem Entwicklungsstand des 19. Jahrhunderts entsprach. Ungewöhnlich war »nur« die Tatsache, daß die Linse in den Ruinen von Ninive (Asien) aus einer um 600 v. Chr. datierten Schicht stammt. Diese Entdeckung blieb jedoch bis heute ohne Erklärung und landete schließlich mit Juwelen und anderen Dingen im Britischen Museum. Seitdem wurden unzählige derartiger Linsen auch in Afrika, Australien und Amerika gefunden.

Eine konkav geschliffene Linse aus Obsidian wurde in Südamerika in der Umgebung von Esmeralda (Equador) aus dem Meer geborgen. Darüber hinaus konnte ein Archäologenteam winzige Konkavspiegel, die in einem bisher unbekannten Verfahren geschliffen sind und wahrscheinlich als Vergrößerungsgläser verwendet wurden, in La Venta (Mexiko) ausgraben. Man schreibt sie der Olmeken-Kultur zu, die gegenwärtig als die älteste Mexikos angesehen wird. Auch läßt sich die feine Schmuckverarbeitung bei den mesoamerikanischen Völkern nur mit der Verwendung einer Vergrößerungslinse erklären.

Bereits der griechische Philosoph Plutarch behauptete, Archimedes habe optische Instrumente verwendet, »um die Größe der Sonne festzustellen«. Einige der verblüffenden Erfindungen des Archimedes von Syrakus (287–212 v. Chr.) stammen vielleicht aus der Zeit, die er zu Studienzwecken in der Bibliothek von Alexandria verbrachte. Zu diesen Entdeckungen gehörte unter anderem ein geniales System von Hebeln, Rollen und Greifern, um schwere Gewichte zu heben, mit denen bei der Belagerung von Syrakus römische Galeeren im Hafen umgekippt und versenkt wurden. Und schließlich gehörte dazu ein Gerät, das durch Brechung von Sonnenstrahlen Schiffe in Brand setzen konnte.

Ist all das nur auf die blühende Phantasie der antiken Schriftsteller zurückzuführen?

Der deutsche Ingenieur für Augenoptik, Olaf Schmidt, führte eine mehrjährige Analyse an geschliffenen Bergkristallen durch, die man in Wikinger-Gräbern aus dem 10. Jahrhundert auf der Ostseeinsel Gotland gefunden hatte. Schmidt fertigte nach seinen Untersuchungen gläserne Nachbildungen an, die einen nahezu perfekten asphärischen Schliff besitzen. Er wurde dafür sogar mit dem Rupp-Hubrach-Forschungspreis für Augenoptik ausgezeichnet.

Legt man eine solche Linse auf einen Text oder eine Briefmarke, erhält man ein Bild, wie es mit einem modernen Vergrößerungsglas von fünf Zentimeter Durchmesser erzeugt wird. Im März 1999 kommentierte der Ingenieur seine Untersuchungsergebnisse noch einmal:

Abb. 76: Geschliffene Linsen sind ein weltweit anzutreffendes Phänomen.

»Die Form der Linse ist so gut, daß man sie auch nach heutigen Maßstäben als ausgefeilt bezeichnen kann.«

Mit ihr lassen sich auch Sonnenstrahlen bündeln, womit man problemlos ein Blatt Papier in Brand setzen kann. So kann die antike Verwendung des »technischen Hilfsmittels« durchaus eine andere gewesen sein. Ein Forschungsteam der amerikanischen Berkeley Universität, das sich seit längerem ebenfalls mit antiken Optikprodukten beschäftigt, vertritt die Ansicht, daß die »Gotland-Linsen« ursprünglich aus Byzanz stammten, wo sie von den Wikingern durch Handel oder Raub erworben wurden. Vieles spricht allerdings dafür, daß auch diese Fundstücke eher aus Alexandria zum Bosporus gelangten und somit in Wirklichkeit eine ägyptische Erfindung sind.

Im Jahre 1912 entdeckten Archäologen in einem Grab bei Sakkara tatsächlich ein solches Vergrößerungsglas aus pharaonischer Zeit, das von dem ägyptischen »Sechem« stammen könnte. Die aus Bergkristall bestehende Entdeckung war aber nicht etwa ein Einzelstück. Auch im Besitz des Britischen Museum von London befindet sich eine sogar nachweislich mit Cäsiumoxid hergestellte Vergrößerungslinse aus Bergkristall. Diese fand man bei Ausgrabungsarbeiten im ägyptischen Heluan. Das Erstaunliche an diesem Artefakt ist aber nicht nur seine Funktion als Vergrößerungsglas, sondern es sind auch die Spuren der Chemikalie Cäsiumoxid. Diese chemische Verbindung wird heute mittels elektronischer Herstellungsverfahren erzeugt. Das Seltsame dabei ist, daß dafür eine aufwendige, 20.000 Volt Spannung erzeugende technische Anlage erforderlich ist. Doch etwas Derartiges ist in Ägypten von den Gelehrten bis heute nicht entdeckt worden.

Auch im Museum der türkischen Hauptstadt Ankara existiert ein optisches Gegenstück, das von einem österreichischen Archäologenteam bei Grabungen in der antiken Stadt Ephesos entdeckt wurde. Mit dieser Linse wurde wiederum das Tor in den Mikrokosmos geöffnet.

Ebenso existierten am Leuchtturm von Alexandria sonderbare Spiegel, berichtet uns Lukian, die über dieselben Eigenschaften wie die von Syrakus verfügten. Mit dieser optischen Anlage konnte man schon damals nicht nur das Leuchtfeuer in 465 Kilometer Entfernung sehen, sondern auf fremde feindliche Schiffe schießen. Und das funktionierte so: Bei Tage konnte man sich die Sonnenstrahlen zunutze machen und mit sonderbaren Hohlspiegeln noch stärkere Lichtreflexe aussenden.

Ist hier von einer Art Laserstrahl die Rede?

Mit dem ägyptischen Begriff »wbs« bezeichneten die Priesterge-lehrten der Pharaonen das »gebündelte Feuer«. Somit liegt es nicht fern zu vermuten, daß hier zumindest die Umschreibung für »Feu-erstrahl« gemeint war. So sagte man noch um 214 v. Chr. auch den alexandrinischen Hohlspiegeln tatsächlich nach, daß sie dazu ge-eignet gewesen seien, feindliche Schiffe in Brand zu setzen. Des weiteren wird berichtet, daß mittels gläserner Spiegel es überdies möglich gewesen sei, herannahende Schiffe auszumachen, lange bevor sie mit bloßem Auge sichtbar waren.

Sind das nicht unzählige Indizien und Beweise dafür, daß unsere moderne Zivilisation nicht die erste ihrer Art ist?

Kapitel 6

KOSMISCHE VERBINDUNGEN

Ein anderer Weg, den Spuren der »Verbotenen Ägyptologie« zu folgen, wird uns durch seltsame antike Bauanlagen ermöglicht, deren Ursprünge in Wahrheit heute noch ungeklärt sind. Hierbei sind die zur Zivilisationsprüfung greifbarsten Objekte wohl unzählige vorsintflutliche Bauanlagen aus Stein, deren Alter sich nur schwer bestimmen läßt. Dabei muß insbesondere auf die große Anzahl steinerner und erdener Pyramiden hingewiesen werden, die sich in Australien und Neuguinea befinden.

Auf Papua Neuguinea entdeckte man fünf unvollständig gebliebene Stufenpyramiden mit einer Höhe von etwa dreißig Metern mitten im Urwald des East-Sepik-Distrikts. Sie sind vollkommen identisch mit einer Anlage, die bereits 1984 nordöstlich von Brisbane im südlichen Queensland (Australien) entdeckt wurde. Die vermutlich astronomischen Zwecken dienenden Anlagen sind aller Wahrscheinlichkeit nach nicht das Werk der Ureinwohner Australiens, sondern eines hochstehenden Volkes astronomisch bewanderter Menschen, die hier vor vielen Jahrtausenden lebten.

Wie wir bereits im Kapitel 1 erfahren konnten, ist es den alten Ägyptern vor mindestens 3.500 Jahren tatsächlich schon einmal gelungen, diesen Kontinent zu erreichen. So könnten nicht nur die alten Ägypter selbst, sondern diejenigen, welche bereits die ägyptische Urkultur prägten, eine Begegnung mit den Ureinwohnern Australiens gehabt haben.

Doch wann könnte diese stattgefunden haben?

Im Gegensatz zu den astronomischen Anlagen Australiens existiert in Europa zum Beispiel der »Great Zodiac« (»Großer Tierkreis«) von Glastonbury in England, dessen Steine in einem Umkreis von 48 Kilometer Umfang ausgelegt sind. Eine aktuelle Datierung dieses Bauwerks ergab ein Alter von 15.000 Jahren. Es existieren bei uns noch über 200 derartige geheimnisvolle steinerne Monumente in Rund- und Rondellform, die seit Urzeiten dem »Gott der Höhe«, der die Elementargewalten steuerte, gewidmet waren. Ob auch die nordischen Gottheiten ebenfalls eine Verbindung zur ägyptischen

Götterwelt aufzeigen, werden wir im weiteren Verlauf dieses Buches noch klären. Erst mit dem Verständnis der Präzession ist es uns in junger Vergangenheit gelungen, diese alten Rätselbauten zeitlich richtig zuzuordnen. Das trifft nicht nur auf steinzeitliche Megalithbauwerke wie die von Stonehenge zu, sondern auch für die europäischen Kathedralen. Die sogenannten Megalithbauten, deren Bezeichnung sich aus den griechischen Wörtern »megas« (»groß«) und »lithos« (»Stein«) zusammensetzt, bedeutet wörtlich also nichts Geringeres als »Großsteinbauten«.

Mit der Präzession ist es uns möglich geworden, das Weltverständnis unserer Ahnen in die heutige Zeit zu transportieren. Voraussetzung ist jedoch, daß wir diese versteckten Informationen in ihrer astronomischen Geometrie erkennen und sie dann richtig deuten. Denn dieses Wissen funktioniert heute wie die Datenbank eines Computers und hat sich zu einem unentbehrlichen Hilfsmittel etabliert. Weltweit erstrecken sich steinerne Zeugen der Vergangenheit, die uns irgend etwas sagen möchten. Unsere Archäologen unterscheiden heute zwischen fünf verschiedenen Arten von megalithischen Steinsetzungen:

1) Alignements – Steinalleen, die sich kilometerlang in die Landschaft erstrecken;
2) Cromlechs – Steinsetzungen in Bogenform;
3) Dolmen – Steintische oder Hünengräber;
4) Menhire – Steinreihen, die senkrecht ausgerichtet sind;
5) Rondelle – Steinkreise und Rundgräber.

Um die Jahrhundertwende wurden unsere Gelehrten noch von einem frommen Glauben gesteuert. Deshalb wurde der Ursprung dieser steinernen Zeugen stets mit Legenden und Erzählungen in Verbindung gebracht. Im dritten Jahrhundert n. Chr. wurde der heilige Cornelius von römischen Soldaten verfolgt, woraufhin er den »Herrn« um Rettung anflehte. Der Legende nach geschah dann ein Wunder: Alle Verfolger verwandelten sich zu Stein und stehen seitdem sinnlos in der Landschaft herum.

Spätere Gelehrte stellten modernere Theorien auf, wonach es sich bei den willkürlich aufgestellten Steinalleen um das Gebiet eines riesigen Friedhofs handelte. Doch fanden sich weder Gräber noch die Leichname der Verstorbenen, die hier beigesetzt sein sollten.

Abb. 77: Steinalleen

Auch die Überlegungen über umher-
wandernde Nomadenstämme, welche die steinernen Zeugen aufgestellt
hätten, ergaben keinen Sinn.
Erst nachdem vor wenigen Jahren
Luftaufnahmen der Dolmen und
Menhire gemacht worden waren und
moderne Computer zum Einsatz kamen, erkannte man allmählich den
Sinn dieser kilometerlangen Steinkolonnen. Auf einmal zeigte sich,
daß die Steinsetzungen nicht nach irgend einer Laune über die Landschaft verstreut wurden, sondern nach durchdachten geometrischen
Regeln. Somit steckte der Sinn der Steinbauten in der Mathematik
und der exakten Geometrie.

Doch zu welchem Zweck?

Für die Beantwortung dieser Frage müssen wir auf die Insel Großbritannien gehen. Hier existiert eine berühmte riesige kreisrunde
Anlage aus Stein, die nach Ansicht unserer Gelehrten etwa um 3100
v. Chr. errichtet wurde und »Stonehenge« genannt wird. Diese mo-
numentale Konstruktion entspricht nach Gelehrtenmeinung exakt
der Zeitspanne, in der Ober- und Unterägypten durch Pharao Menes wieder zu einem großen Reich vereinigt worden waren. Im
Oktober 1998 veröffentlichte der britische Professor Aubrey Burl
von der Universität Birmingham eine neue Theorie über dieses Bauwerk. Professor Burl vertritt die Ansicht, daß möglicherweise vor
6.000 Jahren Ureinwohner aus der französischen Bretagne nach
Norden bis auf die britische Insel ausgewandert seien. Somit wären
die wahren Erbauer dieser Steinkreisanlage von Stonehenge in Wirklichkeit keine Ur-Engländer, sondern Ur-Franzosen gewesen. Als
wichtige Anhaltspunkte dieser Theorie zieht Professor Burl die
Plazierung und Gravierung an den Einzelteilen des steinernen Monuments heran.

Was ist aber wirklich dran an dieser neuen Theorie?

Bereits 400 Jahre vor Professor Burl beschäftigte sich schon der
Hofarchitekt von König Jakob I. (1573–1625), Inigo Jones (1573–
1652), mit dem Geheimnis bei Salisbury in Wiltshire. Jones kann in
dieser Hinsicht als erster gründlich forschender Wissenschaftler bezeichnet werden, da er schon zu dieser Zeit erstaunliche Ergebnis-

Diese fünf menschlichen Rassen bewohnten allesamt Ägypten.

Der Autor auf Spurensuche im Herakleion-Museum in Kreta (links) und im Ägyptischen Museum in Kairo mit Yamal (oben).

Professor Rainer Stadelmann.

Dr. Zahi Hawass.

Professor Mark Lehner in Giseh.

Rechts: Dr. Ian Mathieson bei Bodenmessungen in Gisr el-Mudir.
Links: Dr. Florian Huber.

Rätselhafte archäologische Entdeckungen werden nicht nur in der ägyptischen Kultur registriert, sondern sind ein globales Phänomen.

Die drei erfolgreichsten Sachbuchautoren im deutschsprachigen Raum auf dem Kongreß »Verbotene Archäologie« in Berlin (von links: Erich v. Däniken, Erdogan Ercivan, Johannes v. Buttlar).

Rudolf Gantenbrink mit dem Autor auf der »Orda et Mensara V.« in München.

Hartwig Hausdorf und der Autor mit einer interessierten Leserin.

Friedhelm Erich Will und Paul Wiesner (rechts) mit Ehefrau.

Der Autor mit Rainer Holbe beim Frühstück nach einem anstrengenden Interview mit dem Bayerischen Rundfunk.

Der letzte Rest des Salomo-Tempels: die »Klagemauer« in Jerusalem.

Das Allerheiligste der Juden – Frauen haben hier keinen Zutritt.

Der Autor bei den Erben des »Schamir« in Israel.

Oben links: Königin Nofretete; oben rechts: Tutanchamun;
unten links: François Champollion; unten rechts: Kalif Murad Bey.

*Drei bekannte altägyptische Tempelanlagen:
von oben: Horus (Edfu), Sethos (Abydos),
Hathor (Dendera).*

Verborgene Reisebeschreibungen in den Kosmos, dargestellt in den Tempeln von Ramses VI. (oben) und Amenhopis II. (unten) in Theben.

Die Giseh-Pyramiden als Kornspeicher (Darstellung in der Markuskirche von Venedig).

Ahnenkammer der ägyptischen Priesterschaft. Gemäß einem Bericht des Geschichtsschreibers Herodot geht der Beginn der ägyptischen Kultur auf 11.000 v. Chr. zurück.

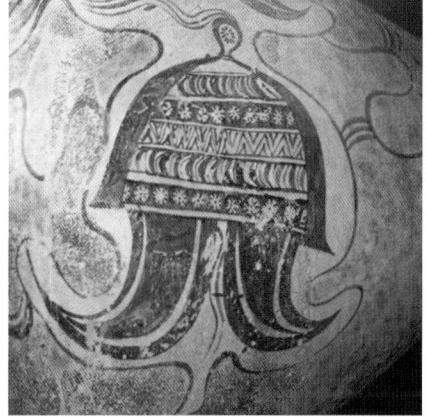

Minoische Götterwelt mit fliegendem Götter-Ei.

*Feuertore zu den Göttern. Nur mit ihrer Hilfe konnten sie
überwunden werden.*

*Schönheitsideal Schädel-
deformation – man wollte den
Göttern ähnlich sein.*

*Darstellung, die die Unendlich-
keit der Zeit zum Inhalt hat.*

Die große Sphinx auf dem Plateau von Giseh steht auf einem Sockel, unter dem sich ein verästeltes Labyrinth erstreckt.

Die Pyramiden von Giseh.

Die drei Eingänge in die Chephren-Pyramide.

se über die Steinkreisanlage erzielte. Der Architekt versicherte dem König in seiner Expertise, wie alte Chroniken berichten, daß Stonehenge zu Ehren des Gottes Coelus (»der Himmlische«) erbaut worden sei, den andere »Uranus« nennen. Von dem römisch-griechischen Historiker Diodor von Sizilien erfahren wir wiederum: »Der, welcher zuerst über die Atlantiden herrschte, war Coelus …« Demnach soll der Bauherr von Stonehenge ganz eng mit dem sagenumwobenen Kontinent Atlantis in Verbindung gestanden haben, der nach dem Bericht von Platon um 9.400 v. Chr. durch eine Naturkatastrophe im Meer versank.

Nachdem sich Inigo Jones mit dem damals vorhandenen Schrifttum ausgiebig beschäftigt hatte, schrieb er, bezugnehmend auf das alte Quellenmaterial, an König Jakob I. einen Aufklärungsbrief: »… Er brachte den Menschen bei, gemeinsam zu leben, Felder zu bebauen, Städte zu erstellen, und erzog die Wilden zu einem zivilisierten Leben mit Konversation. Er herrschte über einen großen Teil der Erde von Osten nach Westen, und war ein brillanter Beobachter der Sterne und erklärte den Menschen, was kommen würde. Gemäß dem Stand der Sonne teilte er das Jahr in Monate. Wegen seinem großen Wissen über den Sternenhimmel überschütteten ihn die Menschen mit unsterblichen Ehrungen und verehrten ihn als Gott. Sie nannten ihn Coelus und bezogen dies auf sein Wissen über die himmlischen Körper. In dieser Antiquität sind viele Steine in einer Imitation zu einem gesamten Werk von verschiedenen Sternen zusammengestellt worden, die uns am Himmel in Form eines Kreises, genannt die ›Himmlische Krone‹, erschienen.«

Der königliche Architekt Jones hatte somit im 16. Jahrhundert eine ältere Bezeichnung für Stonehenge entdeckt, die er in seiner Originalschrift als »heavenly Crown« bezeichnete. Demnach wußte der Architekt schon damals über den wahren Sinn von Stonehenge zu berichten, so daß er diese Bauanlage mit Kreisbahnen der Gestirne in Zusammenhang brachte und dem Ganzen eine kosmische Verbindung unterstellte. Zudem existiert ein namentlich bestimmbarer Bauherr.

Und was sagen unsere Lehrmeinungsvertreter?
Wie bei dem immer noch umstrittenen Bauherrn dieser Anlage gehen ihre Ansichten auch über den Sinn und Zweck dieses Bauwerks auseinander.

Obwohl die wahren Erbauer von Stonehenge unserer heutigen Wissenschaft immer noch unbekannt sind, werden der Bericht und die Entdeckung des Hofarchitekten Inigo Jones immer noch ignoriert. Heute wissen wir allerdings, daß dieses Monument zweifellos als Observatorium diente. Auch den Grund, weshalb Stonehenge überhaupt erbaut worden war, konnten unsere Gelehrten nie wirklich aufklären, weil bei diesen Untersuchungen zum Beispiel der orientalische Einfluß nie in Betracht gezogen wurde. Denn die wissenschaftliche Ansicht, daß sich die europäischen »Megalith-Kulturen« unabhängig und ohne Einfluß

Abb. 78: Stonehenge

von orientalischen und ägyptischen Aspekten entwickelten, müssen wir als undurchdachten Unsinn verwerfen!

Bereits im Jahre 1967 entdeckten Professor Yonathan Mizrahi vom Institut für Anthropologie an der Harvard Universität und Professor Anthony Aveni von der Colgate Universität in der Ortschaft Quatzrin (Israel) eine megalithische Steinkreisanlage, die sie »Gilgal Refaim« nannten. Durch die vorherrschenden politischen Unruhen im Vorderen Orient konnte diese Bauanlage jedoch erst zwischen 1988 und 1991 freigelegt werden und zählt erst seit einigen Jahren zu einer Attraktion des Archäologischen Museums von Quatzrin.

Diese steinerne Kreisanlage ist dem Untersuchungsbericht von Professor Mizrahi zufolge ein astronomischer Kalender, der auf das Volk der »Enak« zurückgeht. Das war nach den Legenden der Bibel ein »Geschlecht von Riesen«, die sich in der Umgebung vom heutigen Quatzrin aufgehalten haben sollen. Israelische Anthropologen konnten 1997 tatsächlich nachweisliche Spuren wie übergroße Backenzähne und Werkzeuge entdecken, die sie aus der Sicht der Naturwissenschaft bisher geschichtszeitlich schwer zuordnen konnten. Im Alten Testament hingegen wird im 5. Mose Buch 3,11 über das Aussehen von König Og von Baschan berichtet, der demnach diesem Riesengeschlecht angehörte:

»Denn Og, der König des Baschan, war als einziger von den Rafaitern noch übriggeblieben, sein Bett war aus Eisen, steht es nicht in

Rabba, der Hauptstadt der Ammoriter? Es ist neun gewöhnliche Ellen lang und vier breit.«

Dieses eiserne Bett, von dem hier die Rede ist, hatte demnach eine Größe von 4 x 1,8 Meter. Dieses Maß entspricht in etwa der Größe des sumerischen Helden Gilgamesch, der nach der mesopotamischen Chronologie ein göttliches Elternteil besaß und sich deshalb als Halbgott bezeichnete. Nach dem Alten Testament nannte man dieses Riesengeschlecht auch »han-Nephilim« und bezeichnete es als die »haggibborin« (»Starke Helden«) der Vorzeit, das aus der Verbindung von Menschentöchtern und Göttern hervorgegangen war. Außer in Israel konnten fossile Überreste dieser Riesen auch auf Kreta, in Afrika und selbst Australien nachgewiesen werden.

In seinem Ausgrabungsbericht aus dem Jahre 1984, den der Archäologe Dr. Rex Gilroy am 14. Oktober im australischen Katoomba verfaßte, schreibt er:

»Im Laufe der letzten zwölf Jahre war es mir möglich, im westlichen New South Wales umfangreiche Ausgrabungen an acht verschiedenen urgeschichtlichen Lagerplätzen zu machen. Wir fanden dort zahlreiche Handäxte, Keulen, Querbeile, Messer, Meißel, Hackmesser und andere Artefakte, die zum Teil ein Gewicht von sechs bis sechzehn Kilogramm aufweisen. Zwischen den Artefakten lagen die fossilen Reste großer menschlicher Backenzähne, worunter eines eine Länge von über 67 Millimeter erreicht. Bei diesem Zahn beträgt die Kronenfläche 50 x 42 Millimeter, was für einen Menschen ungewöhnlich groß erscheint. Daneben fanden sich auch Knochen von Tieren, die den hier lagernden Jägern offenbar als Nahrung dienten. Zeitlich können diese Funde ins Pleistozän datiert werden – das heißt auf eine Zeit vor etwa 500.000 Jahren. Die Artefakte, Zähne und andere Überreste deuten darauf hin, daß diese Wesen 3,6 bis 6 Meter groß waren und mehrere hundert Kilogramm wogen. Die Indizien lassen auf zwei verschiedene Rassen sehr großer Menschen oder Riesen schließen, die diese Region einst bewohnten. Fußspuren solcher Riesen finden sich sowohl in Queensland als auch in New South Wales.«

Ist hier vielleicht vom Volk der Enak die Rede?

Jeder, der sich etwas mit der Bibel auseinandergesetzt hat, kennt sicherlich den Kampf von König David gegen den Riesen Goliath. Auch Goliaths Größe wird im Alten Testament mit sechs Ellen und einer Spanne angegeben, was nach unserem Metermaß 2,9 Metern entspricht. Der ägyptische Priester und Chronist Manetho berichtet in seiner Chronologie zudem über sogenannte »Abgeschiedene« oder »Halbgötter«, die zwischen 7.100 und 5.000 v. Chr. geherrscht haben sollen. Auch bei Manetho werden die Körpermaße dieser Riesen mit 2,85 Meter angegeben, was dem Wachstum des Goliath nahekommt. Der größte männliche Riese des 20. Jahrhunderts war ein Amerikaner mit Namen Robert Waldow (1918–1940), der eine stattliche Größe von 2,72 Metern erreicht hatte. Die größte Frau indes war die Chinesin Zeng Jin-Lian (1964–1982), die in ihrem 18. Lebensjahr 2,47 Meter maß.

Abb. 79: Die Iy-anaq nannte man auch Sonnenträger.

Somit klingen die Berichte der alten Chronisten in bezug auf ein in der Vorzeit existierendes Riesengeschlecht gar nicht so abwegig, wie es manch ein Archäologe darzustellen versucht. Anscheinend sind die entsprechenden Wachstums-Gene noch immer im menschlichen Körper vorhanden und geraten von Zeit zu Zeit außer Kontrolle. Hinzu kommt, daß, wenn wir die biblischen Berichte untersuchen, sich auch diese Ursprungsquellen in Wirklichkeit aus Ägypten herleiten. Das Wort »Enak« schreibt sich im hebräischen Original nämlich »anáq« und leitet sich aus dem Ägyptischen »Iy-anaq« ab, womit die in der Stadt Tanis beheimateten »Heroen« gemeint waren. Die Attribute der »Iy-anaq« waren Schild, Speer und Streitwagen, die wiederum auf die vorderasiatische Kriegsgöttin »Astarte« zurückreichen und mit Isis gleichzustellen ist.

Hat all das vielleicht ebenfalls einen direkten Zusammenhang mit dem Sirius?

In der ägyptischen Ortschaft Nabta Playa, die etwa 75 Kilometer südwestlich von Abu Simbel liegt, konnte im Mai 1998 von dem Grabungsteam des amerikanischen Anthropologen Professor Fred Wendorf eine Miniaturausgabe von Stonehenge entdeckt werden. Die Reste der ägyptischen Kreisanlage liegen an der Uferlinie eines ehemaligen Süßwassersees, der hier vor 11.000 Jahren existierte. Nach Ansicht des Anthropologen stellt diese Bauanlage den ältesten von unserer Wissenschaft entdeckten steinernen Kalender dar.

Die Anlage besteht aus in einem Kreis aufgestellten 2,5 Tonnen schwere Megalithsäulen und konnte bisher keinem uns bekannten ägyptischen Volk zugeordnet werden. Vier Paare von Steinen, die sich innerhalb des Kreises befinden, liegen näher beieinander, sind deutlich größer und bringen etwa 10 Tonnen auf die Waage. Sie werden »Tore« genannt und haben eine noch nicht restlos aufgeklärte Funktion. Je zwei steinerne Paare auf der gegenüberliegenden Seite des Kreises sind exakt in Nordsüdrichtung und die beiden anderen in 70 Grad Nordost ausgerichtet. Diese Richtung weist auf die Position der Sonne am 21. Juni, auf den Sommeranfang – und damit den Beginn der Regenzeit in dieser Region – hin. Das Besondere an dieser Bauanlage ist nicht nur ihre Ähnlichkeit mit Stonehenge, sondern daß sie aus der Zeit um 10.000 v. Chr. stammt. Auch der Freund von Fred Wendorf, der Archäologe Professor J. McKim Malville von der Universität Colorado sagt zu den bisherigen Untersuchungsergebnissen des Forschungsteams:

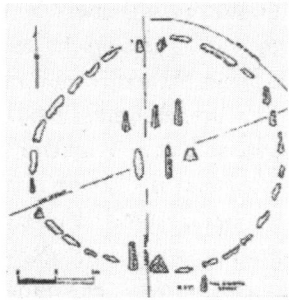

Abb. 80: Miniatur-Stonehenge von Nabta.

»Dies ist die älteste Dokumentation von astronomischer Steinsetzung in der Welt, was uns somit bescheinigt, daß die Baumeister dieser Anlage bereits vor 12.000 Jahren hervorragende Konstrukteure waren, die womöglich für die Entwicklung der ägyptischen Hochkultur verantwortlich sind.«

In der Nähe des Kalenderkreises legten Wendorf und sein Team des weiteren eine Stelle frei, in der wie in den anatolischen Grabungsstätten unzählige Tierknochen und eine zwei Meter hohe Müllansammlung gefunden wurden. Professor Wendorf interpretiert diese Stelle als den Ort, an dem das Neujahrsfest und somit der Beginn der Regenzeit rituell gefeiert wurde. Darüber hinaus wurden während der Grabungssaison 1999 dreißig weitere Megalithen mit einem Gewicht von ebenfalls je 2,5 Tonnen gefunden. Das Besondere hierbei war wiederum, daß einer dieser Steinblöcke bearbeitet und mit Ideogrammen versehen ist. Der Professor vermutet, daß dies die älteste ägyptische Skulptur sein könnte und den Beginn der Ära ägyptischer Steinbearbeitung markiert, was vor-

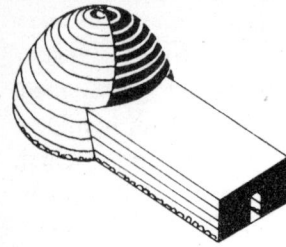

Abb. 81: Diese Art von Häusern entdeckte Professor Fred Wendorf.

aussetzt, daß die damaligen Bewohner hier bereits in einem gut organisierten Gemeinwesen lebten. Dafür sprechen auch die freigelegten 75 ovalen, aus großen Steinen errichtete Häuser, die zudem auf einer geraden Linie gebaut waren.

Professor Wendorf beschreibt die ehemalige Region um Nabta Playa als grasbewachsene, savannenähnliche Ebene mit gegen Trockenheit widerstandsfähigen Bäumen wie Akazien sowie als oasenartige Gegend, die günstige Lebensbedingungen für eine der ersten menschlichen Ansiedlungen überhaupt schuf. Als aber gegen 6.000 v. Chr. die Regenfälle in der Region aufhörten und das Land zur Wüste wurde, verließen die Bewohner nach der Theorie von Professor Fred Wendorf dieses Gebiet und zogen ins nördliche Niltal Unterägyptens. Somit ist auch die Theorie von Professor Malville gar nicht so abwegig, daß wir es hier tatsächlich mit den Begründern der altägyptischen Hochkultur zu tun haben könnten.

Geht die Grundsteinlegung des englischen Stonehenge womöglich ebenso auf diese Urägypter zurück?

Die erste moderne gründliche Untersuchung von Stonehenge wurde vor etwa 30 Jahren durchgeführt. Dabei stellte sich heraus, daß Stonehenge nicht nur einen Kalender, sondern wie vom königlichen Hofarchitekten Inigo Jones berichtet wird, sogar eine Art Planetarium darstellte. Der britische Astronom Professor Gerald Hawkins hatte 1973 seinem Computer insgesamt 7.140 Informationen über die Anlage von Stonehenge übermittelt, weil er wissen wollte, inwieweit die astronomischen Daten, die er aus der Bauanlage ermittelt hatte, auf Zufall beruhen konnten. Nach seiner Datenauswertung stellte sich heraus, daß Stonehenge tatsächlich ausschließlich als Observatorium planetarischer und interstellarer Art benutzt worden sein mußte.

Durch die neuen Ergebnisse von Hawkins, die endlich einen Sinn ergaben, war gleichzeitig ein Gelehrtenstreit vorprogrammiert. Einige Vertreter unserer Lehrmeinung sahen sich veranlaßt, die Computerberechnungen des Professors durch künstliche Kritik zu zerreißen. Trotz der unberechtigten Kritik blieben jedoch insgesamt

47 Sichtungsmöglichkeiten, die eindeutig auf astronomische Bezugs-
punkte hinwiesen.

Der Astronom Mike Saunders stellte fest, daß Stonehenge ein ver-
kleinertes Modell unseres Sonnensystems darstellt. Der Mittelpunkt
mit dem innersten Ring stellt die Sonne dar, umgeben von einem
zweiten Ring, der für Merkur steht. Danach folgen ein dritter für
Venus und ein vierter für unsere Erde. Außerhalb der Kreisanlage
von Stonehenge sind noch weitere übergeordnete Kreise durch Löcher gekennzeichnet. Dieser äußere Ring soll nach Saunders die
Umlaufbahn des Mars kennzeichnen. Des weiteren wird mit dem
Fersenstein (Heelstone) der Jupiter gekennzeichnet.

Wo aber waren Saturn, Uranus, Neptun und Pluto?

Um eine Antwort auf diese Frage zu finden, empfiehlt es sich einen
anderen Zeugen aus Stein heranzuziehen, der sich ebenfalls in Großbritannien befindet. Etwa 50 Kilometer nördlich von Irlands Hauptstadt Dublin liegt die Stadt Drogheda. Die irischen Ureinwohner,
möglicherweise die Kelten, hätten zwischen den alten Pilgerstätten
Knowth und Dowth bereits vor 5.150 Jahren ein grandioses Ganggrab angelegt, das bis heute ein technisches Wunder aus Stein darstellt. Es ist nicht einfach nur eine Gruft, die in Stein eingefaßt wurde, damit möglicherweise Raubtiere nicht an den Leichnam des beerdigten mächtigen Druiden herankommen. Die Anlage von Newgrange ist ein vermessungstechnisches und vor allem ein astronomisches Meisterwerk. Newgrange ist ein künstlich errichteter Hügel, der sich über dem höchsten Punkt des nördlichen Boyne-Ufers
erhebt, und wie Stonehenge zu einem heute noch nicht bestimmbaren Zweck angelegt wurde. Darüber hinaus war Newgrange bereits in einer Zeit entstanden, als es nach archäologischer Auffassung noch keine ägyptische Geschichte gab und als nirgendwo auf
der Erde eine Pyramide stand.

Abb. 82: Ägyptische
Pyramiden.

Die Erforschung des eigentümlichen Bauwerks begann schon im
Jahre 1699, als der damalige Besitzer des Hügels, ein gewisser
Charles Campbell, ein Arbeiterteam anwies, einige der Steine ab-

zutragen in der Hoffnung, auf einen Eingang in das Innere des Hügels zu stoßen. Damals glaubte man nämlich, daß die Bauanlage eine Hinterlassenschaft der Wikinger sei – und einen großen Schatz beherberge. Doch dem Grabungsteam Campbells blieb der Eintritt in diese Anlage verwehrt, so daß es bis ins 20. Jahrhundert dauerte, ehe ein neues Interesse an diesem Bauwerk entflammte. Erst Anfang der 1960er Jahre begannen in Newgrange die ersten gründlichen Grabungs- und Restaurierungsarbeiten unter der Leitung von Professor Michael J. O'Kelly von der Cork Universität.

Er stellte bei seinen Forschungen fest, daß allein für die Errichtung des Steinkreises 97 bis zu 50 Tonnen schwere Megalithsäulen hatten transportiert werden müssen. Der 3,2 Meter lange und 1,3 Meter hohe Eingansblock besteht aus Sandstein und stammt wahrscheinlich aus einem 17 Kilometer entfernten Steinbruch. Doch die

Abb. 83: New Grange

anderen für den Bau verwendeten Steine bestehen aus Granit und geschliffenen Gletschersteinen aus der Eisschmelze der letzten Eiszeit. Das Bearbeitungs- und Transportproblem dieser Monolithen stellt bis heute ein noch nicht gelöstes Rätsel dar!

Viel mehr als das Bearbeitungs- und Transportproblem beeindruckt aber die bei der Errichtung dieser Anlage integrierte astronomische Geometrie, die uns über das Weltverständnis der eigentlichen Bauherrn Aufschluß bietet.

Die mittlere Nische unmittelbar gegenüber dem 18,9 Meter langen Gang besitzt an ihrem Steinbecken ein dreifaches Spiralenmotiv. Drei Nischen gehen zu beiden Seiten in Fortsetzung der Gangrichtung von der sogenannten Grabkammer ab. Jahrelang erzählte man, daß an einem bestimmten Tage des Jahres die Sonne in die Kammer scheine und ihre Strahlen dabei exakt auf dieses dreifache Spiralenmotiv fielen. Selbstverständlich verwarfen die allgemeinen Archäologen das Gerede und brandmarkten die Beobachtungen der Laien als Ausgeburt der Phantasie. Dennoch ließ es sich Professor O'Kelly zur Zeit der Wintersonnenwende am 21. Dezember 1969 nicht nehmen, den Sonnenaufgang in diesem Ganggrab zu erwarten. Folgendes wußte der unbeirrte Archäologe von der Cork Universität

dann über die Beobachtungen der Laien in seinem Buch »Newgrange« zu bestätigen:
»Genau 9.54 Uhr britischer Sommerzeit schob sich der obere Rand
des Sonnenballs über den Rand des vom Grab wahrnehmbaren Ge-
sichtskreises, um 9.58 Uhr drang der erste Strahl direkten Sonnen-
lichtes durch die Öffnung über die Tür, den Gang und über den
Grabkammerboden bis zur Vorderkante des Steinbeckens in der
Endkammer. Als sich der dünne Lichtstreif auf ein 17 Zentimeter
breites Band verbreiterte, das über den Grabkammerboden lief,
wurde das Grabinnere in indirektes Licht getaucht, das eine dramatische Wirkung hervorrief und zahlreiche Einzelheiten der Endkammer wie der Seitenkammern deutlich sichtbar machte. 10.04
Uhr wurde das 17 Zentimeter breite Lichtband wieder schmaler,
und genau 10.15 Uhr fiel kein direktes Sonnenlicht mehr ein ...«

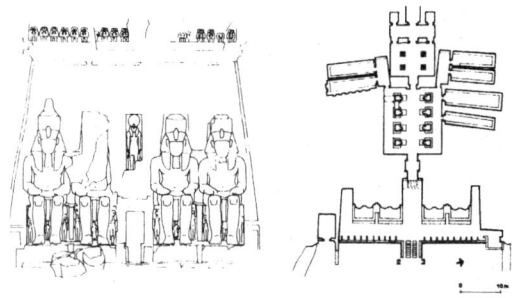

Abb. 84: Auch der Tempel von Abu Simbel ist astronomisch ausgerichtet.

Ein ähnliches Lichtspiel konnte man im selben Jahr im Felsentem-
pel von König Ramses II. in Abu Simbel beobachten, bevor das
Bauwerk nach 1969 etwa 180 Meter landeinwärts und 64 Meter
oberhalb seines ursprünglichen Standortes versetzt wurde. Jedes
Jahr drangen am 20. Februar und am 20. Oktober die Sonnenstrahlen in die 63,50 Meter tiefer liegende Hauptkammer, wo sich drei
Statuen befinden (Amun, Ramses, Ra). Das Lichtspiel war von den
ägyptischen Baumeistern so gut ausgeklügelt worden, daß sich zur
Ankündigung der Erntezeit (Anfang/Ende) die Strahlen der Sonne
durch den 63,50 Meter tiefen Gang brachen und erst Amun, danach Ra, und erst zum Schluß die mittlere Ramses-Skulptur an-
strahlten. Dieser alljährlich zweimal stattfindende Vorgang dauerte
exakt 17 Minuten!

Auch Professor O'Kelly berichtet bei seinem beobachteten kuriosen Lichtspiel von Newgrange über die gleiche Zeitangabe:
»... Beim Sonnenaufgang am kürzesten Tag im Jahr vermag also genau 17 Minuten lang Sonnenlicht in Newgrange einzudringen und dies nicht durch den Eingang, sondern durch die eigens geschaffene schmale Scharte unter dem äußersten Ende der Gangüberdachung.«

Ist der Zeitabschnitt des Lichtspiels von 17 Minuten rein zufällig entstanden?

Der in Bremen lebende Berliner Mathematiker und Schriftsteller Horst Sy hat sich eingehend mit dem Newgrange-Phänomen beschäftigt. Dabei hat er in bezug auf die Zeit der Sonneneinstrahlung von 17 Minuten folgende Berechnung aufgestellt. Für die Entfernung von 298,45 Millionen Kilometer, was ziemlich genau der Hin- und Rückreisedistanz zwischen Erde und Sonne entspricht, benötigt das Licht 995,5 Sekunden. Das entspricht exakt 16,36 Minuten und wirft die brisante Frage über die wahren Kenntnisse unserer steinzeitlichen Vorfahren auf.

Kannte man in grauer Vorzeit bereits die Lichtgeschwindigkeit?

Die beiden irischen Wissenschaftler Tom Ray und Tom O'Brian von der *School of Cosmic Physics*, wiederholten am 21. Dezember 1988 mit modernsten computergesteuerten Geräten das Experiment von Professor O'Kelly. Genau viereinhalb Minuten nach Sonnenaufgang erschien der erste Lichtstrahl in der rechteckigen Aussparung über dem Eingang. Schon nach kurzer Zeit verbreitete sich der Lichtstrahl zu einer 34 Zentimeter breiten Strecke, die jedoch durch einen möglicherweise während der Renovierungsphase leicht geneigten Monolithen abrupt auf 26 Zentimeter eingeengt wurde. Der Lichtstrahl erreichte diesmal auch das dreifache Spiralenmotiv auf der hinteren Grabwand nicht, sondern wurde etwa zwei Meter davor gestoppt. Die etwas verwirrten Wissenschaftler bemühten ihre Computeranlage und kamen zu dem Schlußresultat, daß während der Jahrtausende der sich in östlicher Himmelsrichtung befindliche Eingang von Newgrange durch die Neigungen der Erdachse um einige Millimeter verändert habe. Doch nicht dieser Umstand hatte das Lichtspiel beeinflußt, sondern der leicht in die Schräge gekippte Monolith. So war nach den Untersuchungen von Professor O'Kelly auch mit modernster Technik der Beweis erbracht

worden, daß das Lichtspektakel kein Zufall war! Dieser Umstand
zog den Einwänden unserer Lehrmeinungsvertreter natürlich den
Boden weg!

Wer konstruierte jedoch diese Anlage nach den Regeln der höhe-
ren Geometrie?

Die keltischen Mythen schreiben den Bau dieser steinernen Anlage
der Gottheit Dagda zu. Der Legende zufolge war er der Wächter
des allen Hunger stillenden Kessels, der eventuell mit dem »heiligen Gral« gleichzusetzen ist. Die Beinamen von Dagda lauteten
»Guter Gott« sowie »Herr des großen Wissens«. Der einzige Hinweis für die Identifikation dieser Gestalt läßt sich über eine andere
Gottheit mit dem Namen Danu herstellen, deren Sohn Dagda war.
Die Legende über Danu wiederum ist so alt, daß keine Geschichten über ihn überlebt haben. Die britischen Wissenschaftler John
und Caitlin Matthews schreiben in ihrem Buch »Lexikon der keltischen Mythologie« hingegen:

»Das einzige, was über die Gottheit Danu mit Sicherheit gesagt
werden kann, ist die Gleichstellung mit Anu, dem sumerischen Götteroberhaupt aus Mesopotamien.«

Abb. 85: Sonnen-
strahleinfall

In meinem Buch »Das Sternentor der Pyramiden« habe ich dargelegt, daß die Gottheiten Anu, Uranus und Ptah (Nun) identisch
sind. Somit ließe sich zwischen den Bauwerken von Stonehenge, Newgrange und der
ägyptischen Stonehenge-Miniatur durchaus
eine belegbare Verbindung herstellen.

Gibt es möglicherweise noch einen zwingen-
deren Beweis?

Die Bauanlage von Newgrange enthält tatsächlich einige entscheidende Hinweise auf
ihre Verbindung zum Vorderen Orient.

Der Kreisdurchmesser der Bauanlage beträgt
95 Meter. Das Verhältnis des Durchmessers zu seinem Umfang berechnet sich wiederum mit der irrationalen Ludolphschen Zahl
3,14159265358979323846. Der niederländische Professor Ludolph
van Ceulen hatte sie im Jahre 1596 berechnet, nachdem er die Stadt
Florenz aufgesucht hatte und in unsere heutige Mathematik eingeführt wurde.

Auch die Griechen kannten diese transzendente Zahl und gaben ihr den Namen des 16. Buchstaben ihres griechischen Alphabets mit dem Lautwert »Pi«.

Woher kannten aber die Baumeister von Newgrange Pi?

Aus dem Durchmesser dieser Bauanlage läßt sich sein Umfang mit 298,45 Meter berechnen, was erstaunlicherweise genau 0,0001 Prozent der Entfernung Erde–Sonne–Erde entspricht. Das würde jedoch bedeuten, daß die Bauherren von Newgrange bereits vor 5.150 Jahren nicht nur mit der Lichtgeschwindigkeit umzugehen wußten, sondern auch unseren Meter kannten und ihn in ihren Berechnungen auch verwendeten. Trotzdem ist unsere Lehrmeinung immer noch so orthodox, daß nach ihrer Ansicht alles nur auf einer mathematischen Zufälligkeit beruhen solle. Es gibt allerdings noch mehr sogenannter Zufälle, die unsere Archäologen allmählich verstummen lassen müßten.

In Megalithischen Yards ausgedrückt (1 Megalithisches Yard = 82,90 cm) beträgt der Umfang von Newgrange exakt 360. Dies entspricht wiederum dem 360- Grad-Radius der Ekliptik. Horst Sy hat des weiteren herausgefunden, daß der Umfang von Newgrange mit 298,45 Meter exakt 470 Sakralen Ellen der alten Ägypter entspricht, wenn man die Thot-Elle von 63,50 Zentimetern als Grundlage heranzieht. Im Vergleich zur Ägyptischen Elle mit 52,36 (bzw. 52,5) Zentimetern basiert die Berechnung der Thot-Elle auf dem Tausendstel der Strecke, die sich unsere Erde bei ihrer Umdrehung innerhalb einer Sekunde am Äquator weiterdreht. Die 470 Thot-Ellen entsprechen zu unserem Erstaunen millimetergenau 570 Ägyptischen Ellen. Ist es nur Zufall, daß derart verschiedene Maßeinheiten in einem einzigen 5.150 Jahre alten Bauwerk wiederzufinden sind oder haben wir es

Abb. 86: Astronomische Darstellungen der Dogon. Oben links: die vier Weltgegenden; oben rechts: Amma; unten: Geburt der Erde aus dem Ei als Atom (Keimzelle).

hier mit einer steinzeitlichen Universalsprache zu tun, die weit in die Vergangenheit und die Ursprünge des ersten Zeitalters führt? Die Formeln mit dem Wert Pi sind nicht nur für die Berechnung des Umfangs, des Durchmessers oder des Radius' auf Kreise unbegrenzter Größen anwendbar, sondern werden auch zu astronomischen Zwecken bei der Berechnung der Hemisphären benutzt. Auch in bezug zu unserem Sonnensystem bietet die mysteriöse Bauanlage von Newgrange einige erstaunliche Informationen. Nicht nur der sich durch die Anlage exakt 24 Meter erstreckende Lichtstrahl enthält mit seinem »Wert« eine »Heilige Zahl«, die sich speziell auf den Planeten Erde und auf die Tierkreisbewegung in der Hemisphäre übertragen läßt. Auch die in dem Gang aufgestellten Monolithen weisen eine Besonderheit auf.

Professor Michael J. O'Kelly hatte bereits 1967 an diesen Monolithen eine Besonderheit festgestellt. Vom Eingang bis zum dreifachen Spiralenmotiv haben die Bauherren von Newgrange auf der linken wie auch auf der rechten Seite des Ganges je 30 mit Spiralmotiven ausgestattete Monolithen zu einem bisher unbekannten Zweck aufgestellt.

War in der Anordnung der Monolithen eine astronomische Information enthalten?

In der ägyptischen Mythologie finden wir den Skarabäus-Käfer mit dreißig Zehen, in denen die Ägyptologen die 30 Tage eines Monats erkennen wollen. Doch weil der Skarabäus in seiner Urform auf die ägyptische Gottheit Ptah zurückzuführen ist, ging ich in meinem letzten Buch mit meiner These weiter und stellte die Theorie auf, daß die Anzahl der 30 Zehen des Skarabäus mit dem Sigui-Fest der Dogon und somit nicht mit unserem Erdtrabanten, sondern mit dem Sirius ganz eng verknüpft sei.

Die Umrundungsdauer von Sirius B um Sirius A, den man mit bloßem Auge nicht sehen kann, beträgt 50 Jahre. Darüber hinaus berichten die Dogon über eine weitere, dritte Sirius-Sonne, deren Existenz unsere moderne Wissenschaft ebenso vermutet. Es gelang den Astronomen aber bislang immer noch nicht, den Sirius C aufzuzeichnen. Aus dieser astrophysikalischen Eigenschaft des Sirius-Systems resultierend hat sich im alltäglichen Leben der Dogon eine bestimmte mythologische Tradition verankert. Wenn die Dogon für ein frisch vermähltes Paar ein Haus bauen, so bleibt die schwangere Braut bis zur Geburt des Kindes im Elternhaus. Dann erst wird Hochzeit gehalten und die Feier möglichst auf den Zeitpunkt des heliakischen Aufgangs des Sirius gelegt, wonach Kind und Weib das neue Haus betreten dürfen. Diese Praxis symbolisiert nichts anderes als die immer wiederkehrende Sonnenkonstellation des drei-

190

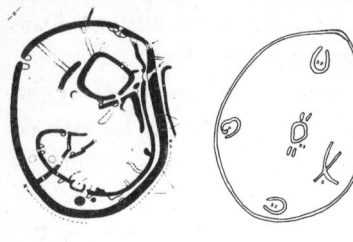

Abb. 87: Die Sirius-Darstellung der Dogon.

fachen Sternsystems im Sirius. Anscheinend war diese alte Erkenntnis über die »Heilige 50« seit undenklichen Zeiten auch innerhalb des Wissensschatzes der Antike vorhanden. Der amerikanische Orientalist Robert Kyle Grenville Temple hat dieses Geheimnis bereits in seinem Buch »Das Sirius-Rätsel« akribisch aufgeklärt.

Dabei sind gerade die alten Ägypter die einzigen unter den antiken Völkern gewesen, welche die Entfernung des Sirius mit 429 Göttlichen Meilen (8,54 Lichtjahre) sogar astronomisch richtig angaben. Das für diese Reisebeschreibung verwendete altägyptische Wort »Jetru-Neter«, das die Ägyptologen wegen der Symbolik mit »Göttliche Meilen« falsch übersetzen, müßte in seiner richtigen wörtlichen Übersetzung »Lichtentfernung« lauten.

Woher kannten unsere Ahnen aber die angewandte Lichtgeschwindigkeit?

Daß aus dem Stamm der Mande herausgespaltene Volk der Dogon, die heute in Mali (Afrika) beheimatet sind, spricht zwar mehrere afrikanische Dialekte, besitzt aber im Gegensatz dazu eine gemeinsame rituelle Sprache. Die Dogon nennen sie »sigi« und bekommen sie bereits im Kindesalter gelehrt. Die Darstellung aller Dinge und Begriffe geschieht mit Symbolen, die jedoch eine vielfältige Ausdrucksweise gestatten. Sie stammen aus ihrer Mythologie und können von Generation zu Generation nur aus dem Gedächtnis mündlich überliefert werden. Diese Symbole wirken bei dem ersten Eindruck wie Kindergekritzel, doch in Wirklichkeit enthalten sie ein verblüffendes astronomisches Wissen von kosmischen Verbindungen, die auf den Decken und auf dem Erdboden dargestellt werden. Beispielsweise sind die Sterne nach Auffassung der Dogon an den Himmel gestreute Blutstropfen, die eine Spirale bilden und gemeinsam mit der Erde um die Weltachse kreisen. Besser kann man die funktionale Beschaffenheit unseres Sonnensystems und selbst die unserer Galaxie nicht beschreiben!

Selbst die Beschaffenheit der »Atome«, die die Dogon »tonu« (»Ur-

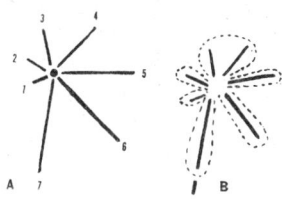

Abb. 88: Atom-Darstellungen bei den Dogon.

keim«) nannten, haben sie in ihren Darstellungen bis heute bewahrt.

Die Dogon führen diese Überlieferungen auf die »nommo« zurück, die nach ihren Vorstellungen außerirdische Besucher waren, welche ihnen während ihres Erdaufenthalts hochwertige astronomische Errungenschaften beigebracht hatten. Auch wenn ich in meinem letzten Buch dargelegt habe, daß die »nommo« mit den »nomoj« der alten Ägypter und deren Priesterschaft zu identifizieren seien, so ist es um so erstaunlicher, daß die Dogon-Darstellungen Ereignisse repräsentieren, die aus den ägyptischen Tempeldarstellungen nicht so deutlich hervorgehen. So berichten die Dogon auch über den Mond »Obya«, der einst die Venus umrundet haben soll und der von den heutigen Astronomen nicht so recht eingeordnet werden kann.

Abb. 89: Venus- und Mond-Darstellung bei den Dogon.

Die erste nachprüfbare Aufzeichnung über einen Mond der Venus stammt aus dem Jahre 1672, als der Astronom Giovanni Domenico Cassini (1625–1712) etwa zehn Minuten lang einen Himmelskörper in der Nähe der Venus zu sehen vermochte. Am 18. August 1686 gelang ihm erneut eine fünfzehnminütige Beobachtung. Cassini berichtet in seinen Aufzeichnungen, daß dieser Mond einen Umfang von rund einem Viertel der Venus habe und über einen Durchmesser von etwa 3.000 Kilometer verfüge. Des weiteren berichtet der Astronom, daß die Entfernung des Mondes zum Planeten drei Fünftel des Venusdurchmessers betrage und die gleichen Phasen wie die Venus selbst gezeigt habe.

Achtundzwanzig Jahre nach Cassinis Tod gelang es am 23. Oktober 1740 erneut, einen »Mond der Venus« zu beobachten. Diesmal war es der britische Astronom John Short, der für seine Sichtung etwa eine Stunde zur Verfügung hatte. Auch er berechnete einen sehr großen Durchmesser von 4.108 Kilometern.

Neunzehn Jahre danach gelang es schließ-

 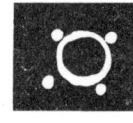

Abb. 90: Dogon-Symbole für Saturn und Jupiter.

lich auch dem deutschen Astronomen Andreas Mayer aus dem brandenburgischen Greifswald, diesen Mond eine halbe Stunde aufzuzeichnen. Nachdem auch Astronomen der französischen *Limoges-Gesellschaft* im Jahre 1761 gleich mehrere Sichtungen des Körpers registrieren konnten, war es dem Dänen Christian Hoorebow im Jahre 1768 als letztem vergönnt, diesen Himmelskörper zu beobachten. Danach verschwand er nämlich für etwa 120 Jahre spurlos und tauchte erst im Jahre 1886 wieder auf. Es war der Astronom Houzear, der ihn nach der ägyptischen Göttin »Neith« taufte. »Neith« zeigte sich daraufhin aber nur noch ein einziges Mal im Jahre 1892, und zwar dem berühmten Astronomen Edward E. Barnard, der den fünften Jupitermond entdeckte. Seither ist »Neith« wieder verschwunden und trotz astronomischer Suchaktionen bis heute nicht wieder aufgetaucht.

Wahrscheinlich handelt es sich dabei um einen fremden Himmelskörper, der möglicherweise im Jahre 2012 wieder in unser Sonnensystem eintreten wird. Der 22. Dezember 2012 ist nach dem Kalender der Maya das Datum, an dem ihr am 11. August 3114 v. Chr. begonnener Kalender (»Geburt der Venus«) zu Ende geht.

Woher sollten die Dogon diesen Himmelskörper aber gekannt haben, wenn sie keine technische Meßinstrumente besaßen?

Die Dogon wußten bereits seit mindestens 1.000 Jahren nicht nur über den Venus-Mond »Neith« Bescheid, sondern auch über die wahre Natur und Beschaffenheit des Sirius-Systems. Als die französische Völkerkundlerin Dr. Germaine Dieterlen und der Anthropologe Marcel Griaule zwischen 1931 und 1946 die Dogon im afrikanischen Mali besuchten, berichteten die Priesterin Innekouzou Dolo, der Priester Manda, der Priester Yébéné sowie der Dorfälteste Ongnou Lou Dolo den staunenden europäischen Wissenschaftlern, daß ihr Volk alle sechzig Jahre ein Welterneuerungsritual feiere, das sie »Sigui-Fest« (Sirius-Fest) nennen. Das Erstaunliche an dieser Feierlichkeit sind der mythologische Hintergrund und das damit verbundene Wissen eines relativ primitiven Buschstammes. Die Dogon wissen eigenartigerweise auch über die Sirus-Begleiter sowie das Planetensystem genau Bescheid, obwohl dieser Stern nicht nur für das menschliche Auge völlig unsichtbar ist, sondern auch mit einfachen Instrumenten nicht entdeckt worden sein kann. Seltsamerweise scheint genau dieses komplizierte Wissen der Dogon und der alten Ägypter auch in der Bauanlage von Newgrange enthalten zu sein.

So sind einige der Monolithen von Newgrange mit Zickzacklinien kombiniert und weisen darüber hinaus tiefere Gravuren auf. Professor O'Kelly hat diese besonders bearbeiteten Steine in seiner Grundrißzeichnung von Newgrange extra hervorgehoben.

Jetzt stellt sich aber seit über dreißig Jahren die Frage, was die Bauherren mit ihrer besonderen Steinbearbeitung kennzeichnen wollten. Nach langen Studien ist es Horst Sy möglicherweise gelungen, eine akzeptable Lösung zu präsentieren:

»In der bisherigen Literatur werden die Steine so gezählt, daß der mit der Nummer 8 bezeichnete Block während der 17 Minuten am Wintersonnenwendetag vom Licht getroffen wird. Diese Numerierung ist freilich völlig willkürlich. Es wäre hingegen weit sinnvoller, diesen Stein mit der Nummer 1 zu belegen und in ihm – dem wirklichen Licht- und Leuchtpunkt in diesem sonst dunklen Inneren des Monuments – die Sonne beziehungsweise den Ort der Sonne markiert zu sehen. Er muß folglich die Nummer 1 tragen, von ihm aus muß gezählt werden. Dann ergibt sich für die besonders verzierten Steine folgende Reihenfolge: 1 Sonne; 5 Merkur; 6 Venus; 7 Erde; 9 Mars; 12 Jupiter; 14 Saturn; 16 Uranus; 18 Neptun; 19 Pluto.«

Demnach haben die unbekannten Bauherren von Newgrange bereits in der Steinzeit die gesamten Planeten in unserem Sonnensystem gekannt und in einer aus Stein geformten Anlage darzustellen gewußt. Dabei wurden der Planet Uranus erst im Jahre 1781 von dem nach England ausgewanderten deutschen Astronomen Friedrich Wilhelm Herschel und unser letzter Planet Pluto sogar erst 1930 von dem damals erst vierundzwanzigjährigen Briten Clyde Tombaugh entdeckt. Erstaunlicherweise sollten die Kenntnisse, die wir erst 1930 über unser Planetensystem in Erfahrung bringen konnten, für die Menschen aus der Steinzeit nichts Neues gewesen sein. Auch wenn unsere Archäologen erneut damit beschäftigt sein dürften, gewisse Einwände hervorzubringen – sie werden dabei mit Sicherheit über ihre eigenen Vorgaben stolpern! Horst Sy hat nämlich in seinen Berechnungen unter Berücksichtigung der auf den Monolithen befindlichen Spiralmotive und Pi ziemlich detailliert und für jedermann nachvollziehbar dargelegt, daß hier unser Son-

nensystem in einer steinernen Bauanlage maßstabsgerecht dargestellt wurde. Und das ist vollkommen unabhängig von den verwendeten Maßeinheiten Elle, Yard, Meter etc. geschehen. Nach dieser
Klarheit stellt er jedoch eine ziemlich brisante Frage an die Vertreter der Lehrmeinung, die er auch gleich selbst beantwortet:
»Wenn hier unser Sonnensystem so genau dargestellt ist, was bedeutet dann der untere auf der Planskizze abgebildete Teil? Möglicherweise ist die Anwort diese: Wir haben es mit der Darstellung
eines weiteren Sonnensystems zu tun, eines, das dreizehn Planeten
besitzt. Wenn dem so sein sollte, dann ist mit Sicherheit auch ein
Hinweis auf die Position dieses Systems in Newgrange versteckt!«
Es existieren in Newgrange tatsächlich zwei architektonische Besonderheiten, die nach meinen Untersuchungen in engem Zusammenhang mit den Sonnensystemen Aldebaran und Sirius stehen und
somit das zweite Planetensystem dort vermuten lassen.
Interessant ist bereits die äußere Form der Anlage von Newgrange:
Vermutlich wurde sie von den Bauherren so angelegt, daß der oval
verlaufene Kreisumfang die Positionen der Himmelskörper des Sirius darstellt. Anscheinend wußten sie wie die Dogon, daß dieses
Umkreisen nicht der üblichen Bahn eines Planeten um eine zentrale Sonne entspricht, sondern daß Sirius A und Sirius B eine ellipti-
sche Bahn um einen gemeinsamen Schwerpunkt bestreiten. Erst
wenn man diese Bauanlage aus der Vogelperspektive betrachtet, bestätigen sich die Umlaufbahndaten des Sirius. Der äußere Rand
kennzeichnet dabei Sirius B und die Innenposition der Öffnung
Sirius A. Sollte Horst Sy mit seiner Theorie richtig liegen, so könnten die 13 Monolithen die 13 Planeten des Sirius, von denen nach
Ansicht der Dogon drei bewohnt seien, darstellen.
Das andere architektonische Merkmal befindet sich in der Mitte
der Bauanlage, von wo aus man das »Auge des Stieres« im Sonnensystem der ägyptischen Gottheit Ra, Aldebaran, beobachten konnte.
Der rote Riesenstern Aldebaran, der sich 68 Lichtjahre entfernt im
Sternbild des Stieres (Taurus) befindet, wurde von den alten Ägyptern ebenso wie von den Kelten das »Auge des Bullen« genannt. Im
Arabischen bedeutet »Al-Dabaran« »er, der Verfolger der folgenden« im Sinne, daß er den Plejaden folgt. Die Kelten sahen gerade
in diesem Stern ihren Ort in der Zukunft und porträtierten den
Aldebaran als ihr neues Territorium. Innerhalb der frühgeschicht-

195

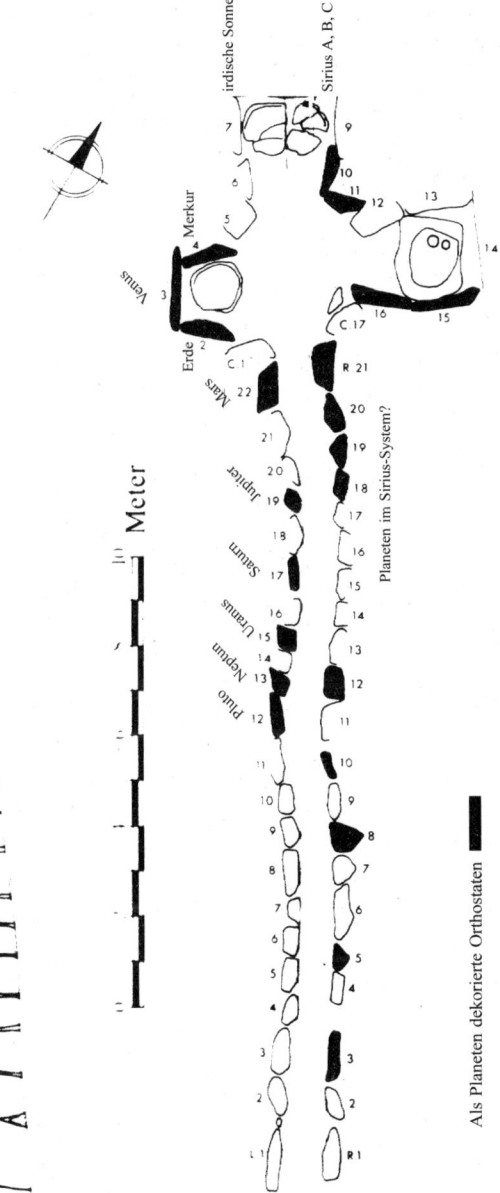

Abb. 91: Newgrange-Skizze: Die Position der Sirius-Umläufe.

Als Planeten dekorierte Orthostaten

lichen Mythologie der Kelten glaubte man, daß eine »bevorstehen-
de Wanderung« ihrer Priestergelehrten im Aldebaran enden werde.
*Könnte auch hier eine alte Erinnerung an die Konstrukteure von
Newgrange bewahrt sein?*

Auf der kleinen Insel Gavrinis in der französischen Bretagne existiert ein Dolmen (Hünengrab), obgleich darin noch nie ein Toter
entdeckt werden konnte. Die Bauanlage auf Gavrinis wurde aus
52 Monolithen errichtet und mit Tonnen von kleinen Steinen, Sand
und Humus abgedeckt. Wahrscheinlich wurde auch hier ein kalen-
derartiges System errichtet, indem die Zahl 52 so angebracht wurde, wie sie den 52 Wochen unseres Sonnenkalenders entspricht. Erst
1832 war die künstliche Erbauung dieses Hügels aufgefallen, obwohl die Bauern die Bauanlage seit Generationen kannten und ihren Vorfahren zusprachen.

Vor wenigen Jahren erst gelang es dem französischen Gelehrten
Gwenc'hlan le Scouèzec, der Bauanlage mathematische Informationen zu entlocken. Dem Gelehrten war aufgefallen, daß die 52 ver-
bauten Monolithen zum Teil mit merkwürdigen Gravuren versehen waren. Le Scouèzec fing an, die Steinsäulen von rechts nach
links zu numerieren. Dabei fiel ihm auf dem 21. Monolithen eine
kuriose Anordnung von »Äxten« auf. Gleichzeitig ergab die Anordnung eine Lesung 3.456 unseres Dezimalsystems. Dividierte man
die Zahl 3.456 durch 21, ergab dies 164,57. Dieses entspricht exakt
dem Kreisumfang der Bauanlage von Gavrinis, die sich heute zum
Teil acht bis zwölf Meter unter dem Meeresspiegel erstreckt.

Auch der Durchmesser dieses Steinkreises mit 52,38 Meter war von
den Bauherren nicht zufällig gewählt worden. Denn am Tag der
Sommersonnenwende liegt der südliche Azimut für Gavrinis bei
52 Grad und 38 Minuten. Selbstverständlich wurde bei der Teilung
des Umfangs durch den Durchmesser auch hier mit der Zahl Pi
hantiert. Viele Metrelogen wenden natürlich ein und sagen, daß die
Erbauer von Gavrinis niemals mit dem Meter gerechnet hätten.
Doch auch bei anderen Maßeinheiten müssen wir berücksichtigen,
daß das Verhältnis in jedem Fall gleich bleibt, egal ob mit Zoll, Meter oder sonst was gerechnet wird. Und wenn auch viele immer
noch von Zufälligkeiten sprechen, ist es nun einmal eine Tatsache,
daß 52,38 Meter fast 100 ägyptischen Königs-Ellen entsprechen.
Hatten womöglich die Pharaonen auch hier ihre Finger im Spiel?

Abb. 92: Altägyptische Zahlen in europäischen Megalithbauwerken.

Es existieren an dem Bauwerk tatsächlich Symbole und Zeichen, die aus Ägypten stammen. Es tauchen mehrfach die ägyptischen Zahlzeichen für 10, 20, 30 und 100 auf. Darüber hinaus lassen sich auf dem Monolithen von Gavrinis auch babylonische Zahlen in Keilschrift lesen. Wiederholt taucht die Zahlenanordnung 3, 4, 5, 6 auf, woraus wir in jedem Fall auf eine Verbindung zum Vorderen Orient und nach Ägypten schließen können.

Oder sind das die letzten Spuren von Atlantis?

Auch unzählige steinerne Pyramidenanlagen, die sich um die ganze Erdkugel spannen, scheinen bei ihrer Bauplanung stets in Verbindung mit Sternenbeobachtungen ausgerichtet worden zu sein. Darunter sind die ägyptischen Pyramiden, die Pyramiden Süd- und Mittelamerikas sowie weitere geheimnisvolle Pyramidenkulturen aus China, den Kanarischen Inseln und aus dem sibirischen Altai-Gebirge.

Etwa sieben Kilometer südöstlich der japanischen Insel Jonaguni befindet sich fünf Meter unter dem Meeresspiegel eine 27 Meter hohe und 150 x 200 Meter Fläche umfassende rechteckige Pyramidenanlage, die von einer bislang unbekannten, technisch versierten Frühkultur errichtet worden ist. Der japanische Berufstaucher Kinachiro Aratake konnte dieses Monument am 28. April 1987 bei einem Tauchgang auf der Suche nach Hammerhaien für Touristen bei den Riuki-Inseln von Okinawa (Japan) eher zufällig entdecken. Es war ein sich in alle Richtungen ausdehnendes Plateau, das japanische Meeresgeologen zwischenzeitlich »Iseki Point« (»Ruinenpunkt«) getauft haben. Da die Bauanlage dreieckige und rautenförmige Muster mit verzweigten Stufen und Terrassen aufweist, zogen die Geologen entsprechende Rückschlüsse auf eine künstliche Erbauung der Pyramide.

Des weiteren befindet sich am östlichen Ende des Plateaus eine gradlinige Kanalausbuchtung von 75 Zentimetern Breite und 50 Zentimetern Höhe, die sich auf einer Länge von acht Metern durch einen erhöhten Sockel entlang zieht. Auch ein Weg mit einer glatten Oberfläche auf der westlichen Seite, der um die Struktur führt und zwischen sechs und zwanzig Meter breit ist, spricht für eine künstliche Erbauung des Monuments. Darüber hinaus befinden sich im Mittelpunkt des Pyramidenbau-

Abb. 93: Die derzeit nachweislich älteste Pyramide befindet sich unter dem Meeresspiegel.

werks vier unterschiedlich ausgeformte Terrassen, die alle nach innen gerichtet sind und dann an der westlichen Ecke zusammentreffen, um den 27 Meter steil abfallenden Westrand zu bilden.

Professor Masaaki Kimura, ein renommierter Meeresgeologe im *Departement of Physics and Earth Science* an der Universität Okinawa, hat dieses offensichtlich von Menschen geschaffene Gebilde untersucht. Er beziffert nach seinen im Jahre 1996 abgeschlossenen Studien das Alter der Unterwasserstrukturen auf etwa 10.000 Jahre und das der Umgebung sogar auf 40.000 Jahre:

»Die C-14-Messungen haben gezeigt, daß dieses Gebiet vor ungefähr 40.000 Jahren trockenes Land gewesen ist.«

Derartige Zeitangaben sowie 10.000 Jahre alte Bauanlagen, die von Menschenhand gefertigt wurden, durften natürlich nicht sein! Das von der Lehrmeinung in jahrelanger Arbeit mühsam geformte »Weltbild« war plötzlich gefährdet! So entschloß man sich, dem verrückten Japaner zu Leibe zu rücken, und wer könnte dies besser tun als die peniblen Deutschen. Der Geologe Wolf Wichmann von der Universität Hamburg organisierte im Frühjahr 1999 eine Expedition mit finanzieller Unterstützung des Magazins *Der Spiegel*, um das Weltbild der Gelehrten wieder gerade zu rücken. Und tatsächlich, nach drei Tauchgängen in Jonaguni, schien Wichmann seinem Ziel ganz nahe gekommen zu sein:

»Bei unserer Inspektion an der Meeresformation zeigte sich, daß der ›gigantische Tempel‹ nichts anderes als ein von der Natur geschaffener Sedimentblock aus Sandstein ist. Der Sandstein ist von vertikalen Rissen und horizontalen Klüften durchzogen. Alle 90-Grad-Winkel und Stufen sind an diesen Bruchzonen entstanden. Die oberseitige Plateauformation ist ein ›Schorren‹; solche planen Flächen entstehen, wenn Sedimentgestein direkt an der Brandung liegt. Darüber hinaus besitzen die Plateauebenen Gefälle, wobei keine Wand im rechten Winkel steht. Einige als Treppen bezeichnete Stufenformationen enden im Nichts; andere winden sich wie schiefe Hühnerleitern. Ich und mein Team konnten keine Spuren einer planvollen Planung entdecken.«

Was hatte der Geologe Wichmann dort wohl untersucht?

Denn auch der japanische Ozeanograph Dr. Teruaki Ishii aus Tokio wendet ein und vertritt die Ansicht:

»Es ist sehr unwahrscheinlich, daß wir es hier mit einer Naturformation zu tun haben.«

Professor Kimura geht bei seinen Interpretationen sogar ins Detail, wodurch sich andere Gelehrte wegen seiner Äußerungen bedrängt fühlen:

»Alles spricht für ein altes Heiligtum einer bislang unbekannten ›neuen Kultur‹ mit technischen Fertigkeiten.«

Auch wenn sich einige Kollegen immer noch gegen Kimura stellen, hat der Meeresgeologe für seinen Standpunkt einige eindrucksvolle Belege zusammengetragen:

1) Die Blöcke, die während der Entstehung des Monuments herausgemeißelt wurden, finden sich nicht an den Stellen, an denen sie hinabgefallen sein müßten, wenn lediglich Schwerkraft und natürliche Kräfte auf sie eingewirkt hätten. Statt dessen scheinen sie auf künstliche Weise auf eine Seite geschafft worden zu sein, wo sie einen Zaun bilden, und in einigen Fällen fehlen sie an diesem Ort vollständig.

2) In relativ kleinen, überschaubaren Bereichen des Monuments finden sich völlig unterschiedliche Merkmale in großer Nähe zueinander, zum Beispiel ein erhöhter Rand, zwei Meter tiefe runde Löcher, eine stufenförmige, sauber angewinkelte geometrische Vertiefung und ein schnurgerader, schmaler Graben. Hätten hier nur natürliche Erosionskräfte gewirkt, dann müßte man erwarten, daß sie sich tatsächlich ausgewirkt hätten. Daß sich solche krassen Unterschiede der Topographie direkt nebeneinander feststellen lassen, ist daher ein starkes Indiz zugunsten eines künstlichen Ursprungs des Monuments.

Doch Wolf Wichmann hat auch hier eine Erklärung parat:
»Die kreisrunden Vertiefungen, die von Professor Kimura als Säulenfundamente gedeutet werden, sind nichts als ›Strudellöcher‹. Diese entstehen, wenn sich Wasserströmungen durch Engstellen spülen.«
Was soll man dieser Kombinationsgabe Wichmanns entgegensetzen? Strudellöcher!?
Auf den höher gelegenen Flächen des Gebildes gibt es mehrere Stel-

Abb. 94: Unterwasser-Pyramide.

len, die ziemlich steil nach Süden abfallen. Kimura wies in seiner Arbeit auch hier bereits darauf hin, daß sich auf den nördlichen Erhöhungen dieser Stelle tiefe, gleichmäßige Gräben finden, die von keinem bekannten natürlichen Prozeß gebildet worden sein können.

Des weiteren steigt eine Reihe von Stufen in regelmäßigen Abständen vom Fuß des Monuments an der südlichen Seite auf, und zwar aus 27 Metern Wassertiefe bis zur höchsten Stelle, die nur sechs Meter unter der Meeresoberfläche liegt. Professor Kimura hat überdies in zehn Jahren insgesamt mehrere Wochen mit Tauchgängen verbracht und berichtet von eindeutig künstlichen Strukturen:
»Auf der oberen Terrasse des Monolithen befinden sich wahrscheinlich die Abbildungen zweier Schildkröten. Dies ist insofern interessant, als eine Schildkröte im alten China das Symbol für ewiges Leben war. Dies könnte bedeuten, daß diese Struktur in einem Zusammenhang mit der alten chinesischen Religion steht.«
Auch eine künstlich hinzugesetzte Mauer umfaßt den westlichen Rand des Monuments. Professor Maasaki Kimura sagt:
»Ihr Vorhandensein als Folge natürlicher Prozesse zu erklären ist schwierig, weil sie aus Kalksteinblöcken besteht, die im Gebiet von Jonaguni nicht vorkommen. Was wie ein zeremonieller Weg aussieht, zieht sich um die westliche und südliche Seite des Monuments herum.«
Was nun, Herr Wichmann?
Professor Kimura weist des weiteren darauf hin, daß das Bauwerk

durch ein bewußt entworfenes geodätisches Dreieck mit einem alten Schrein auf dem Gipfel des Festlandes in Beziehung steht:
»An der Südküste der Insel Jonaguni existiert ein anderes architektonisches Bauwerk, das wir ›San'ninu dai‹ nennen. Dieses archäologische Bauwerk wurde an Land errichtet, aber sein tiefergelegener Teil, die Basiskonstruktion, dehnt sich bis ungefähr zwanzig Meter Tiefe unter dem Wasserspiegel aus.«
Auch dieses festungsähnliche Gebilde wurde mit Hilfe der C-14-Methode datiert. Die Ergebnisse lieferten im Grunde ein nüchternes Alter von lediglich 5.000 Jahren. Doch auch 430 Kilometer nordöstlich von Jonaguni, bei den Inseln Kerma und Aguni, wurden zwischenzeitlich weitere Bauanlagen entdeckt, die wie das sagenumwobene Atlantis im Meer versunken sind. Anhand seiner mehrjährigen Untersuchungen zieht Professor Kimura folgenden Schluß:
»Etliche Merkmale dieser Monumente konnten mit den uralten Okinawa-Burgen, die wir Japaner ›Gusuku‹ nennen, in Verbindung gebracht werden. Iseki-Point weist besonders große Ähnlichkeiten mit den Burganlagen von ›Shuri‹ und ›Nakagusuku‹ auf Okinawa auf.«
Auch andere Geologen, die diese Bauanlagen inzwischen untersucht haben, vertreten die Ansicht, daß mit dem Abschmelzen der restlichen Gletscher vor etwa 9.000 Jahren diese Gegend überflutet wurde und die Pyramiden dadurch erst unter die Meeresoberfläche gelangten. Doch die Riukiu-Inseln befinden sich eigentlich auf einer ehemaligen Landbrücke, die vor etwa 500.000 Jahren noch das heutige Taipeh (Taiwan), Nagasaki (Japan) und Schanghai (China) einschloß. Das bedeutet, daß sich die Lage der heutigen Hafenstädte vor 500.000 Jahren landeinwärts befand. Die längste Entfernung zum Meer betrug damals etwa 770 Kilometer. Hinzu kommt, daß auch Geologen, wie der Amerikaner Professor Robert Schoch von der Universität Boston, Untersuchungen an der Anlage anstellten und dabei die Ansicht vertraten, daß ein Ansteigen des Pazifiks innerhalb von 10.000 Jahren auf 25 Meter geologisch nicht möglich wäre, weil gerade der Pazifik die tiefsten Stellen (über 11.000 Meter) auf unserer Erdkugel aufweist. Daher stellt sich die Frage, ob diese neu entdeckten Bauwerke nicht tatsächlich in die Zeit des Neandertalers verlagert werden müßten? Doch vielleicht bringt uns hier etwas anderes weiter: Die Spur des Diskus von Atlantis!

Kapitel 7

DER DISKUS VON ATLANTIS

Als der erst 22jährige Ägyptologe Jurij Knorosow 1945 als sowjetischer Soldat in der deutschen Hauptstadt Berlin aus der brennenden Staatsbibliothek ein Buch mit unbekannten Hieroglyphen retten konnte, das einer Vernichtung der Missionare, die im gelobten Amerika ihr Unwesen trieben, entgangen war, wußte er noch nicht, was für einen Schatz er damals in den Händen hielt. Es handelte sich um lederne Pergamentrollen, die mit Hieroglyphen der Maya vollgeschrieben waren.

Nach siebenjährigen Studien veröffentlichte Knorosow seine Arbeit und die daraus resultierende Theorie: Die Schrift des mesoamerikanischen Volkes der Maya, an der der Ägyptologe gearbeitet hatte, war deswegen so schwer entzifferbar gewesen, weil sie zur einen Hälfte eine Bildzeichenschrift war, wie die chinesische, zur anderen aber eine Lautschrift wie unsere, nur daß nicht Laute, sondern Silben aufgezeichnet wurden. Zudem lag es im Ermessen des Schreibers, das gleiche Wort im selben Text mal in der einen und mal in der anderen Form wiederzugeben. Es dauerte bis in die 1970er Jahre, ehe sich Knorosows anfangs heftig befehdete Theorie unter den sogenannten Experten international durchsetzte.

Im Jahre 1969 veröffentlichten Wissenschaftler der damaligen Sowjetunion auch Arbeitsthesen über die Entstehung des alten Ägypten, wonach »das Land ohne Zeit« in Wahrheit von einem bislang unbekannten hochentwickelten Volk, das vor 12.000 Jahren durch eine kosmische Katastrophe in Mitleidenschaft gezogen war, begründet worden sei. Auch in bezug auf diese Arbeitsthese halten sich die westlichen Wissenschaftler bis heute bedeckt. Dabei sollen die russischen Experten auch astronomische Karten, die auf Papyrus gezeichnet wurden, von einer hohen Genauigkeit gefunden haben. Auf ihnen ist der Verlauf der Gestirne so angeben, wie er in Ägypten um 10.000 v. Chr. vorherrschte! Die russischen Ägyptologen sollen auch mehrere Artefakte ausgegraben haben, die von den Forschern nicht alle gemäß dem Bild der vorherrschenden Lehrmeinung gedeutet werden konnten. Die inzwischen in der heuti-

gen Ukraine lebende Wissenschaftlerin Dr. Oksana Svilkskuy sagte am 7. Januar 1997:
»In den russischen National-Archiven existieren außer einer umfangreichen Papyrussammlung, auch ungewöhnliche Fundstücke, die nicht ins rechte Bild des alten Ägypten passen. Wir fanden 1962 bei Ausgrabungen in Heluan sphärische Kristallinsen von großer Präzision, die möglicherweise an Visiergeräten angebracht waren, die früher ähnlich wie unsere Ferngläser zu Beobachtungszwecken benutzt wurden. [...] 1965 veröffentlichte Dr. Korinkov die Hypothese, daß bei einer derartigen Präzisionsspur als Schleifmittel nur Ceriumoxid verwendet worden sein müsse, was allerdings nur elektrisch herzustellen ist. [...] Im September entdeckten zwei unserer Studenten fünf 10 x 40 x 2 Zentimeter große, vergoldete Metallplatten, die zu 80 Prozent aus einer Art Aluminiumlegierung bestanden und sich heute immer noch in Rußland befinden. Das sonderbare war, daß nichts darauf auf einen ägyptischen Ursprung schließen ließ ...«
Wie wir bereits in den Kapiteln 4 und 5 gesehen haben, ist das Auftreten der erwähnten Linsen auch von amerikanischen sowie britischen Archäologen nicht nur in Ägypten, sondern auch im Irak, der Türkei und in Europa bestätigt worden.

Was war jedoch mit den Metallplatten?
Der britische Forschungsreisende R. W. H. Vyse war einst Oberst und Gardeoffizier in der englischen Armee und kam 1835 erstmals nach Ägypten. Wie bei vielen seiner Zeitgenossen war auch sein Interesse an der altägyptischen Geschichte stark religiös geprägt. 1836 begegnete er Giovanni Battista Caviglia (1770–1845) in Alexandria und begann mit ihm noch im selben Jahr in Giseh zu graben. Nach einem Streit trennten sich die beiden Forscher 1837, wonach Vyse mit dem englischen Ingenieur John S. Perring sich zusammentat, um die ägyptischen Pyramiden zu erforschen. Mit der Unterstützung des Brückenbauers Richard James Hill wurde den ägyptischen Pyramiden mit Schießpulver zu Leibe gerückt. Vyse hatte keinerlei Bedenken, Teile der Pyramiden abzutragen, mit Bohrstangen nach verborgenen Kammern zu fahnden und Hindernisse einfach wegzusprengen. Es war R. W. H. Vyse, der die Granitblöcke, die den unteren Eingang zur Chephren-Pyramide versperrten, einfach in die Luft jagte. Giovanni Battista Belzoni (1778–1823),

der die Pyramide zwanzig Jahre zuvor von oben her betreten hatte, äußerte seinerzeit lediglich die Vermutung, daß es möglicherweise einen tieferliegenden Eingang geben könne. Es verwundert auch nicht, daß Vyse am 26. Mai 1837 ein Loch in die Südseite der Großen Pyramide sprengen ließ, nur um das Austrittsloch des aus der Königskammer verlaufenden Südschachts zu ermitteln. Dieses Unternehmen blieb jedoch bis auf die Entdeckung einer Metallplatte erfolglos. Obwohl inzwischen der Beweis erbracht ist, daß R. W. H. Vyse die Kartuschen in den Entlastungskammern, die eine angebliche Aussage über den wahren Bauherrn des Bauwerks enthalten, von dem englischen Zeichner und Grafiker Edward Andrews heimlich anbringen ließ, verfällt die heutige Ägyptologie immer noch diesem Weltbetrug. Bei der von Vyse entdeckten Metallplatte spricht man indes von Fälschung.

Abb. 95: Die Metallplatte.

Kann es sich bei der Metallplatte um ein ähnliches Exemplar handeln, wie es die russischen Ägyptologen 1962 entdeckten?
Die Wissenschaftler Dr. Michael Peter Jones vom *Imperial College* in London und Dr. Sayed el-Gayer von der Universität Suez (Zeus?) führten 1989 eine genaue optische und chemische Analyse an dem Metallstück des Cheops durch, die folgendes Ergebnis brachte: Die anfängliche Theorie, daß das Metall von einem Meteoriten stammen könnte, bestätigte sich nicht. Denn als die Forscher den Nickelgehalt in dem Eisenstück untersuchten, kamen sie bei ihren Ergebnissen auf keine sieben Prozent, was Meteoriteneisen in aller Regel enthält. Sie gelangten jedoch zu dem Schluß, daß das Eisen bei Temperaturen zwischen 1.000 bis 1.100 Grad geschmolzen worden sein muß, um handwerklich bearbeitet werden zu können. Des weiteren machten die Forscher darauf aufmerksam, daß die untere Seite des Gegenstandes Spuren von Gold aufweist, was auf eine künstliche Bearbeitung schließen läßt.
In ihrem Abschlußbericht gelangten die Metallurgen zu dem Ergebnis, daß das von Vyse, Perring und Hill entdeckte Stück Metall aus einer sehr frühen Epoche stammen mußte und sogar bis in die sogenannte Gründerzeit des alten Ägypten zurückgehen könnte.

Das wiederum war nicht die Antwort, die das Britische Museum in London erwartet hatte, so daß das lange Stück Metall wieder in der Schublade landete.

Hat das aber noch etwas mit Wissenschaft zu tun?

Bereits 1881 hatte sich auch W. M. Flinders Petrie des Eisenblechs angenommen und dieses untersucht. Auch Petrie gelangte zu der Überzeugung, daß sich an dem Metallstück nichts befindet, was für eine Fälschung des Gegenstandes spricht. Er machte sogar darauf aufmerksam, daß die ausgebildete Rostschicht von Nummulitenkalkstein überzogen ist, was nur durch Jahrhunderte langes Nebeneinanderliegen im Mauerwerk hervorgerufen worden sein kann.

Warum akzeptiert die Lehrmeinung aber derartige Schlußfolgerungen nicht?

Gerade W. M. F. Petrie vertrat überdies die Ansicht, daß die überragende Kunstfertigkeit, der man in der frühen Periode innerhalb der ägyptischen Architektur begegnet, nicht so sehr auf einer weitverbreiteten handwerklichen Schulung und Überlieferung beruhe, sondern vielmehr der Leistung einiger hervorragender Könner zu verdanken sei. Im Hinblick auf die erstaunliche Konstruktion der Großen Pyramide bemerkt Petrie:

»Sie war das Werk einer einzigen hochbegabten Person.«

Ob es wirklich ein Mann gewesen ist, der dieses Bauwerk planerisch errichtete, sei vorerst dahingestellt. Petrie scheint sich ziemlich sicher gewesen zu sein, daß es nicht unbedingt Ägypter waren, die dieses Bauwerk vollbrachten. Auch der Theosoph Basil Steward äußert sich in seinem Buch »Das Geheimnis der Großen Pyramide« ähnlich:

»Die Annahme, die Ägypter hätten diese Pyramide erbaut, weil sie eben in Ägypten steht, ist nicht minder fragwürdig als eine Behauptung der Art, daß die Ägypter den Assuan-Staudamm errichteten, weil er sich in ihrem Lande befindet.«

Nach der Überprüfung aller archäologischen Forschungsergebnisse und aller geschichtlichen Überlieferungen vertrat auch Steward die Ansicht, daß »... die Grundlagen für die Größe Ägyptens von einigen Einwanderern gelegt wurden, die friedlich in das Land kamen und die Durchführung großer Bauvorhaben organisierten«. Diese Kolonisten, die Steward »adamitisch« nennt, waren seiner Ansicht nach »Weiße Kulturbringer«, die wissenschaftlich hochge-

206

bildet und vor allem auf dem Gebiet der Mathematik weit fortgeschritten waren. Nach der Errichtung der Großen Pyramide sollen sie das Land wieder verlassen haben, ohne die Ägypter in ihr überlegenes Wissen einzuweihen.

Doch woher kamen diese Kulturbringer?

Der arabische Gelehrte Dhu'l Nun Misri hat vor 500 Jahren die Geschichte vom technisch hochentwickelten »Ar-Hew-Volk« aufgeschrieben, das bereits in der Lage war eine bevorstehende Katastrophe vorherzusehen, und das des weiteren Hochrechnungen darüber erstellen konnte, seine Heimat wegen der durch die Katastrophe verursachte Unwirtschaftlichkeit für 20.000 Jahre nicht mehr aufsuchen zu können.

Abb. 96: Noch im 11. Jahrhundert suchte man die geheimnisvollen Kulturbringer auf einer Insel.

Als die Stammesältesten aber später den Jüngeren davon erzählten, daß sie »… vor 20.000 Jahren mit Schiffen vom Westen kamen …«, bezichtigte man sie der Blasphemie. Die Jüngeren sagten: »… kein Material existiert, das sich nicht mit Wasser vollsaugt, woraus sich Schiffe bauen lassen, die das Wasser trägt …«.

War das eine arabische Erinnerung an Atlantis?

Gerade bei den Entzifferungsversuchen dieser oder ähnlicher alter Texte kommt es häufig vor, daß die mit der Erforschung betrauten Gelehrten nicht in der Lage sind, die eigentlichen Aussagen der Texte für sich sprechen zu lassen. Unsere Philologen verbringen in aller Regel viel Zeit damit, die vorhandenen Textvorlagen akribisch zu durchforsten und dabei den Inhalt so gründlich wie nur möglich auszuwerten. Letztendlich scheinen die sogenannten Experten aber nicht am Inhalt der Überlieferungen, sondern nur an kleingeistigen philologischen Untersuchungen und Debatten interessiert zu sein. Im Laufe dieser Untersuchungen werden die Lücken in den Originaltexten aufgefüllt und einfache Wortüberlieferungen durch komplizierte ersetzt.

Deshalb wimmelt es in philologischen Fachbüchern von Erläuterungen und der heutigen Gesellschaftsanforderung angepaßten Interpretationsversuchen der Gelehrten, die entweder in eckigen Klammern stehen oder in den sogenannten Fußnotenteil verbannt

werden. Der interessierte Leser versinkt bei seinem Studium an diesen Textüberlieferungen im tiefen Morast akademischer Wichtigtuerei! Die unter den Gelehrten vorherrschende Haarspalterei und die Suche nach Schwachstellen und sachlichen Fehlern in der Argumentation tragen in aller Regel wenig zur Erhellung des tatsächlichen Sachverhalts

Abb. 97: Papyrus Atlantis.

bei. Dabei geschieht es allzuoft, daß viel Verwirrung entsteht und man vom eigentlichen Thema der Textinhalte abkommt. Dem Text des »Diskus von Atlantis« ist es nicht anders ergangen!

War Atlantis wirklich nur ein Märchen?

Die Geschichte vom sagenumwobenen Königreich Atlantis erzählt davon, wie sich die Bewohner des alten Athen gegen ein mächtiges Reich zur Wehr gesetzt hatten, das 9.000 Jahre zuvor aus seiner Heimat im Atlantik auszog, um die Städte Europas und Asiens anzugreifen.

Der Streit darüber, ob dieses verlorene Königreich tatsächlich existierte, begann direkt nach Platons Tod im Jahre 347 v. Chr. Sein Schüler Aristoteles glaubte, daß es sich bei dem Bericht des Philosophen und Historikers um eine politische Fabel handelte. Doch bis zur Entdeckung von Amerika im Jahre 1492 blieb das alles relativ unbeachtet. Vierzig Jahre danach behauptete der spanische Historiker Francesko López de Gómara, daß die Westindischen Inseln und der amerikanische Kontinent gut zu Platons Beschreibung eines »Kontinents« jenseits von Atlantis paßten. Bald fand die Theorie, daß Atlantis in der Neuen Welt liege, zahlreiche Anhänger; darunter den Philosophen Francis Bacon, der diese Auffassung bereits 1616 in seinem utopischen Werk »Nova Atlantis« vertrat. Doch je mehr über die Neue Welt bekannt wurde, desto weniger ließ sich diese These, daß Amerika und Atlantis identisch seien, halten. Trotzdem vermutete man die Insel weiterhin im Atlantik. Der deutsche Gelehrte Athanasius Kircher behauptete in seinem 1655 veröffentlichten Buch »Mundus Subterraneus« sogar, daß die Azoren die Berggipfel des versunkenen Inselreiches seien. Andere Gelehrte haben in ihren Theorien die Inseln um Madereia und die Kanarischen Inseln als die Reste von Atlantis behandelt. Doch viele nachfolgende Atlantis-Forscher haben Platons Behauptung, wonach das versunkene Königreich im Atlantik liege, keine Beachtung mehr geschenkt.

Im 17. Jahrhundert vermutete der schwedische Gelehrte Olas Rudbeck Atlantis in seiner skandinavischen Heimat. Und 1762 setzte Frederick Baer die Atlantischen Königreiche mit den zwölf Stämmen Israels gleich und den Atlantik mit dem Roten Meer. Ebenfalls im 18. Jahrhundert folgte die Theorie des französischen Astronomen Jean Bailly, wonach Atlantis auf dem Meeresgrund des nördlichen Polarkreises vor Spitzbergen ruhe. Der bekannteste Befürworter der These, wonach Atlantis doch im Atlantik liege, war dann der amerikanische Schriftsteller Ignatius Donnelly (1831–1901), der 1882 das Buch »Atlantis – Die vorsintflutliche Welt« veröffentlichte. Wie bereits Kircher, so behauptete auch Donnelly, die Azoren seien die Reste des verschwundenen Kontinents.

Abb. 98: Das berühmteste Buch über Atlantis.

Im Februar 1909 erschien in der Londoner *Times* ein Artikel mit einer völlig neuen Theorie unter der Überschrift »Der versunkene Kontinent«. Ein Archäologe, der anonym bleiben wollte, behauptete darin, daß die griechische Insel Kreta das Atlantis von Platon sei. *Wie abwegig war aber diese neue Theorie, und was steckte dahinter?* Die Archäologen und Philologen, die Griechenland als den Ort der Geburt der westlichen Zivilisation betrachten, sind ständig damit beschäftigt, uns über die klassischen Göttergestalten Griechenlands zu belehren. Dabei waren bereits unter der byzantinischen Herrschaft Griechenland und seine ruhmreiche Vergangenheit völlig in Vergessenheit geraten. Daher registrierten einige Jahrhunderte lang Historiker und andere Gelehrte des Westens kaum etwas von den Geschehnissen im einst berühmtesten Land der Welt.

Der italienische Kaufmann Ciriaco de'Pizzicolli (Cyriacus von Ancona) war der erste bekannte Europäer, der während der ersten Hälfte des 15. Jahrhunderts, noch 70 Jahre vor den Seefahrten des Kolumbus, wieder ein echtes wissenschaftliches Interesse für griechische Archäologie zeigte. Cyriacus stützte sich bei seinen 30 Jahre andauernden Recherchen hauptsächlich auf Strabons Werk »Geographica« und entdeckte erstaunliche Monumente der Antike, die im Verlauf der Zeit zerstört worden waren. So sind vielfach Zeichnungen und mitgebrachte Schriften des reiselustigen Autodidakten die einzigen vorhandenen Quellen, um sich eine Vorstellung von den alten Bauwerken machen zu können.

Nachdem Cyriacus 1452 verstorben war, fiel einige Monate später Konstantinopel und damit Griechenland in die Hände der ottomanischen Türken (1453). Die Folge dieser Belagerung war, daß in Europa lange Zeit nur unzutreffende Vorstellungen über die griechische Antike verbreitet wurden, die immer noch einen Bestandteil der heutigen Lehrmeinung bilden.

Wo liest man beispielsweise etwas über eine griechische Götterwelt, die bereits vor den Göttern des Olymp herrschte?

Kurioserweise bleibt der Allgemeinheit im normalen Schulunterricht verborgen, daß mindestens seit 9.000 v. Chr im alten Griechenland vor der uns bekannten klassischen eine schon seit langem wieder vergessene Götterwelt existierte. Diese unbekannte Götterwelt wurde vorwiegend von weiblichen Gestalten beherrscht. Ihre Priesterinnen waren die natürlichen Mittler zwischen dem menschlichen und dem göttlichen Element. In diesen Göttergestalten wurde zwar ein allgemeines Vorgehen sichtbar, doch trotz ihrer allgemeinen

Abb. 99: Vergessene Götter der Griechen.

Geltung trugen sie nur lokale Namen wie »Göttin«, »das Mädchen« oder einfach »die Mutter«. Diese Göttergestalten waren Herrinnen des Himmels und der Gottheiten der Unterwelt, denen sich erst in späterer Zeit eine männliche Gottheit zugesellte, deren Symbol der Stier war.

Es existieren auch Siegel, auf denen bewaffnete Göttinnen mit Speer und Bogen als wilde Jägerinnen oder Kämpferinnen abgebildet sind. Daneben findet man bildliche Darstellungen einer Blumen haltenden friedfertigen Göttin sowie einer Göttin mit einem Fruchtbaumstrauch. Allerdings gibt es bisher weder eine dazu passende Mythologie noch Artefakte mit eingravierten oder auf ähnliche Weise erhaltenen Namen, aus denen sich diese Gestalten identifizieren und somit historisch einordnen lassen.

Wie läßt sich das aber aufklären?

Bisher nahm man an, daß die Schriften »Timaios« und »Kritias« von Platon die einzigen Quellen der Atlantis-Sage wären. Der aus Athen stammende Gelehrte Solon (640–560 v. Chr.) ist derjenige, der im 6. Jahrhundert v. Chr. die Geschichte über Atlantis nach Griechenland mitgebracht hatte. Die ägyptischen Priester Sonki aus Saïs und sein Priesterkollege Psenophis aus Heliopolis hatten Solon über dieses 9.000 Jahre alte Zeitgeschehen mündlich berichtet. Die zeitgenössischen Ägyptologen konnten allerdings eine derartige Quelle innerhalb der unzähligen ägyptischen Überlieferungen auf Papyrus nicht ausfindig machen und verbannten diese daher ins Land der orientalischen Geschichten aus Tausendundeinernacht. Jedoch existiert in der Eremitage von Leningrad (St. Petersburg) der ägyptische *Papyrus 1115*, der vor etwa 4.000 Jahren in hieratischer Schrift abgefaßt wurde und exakt das gleiche Motiv der Atlantis-Legende beinhaltet. Die Geschichte beginnt mit einer Expedition ins »Land der Westlichen«, die vom Pharao ausgesandt wurde. Einige Matrosen kommen dabei auf hoher See in ein Unwetter und der Kapitän erzählt, wie sie dabei zufällig den »Kontinent der Seligen«, »Amenti«, entdecken:

»Ich war zu den Minen des Königs ausgezogen und war in See gestochen in einem Schiff. Es hatte 120 Ellen Länge und 40 Ellen Breite, 120 der weisesten Matrosen waren an Bord von der oberen Elite Ägyptens. Sie beobachteten den Himmel, sie beobachteten das Land, und ihr Herz war unerschrockener als das von Löwen. Da kündeten sie einen Sturm an, noch ehe er aufgekommen war, und ein Unwetter, ehe es losgebrochen war.«

Wie der Text berichtet, waren unter der Schiffsbesatzung auch Wissenschaftler (Weise), die bereits über moderne Navigationsmethoden informiert waren und die es verstanden, Unwetter schon lange vor ihrem Entstehen vorherzusagen. Der später auftretende Sturm war allerdings derart stark, daß die Besatzung samt den Gelehrten in arge Bedrängnis geriet. Es folgte ein harter Kampf gegen die

Naturgewalten und letztendlich verlangten die Tiefen des Meeres ihre Opfer:

»Als wir noch segelten, verdoppelte sich der Wind und peitschte eine Woge hoch von acht Ellen.«

Daraufhin zerbrach das Schiff in mehrere Einzelteile und die Besatzung kämpfte ums Überleben. Durch ein angespültes Stück Holz gelang es dem Kapitän sich schließlich zu retten, doch das Schiff ging unter und zog die gesamte Besatzung in die Tiefe. Der Kapitän:

»Keiner der Besatzung blieb übrig, einzig ich ward von einer Meereswelle auf eine Insel geworfen.«

Nachdem sich der Kapitän von der Katastrophe drei Tage erholt hatte, machte er sich auf den Weg, um Nahrung zu beschaffen. Wie er berichtet, herrschten auf der Insel paradiesische Zustände und alles existierte in Überfluß:

»Ich aß mich satt und warf noch weg, weil ich zuviel in meinen Armen hatte.«

Doch plötzlich schreckte er auf und die paradiesische Idylle wurde durch ein großes Fahrzeug, das in seine Richtung fuhr, gestört:

»Da hörte ich ein Donnergeräusch und dachte: ›Es ist eine Woge des Meeres‹.«

Bei genauerer Betrachtung stellte der Überlebende jedoch fest, daß er eine Begegnung mit dem Unbekannten hatte. Das Gefährt schien sich dem ägyptischen Kapitän wie eine Planierraupe zu nähern:

»Bäume krachten, der Erdboden bebte. Ich enthüllte mein Gesicht und erkannte es: ›Es war ein Träger der Lebenszeit, eine schlangenförmige Gottheit, die heran kam.‹ Er maß 30 Ellen, sein Bart, er war mehr als zwei Ellen lang. Sein Leib war mit Gold überzogen, seine Augenbrauen aus echtem Lapislazuli …«

Anscheinend war dieses über 15 Meter große Fahrzeug, dessen Fahrer sofort als eine Gottheit identifiziert wurde, ein technisches Vehikel, mit dem man zu Land und zu Wasser reisen konnte. Derartige Amphibienfahrzeuge kennen wir auch aus den babylonischen Schriften, die dort »Oanes« genannt werden. Es waren die Fahrzeuge der Kulturbringer, die nach den Überlieferungen des Beressos am Tage die Menschheit in der Zivilisation unterrichteten und bei Sonnenuntergang wieder im Meer verschwanden. Wie der Babylonier berichtet, existierte nicht nur ein einzelnes dieser Fahr-

zeuge, sondern es gab mehrere, die ge-
sichtet wurden. Im Tempel von Belos
sollen diese Fahrzeuge noch zu Zeiten des Priesters Beressos abgebildet
gewesen sein. Aber auch der Sethos-
Tempel von Abydos hat uns die ägyptische Variante dieser Amphibienfahrzeuge bis heute bewahrt.

Abb. 100: Kuriose
Hieroglyphen in Abydos.

Obwohl die heutigen Ägyptologen
von derartigen Techniken nichts wissen möchten und diese Überlieferun-
gen gerne als Märchen klassifizieren, wird im weiteren Verlauf der
Überlieferung recht deutlich, wie eine menschenähnliche Gestalt
aus dem Inneren des Fahrzeugs ausstieg, nachdem sie eine hydrau-
lische Tür betätigt hatte:

»Er öffnete seinen Mund zu mir hin, während ich vor ihm auf dem
Bauch lag. Eine Stimme sprach zu mir: ›Wer hat dich gebracht, wer
hat dich Bürschlein hierher gebracht? Wenn du zögerst, mir den zu
nennen, der dich hierher gebracht hat, werde ich machen, daß du
dich als Asche wiederfindest, geworden zu etwas, das man nicht
sehen kann.‹«

*Womit sollte man einen Menschen aber in Asche verwandeln kön-
nen?*

Die biblische Gottheit Jahwe konnte es! Im 3. Buch Mose 9,24 benutzte Jahwe dafür eigens ein »Feuerstrahlgewehr«, als er die Söhne von Aaron umbrachte, worauf sich alle anderen Hebräer zu Boden warfen. Auch der Ägypter wurde von dem Überwesen einge-
schüchtert und erzählte darauf seine Leidensgeschichte von der Katastrophe seines Schiffes. Nach dem klärenden Gespräch beruhigte
sich die Gottheit und ließ den Menschen in sein Fahrzeug eintreten:

»Da nahm er mich ins Maul und schleppte mich zu seinem Wohn-
platz. Er legte mich dort ab, unversehrt, ich war heil, nichts von
mir war abgebissen.«

Später, nachdem der ägyptische Seefahrer mit der mysteriösen Gestalt zu seiner Festung gefahren war, fing die Gottheit einen weiteren Dialog mit dem menschlichen Eindringling an:

»Fürchte dich nicht, Bürschlein – sieh, es war ein Gott, der dich zu diesem Eiland der Paradiesfülle gebracht hat, und dich am Leben ließ.«

Dann erzählte die Gestalt dem Ägypter die Geschichte der Insel und begrenzte gleichzeitig dessen Aufenthalt auf dem Eiland auf vier Monate:

»Es gibt nichts, was es auf ihm nicht gäbe, es ist voll von allen guten Dingen. Nun, du wirst Monat auf Monat verbringen, bis du vier Monate auf dieser Insel zugebracht hast.«

Die Gottheit erzählte dem gestrandeten Seemann auch seine eigene Geschichte, die doch sehr an die Atlantis-Geschichte des Platon und seine letzten erhaltenen Gebiete erinnert:

»Ich war auf ihr mit meiner Sippe, darunter waren Kinder; alle zusammen waren wir 75 Schlangen, meine Kinder und meine Sippe. Nicht erwähne ich dir eine kleine Tochter, die mir auf ein Gebet hin geschenkt worden war. – Da fiel ein Stern vom Himmel und sie alle gingen durch ihn in Flammen auf! Es traf sich aber, daß ich nicht unter den Verbrannten war, denn ich war gerade nicht bei ihnen. Doch ich war wie gestorben um ihretwillen, als ich sie als einen einzigen Leichenhaufen fand.«

Die Bewohner dieser paradiesischen Insel wurden demnach wie die Atlanter durch eine kosmische Katastrophe heimgesucht.

Diese Inselbewohner trugen als Zeichen der Identifikation ihres Königtums das Schlangensymbol. Der hier verwendete Begriff »Schlange« bezieht sich in Wirklichkeit auf das »Schlangenwappen«, durch das diese Herrscher identifiziert werden konnten. Bei dem Dialogpartner des ägyptischen Seemanns handelte es sich offensichtlich um die Gottheit »Sepa«, die von den alten Ägyptern unter anderem auch »der Fische zu Fall bringt« genannt wird. Auch die »Nommo« der afrikanischen Dogon, die nach ihrer eigenen Mythologie vom Siriussystem und aus dem stellaren Weltall kamen, wurden immer als Fischwesen charakterisiert.

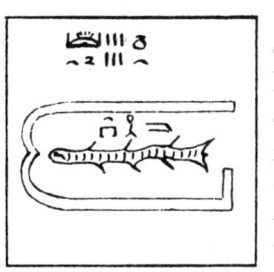

Abb. 101: Die Gottheit Sepa.

Besteht hier ein möglicher Zusammenhang?

Während der Regierungszeit von Pharao Thutmosis III. treten häufig Kunstgegenstände auf, die aus dem üblichen Handelsaustausch der Ägypter stammen. Den Überlieferungen zufolge kamen die Handelsstücke von einer Insel, die von den alten Ägyptern »Kefti« genannt wird. Lage und Art der Insel waren unter den Archäologen lange Zeit unklar, bis man anfing, altgriechische Schriften zu untersuchen. In der Odyssee des griechischen Dichters Homer heißt es dazu:

»Weit draußen, im tiefblauen Meer, liegt das Land Kreta, ein reiches und schönes Land, das auf allen Seiten von Wellen umspült und dicht bevölkert ist.«

Wie der Text mit der Bezeichnung »Land« zu erkennen gibt, war hier von einer eigenständigen Kulturform die Rede. Demzufolge ist das ägyptische »Kefti« mit der Mittelmeerinsel Kreta zu identifizieren, die mit den Ägyptern nachweislich seit der 5. Dynastie Handelsbeziehungen unterhielt. Der Archäologe Dr. Hans Georg Niemeyer vertritt die Ansicht, daß diese Handelsbeziehungen während der Zeit der 12. Dynastie eine Hochblüte erreicht hatten:

»Wir besitzen heute eindeutige Beweise für die Kontakte, welche die Kreter mit den Ägyptern unterhielten. Die Kontakte gehen auf das Zeitalter des mesopotamischen Herrschers Hammurabi zurück. Aus dieser Epoche stammt ein Siegelzylinder, der in einem Grab mit drei ägyptischen Skarabäen aus der 12. Dynastie gefunden wurde.«

Auch wenn die heimische Kunst der Ägypter nach Ansicht heutiger Gelehrter in jüngerer Zeit durch die kretische mitbeeinflußt worden sein soll, berichten die ägyptischen Inschriften deutlich anderes: »alle Inseln des Nordmeerraums« sollen dem Pharao Untertan gewesen sein und unter der Vorherrschaft der Pharaonen gestanden haben.

Ist es dann nicht wahrscheinlicher, daß die Kultur der Kreter aus Ägypten stammte?

Seltsamerweise hat während dieser Zeit im gesamten Mittelmeerraum die Thematik »Mensch und Stier« eine lange Tradition, deren Ursprung und Anfang nach wie vor unter dem dunklen Schleier unserer Vergangenheit liegt. Zeitgenössische Forscher vertreten die Ansicht, daß unsere Ahnen in dem Stier das Sinnbild der »männlichen Kraft« (Potenz) sahen und deshalb sich stets herausgefordert fühlten, diese animalische Kraft des Stieres zu bezwingen.

Seit den Grabungen des *Österreichischen Archäologischen Instituts* im ägyptischen Ostdelta steht fest, daß die modernen Orte Tell el-Dab'a und Qantir die Kulturschichten der Hyksos-Residenz Ava-ris und eine ehemalige Ramses-Stadt (»Per-Ramses«) bergen. Wäh-rend die Grabungen der österreichischen Archäologen sich seit den 1960er Jahren auf Tell el-Dab'a sowie auf die in der Nähe gelege-nen modernen Ansiedlungen Ezbeth Helmi und Ezbeth Rushdie konzentrieren, erforschen die Archäologen des Pelizaeus-Museums Hildesheim das nördlich von Tell el-Dab'a gelegene Zentrum der Ramses-Residenz in Qantir. Die bisherigen Funde deuten sogar darauf hin, daß diese Bauten in ihren Ausmaßen die Gebäude der ägyptischen Metropole Theben bei weitem übertroffen haben müs-sen. Eine Sensation brachten schließlich die in Ezbeth Helmi durch-geführten Grabungsarbeiten ans Licht, weil sie zeigten, daß die vor-gefundenen Kulturreste eindeutig dem kretischen Kulturkreis zu-zuordnen sind. Neben Fragmenten, die Akrobaten und Greife zei-gen, wurden vor allem Stiersprungszenarien gefunden.

Die im Delta entdeckten minoischen Wandfresken konnten bisher zwei Perioden zugeordnet werden: zum einen der späten Hyksos-zeit während der Übergangszeit von der 17. zur 18. Dynastie (um 1600 v. Chr.) bis zur Vertreibung der Hyksos durch Pharao Amo-sis I. (1555–1533 v. Chr.), und zum anderen dem Übergang von der 11. zur 12. Dynastie (2060–1991 v. Chr.). Einig sind sich die Wis-senschaftler auch darin, daß die Wandmalereien aus der Hyksos-zeit früher entstanden sein müssen als die vergleichbaren Wandma-lereien aus dem kretischen Knossos. Entsprechend unterschiedlich fällt deshalb die Datierung des Vulkanausbruchs auf der nördlichen Nachbarinsel Kretas, Santorin, aus.

Doch was hatten diese Reliefs in Ägypten zu suchen?
Die Gelehrten bemühen sich zwar um verschiedene Rekonstrukti-onsversuche, die oftmals von einem »eeh!« begleitet werden, doch in Wahrheit wissen sie nicht wirklich, wie sich die gesamten Zu-sammenhänge darstellen lassen. Auch in bezug auf den kretischen Stierkult sagen sie:
»Woher die Verehrung des Stieres nach Kreta kam, wissen wir nicht.«
Der spätere griechische Zeus war ein Himmelsgott, den sich die Festlandsgriechen auf dem Olymp vorstellten, doch existiert auch die Überlieferung eines kretischen Zeus, der dem Dionysos, einem

Abb. 102: Der Stierkult ist ein weltweites Phänomen.

mit dem Stier in Verbindung stehenden Gott, nicht unähnlich ist. Überdies kennen wir die Sage von Agenors Tochter, der Jungfrau Europa, die von einem Gott entführt wurde, den die Experten mit Zeus gleichstellen.

Eines Tages erblickte jener Zeus vom Gipfel des Berges Ida auf Kreta aus die schöne Europa und verliebte sich in sie. In der Gestalt eines weißen Stieres verführte er das Mädchen, entführte es dann auf den Schultern von Tyros nach Kreta, wo ihnen schließlich drei Söhne geboren wurden: Minos, Rhadamanthys und Sarpedon. Minos erblickte das Licht der Welt in einer Grotte auf dem Berg Ida. Hierher kehrte er später zurück, um sich mit seinem Vater Zeus zu beraten und von ihm die weisen und gerechten Gesetze zu erhalten. Minos heiratete Pasiphae. Diese schenkte ihm zwar mehrere Söhne, verliebte sich aber schließlich in einen Stier, der dem Meer entstiegen war. Danach gebar sie den Minotaurus, ein Ungeheuer, das halb Stier und halb Mensch war. Minos befahl daraufhin dem genialen Baumeister Daidalos, ein ausgeklügeltes Labyrinth zu bauen, um darin den Minotaurus einzuschließen.

Ein Zeitzeuge des ersten Jahrhunderts v. Chr., der die letzten bestehenden Teile dieses Bauwerks noch erblicken konnte, war Diodor von Sizilien. Er schrieb allerdings, daß diese nur ein kleiner Abklatsch des ägyptischen Labyrinths gewesen seien.

Kreta gilt aber nicht nur als die Geburtsinsel des Zeus, sondern bildete auch gleichzeitig den Ursprungsort vieler anderer Sagen der Griechen.

Lassen Sie uns aber jetzt den Versuch unternehmen aufzuklären, inwieweit die ursprüngliche Besiedlung der Insel Kreta tatsächlich mit der altägyptischen Kultur verbunden ist.

Waren die im ägyptischen Ostdelta entdeckten Wandmalereien also das Gastgeschenk eines kretischen Königs?

Die erste größere Kultur im Ägäischen Meer wurde nach Ansicht der Historiker von den Minoern auf Kreta gegründet und bestand nach Auffassung der jetzigen Lehrmeinung zwischen 2600–1400

v. Chr. Diese Kultur hat ihren Namen nach dem legendären König Minos erhalten, der sehr eng mit einem weltumfassenden Stierkult verknüpft war. Es soll auch dieser Minos gewesen sein, der als erster König eine Seeflotte besessen hat, mit der er sogar mehrere Expeditionen unternahm und unter anderem zu den Kykladen fuhr (Ilias I, 4–8). Er kolonisierte auf seinen Wegen einen großen Teil der Inseln und setzte dort für die Verwaltung seine Gouverneure ein. Nachdem er auch die Piraterie vernichtet hatte, wurde er zum Herrn des Ägäischen Meeres. Aus der Ilias II, 649 erfahren wir darüber hinaus, daß König Minos während seiner Regentschaft 100 Städte gegründet haben soll, nachdem er seine Machtstellung ausgedehnt hatte.

Doch wer war dieser mysteriöse Minos wirklich?
Entsprechend Homer lebten einst fünf verschiedene Völker auf der Insel. Der Historiker Herodot berichtet sogar, daß Minos gar »kein Hellene«, sondern erst später nach Kreta zugewandert war.

Auch die neuzeitlichen Archäologen beschäftigte diese Frage und sie glaubten noch am Anfang des 20. Jahrhunderts, daß das kretische Volk afrikanisch-libyschen Ursprungs gewesen sei. Erst durch die 1932 gemachten Einwände von Professor Wilhelm Dörpfeld (Mitarbeiter und Nachfolger Schliemanns in Troja) konzentrierten sich die Gelehrten auf Phönizien als Ursprungsort. Meiner Ansicht nach ist diese Theorie aber falsch! Vielmehr scheint sich die kretische Kultur in

Abb. 103: Minoer

Wirklichkeit von den alten Ägyptern herzuleiten.
Die in der ersten Hälfte des zweiten Jahrtausends v. Chr. geschriebenen Amarna-Briefe bezeichnen Ägypten als »Misiri«, was in etwa dem heutigen arabischen Namen (»Misr«) für dieses Land entspricht. Auf Hebräisch werden die Kreter im Alten Testament (1. Mose 10,13–14) »Kaphtor« genannt. Man erinnere sich an den verblüffend ähnlich klingenden ägyptischen Namen »Kefti« für Kreta. Sollte demzufolge die Annahme, daß »Kreta« und »Kaphtor« identisch sind, auch unter den Historikern Bestätigung finden, dann

wären die Ureinwohner dieser Insel laut dem Alten Testament in Wirklichkeit die Nachkommen der »Mizrajim«, oder auch »Ma-zôr« genannt. Der Begriff »Mizrajim« ist im Hebräischen nämlich nichts anderes als die Bezeichnung für die duale Form von Ober- und Unterägypten. Tatsächlich bezeichneten bereits die Kreter mit dem Begriff »Minos« eigentlich nicht den einzelnen König, son-dern das kretische Königshaus als solches, das – ähnlich dem Be-griff »Pharao« bei den alten Ägyptern – »hohes Haus« bedeutet. Die Ägypter bezeichneten mit »Pharao« anfänglich jedoch nur den königlichen Palast und erst während der Regierungszeit von Thut-mosis III. gebrauchten sie den Begriff für den König selbst.

Möglicherweise geht die kretische Bezeichnung »Minos«, ähnlich dem griechischen Wort »Horos« (»heru«), auch auf einen ägypti-schen Begriff zurück (»mj.ad«), der wahrscheinlich zu einem spä-teren Zeitpunkt mit einer prähellenistisch charakteristischen En-dung versehen wurde. Mit dem Wort »mj.ad« bezeichnete man am Nil den Namen der ägyptischen Gottheit »Min«, der in den An-fängen Ägyptens als »Herr der östlichen Wüstenstraßen« galt. In noch früherer Zeit wurde die Gottheit in einem Fetisch verehrt, deren Deutung unter den Ägyptologen von einem Blitzbündel (Pfeil mit Widerhaken) bis zu einem Symbol für die Vereinigung von Mann und Frau reicht. Das Hauptfest für Min war das sogenannte »Fest der Treppe«, bei dem die Gottheit auf einer Erhöhung stehend Op-fergaben vom Volk empfing. Zu seinen Attributen gehörten ein Beet

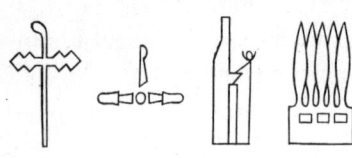

mit Lattichpflanzen als Aphrodi-siakum und eine Rundhütte, vor der an einer Stange ein Rinderge-hörn befestigt war.

Abb. 104: Min-Fetische.

Bei dieser Gleichsetzung ergibt der kretische Stierkult auf einmal ein Fundament, den die ägyptische Gottheit aus ihrer ursprünglichen Umgebung mitgebracht haben kann, bevor sie es beim Volk einführte. Welches Geheimnis hinter der Stiersymbolik tatsächlich schlummert, werden wir im weiteren Verlauf noch aufklären. Da Min aber auch als Gott des Donners galt, schreibt das Ägyptische Totenbuch über ihn:

»Stier, der aus seinen Augen strahlt und sich mit seiner ›Hitze‹ um die Erde legt.«

Möglicherweise wurde hier eine Art »Blitz« beschrieben und vom Volk mit der Erscheinungsform der Gottheit Min interpretiert. Der Ägyptologieprofessor Hermann Kees schreibt in seinem Buch »Der Götterglaube im alten Ägypten«, daß sich das Wort Min aus »hmj« herleite und etwas »Nichtanzutastendes« (»adyton«) oder »Unantastbares« bedeutet. Aber auch über den Halbgott Minos heißt es: »Er strahlte wie ein weißer Stier.«

Bei dem kretischen Erklärungsversuch des Königs könnten wiederum seine Abstammung und Herkunft vordergründig gewesen sein – wie wir bereits wissen, war er der Sohn des Zeus (Ra), mit dem er sich alle neun Jahre traf, um Weisheiten auszutauschen: »Mächtig hervor ragt Knossos, die Stadt des Minos. Der neunjährig mit Zeus, dem Gewaltigen, trauten Verkehr pflog.«

Ist die Gottheit Min mit dem mythologisch-kretischen Gründerkönig Minos nun identisch?

Die Existenz der minoischen Kultur war bis zu den Ausgrabungen des britischen Archäologen Sir Arthur John Evans (1851–1936) vor weniger als einem Jahrhundert noch unbekannt, so daß sie ihren Platz lediglich innerhalb der griechischen Sagenwelt fand. Sir Evans' Interesse an Kreta war in Athen geweckt worden, wo er den berühmten Ausgräber Heinrich Schliemann (1822–1890) traf.

Ein weiterer Faktor, der dieses Interesse an der kretischen Kultur noch verstärkte, war die Freundschaft mit dem Archäologen Frederico Halbherr, den er 1892 in Rom kennengelernt hatte. Halbherr hatte auf Kreta bereits acht Jahre zuvor in der Nähe des Dorfes Hagii Deka die »Inschrift von Gortyn« entdeckt. 1893 besuchte Evans zum ersten Mal die Insel. Hier übten die sogenannten »Inselsteine« eine besondere Anziehungskraft auf ihn aus. Es handelte sich um Siegel mit eigenartig eingravierten Hieroglyphen, die Evans als eine vorphönizische Schrift deutete.

Mit dem gleichen Enthusiasmus und dem selben Eifer, den bereits dreißig Jahre zuvor Heinrich Schliemann für das Griechenland Homers gezeigt hatte, begann auch Evans sein Ausgrabungsprojekt mit großem Vertrauen in die mythischen Überlieferungen der antiken Geschichtsschreiber. Evans' Bestrebungen lagen in erster Linie darin, die sagenumwobene Insel Atlantis zu entdecken, die er als erster Forscher auf Kreta vermutete. Nachdem er im Jahre 1898 die Palastumgebung von Knossos für 122.000 Piaster hatte erwerben können, arbeitete er ab dem 23. März 1900 bis 1935 in Knossos, dem größten minoischen Palast auf Kreta, und restaurierte ihn zu großen Teilen.

Die Partner bei den abenteuerlichen Unternehmungen von A. J. Evans waren unter anderem Ducan Mackenzie, ein Schotte, der bereits an der ersten großen Ausgrabung der Britischen Schule von Athen in Phylakopi (Insel Melos) teilgenommen hatte. Des weiteren stand ihm der Architekt Theodore Fyfe zur Seite. Evans schreibt: »Minos wartete nur auf uns und auf niemand anderen, als wir auf unseren Reittieren Kandia verließen. Genau über dem verschütteten Thron trottete träge und einsam ein melancholischer Esel umher, die einzige lebende Kreatur, die sich unserem Auge bot. Man entfernte ihn, und die Ausgrabung nahm ihren Anfang.«

Sir Arthur J. Evans hatte dreißig Männer angeworben und fand nach nur vier Tagen den Palast von Knossos! Neben einer sehr detaillierten Analyse der nachfolgenden Funde führte Evans auch Untersuchungen über die Verwandtschaft mit ägyptischen Fundstük-

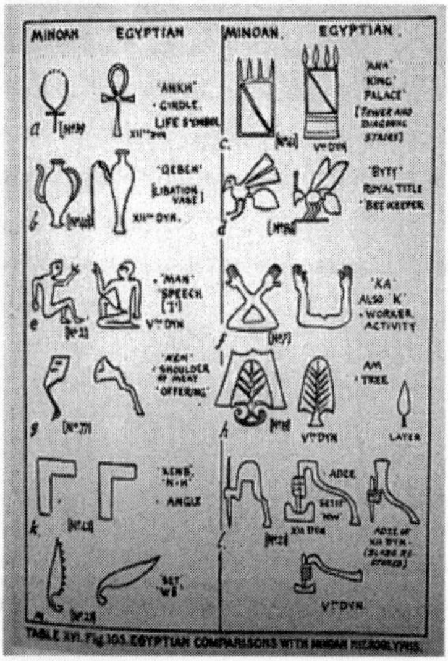

Abb.105: Minoische Silbenschrift im Vergleich mit ägyptischen Hieroglyphen nach A. J. Evans.

ken durch. Und tatsächlich erlaubten ihm die Ergebnisse einen engen kulturellen Austausch zwischen beiden Völkern nachzuweisen.

Laut der modernen Archäologie entwickelten die Kreter erst im zweiten Jahrtausend vor unserer Zeitrechnung unabhängig von den anderen Kulturen des Mittelmeerraumes eine eigene Schrift, die bis heute noch nicht endgültig entziffert worden ist. Die erste, die man vor allem auf Siegeln fand, war eine Bilderschrift. Sie entwickelte sich allmählich zu der Form, die man als Linear A bezeichnet. Sie ist es vor allen Dingen, die noch unentziffert ist. Meiner Ansicht nach erinnert Linear A aber nicht nur an die phönizische Schriftform, sondern auch an eine nubische, die Professor Dietrich Wildung im April 1998 im Nordsudan an Tempelwänden von Sanam und Naqa sowie in den Pyramidenfriedhöfen von Nuri und Meroe freilegte. Die Entstehungsgeschichte dieser Schriftform begann vor mindestens 4.800 Jahren im sagenumwobenen Königreich von Kusch.

Eine andere kretische Schrift, die sogenannte Linear B, schrieb man nicht nur in Knossos, sondern vom 13. Jahrhundert v. Chr. an auch auf dem griechischen Festland. Im Juni 1950 meldete sich der Tübinger Professor Ernst Sittig zu Wort und behauptete dreißig Zeichen der Linear B entziffert zu haben. In Wirklichkeit hatte Sittig aber nur drei Zeichen der Linear B richtig gedeutet. Denn die kretische B-Schriftform wurde erst 1952 von einem jungen englischen Architekten namens Michael Ventris entziffert.

Abb. 106: Kretische Linear B-Schrift.

Schon in seiner Jugend beschäftigte sich der 1922 bei London geborene Ventris ausgiebig mit der Antike. Im Alter von 14 Jahren hörte er eher zufällig eine Vorlesung von Sir Arthur J. Evans, dem berühmten Ausgräber von Knossos, in der dieser von der Linear-B-Schrift berichtete und darüber, daß deren Geheimnis noch nicht entschlüsselt sei. Der junge Ventris war begeistert und von diesem Augenblick an fest entschlossen, diese Schrift zu entziffern. Doch erst 1949, nach dem Zweiten Weltkrieg, in dem er in der Royal Air Force gedient hatte, und nach Beendigung seines Architekturstudiums konnte er sich dieser Aufgabe widmen. Mit Dechiffriermethoden, die im Krieg zum Entschlüsseln der feindlichen Codes entwickelt worden waren, untersuchte Ventris zahlreiche Tontafeln mit der Linear B und registrierte jede Wiederholung bestimmter Zeichen. Da Ventris von dem amerikanischen Archäologen Carl Blegen eine in Pylos ausgegrabene Tontafel in die Hände bekam, die eine Zeichengruppierung enthielt, gelang ihm der Durchbruch.

Ventris identifizierte die Schrift als eine archaische Form des Griechischen und versuchte darauf eine Liste von Konsonanten und Vokalen aufzustellen, die als Grundlage seiner Entschlüsselungsmethode diente. Kurz nachdem Ventris seine Ergebnisse im Jahre

1953 veröffentlicht hatte, wurden sie von Carl Blegen bestätigt. Blegen testete Ventris' Silbensystem an einer von rund 400 in Pylos gefundenen Tafeln – und es stimmte! Man gab daraufhin bekannt, daß die Inschriften Inventurverzeichnisse von Tonkrügen und anderen Lagerbeständen der Herrscher darstellten. Überdies gab es aber auch Tontafeln, die aus Knossos stammten und die im Gegensatz zur jetzigen Expertenansicht eine ganz anders verlaufene Geschichte erzählten. Die Inhalte waren mythologischen Ursprungs und wurden bis heute nicht veröffentlicht!

Was aber sprach gegen die Veröffentlichung dieser Textinhalte?

Der Oxford Professor Leonard R. Palmer wagte 1963 in seinem Buch »Mycenaens and Mioans« eine neue Deutung der ägäischen Vorgeschichte und präsentierte zum erstenmal eine andere frühgriechische Chronologie. Daraufhin wurde der Professor bezeichnenderweise derart heftig von der Fachwelt attackiert und korrigiert, daß er sich gezwungen sah, schon zwei Jahre nach dem Erscheinen seines Buches eine wesentlich redigierte und erweiterte Neuauflage zu verfassen. Dieses Veröffentlichungsverbot läßt nur eine Vermutung zu: Mit der von den Historikern vorgegebenen Chronologie stimmt etwas nicht!

Aber was?

Vermutlich führt uns die folgende Frage auf die richtige Spur, denn: Aus welchen Gründen schrieb man auf Kreta, im Zentrum einer selbständig hochentwickelten Kultur, bereits über 1.000 Jahre vor Homer zwar mit einer eigenen Schrift, aber in der Sprache der Griechen?

Wir wissen inzwischen, daß die Minoer ihre Linear-Schrift im Gegensatz zur hieratischen und demotischen Schrift der alten Ägypter von links nach rechts schrieben. Sie ist eine Silbenschrift und besteht aus drei Elementen, die eine Gruppe von etwa 90 Zeichen aus Ideogrammen darstellen, welche wiederum Begriffe symbolisieren. Darüber hinaus besteht sie aus einem numerischen System auf der Grundlage unseres Dezimalsystems. Das heißt, daß auch die Minoer bereits wie die Sumerer und die Ägypter mit dem Begriff Null vertraut waren.

Abb. 107: Der Palast von Knossos.

Der April des Jahres 1900 brachte Evans und seinem Forschungsteam in Knossos zahlreiche angenehme Überraschungen. So zog ein Saal die Aufmerksamkeit der Entdecker auf sich, den sie »Saal der Doppeläxte« nannten. Diesen Namen erhielt er wegen der Doppelaxtzeichen, die in die westliche Wand des Lichtschachtes eingeschnitten sind. In der Sprache der Lyder bedeutet labrys »Doppelaxt«. Demnach würde das Wort »Labyrinth« wörtlich übersetzt eigentlich »Haus der Doppeläxte« heißen. Auch die Äxte, die man später ausgraben konnte, verwirrten die Wissenschaftler: Sie waren über drei Meter groß und anscheinend nur von Riesen zu handhaben.

Lebten auch auf Kreta einst Riesen?

Zumindest existieren auf Kreta mehrere Ruinenfelder im Gebirge, die von den Archäologen »Zyklopenfelder« genannt werden. Hier wurden von zeitlich unbestimmbaren antiken Bauleuten »Zyklopenmauern« errichtet, deren einzelne Steine mehrere hundert Tonnen auf die Waage bringen und vom Baustil wie die »Inkamauern« in Peru (Südamerika) erdbebensicher ineinander verzahnt sind.

Darüber hinaus existieren im Museum von Heraklion unter der Katalognummer 1063 ein 96 Zentimeter großer Unterschenkelknochen sowie ein 4,21 Zentimeter großer Schneidezahn eines urzeitlichen Riesen. Deutsche Archäologen hatten die Exponate Mitte der 1970er Jahre freigelegt. Touristen bekommen diese Artefakte natürlich nicht zu sehen und es werden auch keine Informationen mehr darüber ausgestellt, nur um die griechische Chronologie nicht zu gefährden. Dank Friedhelm E. Will, der die Ausgrabungen begleitet hatte und kein Freund der griechischen Behörden mehr ist, dringen derartige Informationen zu uns durch.

Zudem stießen auch griechische Archäologen nach Grabungsarbeiten im Jahre 1959 in Knossos auf eine dritte, sehr alte Schicht aus dem Neolithikum (8.000 v. Chr.). Sie entdeckten eine Unmenge von Schächten und Gängen, die eine Fläche von 56.000 Quadratmeter ausfüllten, was in etwa dem Grundplan der Cheops-Pyramide entspricht. Vielleicht steckt der komplexe Grundriß des Gebäudes mit seinen unzähligen Gängen hinter dem Geheimnis des mythischen Labyrinths, das den »Minotaurus« beherbergt haben soll. Nach den Überlieferungen war er eine Kreatur mit dem Körper eines Menschen und dem Kopf eines Stieres, dessen antike Interpretation nur

Abb. 108: Älteste Minotaurus-Darstellung im Palast von Phaistos.

mit religiösen Aspekten verbunden gewesen sein könnte.

Zwar wissen wir über die Religion der Kreter wenig, doch die Archäologen versuchen sie zu rekonstruieren. Bisher gibt es nämlich keine Ruinen, die eindeutig als Überreste von Tempeln zu identifizieren wären, und es sieht ganz so aus, als ob die Kreter ihren Kult in Heiligtümern ihrer Paläste oder Wohnungen, in Sanktuarien unter offenem Himmel und in heiligen Grotten ausgeübt hätten, wo man viele Weihgaben in Form von Statuetten, Doppeläxten und Dolchblättern fand.

Wie läßt sich das aber aufklären?

Im Zentrum der kultischen Verehrung der Minoer standen eine oder mehrere Göttinnen, deren Attribut die Doppelaxt war, und ein ihr unterstellter junger Gott, der an das Mutter-Sohn-Verhältnis zwischen Horus und Isis erinnert. Es ist nach Ansicht der Gelehrten durchaus möglich, daß ihnen Stiere geopfert wurden, und daß es auch rituelle Tänze gab, bei denen sich die Gottheiten den Tänzern unter einer heiligen Säule oder einem Baum in Ekstase offenbarten. Neuere Ausgrabungen weisen sogar darauf hin, daß bei diesen Ritualen in Zeiten äußerster Gefahr auch Menschen geopfert wurden. In den Ruinenfeldern bei Archanes wurden 1979 ein Zeremonienplatz freigelegt und die Skelette dreier Menschen gefunden, von denen einer um 1600 v. Chr. durch einen Stich in den Nacken getötet worden war. Und 1980 fand man in Knossos auch Kinderknochen, die Messerspuren aufwiesen, was auf rituelle Opfer oder Kannibalismus hindeuten könnte.

Was verbirgt sich hinter der minoischen Kultur Kretas aber nun wirklich?

Der Mittelhof der minoischen Gebäude und Tempel war für sportliche Wettkämpfe wie Boxen, Ringen und für Gruppenspiele vorgesehen. Besonders beliebt scheinen akrobatische Kunststücke gewesen zu sein, die auf Stieren vorgeführt wurden. Bei einem der Stierkampffresken gelang den Archäologen eine äußerst bewundernswerte Komposition. Wie die alten Ägypter verwendeten auch die minoischen Künstler weiße Farbe für die Haut der Frauen und Rot für die Männer.

Dieses berühmte Fresko zeigt im Zentrum einen Athleten, der auf dem Rücken eines Stieres einen Salto rückwärts ausführt, während eine der gepflegten Frauen ihn schon erwartet und auffängt. Eine zweite Frau packt den Stier bei den Hörnern und setzt ihrerseits zum Sprung an. Ähnliche Szenen mit Stieren und Stierspringern finden sich auch auf minoischen Steinsiegeln, Bronze- und Elfenbeinstücken. Bislang haben die Altertumswissenschaftler gerätselt,

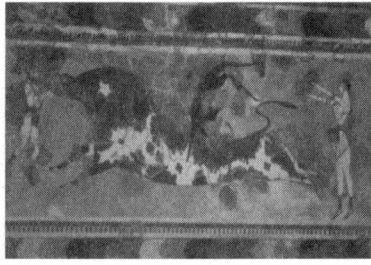

Abb. 109: Kretischer Stierkult.

was denn hier eigentlich dargestellt wurde:

»Man kennt die Bedeutung dieses Sportes für die minoische Kultur noch nicht, doch könnte er Bestandteil einer religiösen Zeremonie gewesen sein, als deren Höhepunkt der Stier geopfert wurde.«

Natürlich gibt es bislang keine direkten Hinweise darauf, daß der Stier von den Minoern tatsächlich als heiliges Tier verehrt worden wäre. Doch in der Legende vom mythischen König Minos wird er im Hades auch als »Richter, der das Totenreich verwaltete«, bezeichnet. So würde einiges klar werden, wenn wir die ägyptische Abstammung der Minoer berücksichtigen. Wenn man die auf der linken wie die auf der rechten Seite angebrachten sieben Muster auf der Freske genau anschaut, wird tatsächlich deutlich, daß hier kein Sport betrieben, sondern ein Totenkult und die dazu gehörige Zeremonie praktiziert wurde. Meiner Meinung nach stammt der Ursprung dieser religiösen Kulthandlung ebenfalls aus Ägypten.

Im Tal der Königinnen befindet sich das Grab Nummer KV 66 der ägyptischen Königin Nefertari (1286–1262 v. Chr.), die während der 19. Dynastie zu der Lieblingsgemahlin von König Ramses II. wurde. Während der zweiten Ausgrabungssaison im Jahre 1904 entdeckte der Italiener Ernesto Schiaparelli (1856–1928) dieses Grab. Hier findet sich unter anderem der mythologische Bericht über die Nahrung liefernden »Sieben Himmelskühe«:

1) »Haus der Ka des Allherrn«,

2) »Imentet, die vor ihrem Platz steht«,

3) »Die von Chemmis, die Gott adelt«,

4) »Himmelswolke, welche die Götter trägt«,

5) »Die das Leben besitzt, die buntgestreckte, die Rothaarige«,

6) »Die mit großer Beliebtheit«,

7) »Die, deren Namen Gewalt zu ihrer rechten hat«.

Genau den Fellmustern dieser heiligen Kühe entsprechen die Muster auf der minoischen Stierfreske!

Ist das schon wieder nur Zufall?

Des weiteren befindet sich hinter der siebenten Kuh ein schwarzer Stier als Leittier, wonach dann die folgende Inschrift zu lesen ist: »Der Stier der Kuhherde, der Obere, der im Bereich der Roten wohnt.« Mit den Roten bezeichneten die alten Ägypter Gottheiten wie Ra, Setech oder »Min-Atum«, die im Gegensatz zu den Grünen (Osiris, Ptah, Geb) nicht mit dem Sirius, sondern mit dem Aldebaran in Verbindung gebracht wurden. Genau diese Tempeldarstellung aus dem Grab der Königin Nefertari ist meiner Ansicht nach das ägyptische Gegenstück der stilisierten Szenerie von Knossos. Denn nicht nur die Anzahl der Muster und Kuhdarstellungen dokumentieren hier eine Übereinstimmung, sondern auch die Objekte in sich. Der Ägyptologe Christian Leblang kommentiert die ägyptische Tempeldarstellung wie folgt:

»Dadurch erscheint die Verstorbene sozusagen eingerahmt zwischen den Darstellungen von Osiris und Ra zur Rechten sowie Atum und Osiris zur Linken. In diesem Zusammenhang verheißt die Abbildung der ›Sieben Himmelskühe‹ und der ›Vier Himmelsruder‹ ein günstiges Schicksal in Form der kosmischen Vereinigung.«

Demnach müßte sich in der Szenerie von Knossos ebenfalls eine mythologische Darstellung der kosmischen Vereinigung unserer göttlichen Urahnen befinden. Auch der wissenschaftliche Journalist des Archäologischen Instituts von Italien, Albert Siliotti, schreibt:

»Stier und Kuh symbolisieren die der Entstehung von Leben zugrunde liegende Ordnung, deren zyklische Fortdauer durch die ›Sieben Kühe‹ dargestellt wird.«

In der ägyptischen Mythologie nannte man diese »Zentet-Kühe« auch die »Sieben Hathoren«, vielleicht weil sie den Göttinnen Hathor und Isis geweiht waren. Auch im Mythos der göttlichen Geburt des Königtums säugt die »Hesat-Kuh« den jungen Herrscher, die als Hesat gleichzeitig zur Mutter des Totengottes Anubis und des Apisstieres wurde. Als Tier, das dem Himmel wie auch der Unterwelt zugewandt ist, wurde die Kuh zum Symbol der Hoffnung auf ein Weiterleben. Gleichzeitig galten die Kühe auch als Speisenüberbringer des Verstorbenen auf dem Weg seiner Jenseitsreise.

Ist hier ebenfalls nur eine Fehlinterpretation im Sinne nicht verstandener Technik erfolgt?

In Knossos wurde die Statuette einer minoischen Schlangengöttin, die auch eine ihrer menschlichen Dienerinnen darstellen könnte, vorgefunden: sie stammt wahrscheinlich aus dem 16. Jahrhundert v. Chr. Sie erinnert in Form und Aussehen an die Gottheit Sepa, den letzten Gott der kosmischen Katastrophe von »Amenti«, das Platons Atlantis entsprechen könnte. Gleichzeitig glich sie anderen Darstellungen kretischer Urgottheiten, die man in weiteren kretischen Heiligtümern entdeckte. Was die mit der Figur verbundenen Symbole jedoch bedeuten, ist unter den Experten immer noch unklar.

Auch die beiden gepflegten Frauen oder Göttinnen aus der Knossos-Freske konnten von den Archäologen bis heute nicht identifiziert werden. Meiner Ansicht nach symbolisieren sie eine minoische Variante von Isis (Sirius A) und Nephthys (Sirius B). Der Stier symbolisiert Zeus (Ra/Aldebaran) und der Stierspringer Osiris (Orion). Rechts und links der Knossos-Freske werden die »Sieben Hathoren« beziehungsweise »Sieben Kühe« symbolisiert, die jedoch noch genauer untersucht werden müßten. So erinnern die Stierspringer von Knossos auch an den Mythos von Minotaurus, das Ungeheuer also, dem auch junge Männer und Jungfrauen geopfert wurden.

Nach der Legende war König Minos mit Pasiphae verheiratet, die von einer unnatürlichen Leidenschaft zu einem Stier ergriffen wurde. Dieser Verbindung entsproß der Minotaurus, den man in einem Labyrinth hielt. Jedes Jahr mußten die Athener, die unter der Herrschaft des Minos standen, je sieben Jünglinge und eine Jungfrau schicken,

Abb. 110:
Schlangengöttin

die dem Minotaurus geopfert wurden. Bei dieser Kulthandlung könnten die sieben Jünglinge mit den sieben Kühen und die Jungfrau mit dem Stier in Verbindung gestanden haben.

Warum werden all diese Zusammenhänge von heutigen Wissenschaftlern übersehen?

In der Legende heißt es weiter, daß Theseus, der Fürst von Athen, mit den zum Opfer Auserkorenen nach Kreta fuhr. Er tötete das Ungeheuer im Labyrinth und fand mit Hilfe eines Wollknäuels, den ihm Minos' Tochter Ariadne zugesteckt hatte, ans Tageslicht zurück. Danach floh Theseus mit Ariadne aus Knossos, verließ sie aber auf Naxos, wo sich dann Dionysos ihrer erbarmte.

Anhand dieser Überlieferung haben die entsprechenden Experten die These aufgestellt, daß diese Geschichte in mythischer Form schildere, wie die Athener in dieser Zeit der kretischen Oberherrschaft unterworfen waren und sich von ihr befreit hatten. Aber alle Stierdarstellungen auf Kreta zeigen echte Stiere, nicht Phantasiegeschöpfe wie den Minotaurus. Die Sage bezieht sich eher auf einen Kult der Frühzeit, der später in Vergessenheit geriet. Einen Anhaltspunkt dafür bietet auch der Begriff »Minos«, der meiner Ansicht nach wörtlich mit »Rundbau« übersetzt werden müßte, wonach dann »Minotaurus« »Stier des Rundbaus« bedeuten würde. Wahrscheinlich bezog sich die Rundform auf Himmelsbeobachtungen und die eplikialen Umläufe der Gestirne, die auch bei der Formgestaltung der Pharaonen maßgeblich waren. Doch welche Himmelsbeobachtungen versuchten die Urahnen der Kreter überhaupt darzustellen?

Könnte die Antwort auch hier Sirius heißen?

Wie schon anfänglich von mir berichtet wurde, nahm Professor Frederico Halbherr mit einigen Schülern und Mitarbeitern 1884 seine Forschungen auf. Sein Ziel war es die älteste Siedlung auf Kreta zu bestimmen und Inschriften zu finden, die Auskunft über die Geschichte der Insel geben konnten. Seine Entdeckungen erwiesen sich als äußerst bedeutsam. Er fand eine Grotte auf dem Berg Ida, ein Heiligtum, das die früheren Bewohner Kretas dem Zeus-Kult gewidmet hatten, sowie die berühmte große Inschrift in Gortyn – welche die Gesetze der Stadt festhielt. Diese Entdeckung ist bis heute der bedeutendste und älteste Kodex griechischer Gesetzgebung.

Dr. Antonio Tarametti untersuchte indes den zentralen Teil des Ida-Massivs und Dr. Lucio Mariani den gesamten Ostteil der Insel. Im südlich gelegenen Ort Phaistos fand man schließlich den Sitz eines Fürstengeschlechts, dessen Stammvater nach mythischer Überlieferung Rhadamanthys, der Bruder von Minos, gewesen sein soll. Nach und nach kamen auch die Überreste der Nebengebäude des Palastes zum Vorschein, unter anderem das Archiv, in dem alle Dokumente im Zusammenhang mit der Verwaltung des Palastes aufbewahrt worden waren. Zwischen den Resten eines Hauses machte Dr. Luigi Pernier, einer der frühesten Mitarbeiter von Professor Halbherr, eine äußerst wichtige Entdeckung. Er fand im Jahre 1908 einen Diskus mit einer unbekannten Schrift, die von Sir Arthur J. Evans ein Jahr später in einem Artikel der Londoner *Times* mit dem legendären Inselreich Atlantis in Verbindung gebracht werden sollte.

Abb. 111: Der Diskus von Atlantis.

Der Diskus lag in der ersten von mehreren engen steingefaßten Kammern im Palast, die an die Magazine in den ägyptischen Pyramiden erinnern. Offensichtlich wurden hier nur besondere und wertvolle Objekte aufbewahrt. Dieser Diskus ist eine runde Scheibe aus Terrakotta mit einem Durchmesser von 16 Zentimetern und einer Höhe von zwei Zentimetern. Der Diskus bietet eine große Überraschung: Offensichtlich sind die Symbolfiguren, die auf beiden Seiten des Diskus als Begriffs- und Bildzeichen spiralförmig in einer Aufeinanderfolge von Sätzen oder Strophen verlaufen, einzeln in den feuchten Ton eingepreßt worden. Das bedeutet, daß die Scheibe mit beweglichen Typen bedruckt wurde, und das mehrere tausend Jahre, bevor das Druckhandwerk erfunden worden war! Derartige Stempel wurden 1998 auch von dem Ägyptologen Professor Wildung in Naqa entdeckt und bekanntgegeben.

Obwohl wir aber einige Schriftstempel oder Rollsiegel bereits aus dem nördlichen Ägypten und von den Sumerern kennen, waren die auf dem Diskus verwendeten anders. Das Besondere daran war die Anzahl der wiederkehrenden Spiegel oder Symbole, die zu ei-

230

nem längeren Text zusammengestellt wurden. Der französische Archäologe Dr. Leon Pomerance, ein hervorragender Kenner der minoischen Kultur, vertritt indes die Auffassung, daß
es sich gar nicht um eine Sprache handelt, sondern um die Darstellung einer Geschichte.
Er glaubt, daß allegorische Zeichen für die Kon-
stellation des Tierkreises und anderer Gestirne ein
System von Anspielungen und Bedeutungen bilden, das man zwar interpretieren, aber nicht übersetzen könne. Wenn man es richtig deutete, würde sich unter anderem eine an die Sonne gerichte-
te Hymne oder Anrufung ergeben.

Abb. 112: Die
Eindringlinge.

Jede Seite des Diskus ist mit 30 Strophen beschrieben, die meiner
Ansicht nach vom Zentrum nach außen gelesen werden müssen.
Der Diskus berichtet in der Tat in der Strophe I.a–III.a von einer
»Zivilisation, die vom Wasser kam und nach einer anderen Zivilisation suchte«, und wie sie fündig wurde. Danach ist in Strophe V.a–
VI.a überliefert, wie die anderen den Spähern in ihren »fliegenden
Häusern in das neue Land folgen«, und wie sie »über den Seeweg
auch die Bevölkerung der neuen Zivilisation in die alte Heimat mit-
nehmen«, so daß eine Art »Handelsabkommen« begann. Die Strophe XXVII.b berichtet, daß nach einer langen Zeit des Zusammen-
lebens Kriege ausbrechen und die Eindringlinge die kretische Urbevölkerung unterjochen und sie danach gefangennehmen. In der
Strophe XXIX.b–XXX.b, wird die Heimat der Eroberer als »Planet« bezeichnet, zu dem sie in ihren »fliegenden Häusern« wieder
zurückgekehrt sind. Die Abschlußstrophen erzählen schließlich, wie
die Fremden in ihren fliegenden Häusern später auch Kreter, die
sich nicht in Gefangenschaft befinden, zu ihrem Planeten mitneh-
men.

*Ist das die minoische Variante der Legende von den Sieben Wei-
sen?*

Die Fremden erinnern in ihrem Aussehen an die Irokesen Ameri-
kas. Dabei ist allerdings die gewölbte Kopfform auffällig, die man
mit dem durch König Echn-Aton eingebrachten Aton-Kult asso-
ziieren kann.

Im Gegensatz zu Dr. Pomerance behauptet der Altertumsforscher
Friedhelm E. Will, daß dieser Diskus sogar über 10.000 Informa-

Abb. 113: Mythische Mischwesen paaren sich mit Erdenfrauen.

tionen enthält. Eine der immer wiederkehrenden Figuren auf der Scheibe ist eine Kopfdar-
stellung der Fremden, die anscheinend eine Fe-
derkrone tragen, weshalb einige Gelehrte
durchaus einen transatlantischen Einfluß vermuten und andere an eine Beziehung zu Atlantis denken.

Weitere Figuren des Diskus finden sich auf verschiedenen anderen kretischen Monumenten
und auch auf Doppeläxten. Auf den anderen
Inseln der Ägäis und des Mittelmeeres kann
man ebenfalls diese Stempelschrift vorfinden.
Merkwürdigerweise existieren die Bildnisse
auch in einer zweiten größeren Spirale einge-
meißelter Zeichen auf einem runden Stein im ägyptischen Dendera.
Alle Fundstellen einzeln aufzuführen und zu behandeln, würde den
Rahmen dieses Buches sprengen – doch den Lehrmeinungsvertre-
tern sind sie bekannt!

*Ist das bisher Aufgeführte als Hinweis für einen gemeinsamen kul-
turellen Ursprung der Ägypter und Kreter zu verstehen?*

Im Juni 1998 besuchte ich den Altertumsforscher F. E. Will und
seine Familie auf Kreta. Er erzählte mir, wie er sein halbes Leben
damit verbracht habe, den Diskus und die mit dem Diskus in Verbindung stehenden Informationen zu untersuchen.

Abb. 114: Die Doppel-
axt von Zakro ist der
älteste Kalender der
Menschheit.

Nach den Arbeitsergebnissen des Forschers ist
der Diskus außerdem der Träger des Alphabets
zur Lesung aller Loch- und Näpfchensteine.
Will sagt:
»Der Diskus ist selbst eine Lochschrift, wie die
Doppelaxt von Zakro auch. Dabei sind die Löcher im System zu lesen, wie im Einzelnen.
Gleichzeitig ist er der Globus und die astronomische Karte der Menschheit.«
Entgegen derzeitiger Expertenauffassung hat
Will herausgefunden, daß der Diskus eine Inschrift besitzt, die nicht nur sein Entstehungsdatum enthält, sondern auch Informationen
über eine ehemalige Reise zum Mars, den Ein-

satz von Atomreaktoren noch vor 7.000 Jahren, und daß die Entstehungszeit unserer zivilisierten Urbevölkerung 600.000 Jahre in die Vorzeit führt.

Sollte man all das tatsächlich ernst nehmen?

Kapitel 8

VERSTRAHLTE PHARAONEN

Afrika wird von der Lehrmeinung als Ursprungsort des ersten Menschen angesehen, der vor etwa sieben Millionen Jahren in den Savannengebieten des Kontinents den aufrechten Gang erlernte, was zu einer Weiterentwicklung auch des Gehirns geführt haben soll. Vielleicht sind gerade deshalb im Laufe der letzten Jahrzehnte in verschiedenen Gegenden Südafrikas geschichtszeitlich schwer einzuordnende Sachgegenstände ans Tageslicht getreten. So sind im Jahre 1948 bei Ausgrabungsarbeiten einer Gruppe britischer Archäologen in Malawi Werkzeuge aus Metall entdeckt worden, deren Alter auf sagenhafte 56.300 (!) Jahre datiert wird! Das ist in bezug auf den Werdegang unserer eigenen kulturellen Entwicklungsgeschichte revolutionär und verlangt nach einer Antwort!

Mit der Radiokarbon-Datierung werden diese großen Zeiträume bestimmt, indem man mittels dieser Methode den in unserer natürlichen Umgebung vorhandenen radioaktiven Zerfall der Kohlen- und Stickstoffe mißt. Durch die Ermittlung der Zerfallgeschwindigkeit und unter Berücksichtigung der Halbwertzeit von 5.700 Jahren (± 150 Jahre) lassen sich derartige Altersdatierungen seit 1949 ziemlich genau vornehmen.

Ein anderer Fund, dessen Alter ebenfalls ungewöhnlich hoch ist, ist eine Sandale. Ihr wird sogar ein Alter von 63.000 Jahren bescheinigt. Auch wenn engstirnige Archäologen und Theologen immer noch nach »Erklärungen« suchen, um die Geschichte nicht neu schreiben zu müssen, sind 1951 auf der Suche nach Diamantsteinbrüchen als Bekräftigung alte Bergminen wiederentdeckt worden, die bereits vor Tausenden von Jahren in Betrieb waren und das vorher benannte noch einmal bestätigen. In Simbabwe existiert eine Kupfermine, deren Alter von dem deutschen Geologen Dr. Robert Wirbel auf 47.000 Jahre datiert wird. Sie ist von unserem direkten Urahn, dem Homo sapiens sapiens (vernunftbegabter Mensch), der einer noch unbekannten Kulturgruppe zugeordnet wird, angelegt und abgebaut worden. Das Bergwerk ist erneut ein Zeugnis dafür, daß unsere Urahnen gar nicht so primitiv gewesen sind, wie uns

das manch ein Wissenschaftler gerne beibringen will. Die Kupfermine ist kein Einzelstück, denn auch in Neuguinea ist ein Eisen-
bergwerk mit einem Alter von 43.000 Jahren entdeckt worden, das
ebenfalls keinem bestimmten Kulturvolk zugeordnet werden kann.
Es gibt sogar 100.000 Jahre alte Eisenbergminen, über die mir
Dr. Wirbel in einem Gespräch im Juni 1998 das Folgende erzählte:
»Wenn unsere Urahnen bereits vor 100.000 Jahren im Bergbau ei-
senhaltige Metalle schürften, müssen sich die Historiker ernsthafte
Gedanken darüber machen, ob die heutige Menschheit als Kultur-
form nicht bereits einige hunderttausend Jahre früher aufgetreten
ist und somit schon in einer wesentlich früheren erdgeschichtlichen
Periode großartige Städte errichtete, die durch unvorhergesehene
Katastrophen vernichtet wurden.«

*Warum fehlt dann aber die Erwähnung derartiger Entdeckungen
in unseren Schulbüchern?*

Die Antwort wird deutlich, wenn wir uns einer weiteren kuriosen
afrikanischen Geschichte zuwenden, die der breiten Bevölkerung
bisher ebenfalls nicht zugänglich gewesen sein dürfte. Es geht um
die Entdeckung des britischen Archäologen und Reiseberichterstat-
ters Professor James Wellard, der in seinem 1967 erschienenen Buch
»Lost Worlds of Afrika« über eine verlorene und geheimnisvolle
Kultur berichtet, deren letzte Überbleibsel sich heute noch unter
den Sanddünen der Sahara befinden:

»Auf der Wüstenpiste von Sebha, der heutigen Hauptstadt Fessan,
quer durch die Sahara nach der Oase Ghat an der algerischen Grenze, überquert der Reisende ein gewaltiges unterirdisches Wasserversorgungssystem, das in der Geschichte Afrikas kaum seinesglei-
chen hat, was den Erfindungsreichtum und die Mühen angeht, von
denen seine Anlage zeugt.«

Abb. 115: Die Tunnelsysteme von Fessan.

Professor Wellard war bei seiner
Erkundungsreise auf das Labyrinthsystem einer unterirdischen
Tunnelanlage gestoßen, die bis
dahin unerforscht war. Der eine
Hauptstollen, in den der Reisende unterhalb des Wüstenbodens
hinabgestiegen war, ist drei Meter hoch und vier Meter breit ge-

wesen. Nach Ansicht von Wellard wurde er mit einfachen Werkzeugen aus dem kalkigen Felsgestein gehauen, ohne daß die Erbauer dabei versucht hatten, Wände und Decken des Stollen zu glätten. Er berichtet weiter:

»Wieviele solcher Stollen noch existieren, steht noch nicht fest. Die noch sichtbaren allerdings gehen in die Hunderte. Stellenweise liegen die unterirdischen Tunnelsysteme nicht einmal sechs Meter auseinander, und ihre Durchschnittslänge von den Felsen, wo sie beginnen, bis zu den Oasen, wo sie enden, beträgt 4,8 Kilometer. Wenn wir davon ausgehen, daß noch 230 derartige Anlagen sichtbar sind und wir die Gesamtzahl in dieser Gegend auf 300 schätzen, so kommen wir einschließlich der Nebenstollen auf eine Gesamtlänge von nahezu 1.600 Kilometer Tunnelstrecke, die hier im Felsengrund unter der Wüste ausgehauen sind.«

Schauen Sie sich bitte Ihr Wohnzimmer an und stellen Sie sich vor, wie es wäre, wenn sich an Ihre Räumlichkeit noch 267.000 weitere derartige Zimmer anreihen würden. Das entspräche einem Durchgangstunnel – bei einem schnurgeraden Weg – von München nach Moskau – und ohne daß dabei jemand Platzangst bekommen müßte! In Anbetracht der Tatsache, daß man eine derartige Strecke nicht von heute auf morgen angelegt haben kann, beschäftigte sich James Mellard auch mit dem System als solchem. Er berichtet, daß bei seinem Aufenthalt noch nicht ganz klar war, wie denn das Wasserversorgungssystem funktionierte. Mellard schreibt, daß es zum Teil Stunden dauern konnte, bis man die jeweiligen Tunnelzugänge gefunden hatte:

»Obwohl des Rätsels Lösung anfangs denkbar leicht scheint, weil sich über der gesamten Tunnelanlage jeweils eine leichte, langgestreckte Aufschüttung erhebt, so findet sich, wer den Eingang sucht, doch plötzlich in einem Felswirrwarr am Fuße des Steilhanges wieder, ohne mit Gewißheit sagen zu können, wo der Tunnel eigentlich verschwunden ist.«

Wann hat man überhaupt diese als »foggaras« bezeichneten unterirdischen Anlagen gebaut?

Wellard vertritt die Ansicht, daß die Funktion der Anlage gleichmäßige und regelmäßige Niederschläge voraussetzt. Regelmäßige Niederschläge gab es in der Sahararegion jedoch nur während der Zeit um 6.000 bis 9.000 v. Chr.. Demzufolge müßte die Anlage mindestens 8.000 Jahre alt sein! Doch können die »foggaras« wirklich vor so langer Zeit entstanden sein?

Heute bilden künstliche Brunnen die einzigen Wasserquellen im Wadi el-Ajal, die für eine Bevölkerung von etwa 9.000 Personen je Oase ausreichen müssen. Wellard hat für die damalige Bevölkerungsdichte folgende Theorie entwickelt:

»Wenn wir die Bevölkerungsziffer an den über 100.000 Gräbern messen, die in den Wadi zum Vorschein kamen, und aus der Zeit der ›Wassertunnelbauer‹ stammen, können wir uns den Begriff machen, wie stark bevölkert diese Gegend einst war. Außerdem deutet der Bau eines so riesigen Wasserversorgungssystems auf eine Bevölkerung mit Industrie und technologischer Entwicklung hin.«

Auch mit der zur Sondierung der Planetenoberfläche der Venus konstruierten Radaranlage wurde bereits in den 1970er Jahren eine verblüffende Entdeckung gemacht. Als man im Vorfeld während der Testphase auf der Erde über den wolkenbedeckten Dschungeln von Guatemala und Belize (Mittelamerika) Strahlenergebnisse auswertete, gelangen den NASA-Wissenschaftlern sensationelle Bilder. Nach der Auswertung der Fotos durch den amerikanischen Archäologen Dr. Robert William Adams war diesem zu seiner Überraschung ein bis dahin unbekanntes und auf gewöhnlichen Fotografien nicht erkennbares verwickeltes Netz aus Geraden und Wellenlinien aufgefallen, das sich bei den nachfolgenden Ausgrabungen als ein altes Kanalsystem der Maya entpuppte. Das erklärt nach Ansicht von Adams, wie die Maya eine Hochkultur mit mehreren Millionen Menschen unterhalten konnten.

Unter der peruanischen Inka-Stadt Cuzco existieren die sogenannten »Chinkanas«, die ebenfalls ein riesiges unterirdisches Labyrinth-System darstellen. Obwohl den Archäologen sogar der Eingang in das System bekannt ist (unmittelbar unter der Kirche Santo Domingo), wird zu seiner Erforschung nichts getan.

Auch die Tunnelsysteme der Sahara werden bis auf weiteres von jeglichen Forschungsteams ohne Beachtung zurückgelassen. Professor Wellard äußerte sich deshalb:

»In den Saharagebieten gibt es Myriaden von Gräbern, Pyramiden, Festungen und verlassenen Städten, die dort liegen, ohne daß je der Spaten eines Archäologen sie berührt hat.«

So habe er schon damals »die befestigte Stadt Sharaba« besucht, die dort in der Wüste liegt. Da die Stadt etwas abseits von den Karawanenrouten in der Nähe der Stadt Mursuk liege, versinkt sie nach und nach im Sand, ohne daß wir etwas Näheres über die mysteriösen Bauherren erfahren. Dabei sollen nach Ansicht mancher Historiker alle Hochkulturen der Erde erst mit dem Bau eines Kanalsystems ihren Anfang genommen haben.

Warum interessiert sich dann aber kein Archäologe dafür?

Eine andere Stadt, in der ebenfalls mysteriöse Tunnelsysteme entdeckt wurden, befindet sich südlich von Ägypten. Der 134. Herrscher des ursprünglichen Stadtstaates Axum im heutigen Äthiopien, Kaiser Kaleb (495–525 n. Chr.), und dessen älterer Sohn, Gebre Maskal (525–542 n. Chr.), sollen während ihrer Amtszeit in dem im Nordosten gelegenen Palastkomplex ein etwa 200 Kilometer langes Labyrinthsystem kontrolliert haben, wo sie der Legende nach unsagbare Schätze deponierten. Durch die ständigen politischen Unruhen im Lande, haben auch hier archäologische Untersuchungen seit langem nicht stattgefunden. Mein Braunschweiger Kollege Horst Dunkel hat im Januar 1995 die Stadt Axum aufgesucht, um den Wahrheitsgehalt aus dem Kriegsbericht von Kaleb zu untersuchen.

Kaiser Kaleb ließ im Jahre 501 n. Chr. seine Armee aufmarschieren, um für die schlechte Behandlung eines Priesters mit Namen Tsadgan aus der Stadt Metera Rache zu üben. Als die Bewohner beim Anblick der Armee in die festungsartige Stadt flohen, ordnete der Kaiser an, ab Axum einen gewaltigen Tunnel zu graben, der bis in das 123 Kilometer entfernte Metera führte. Der äthiopische Historiker Belai Giday schreibt dazu:

»Fakt ist, daß der Eingang zu dieser unterirdischen Passage bei Axum liegt und der Ausgang über hundert Kilometer entfernt bei Metera. Die Öffnungen der Tunnel in beiden Städten kann man bis heute sehen. Und eine kleine Kirche, die an der östlichen Flanke des Berges Amba von Metera liegt, bewahrt noch immer das Andenken an den unpopulären Heiligen.«

Im Mai 1963 fanden die letzten größeren Ausgrabungen in Axum statt. Damals stießen die Archäologen bis in fünf Meter Tiefe vor. Überra-

Abb. 116: Der Eingang zum Tunnelsystem von Axum.

schenderweise entdeckten sie hier die Überreste einer noch weitaus älteren Stadt, auf der später das bekannte antike Axum errichtet worden war. Auch Horst Dunkel hat bei seinem Aufenthalt in Äthiopien den heute wieder zugemauerten Zugang zum Labyrinth in Axum untersucht und sagt:

»Die Art der Steinbearbeitung, wie wir sie in den unterirdischen Gängen vorgefunden haben, drängt den Vergleich mit den präinkaischen Bauten in Peru geradezu auf.«

Worauf der Forschungsreisende mit seiner Aussage aufmerksam machen will, sind die unzähligen Bohr- und Fräsarbeiten in Gesteinen wie Granit und Diorit, die über Härtegrade der Skala 9 verfügen.

Im *Petrie Museum* in London existiert eine Kernbohrspitze aus dem alten Ägypten, die unter der Katalognummer U.C. 16037 geführt wird. Als sie gegen Ende des 19. Jahrhundert von W. M. Flinders Petrie in Giseh entdeckt wurde, sah er, daß der Bohrkopf sich verkantet hatte und deshalb von den damaligen Steinmetzen aufgegeben wurde. Es ist an dem Bohrkopf deutlich zu erkennen, daß er ursprünglich durch ein Drehrad erweitert war, auf dem vermutlich Gewichte lagerten, um damit eine entsprechende Kernbohrung vornehmen zu können. Allerdings eignet sich dieser Bohr-

Abb. 117: Altägyptischer Kernbohrer.

kopf nur dafür, um an Kalksteinfelsen Bohrungen durchzuführen, weil die gesamte Spitze aus dem Weichmetall Kupfer angefertigt wurde. Doch in jedem Fall ist diese Entdeckung ein Beweis dafür, daß den alten Ägyptern der 4. Dynastie das Prinzip der Kernbohrung durchaus bekannt war.

Nach welchem Prinzip durchbohrten sie jedoch Gesteine wie Granit oder Diorit?

Diese Art von Feinarbeit an derartig festem Gestein läßt sich mit einem primitiven Hammer und einem Meißel aus Kupfer, wie es unsere Lehrmeinung vorgibt, einfach nicht bewerkstelligen. Auch der Bohrkopf U.C. 16037 kann bei diesem Gestein keine Abhilfe schaffen.

Nach Ansicht von Horst Dunkel bestehen auch die unterirdischen Mauern in Axum aus Granit und können unmöglich aus der Zeit von Kaiser Kaleb stammen, da die technischen Hilfsmittel von Bauarbeitern dieser jungen Periode uns heute durchaus bekannt sind. Doch einer anderen Legende zufolge soll sich der jüdische König Salomo längere Zeit bei der Königin von Saba in der Umgebung von Axum aufgehalten haben. Vielleicht brachte er dieses Geheimnis der Steinbearbeitung aus Israel mit. Der weise König Salomo war nämlich einer der wenigen Eingeweihten, die das Geheimnis des Wurms »Schamir« kannten. Es war ein Wunderwerkzeug der Götter, mit dem man Steine und sogar ganze Felswände aufbohren und zerschneiden konnte. Etwas Derartiges kennen wir aber auch aus der Mythologie der Germanen, was Dr. Felix Genzmer ebenfalls mit »Bohrmaschine« übersetzt. Als der Gott der Dichtung und Weisheit Odin von dem Riesen Suttung in einem Felsenberg eingeschlossen wird, benutzt er seinen Bohrapparat »Rati«, um sich mit dessen Hilfe aus dem Bergmassiv zu befreien. In dem Buch Edda, Kap. 21, B3 heißt es:

»Mit Rati's Mund ließ ich mir Raum schaffen und durchfressen den Fels; oben und unten standen der Riesen Wege: So setzt ich mich selber ein.«

Die Bezeichnung »der Riesen Wege« ist nach Dr. Genzmer eine dichterische Umschreibung für »Felswand«, die hier anscheinend erst durch den Einsatz einer technischen Apparatur durchbrochen werden konnte. Die Gelehrten bringen den »Rati« zwar phantasiereich mit einer gewöhnlichen »Ratte« in Verbindung, berücksichtigen dabei allerdings nicht die Silben »Ra« und »Ti« (»Lichtformerde«), die auf einen ägyptischen Ursprung zurückführen könnten. Im Gegensatz zu dem Bohrapparat der Germanen scheint es sich bei der Bohrmaschine der Hebräer jedoch tatsächlich um altägyptische Exportware zu handeln.

Denn das Wort »Schamir«, das sich auch mit »Diamant« übersetzen läßt, ist zumindest kein hebräisches Wort, sondern leitet sich nach Professor Emil Kautzsch von dem ägyptischen Wort »esmira« für »Lichtstachel« oder »Bohrmeißel« ab und bedeutete in seiner Urform auch »Nadelwurm«. Berücksichtigt man im Wortstamm der hebräischen Fassung das Wort »Smir« (Schmira), so erhalten wir auch die Bezeichnung für »der Bewachte«. Auch das deutsche

240

Abb. 118: Steinbearbeiter

Wort »Schmirgel«, das ein Schleifmittel darstellt, wurde im 16. Jahrhundert dem italienischen »Smeriglio« entlehnt, das aus der ägyp-
tisch-griechischen Phase der Gelehrtenstadt
Alexandria stammt und griechisch »Smyris«
geschrieben wurde.
Dieses sonderbare Werkzeug wird im »Buch
Zohar« I.74, a–b sogar als ein »metallspalten-
der Wurm« und im Buch »Talmud« als
»Schneidewurm« bezeichnet, über dessen Eigenschaften die alten Gelehrten berichten:

»Und Hammer und Axt und jegliches Gerät
von Eisen wurde nicht gehört. Weil der Schamir alles spaltete, so
bedurfte es keines anderen Werkzeuges zur Arbeit.«
Wie wir aus den Überlieferungen der Bibel, des Talmund und dem
Zohar entnehmen können, gab es den »Schneidewurm« oder »Me-
tallspaltenden Wurm« in den verschiedensten Größen. Zum einen
gravierte man damit die Brustpanzer der Söhne Israels, womit auch
Edelsteine verarbeitet wurden, zum anderen setzte man sie sieben
Jahre lang beim Bau des Salomo-Tempels um 1034 v. Chr. ein. Zu
dem Bau selbst heißt es im Buch 1. Könige 6:
»Was das Haus bei seiner Erbauung betrifft, es wurde aus bereits
völlig behauenen Steinen des Steinbruchs gebaut. Mit dem Schneidewurm spaltete Salomo die Steine, die er zum Bau des Tempels
nahm, und er befolgte somit die Worte der Schrift, die da befiehlt:
›Daß ja kein Eisen über die Steine fahre.‹«
Dieses Wunderwerkzeug, das der Legende nach direkt aus dem Garten Eden stammen soll, war spitz und hatte im vorderen Bereich
lediglich die Größe eines Gerstenkorns. Wenn es nicht in Betrieb
war, mußte es ständig in einem bleiernen, mit Werg gefüllten Kasten aufbewahrt werden. Darüber hinaus wird im Buch »Der Tempel 1«, Kapitel 3–4, auch über das von den Göttern auferlegte Geheimnis für die Werkmeister etwas Sonderbares berichtet:
»Von den Werkmeistern, die an dem Tempel Salomos bauten, starb
keiner vor der Zeit, auch wurde keiner krank. Kein Spaten und Beil
zerbrach während der Arbeit, kein Auge wurde schwach, kein Gurt
wurde locker und kein Schuh zerriß; kein Schaden geschah an Menschen und an Dingen.

Wie nun die Werkmeister mit dem Tempelbau fertig waren, hauchten sie ihre Seele aus. Eben erst hörten wir, daß sie heil und unversehrt waren, und nun vernehmen wir, sie seien alle gestorben! Der Herr aber sprach so: Das mußte geschehen, damit die Völker sie nicht in ihre Fron nehmen könnten und von ihnen ihre Bauten sollten errichten lassen.«

Auch damals war das Wissen der Steinbearbeitung also ein Geheimnis, das die biblische Gottheit Jahwe aus seinem Himmelreich mitbrachte, und das später sogar zum Massenmord geführt hat. Das erklärt die Immunität der Bauarbeiter gegen jegliche Krankheiten, denen sie während der Bauphase ausgesetzt wurden. Es waren erneut die mysteriösen Götter, die dieses technische Wundergerät für die Steinbearbeitung mit sich führten. Die Gottheit Jahwe ist mit der akkadischen Gottheit Baal und mit dem ägyptischen Gott Seth gleichzusetzen. Wenn wir uns an den archaischen ägyptischen Gott »Jahes« erinnern, existiert sogar eine ähnliche Schreibweise. So wird auch der nächste Vers über die Eigenschaften und die Kräfte des »Schamir« verständlich:

»Hätte man ihn auf einen Berg oder Felsen gelegt, er würde sich bis zu dem Fuß desselben durchgefressen und ihn gesprengt haben.«

Steckt hier die Lösung des alten Geheimnisses der weltweiten Steinbearbeitung?

Aus der griechischen Geschichte ist uns der 1882 entdeckte Tunnel des Ingenieurs Eupalinos bekannt, den man bereits im 6. Jahrhundert v. Chr. ähnlich wie den Kanaltunnel zwischen England und Frankreich anlegte. Es wurde nämlich von beiden Enden gleichzeitig gegraben, was allerdings den Besitz von Instrumenten voraussetzt, mit denen Eupalinos bereits während der Antike den Azimut und die Höhenschichten messen konnte. Der Geschichtsschreiber Herodot zählte diesen Tunnel vor 2.500 Jahren zu den »größten Bauwerken und technischen Leistungen der griechischen Welt«.

In den Archiven der Bibliothek von Alexandria existierte noch vor 2.100 Jahren sogar ein Instrument, das die Griechen »Diopter« (»Durchblicker«) nannten, was ein mit unseren modernen

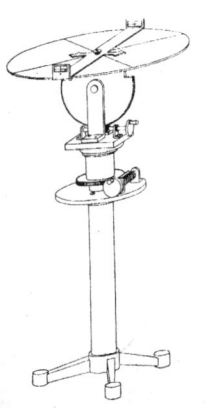

Abb. 119: Diopter

Theodoliten vergleichbares Gerät zum Anvisieren eines Ziels gewesen ist.

Heron von Alexandria beschreibt in einem seiner Werke aus dem 1. Jahrhundert v. Chr. darüber hinaus auch die mathematische Formel, wie man »einen Berg mit einem geraden Tunnel durchstoßen« konnte.

Der Salomo-Tempel wurde einst ebenso über einer labyrinthähnlichen Tunnelanlage errichtet und vom britischen Archäologen Dr. Edward Robinson im Mai 1838 entdeckt. Den ersten Zugang in dieses Labyrinthsystem, den Robinson als »Tunnel des Hezekiah« (einem jüdischen König im 8. Jahrhundert v. Chr.) bestimmte, untersuchte er schon im Juni des selben Jahres.

Etwa dreißig Jahre später wandelten unter der Leitung von Professor Charles Wilson erneut britische Archäologen auf den Spuren von Edward Robinson, die am 14. März 1867 einen zweiten Schachteingang entdeckten, den sie allerdings dem älteren Volk der »Jebusiter« und nicht den Hebräern zuordneten. Inzwischen sind wieder Grabungsaktivitäten von israelischen Archäologen im Gange, die mit modernsten Geräten den Spuren der alten Archäologen-Garde folgen. Als ich im März 1997 in Jerusalem war, konnte ich westlich der Klagemauer beobachten, wie die Arbeitskolonne bereits große Teile des alten Tempelmauerwerks freigelegt hatte. Wie die Abbildung 120 zeigt, werden die Steinquader in den tieferen Schichten groß und rechteckig.

Abb. 120: Die alten Fundamentsteine des Salomo-Tempel.

Durch die Fortführung dieser Ausgrabungsarbeiten des israelischen Archäologen Professor Ronni Reich ist darüber hinaus seit Juni 1998 der Beweis erbracht, daß der Vater Salomos, David, mit der Grundsteinlegung Jerusalems tatsächlich nichts zu tun hatte. Professor Reich schreibt die Stadtgründung, wie die britischen Archäologen 1867 ebenfalls, dem kanaanitischen Volksstamm der Jebusiter zu, die sogar das ausgeklügelte alte Wasserversorgungssystem angelegt haben sollen.

Die Abgeordneten des israelitischen Parlaments sind über diese Ergebnisse allerdings überhaupt nicht erfreut und bezeichnen den Professor als »Stümper«. Für die orthodoxen Israeliten stellt es sogar einen Frevel dar, am alttestamentarischen Mythos des Königs David zu rütteln. Dennoch gab Professor Reich in einer Pressekonferenz im August 1998 bekannt:

»Nach der Freilegung weiterer Steinquader nordwestlich der Klagemauer, was ja bekanntlich den letzten Rest des Salomo-Tempels darstellt, bin ich mit meinem Team auf eine Schicht gestoßen, die an die uralte Architektur der Stadt Jericho erinnert.«

Bereits im Jahre 1908 hatten sich drei britische Amateurarchäologen unter der Leitung von Sir Montague Parker erneut auf den Weg nach Jerusalem begeben, die von dem finnischen Bibelforscher Valter H. Juvelius und seinem schwedischen Schüler, einem gewissen Ingenieur Millen, begleitet wurden. Im Gegensatz zu den vorherigen Forschungsexpeditionen des Britischen Museums London, verfolgte die Parker-Expedition ein ganz besonderes Ziel. Dr. Juvelius glaubte in dem Buch des Propheten Ezechiel einen Geheimcode entdeckt zu haben, der den Tempelberg in Jerusalem betraf. Nach den Vorstellungen der Expeditionsteilnehmer sollten der geknackte Bibelcode und die von Juvelius und Millen angefertigten Pläne, Karten und Skizzen die Forscher zum Versteck der mit göttlicher Kraft ausgestatteten mysteriösen »Lade des Bundes« führen.

Der heilige Kasten, der im Allerheiligsten der Stiftshütte und später in dem von Salomo erbauten Tempel stand, hatte eine Größe von 111 x 67 x 67 Zentimeter und wurde auf Anweisung und Befehl von Jahwe erbaut. Die Lade des Bundes diente den Hebräern als heiliges Archiv zur Aufbewahrung von Erinnerungsstücken, zu denen vor allem die »Zehn Gebote«, ein »goldener Krug mit Manna« und »der Stab des Aarons, der gesproßt hatte«, gehörten. Der

»goldene Krug mit Manna« soll im 12. Jahrhundert von dem Templerorden (ursprüngliche Hüter des Tempels von Salomo) nach Europa gebracht worden sein und sich in »Portu Gral« (»Land des Gral«) befinden. Dieses Land ist kein Geringeres als das heutige »Portugal«, doch diese Geschichte steht auf einem anderen Blatt. Die Spuren der »Lade des Bundes« verlieren sich indes in der antiken Stadt Axum im heutigen Äthiopien.

Was für ein Gegenstand war dieser Kasten überhaupt?

Im Kapitel VIII des Buches »Davids Anfänge« ist zu lesen:

»Ganz Israel sammelte sich zuhauf, und David unter ihnen, die Lade des Bundes wieder einzuholen. Da aber in Vergangenheit geraten war, wie mit der Lade verfahren werden mußte, sprachen sie alle bei sich: ›Aus dem Philisterlande wurde die Lade nicht anders als auf einem Wagen hergeführt; so können wir sie auch nur auf einem Wagen führen in Davids, des Königs von Israel Haus.‹«

Nach dem Franzosen Maurice D. Papin soll die Lade eine Art elektrischer Kondensator, der eine elektrische Ladung von 500 bis 700 Volt Spannung erzeugen konnte, gewesen sein. Die antiken Schriften bescheinigen dieser Apparatur sogar antigravitarische Kräfte:

»Also nahmen sie die Lade und taten sie auf einen Wagen, aber die Lade blieb schweben zwischen Himmel und Erde, sie stieg nicht nach oben und fiel nicht zu Boden.«

Darüber hinaus soll die Lade aus Akazienholz bestanden haben und innen wie außen mit Gold verkleidet gewesen sein. Das könnte tatsächlich bedeuten, daß hier zwei Stromleiter mit einem Isolator vorhanden waren, die, wie die Außenverzierungen, als Kondensatoren wirkten. Maurice D. Papin meint, daß die Lade auf trockenen Untergrund gestellt wurde, wo der Erdmagnetismus eine Vertikalintensität von etwa 600 Volt pro Meter erreicht. Vom Erdboden isoliert, sollen von der Lade auch feurige Strahlen ausgegangen sein. Nach Papin wurde der Kondensator über die seitlichen Verzierungen in die Erde abgeleitet. Zum Transport der Lade wurden zwei goldene Stäbe gebraucht, die durch an ihrem Deckel angebrachte Ringe gesteckt wurden. Die Strahlung war so stark, daß sie ein Menschenleben kostete:

»Da erhob sich Usa, des Ammonadab Sohn, und streckte seine Hand aus, die Lade zu halten. In dieser Stunde dachten die Sünder in Israel dies: Hielte Usa die Lade nicht fest, sie glitte zur Erde. Sogleich verhängte der Herr über Usa den Tod, er starb, und seine Hand ließ die Lade los. Nun wurde es ganz Israel offenbar, daß die Lade aus eigener Kraft schwebte zwischen Erde und Himmel und nicht nach oben flog und nicht nach unten sank.«

Usa war aber nicht der einzige, der durch die mysteriöse Kraft der Lade niedergestreckt wurde. Auch im Buch 1. Samuel 6,19 schreibt man über die Kraft der Lade:

»Der Herr aber strafte die Leute von Bet-Schemesch, weil sie die Lade des Herrn angeschaut hatten. Er erschlug aus dem Volk 50.000 Mann.«

Als der aus Deutschland nach England ausgewanderte und dort geadelte Erfinder Sir Werner von Siemens einmal auf der Spitze der Großen Pyramide stand, forderte ihn einer der arabischen Führer auf, eine Hand hochzuheben und dabei die Finger zu spreizen. Werner von Siemens streckte lediglich den Zeigefinger aus und fühlte dabei ein komisches Prickeln. Als Siemens danach aus einer mitgebrachten Weinflasche trinken wollte, verspürte er einen leichten elektrischen Schlag. Daraufhin kam in ihm die Experimentierfreude des Erfinders auf. So feuchtete er eine Zeitung auf der 137 Meter hoch gelegenen Pyramidenplattform an und wickelte sie um die Flasche, um sie zu einer Leydener Flasche zu machen. In der Tat lud sich die Weinflasche zunehmend mit Elektrizität auf und zwar nur dadurch, daß von Siemens sie über seinem Kopf hoch hielt. Als dann Funken aus der Weinflasche zu sprühen begannen, glaubten seine arabischen Führer an Hexerei. Einer von ihnen stürzte sich auf den Begleiter von Siemens; aber dieser richtete die Flasche auf ihn, worauf er einen so starken elektrischen Schlag erhielt, daß er zu Boden sank, um dann laut schreiend die Plattform der Pyramide zu verlassen.

Der britische Wissenschaftler Worth Smith hatte bereits 1971 anhand der Angaben aus dem Alten Testament ausgerechnet, daß der Rauminhalt der biblischen Lade exakt der Granitwanne innerhalb der Königskammer der Großen Pyramide von Giseh entspricht. Ich konnte mit diesen Berechnungen von Smith kei-

Abb. 121: Die Lade des Bundes.

ne Übereinstimmung erzielen, das könnte jedoch dem Umstand zuzuschreiben sein, daß der Forscher zu seinen Arbeitsergebnissen einen ehemals vorhandenen Sargdeckel zurunde legt, der heute leider verschwunden ist. Somit könnte es durchaus sein, daß auch die Lade des Bundes eng mit Ägypten verknüpft ist. Im *Papyrus Harris* 46,8 wird berichtet, wie der Pharao seiner Gottheit in einem Kasten befindliche Schrifttafeln angefertigt hat, die an Mose und die biblischen Zehn Gebote erinnern:

»Ich machte dir gewaltige Erlasse mit geheimen Worten, fertiggestellt in der Halle der Schriften von Ta-Meri, angebracht auf Stelen von Stein, graviert mit (heiligem) Meißel, um dein ehrwürdiges Haus zu verwalten bis in Ewigkeit.«

Ist das als ein Hinweis auf die Verbindung zu den Geschichten des Alten Testaments zu verstehen?

Der finnische Forscher Kaveli Mikonen berichtet in seinem 1991 erschienenen Buch über die anfangs erwähnte Expedition in Jerusalem ziemlich kuriose Dinge, die aber Aufschluß bieten könnten: »Das Forschungsteam hat innerhalb des Tempelberges ein dreifaches System von Tunneln, Labyrinthen und Wasserkanälen entdeckt, die jeweils unterschiedlichen Zwecken dienten. Die Eingänge zu diesen Tunneln waren so sorgfältig versiegelt, daß sie ohne die entschlüsselten Bibelinformationen unmöglich zu finden wären. Wie der Ingenieur Millen berichtet, sind die Forscher auf giftige Gase gestoßen, die Verbrennungen, Übelkeit und Schwindelanfälle hervorriefen.«

Des weiteren berichtet der schwedische Forscher Henry Kiellson, daß er Einblick in den Briefwechsel zwischen Juvelius und Millen hatte, aus dem hervorgeht, daß innerhalb des verästelten Labyrinthsystems radioaktive Quellen vorhanden waren.

Was ist aber wirklich wahr an dieser Behauptung?

Die alten Ägypter können auf eine lange Tradition im Bergbau zurückblicken, deren Anfänge noch immer ungewiß sind. Dem britischen Ägyptologen Professor Walter Bryan Emery verdanken wir ein Werk über das archaische Ägypten, worin er nachweist, daß die Ägypter bereits zur Zeit der 1. Dynastie (3100–2868 v. Chr.) ausgezeichnete Kupferwerkzeuge besaßen, darunter Sägen und Meißel, mit denen sie alle Arten von Kalkstein bearbeiten konnten. Auch ihre Technik beim Abbau und Glätten von Granitblöcken soll nach

Ansicht des Professors hochentwickelt gewesen sein. Emery spricht allerdings nicht von einem geheimnisvollen Wunderwerkzeug, sondern nimmt an, daß die alten Ägypter beim Zurechtsägen der Steine angefeuchteten Quarzsand als Schleifmittel verwendeten.

Kannten die alten Ägypter aber tatsächlich keine technischen Geräte?

Im Jahre 1935 bekam Professor Emery den Auftrag für die Leitung der Ausgrabungen in Sakkara, wobei seine Aufgabe darin bestand, den riesigen Friedhof aus der 1. Dynastie freizulegen. Gleich ein Jahr später machte Emery in einem Grab eine sonderbare Entdeckung: Neben einem Skelett und zahlreichen Grabbeigaben konnte der Ägyptologe eine mysteriöse Plastik aus Schistgestein ans Tageslicht befördern.

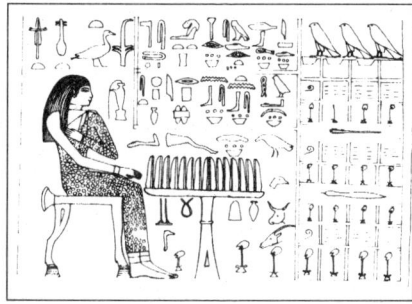

Abb. 122: Tempelrelief

Das Gebilde erinnert an ein Rad oder einen Propeller und läßt in seiner Funktion durchaus auf eine technische Verwendung schließen. Doch Schist ist ein ziemlich weiches Gestein und leicht zerbrechlich, was für eine technische Nutzung also ziemlich ungeeignet erscheint. Die radialsymmetrische Anordnung der flügelartigen Speichen läßt jedoch das Modell eines technischen Gerätes ohne weiteres zu. Neben dem polierten scheibenförmigen Gegenstand fand Emery auch Hieroglyphen, aus denen sich der Name des Verstorbenen mit »Sabu« (2950–2924 v. Chr.) ermitteln ließ. Es handelte sich um einen Prinzen der 1. Dynastie, dessen Horusname als »Leuchtender Stern aus der Familie des Horus« übersetzt werden konnte. Was war aber dieser mysteriöse Gegenstand?

Hatte er vielleicht etwas mit dem Tod des Prinzen zu tun?

Walter B. Emery hatte es sich nach seinen Erfahrungen in Sakkara zur Lebensaufgabe gemacht, das Grab des weisen Priesters Imhotep zu suchen, wo er sich eine Antwort auf die Todesursache und den mysteriösen Fund erhoffte. Von Imhotep wußte Emery inzwischen, daß er nicht nur ein großartiger Arzt, sondern auch ein hervorragender Baumeister war. Schließlich ist es Imhotep, dem die

Konstruktion des Tempel von Edfu und der Bau der Stufenpyramide von Sakkara zugeschrieben werden. Doch auch bei der Errichtung dieser Pyramide sollen dem weisen Imhotep »Himmlische Bücher« zur Verfügung gestanden haben, nach deren Anwei-
sungen er erst im Stande gewesen sein soll, sein Werk zu vollenden.
Erst am 5. Oktober 1964 konnte sich Emery seiner Lebensaufgabe
zuwenden: Er begann das Grab des Weisen Priesters zu suchen. Er
wußte zu diesem Zeitpunkt, daß die Ägyptologen Imhoteps Grab
noch nicht kannten, und schloß daraus, daß es auch noch von keinen Grabräubern geplündert worden sein dürfte. Dafür sprach aber
auch die bauliche Fähigkeit, mit der Imhotep sein Grab vermutlich
errichtet hatte. Professor Emery wußte ganz genau, daß die Entdeckung von Imhoteps Grab für die Geschichte des Alten Reiches
von mindestens ebenso großer Bedeutung sein würde, wie die Entdeckung des Tutanchamun-Grabes für das Neue Reich. Nur: Wo
in der Wüstengegend sollte er den Spaten ansetzen?
Die ersten Probegrabungen brachten klar zutage, daß das ganze
Tal übersät war mit oberirdischen Anlagen aus der frühdynasti-
schen Zeit. Der Professor arbeitete immer fieberhafter und hatte
nur ein Ziel vor Augen: die Entdeckung der Grabanlage des Priesters Imhotep. Am 10. Dezember 1964 stieß er in zehn Meter Tiefe
auf den Schacht eines Grabes aus der 3. Dynastie (2644–2505
v. Chr.). Vor ihm tat sich ein weit verzweigtes Labyrinth auf: ange-
bohrte Gänge, vermauerte Zugänge und unzählige mumifizierte
Ibisse. Eine entdeckte Imhotep-Statue gab Emery einen entscheidenden Hinweis, der ihn darin bestärkte, daß er auf der richtigen
Fährte war. Auf der Sockelplatte dieser Statue waren nämlich die
Feste vermerkt, die zu Ehren des Gottes der Heilkunst gefeiert
wurden. Eines dieser Feste findet zur jährlichen Wiederkehr seines
Todestages statt. Imhotep wird dabei beschrieben als der, der »in
dem großen Dehan ruht, einer Höhle, die seinem Herzen teuer ist«.
Professor Walter B. Emery kommentierte diese Entdeckung mit
den folgenden Worten:
»Es könnte sein, daß die Höhle, die da erwähnt wird, dieses große
unterirdische Labyrinth ist.«
In seinem Grabungsbericht in den *Illustrated London News* vom
6. März 1965 schreibt der Ägyptologe:
»Noch vor Abschluß der Grabungen der Egypt Exploration So-

ciety im Jahre 1956 hatte ich zwei Testgräben in diesem Gebiet gezogen, die Mauern aus der 3. Dynastie zum Vorschein brachten.
Ich fand zwei Gräber von heiligen Stieren und die Reste von Ibis-
Mumien in verschlossenen Tongefäßen.«
Hier fanden sich dann die ersten Indizien, die in Richtung Imhotep
wiesen, wie Emery weiter ausführt:
»Im Hinblick auf die weitverbreitete Ansicht, daß das Grab Imhoteps sich irgendwo auf dem archaischen Friedhof befände (so wie
es Firth, Quibell und Reisner glaubten), ließen die Stier- und Ibis-
funde darauf schließen, daß ihre Lage irgendwie mit einem Grab in
Verbindung stehen müßte. Jedenfalls weisen die äußeren Umstän-
de darauf hin, daß dieser Bezirk sogar noch in ptolemäischer und
römischer Zeit eine Wallfahrtsstätte war.«
Während der zweiten Hälfte der Grabungssaison 1997 entdeckte
das ägyptische Archäologenteam unter der Leitung von Dr. Zahi
Hawass und dem Direktor des Sakkara-Bezirks, Dr. Muhammed
Hagrass, tatsächlich unweit der Pyramide von Pharao Teti (2205–
2188 v. Chr.) ein neues Grab in Sakkara, das man allerdings nicht
Imhotep, sondern einer gewissen – »der Schwarze« genannten –
Gestalt zuordnet. Angeblich will das Archäologenteam über den
an den Tempelwänden angebrachten Namen »Teti-Anch-Kem« her-
ausgefunden haben, daß es sich bei dem Verstorbenen um einen
Prinzen aus der 6. Dynastie (2205–2058 v. Chr.)

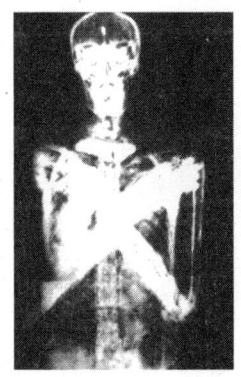

handelte, der als Wesir mit der Verwaltung
Oberägyptens beauftragt war. Die gut erhaltenen Wandreliefs zeigen in der Tat Schlacht-
szenen mit Opferträgern sowie den Grabher-
ren und seine Gemahlin. Das einzige, was an
dieser Mumie in bezug auf ihre Zuordnung innerhalb der altägyptischen Geschichte nicht
ganz eindeutig schien, war ihre Körpergröße
von nahezu zwei Metern.

Eine andere Mumie, die am 28. April 1998 von
dem tschechischen Archäologen Dr. Ladislav

Abb. 123: Die Mumie.

Bareš im benachbarten Abusir entdeckt wur-
de, wird einem Priester namens »Iufaa« (»Sein Körper ist groß«)
zugeordnet, der im Gegensatz zu Teti-Anch-Kem ein ausgeklügeltes Schachtgrab besaß und so sicher vor Dieben die Jahrtausende

unversehrt überdauern konnte. Allein, um in das Schachtgrab eindringen zu können, konstruierten die Ägyptologen einen einein-
halb Meter dicken Betonschild, der sich neun Meter hoch quer über
die Schachtsohle spannte. Es wurde ein Bauwerk, bei dem exakt
30 Tonnen Eisenstäbe einen Kilometer an den Fundort in der Wüste getragen werden mußten. Für das Betongemisch wurden des
weiteren 400 Kubikmeter Wasser auf Eseln an den Grabort transportiert. Doch der Grabungsleiter Professor Miroslav Verner zeigte sich trotz der Mühen zuversichtlich, denn das Team hatte bereits
408 Utschebtis entdeckt. Diese Größe wurde als heilige Zahlen-
kombination (360 + 36 + 12) aufgefaßt. Dr. Bareš meint:
»360 Figuren für die 360 Tage eines altägyptischen Jahres zuzüg-
lich je einen pro zehn Diener. Bleibt ein Rest für die 12 Monate
eines Jahres.«
Professor Verner wunderte sich indes über das Fehlen des Herr-
schernamens, unter dem »Iufaa« diente, und deutet daraus »… eine
Form des Widerstands gegen den damaligen Herrscher« an. Es wäre
auch alles »total normal«, wenn da nicht erneut die ungewöhnliche
Größe der Mumie wäre. Nachdem das Archäologenteam über den
24 Meter tiefen Schacht in die Grabkammer gelangt war, verwun-
derte es gleich zu Beginn der übergroße Sarkophag mit einer Länge
von 4,6 Metern. Allein der Deckel wog 32 Tonnen und wurde zwischenzeitlich mit dem Inhalt samt Sarkophag aus dem Grabungsgebiet Sakkara in einem Armeelastwagen zum Röntgenlabor in
Giseh abtransportiert.

Doch warum all diese Umstände?

Nicht nur auf den ersten Blick schien die Mumie für die Verhältnisse eines Ägypters extrem groß. Die Untersuchungsergebnisse
des tschechischen Anthropologen Dr. Eugen Strouhal bestätigten
eine Körpergröße von 2,27 Meter. Im Vergleich zu dieser Mumie
hatte beispielsweise der berühmte Pharao Tutanchamun nur eine
Körpergröße von 1,67 Meter. Doch ein anderer Pharao, der innerhalb der altägyptischen Chronologie Sendi (Sethenes) genannt wird
und zwischen 2775 und 2747 v. Chr. regierte, war sogar um ein
Vielfaches größer als »Iufaa«. Seine Körpergröße soll fünf Ellen
und drei Handbreiten betragen haben, was nach unserem Metermaß einer Körpergröße von 2,85 Meter entspricht. Anfragen beim
Röntgenlabor in Giseh über die Befunde der Untersuchungen wur-

den mir nicht beantwortet. Allein Professor Miroslav Verner meinte: »Was wir auch berührten, zerfiel wie Torf. Heute haben wir von ›Iufaa‹ nur noch einen Sack voller Knochen!«

Trotzdem gelang es mir mit der Unterstützung eines Teammitarbeiters, Einblicke in die Untersuchungsberichte und Fotografien zu erhalten. Die einem unbekannten Riesengeschlecht angehörige Mumie, ist blond und mit 30 Skarabäen sowie 12 Amuletten versehen worden. Meiner Ansicht nach deuten diese Beigaben auf eine Verbindung zu der ägyptischen Gottheit Ptah, die zwischen 20.970 und 11.970 v. Chr. über Ägypten herrschte. Die 30 Skarabäen könnten als ein Symbol für den Sirius angesehen werden. Denn auch die Dogon benutzten für ihr Welterneuerungsritual (Sigui-Zeremonie) die biologische Natur der Kauri-Schnecke.

Darüber hinaus wurden die Finger und Zehenspitzen des mysteriösen »Iufaa« mit Fingerhüten aus Gold eingefaßt. Seine Leinenwickel sind 5,2 Zentimeter breit und besitzen eine Länge von über zwei Kilometer. Des weiteren beinhalten die Leinenwickel senkrechte Hieroglyphen-Kolonnen, die mit dem Sternenhimmel und dem Totenkult in enger Verbindung stehen. Wiederholt erscheinen die Begriffe »Sepi tep Neter« und »Schemsu Hor«. Das waren die überragenden Gestalten des »Golden Zeitalter« im vordynastischen Ägypten.

Abb. 124: Arbeiter im Grabungsgebiet.

Vielleicht stammen auch die anfangs erwähnten afrikanischen Bergminen und die neu entdeckten Sakkara-Mumien von den Urvätern der Ägypter, die einst in das Land am Nil eindrangen. Denn das alte Ägypten wurde laut der ägyptischen Chronologie ursprünglich von fremden Eroberern besiedelt, die sich später unter anderem »die Seelen der Stützen des Himmels« nannten. Als die »Schemsu-Hor« (»Horusdiener«) waren sie die Begründer der wichtigsten altägyptischen Stadt nordwestlich von Kairo, deren Überreste trotz ihrer einzigartigen Bedeutung für die altägyptische Geschichte bis heute von den Ägyptologen völlig unzureichend untersucht worden sind.

Diese alte Hauptstadt war, wie bereits zuvor geschildert, gleichzeitig die Residenzstätte des Ra, welche die Griechen Heliopolis (»Iwnw«) und die Verfasser der Bibel als On bezeichneten. Der *Papyrus Harris I.* im Britischen Museum von London berichtet des weiteren, daß die ägyptische Gottheit Ra in Heliopolis »den Menschen erbaute«. Die Stadt Heliopolis war gerade für Pilgernde ein wichtiger Ort, weil hier die »neun geheimen Gegenstände« des Ra beherbergt wurden. In Heliopolis wurde unter anderem der mysteriöse »Ben-Ben« (»Strahlen-Strahlender«) aufbewahrt, dessen wahre Bedeutung von den Ägyptologen bis heute nicht ermittelt werden konnte. Darüber hinaus gab es hier drei unterschiedliche Barken, die über besondere Fähigkeiten verfügten.

Der Doppeltempel von Heliopolis lag einst in einer 900 x 1000 Meter messenden, 30 Meter dicken Ziegelumwallung und hatte die unglaubliche Ausdehnung von 900.000 Quadratmetern. Das entspricht der Größe von etwa 115 Fußballfeldern. Von all dem ist heute jedoch nichts mehr zu erkennen. Denn von der ursprünglichen Tempelanlage sind außer einem Schutthügel und einigen Granitblökken sowie dem Obelisken des König Sesostris I. (1975–1935 v. Chr.)

Abb. 125: Entdeckung von Heliopolis.

aus der 12. Dynastie, nichts erhalten geblieben. Die arabischen Eroberer hatten die vorhandenen Steinblöcke für die Errichtung von Kairo verwendet und dort verbaut. Heute erstreckt sich das alte Heliopolis vom Tahrir-Platz bis nach Al-Matarija, und an Ausgrabungen auf diesem Gelände ist nicht einmal im Traum zu denken.

Dabei wimmelt es darunter von Tunneln und Gängen, die sich kilometerlang bis zum Ismailija-Kanal erstrecken und innerhalb unserer Fachliteratur immer noch nicht erwähnt werden.

Zwischen Januar und Juni 1991 machte der französische Ingenieur Professor Jean Kerisél, der beratend für den Bau der Kairoer U-Bahn tätig war, in der Umgebung von Heliopolis eine sonderbare Entdeckung. Beim Ausbau der U-Bahn-Schächte stießen Mitarbeiter auf Hohlräume, die schon vor ihnen jemand anderer dort angelegt hatte. Die freigelegten Stollen besitzen eine Durchgangshöhe von

5,15 Metern bei einer Breite von 3,70 Metern. Nachdem einige Mitarbeiter den 27 Meter langen Stollen abgelaufen waren, wunderten sie sich darüber, daß weder Hieroglyphen noch irgendwelche anderen Zeichen aus der Pharaonenzeit vorzufinden waren. Anfänglich hielt man an der Theorie fest, daß es sich um natürliche Felsauswaschungen handelte. Doch zwei Monate später konnten zwei Mitarbeiter der U-Bahngesellschaft beobachten, wie Regierungsbeamte einen silbernen Gegenstand aus dieser Aushöhlung heraustrugen. Dieser hatte ein Ausmaß von vier Meter Länge und etwa 70 Zentimeter in Breite und Höhe. Aus Neugier wagten die zwei Mitarbeiter sich noch einmal in diese Aushöhlung und stellten fest, daß sich an einer aufgebrochenen Stelle des 27 Meter langen Abschnitts ein weiterer Hohlraum befand. Zwar sollen auch an dieser Stelle keinerlei pharaonische Anzeichen vorgefunden worden sein, trotzdem wird diese Entdeckung aber zum Kuriosum. Denn genau hier beginnt ein kilometerlanger künstlich bearbeiteter, verästelter Tunnelabschnitt, dessen Ende von den Arbeitern nicht genau eingeschätzt werden konnte. Auch der heutige Sicherheitsbeamte der Kairoer U-Bahn, Mohammed Maher Mostafa, bestätigt die parallel laufenden Tunnelsysteme, die schon vor dem Bau der U-Bahn dort waren.

Was will man uns hier verheimlichen?

In mehreren altägyptischen Überlieferungen wird ständig von »geheimnisvollen Kräften« berichtet. Interessante Hinweise darauf finden sich in der »Novelle des Seton«, der einer der berühmten Söhne von Ramses II. war. Im *Papyrus Kairo 30646* sowie im *Papyrus Kairo 30692* ist uns eine Geschichte über einen »sechsmal ummantelten Goldkasten« überliefert, in dem sich die heiligen Bücher des Thot befunden haben:

»Das genannte Buch liegt mitten im Wasser von Koptos in einem Kasten von Eisen. In dem Kasten von Eisen ist ein Kasten von Bronze. Im Kasten von Bronze ist ein Kasten von Sandelholz. Im Kasten von Sandelholz ist ein Kasten von Elfenbein und Ebenholz. In dem Kasten von Elfenbein und Ebenholz ist ein Kasten von Silber. In dem Kasten von Silber ist ein Kasten von Gold. Und in diesem liegt das Buch.«

Ein Priester mit dem Namen Ni-noferka-Ptah entwendet den Göttern diesen Gegenstand und muß daraufhin mit ihrem Zorn rechnen. Als die Gottheit Thot vom Oberhaupt Ra den von Ni-nofer-ka-Ptah geraubten Goldkasten und die Zauberbücher zurückverlangt, kommt dieser der Forderung nach, indem er eine »Gotteskraft vom Himmel« herabsendet, die dafür sorgt, daß der Räuber nicht unversehrt nach Memphis zurückkehrt. Der Dieb erliegt seinen durch »Strahlen« verursachten Verletzungen. Seton hingegen, der dem Toten die Gegenstände raubt, wird zwar durch den Beistand des Gottes Ptah vor dem Tode bewahrt, er wird aber unheilbar krank. Erst als er seine Handlung als Frevel erkennt und zur Buße Ahwere und Merib, Gattin und Sohn des Ni-noferka-Ptah, die bei Koptos ertrunken sind, nach Memphis holt, um sie mit Ninoferka-Ptah gemeinsam zu bestatten, wird er von den großen Göttern geheilt.

Auch der *Magische Papyrus XI*, 14–15 berichtet von »großen göttlichen Kräften, die in Bubastis ruhen«. Von ihnen ist offensichtlich auch im demotischen Totenbuch des Pamont die Rede, wenn die »göttlichen Kräfte der Stadt Bubastis, die aus ihren Krypten hervorkommen«, angesprochen werden. All diese Kräfte – und das ist bemerkenswert – werden nie zum Schutze der Lebenden angefordert. Warum bitten nur Tote und Götter darum? Die einfachste Erklärung ist die, daß es sich dabei um »todbringende« Kräfte handelte.

Könnte es also sein, daß unsere Wissenschaftler auf Uranvorkommnisse gestoßen sind, die bereits von den alten Pharaonen abgebaut wurden?

Der berühmte Atomphysiker Professor Luis Bulgarini überraschte in diesem Zusammenhang jedenfalls bereits 1949 mit einem ungewöhnlichen Vortrag die weltweite Zunft der Archäologen und sorgte für Verwirrung:

»Die Ägypter des Altertums haben nach meiner Auffassung bereits die Gesetze der Atomzerfallzeit gekannt. Es ist durchaus möglich, daß sie die Strahlungen benutzten, um ihre Heiligtümer zu schützen.«

Die alten Ägypter holten angeblich nur durch Handarbeit und ohne jegliche Unterstützung einer Apparatur, wie Bagger oder Bohrmaschinen, bereits seit Jahrtausenden, was der Boden aus dem jeweiligen Gebirge hergab. Dabei wurden erstaunliche Tunnel ausgehöhlt, die mehrere Kilometer in den natürlichen Fels führen und heute noch erhalten sind. In den meisten ägyptischen Bergwerken bauten die Arbeiter der Pharaonen vor allem Gold ab. Und da Gold und Uran im selben Gestein vorkommen, ist nach Ansicht vieler Geologen kaum noch daran zu zweifeln, daß die alten Ägypter auch Uransalze förderten. Uran wird noch heute in Ägypten abgebaut und ist ein wichtiges Mineral des Atomzeitalters.

Wilhelm Conrad Röntgen (1845–1923), Professor für Physik an der Universität Würzburg, entdeckte die später nach ihm benannten X-Strahlen im Jahre 1895 zufällig. Erst daraufhin wurde dann 1896 von dem französischen Physiker Professor Antoine Henri Becquerel (1852–1908) auch die Ausstrahlung von Uransalzen entdeckt, und daß sie eine den Röntgenstrahlen ähnliche Kraft aussenden.

Abb.126: Strahlende Substanz.

Mehrere Papyri berichten tatsächlich von den damaligen Arbeiten innerhalb der Bergwerke, wie auch von der Ortschaft »Umm-Garayat« (»Mutter der Dörfer«).

In der Nähe des Dorfes Kuban fanden Archäologen eine auf einem Felsen angebrachte Inschrift, die über eine unter König Ramses II. vor 3.270 Jahren erfolglos durchgeführte Brunnenbohrung berichtet. Gerade die Umgebung dieser Gegend wird in dem Text »Tal der Goldgruben« genannt. In diesen Gruben existieren aber auch Hieroglyphen, die bis heute immer noch nicht entziffert sind. Weiteren Überlieferungen, die auf diversen Papyrusrollen (so im *Großen Papyrus Harris I*) erhalten sind, ist zu entnehmen, daß die Berge, aus denen Gold gefördert worden ist, mit roter Farbe gekennzeichnet wurden. Da Gold und Uran nicht selten aus denselben Minen gefördert werden, muß man nach der Feststellung von Professor Bulgarini fragen:

Kannten die alten Ägypter tatsächlich die natürliche Beschaffenheit von Uran?

Bisher konnten die Philologen zwar in keiner altägyptischen In-

schrift Begriffe wie Uran oder Radium entziffern, das besagt jedoch noch lange nicht, daß den Ägyptern Uran oder Radium nicht
tatsächlich schon bekannt war. Nach dem jetzigen Stand der Dinge
kommt sogar eher der Verdacht auf, daß die Ägypter es nur anders
nannten. Zwar wurden die Forscher W. C. Röntgen (1901) wie auch
A. H. Becquerel (1903) mit dem Nobelpreis ausgezeichnet, doch
ohne das Verdienst dieser Wissenschaftler schmälern zu wollen,
scheinen sie nur Wiederentdecker dieser Mineralien gewesen zu sein,
derer sich die alten Ägypter bereits seit einigen Jahrtausenden be-
dient hatten.

Weder Röntgen noch Becquerel waren sich zunächst der Bedeutung und der Folgen ihrer Entdeckung bewußt. Während von den
ägyptischen Priestergelehrten Uransalze vermutlich als tödlicher
Gräberschutz verwendet wurden, hantierte man noch Anfang des
20. Jahrhunderts mit den zum damaligen Zeitpunkt noch unbekannten strahlenden Substanzen ohne jeden Schutz herum. Antoine H.
Becquerel fuhr damals sogar aus Frankreich mit einigen Gramm
Radium, die er in seiner Westentasche aufbewahrte, zu einem wissenschaftlichen Vortrag nach London, wobei er sich unwissentlich
schwere Verbrennungen zuzog.

Als man dann noch die Eigenschaft des Leuchtens der radioaktiven
Substanz entdeckte, blühte im amerikanischen New Jersey eine große Leuchtzifferblatt-Industrie auf. Da die radioaktive Leuchtfarbe
mit Pinseln auf die Zifferblätter von Uhren aufgetragen wurde, nahmen die Arbeiterinnen die Pinselspitzen in den Mund, um sie an-
zuspitzen. Es dauerte keine zwei Jahre, bis die ersten Frauen an
fiebrigen Entzündungen starben.

Das selbe Schicksal wie die 42 Arbeiterinnen von New Jersey erlit-
ten Archäologen um die Jahrhundertwende, die an ägyptischen Ausgrabungen teilgenommen hatten, ohne daß die Todesursache jemals
festgestellt werden konnte. Die Todessymptome waren allerdings
in fast allen Fällen identisch. Die Archäologen hatten fiebrige Entzündungen und klagten über Müdigkeit. Bei neunzig Prozent der
Todesopfer wurden Anzeichen einer Gehirnschädigung diagnosti-
ziert. Professor Bulgarini sagt dazu:

»Die ägyptischen Priester hatten entweder nur den Boden ihrer Gräber mit Uranium bedeckt oder aber die Gräber von Anfang an mit
radioaktivem Gestein ausgebaut. Diese Strahlung ist auch heute

noch in der Lage einen Menschen zu töten oder zumindest gesundheitlich zu schädigen.«

Die ägyptische Altertümerverwaltung beschloß im Januar 1992 vereinzelte Mumien, die sich im Ägyptischen Museum von Kairo befanden, zu untersuchen. Das Projekt sah vor, die Fäulniskeime, die sich durch die Temperaturschwankungen und die Feuchtigkeit im Ägyptischen Museum an den Mumien ausbreiteten, zu stoppen. Dabei wurde eine sonderbare Entdeckung gemacht. Nachdem französische Radiologen in Zusammenarbeit mit den Ägyptern einige der Mumien geröntgt hatten, stellten sie fest, daß gerade die ältesten Mumien radioaktiv strahlten. Einer der ägyptischen Projektteilnehmer, Abdallah el-Din Allouch, berichtete im Mai 1992 in der Kairoer Wochenzeitung *Al-Ahram*:

»Jedesmal, wenn wir mit einem Meßgerät an bestimmte Mumien näher gekommen waren, schlugen die Geräte Alarm ...«

Das für die unsichtbare Strahlung verwendete Meßgerät, von dem hier die Rede ist, war nichts Geringeres als ein Geigerzähler. Doch Geigerzähler sind eine Erfindung unseres Jahrhunderts. Der deutsche Physiker Dr. Hans Geiger (1882–1945) hat sich das »Geiger-Müller-Zählrohr« erst 1928 patentieren lassen. Es war ein Anzeigegerät für ionisierende Strahlungen (Höhenstrahlung, radioaktive a-, ß-, y-Strahlen), das auf der Einleitung einer kurzzeitigen Gasentladung durch Stoßionisation beruhte.

Die Ägypter sollen laut Expertenansicht jedoch all dies nicht gekannt haben. Die Ägyptologin Dr. Ann Macy Roth meint dazu:

»Woher um Himmelswillen sollten die Einbalsamierer der Pharaonen gewußt haben, daß einige Mineralien unsichtbare Strahlungen abgeben, wenn sie über keine modernen Geräte wie den Geigerzähler verfügten?«

Die Antwort auf diese Frage ist einfach: Die Pharaonen müssen eben das Patent für die unsichtbare Strahlenmessung bereits gekannt haben! Denn eine ganz natürliche Radioaktivität existiert außer in Uranerzen auch in Granit. Dies muß man allerdings erst einmal wissen, und ohne einen Geigerzähler ließe sich die Strahlung tatsächlich nicht feststellen. Vielleicht sind aber gerade deshalb, weil es die Pharaonen messen konnten, bereits 1973 radioaktive Meßwerte auch innerhalb der Großen Pyramide von Giseh festgestellt worden.

258

Wie aber hatten die ägyptischen Priester die Existenz der unsichtbaren Strahlenenergie herausgefunden?
Vielleicht kann uns eine Felszeichnung aus der russischen Ortschaft Navoij zu einer Aufklärung verhelfen. Wie die steinzeitliche Fels-

abbildung 127 zeigt, sind fünf Personen damit beschäftigt, eine in einem Strahlenkranz eingehüllte sechste Gestalt in einer Art Opferzeremonie zu transportieren und ihr Opfergaben darzubieten. Die Gestalt, die sich in einem Behälter befindet, wird auf einem Lastentier davongetragen und dabei durch vier Personen vorsichtig gestützt. Das

Abb. 127: Felsabbildung

Seltsame dabei ist, daß vier der Personen, die sich in der Nähe des vasenähnlichen Gegenstandes aufhalten, eine Art Maske oder Atemgerät tragen. Eigenartigerweise benötigt aber die Person links unten und die Personen unter der Platte sowie das Lastentier keine Schutzvorrichtung.
Auch wenn wir der unsichtbaren Röntgenstrahlung ausgesetzt werden, bietet nur eine Bleiplatte entsprechenden Schutz.
Ist hier vielleicht eine ähnliche Schutzvorrichtung dargestellt?
Wie wir gesehen haben, wurde auch das für die vorzeitliche Steinbearbeitung verwendete Wunderwerkzeug »Schamir« in einem eigens dafür vorgesehenen bleiernen Kasten aufbewahrt. Vielleicht ging auch dabei eine Art Strahlung von dem Gerät aus. Als Wilhelm C. Röntgen im November 1895 die Wirkung von Kathodenstrahlen untersuchte, stellte er fest, daß diese Strahlen ein zufällig vorhandenes und mit Bariumplatinzyanür überzogenes Blatt Papier zum Leuchten brachten und zwar auch dann, wenn er zwischen die Strahlenquelle und das Papier ein Buch oder eine Holztafel hielt. Die einzige Schutzvorrichtung gegen die ominösen Strahlen bietet das Metall Blei. Röntgen war erstaunt und begann sofort mit einem Programm von Experimenten, um mehr über die rätselhaften »X-Strahlen« herauszufinden. Schon einen Monat später faßte er seine Ergebnisse in seiner Arbeit »Über eine neue Art von Strahlen« zusammen, die er am 28. Dezember 1895 der *Würzburger Physikalisch-Medizinischen Gesellschaft* vortrug. Die Bedeu-

tung der Röntgenstrahlen für die Medizin und Chirurgie wurde rasch erkannt, woraufhin Röntgen weltweit berühmt wurde. Inzwischen benutzen wir die Meßmethode mit Röntgenstrahlen sogar bei der Erforschung des Weltraums.

Stammt vielleicht auch dieses Patent ursprünglich von den Pharaonen?

Es spricht tatsächlich einiges dafür! In der Oase Dachla, die nordwestlich von Ägypten innerhalb der heutigen Libyschen Wüste liegt, fanden Archäologen im Jahre 1951 ein seltsames Artefakt. Nach den Berichten der Archäologen handelte es sich demnach um einen sogenannten »Zauberspiegel«, von dem bereits die altägyptische Literatur erzählt. Bisher wurden die Legenden über die Macht »der grünen Zauberspiegel«, die den »Körper erhellen« konnten, stets ins Land der Märchen verbannt. Der Kairoer Arzt und Ägyptologe Dr. Fawzi Soueha hingegen sieht in diesem archäologischen Fund das Abbild eines altägyptischen Röntgenapparates. Als Soueha 1992 eingehendere Untersuchungen an dem prähistorischen Relikt vornehmen wollte, hieß es von Seiten der ägyptischen Altertümerverwaltung, daß dieses Fundstück bereits archiviert und unauffindbar sei. Dies ergab allerdings keinen Sinn, denn wenn man etwas katalogisiert und es danach an seinem Bestimmungsort einlagert, dient dies lediglich einer vereinfachten späteren Zugriffsmöglichkeit. Obwohl Dr. Fawzi Soueha Ägyptologe und sogar der ehemalige Direktor des Kairoer Museums für Medizin und Pharmazeutik ist, blieb ihm bis heute jeglicher Zugang zu dem mysteriösen Fund verwehrt.

Aber warum?

Der österreichische Wissenschaftsjournalist Reinhard Habeck weist in seinem Buch »Das Unerklärliche« darauf hin, daß der ägyptische »Zauberspiegel« von Dachla möglicherweise mit einer Legende über den chinesischen Kaiser Ts'in Shi in Zusammenhang steht. Demnach hatte der chinesische Kaiser einen ähnlichen »Zauberspiegel«, mit dem es möglich war »die Knochen des Körpers zu erhellen«. Im Gegensatz zu den Ägyptern, die nur den Körper erhellten, ist die Parallele der chinesischen Apparatur zu der Erfindung von W. C. Röntgen nicht von der Hand zu weisen. Reinhard Habeck schreibt in bezug auf seine Recherchen und über den Verbleib des chinesischen »Zauberspiegels«:

»Noch im Jahre 206 unserer Zeitrechnung soll sich diese außergewöhnliche Apparatur im Palast von Hien-Jang in Shensi befunden
haben.«

*Warum haben die alten Pharaonen ihre Mumien überhaupt radio-
aktiven Strahlung ausgesetzt?*

Der Einsatz von radioaktiver Strahlung könnte ein wesentlicher
Bestandteil der alten Konservierungsmethode bei dem Mumifizie-
rungsverfahren gewesen sein. Auch wir setzen heute bestimmte Ge-
müse- und Fruchtsorten, die aus den Entwicklungsländern impor-
tiert werden, einer kurzen radioaktiven Bestrahlung aus. So sind
auch die meisten Tomaten oder Bananen in Ihrer Küche radioaktiv
behandelt worden, um die beim langen Transportweg entstehen-
den Mikroorganismen, die Fäulnis verursachen, schon im Vorfeld
abzutöten. Gleichzeitig werden die einer ungefährlichen Strahlen-
dosis ausgesetzten und somit präparierten Früchte noch länger halt-
bar gemacht. Darüber hinaus müssen die Pharaonen aber auch um
die Gefährlichkeit der Radioaktivität gewußt haben.

Um die Wende des 19. zum 20. Jahrhunderts zogen dreiunddreißig
Minengesellschaften aus aller Welt durch Ägypten bis zum süd-

Abb. 128: Zeichen für
Radioaktivität.

lichsten Zipfel nach Äthiopien, um mit abenteuerlichen Expeditionen die Abbaurentabili-
tät verfallener altägyptischer Bergwerke zu untersuchen. Erstaunt wurde festgestellt, daß alle
natürlichen Vorkommen durch die alten Ägypter gründlich ausgebeutet waren. Dennoch erwarben 25 Gesellschaften und Syndikate vom
ägyptischen Staat neue Schürfkonzessionen.
Der britische Ingenieur Charles J. Alford, der
für die *Egyptian Mines Exploration Company*

arbeitete, entdeckte am 14. Februar 1903 tatsächlich gold- und vor
allem uranhaltige Schächte und Gänge, die sich auf einer sechs Qua-
dratkilometer großen Fläche erstreckten. Charles J. Alford berichtet auch von verfallenen Steinhütten, die offensichtlich den altägyptischen Bergarbeitern als Behausung gedient hatten.

Etwa zur gleichen Zeit hatte auch die Bergwerksgesellschaft *Egyptian Sudan Minerals* ihr Hauptquartier in dem von Gruben und
Stollen durchzogenen Gebiet von Derekib aufgeschlagen. Auch in
dieser Gegend fand man noch goldhaltiges Gestein. Am Ende eines

solchen Stollens stießen die Mineningenieure der Bergwerksgesellschaft auf eine aus behauenen Steinen aufgetürmte Mauer, die irgendwelche verwitterten Hieroglyphen trug. Die Mauer innerhalb
des Stollens ergab aber keinen Sinn.

*Wollten die alten Ägypter hier vielleicht die gefährlichen radioak-
tiven Strahlen abschirmen?*

Zwar ließ der Oberingenieur William A. Smith diesen seltsam anmutenden Stollen wieder zuschütten, doch läßt sich aus den Gra-
bungsberichten der *Nile Valley Company* ersehen, daß sich im alten Ägypten unter Tage mehr tat, als wir es uns bisher vorstellen
können. In unmittelbarer Nähe von Derekib schlossen die Gruben
von Umm-Garayat an, wo sich die *Nile Valley Company* niederge-
lassen hatte.

Abb. 129: Ägyptische Hie-
roglyphe für Radioaktivität?

Im Südosten von Umm-Garayat liegt das
Wadi Onguat. Auch die Mitarbeiter der
Nile Valley Company entdeckten hier in
27 Gruben unbekannte ägyptische Hiero-
glypheninschriften, die bis heute nicht zu
entziffern waren.

Das Seltsame war, daß die Stollen bereits
von den alten Ägyptern zugemauert worden waren, woraufhin dann erst die seltsamen Hieroglyphen angebracht wurden.
Eine Hieroglyphe, die eine dreiblättrige
Blume darzustellen scheint, verblüfft durch
ihre Ähnlichkeit mit unserer heute verwen-

deten Atomkraft-Petroglyphe. Das einzige, was unseren Philologen bisher gelungen ist, ist die Identifizierung des Priesterschrei-
bers: sein Name lautete »Amun-Hotep«.

Kapitel 9

DAS OSIRIS-ERBE

Die mysteriöse Gestalt des in Leinen umwickelten Osiris, der in den Glaubenslehren des alten Ägypten für den heliopolitanischen Gott Ra in Memphis eine Rivalität bedeutete, ist uns im Zuge des Osiris-Mythos bis jetzt erhalten geblieben. Demnach brachte erst Osiris dem Menschen die Kultur und den technischen Fortschritt. Doch wer er war, wird von den Gelehrten immer noch mit einem Schulterzucken beantwortet. Nach dem deutschen Ägyptologen Dr. Kurt Sehte (1869–1934) könnte der Osiris-Mythos den tragischen Tod eines frühen ägyptischen Königs beschreiben, um den diese Sage erst im Laufe der Zeit entstanden ist. Doch außer in den Pyramidentexten und dem Gedankengut der ägyptischen Jenseitsbücher läßt sich über Osiris nicht die geringste Spur finden. Im Gegensatz zu anderen Gottheiten findet man über Osiris auch wenig von seinen Taten. Das einzige, was man immer wieder erfährt, sind nicht etwa kriegerische Leistungen oder allgemeine gute Taten als Gott-König, sondern daß er sich als Herrscher und Richter der Toten etablierte. Wahrscheinlich werden deshalb schon zur Zeit der 5. Dynastie die verstorbenen ägyptischen Könige als Osiris vergöttlicht. Doch wie wir im Kapitel 2 erfahren haben, geht dieser sogenannte Osiris-Kult mindestens bis in das Jahr 7.900 v. Chr. zurück und besaß in seinen Anfängen stets eine kosmische Verbindung zu den unvergänglichen Sternen.

Abb. 130: Osiriskult

Im Mittleren Reich entsteht schließlich der Glaube, daß durch diese Gottheit sogar irgendwann alle Toten auferweckt werden. Obwohl er durch seinen Bruder Seth in mehrere Teile zerschnitten wurde, gelang auch Osiris einst die Wiederauferstehung. Daraus leitet sich meiner Ansicht nach auch der Glaube an die Auferstehungsberichte in den Offenbarungen des Islams und des Christentums ab, der in den jeweiligen Glaubensbüchern niedergeschrieben wurde.

Was verbirgt sich aber tatsächlich hinter diesem Mysterium?

Der damalige Direktor des Ägyptischen Museums in Kairo, Dr. Henry Riad, erteilte bereits 1972 einigen Wissenschaftlern die Erlaubnis eine umfangreiche Röntgenuntersuchung an Mumien der alten Pharaonen vorzunehmen. Dabei beschäftigte sich Dr. James E. Harris von der amerikanischen Universität Michigan intensiv mit der Mumie der Priesterin Makare. Die Bandagierung ihres Körpers ließ den Schluß zu, daß die Priesterin vermutlich während einer Fehlgeburt verstorben war. Denn das in Leinen umwickelte Baby lag ebenfalls noch im Sarkophag auf dem Körper der Mutter. Der Wissenschaftler war über das Resultat seiner Untersuchungsergebnisse mehr als verblüfft. Anfangs schien alles normal, doch dann bemerkte Harris, daß der Säugling mit einem Paviankopf ausgestattet war. Das Gehirn entpuppte sich für einen Pavian jedoch als viel zu groß.

Was hatte das zu bedeuten?

Der griechische Historiker Herodot berichtet im Kapitel 46 seiner »Historien«, II, daß die Götterverehrung der alten Ägypter soweit ging, daß Frauen auf offenen Marktplätzen Verkehr mit Widdern hatten, weil sie in diesem Tier den Vertreter ihrer Gottheit Chnum erkannten. Die Sodomie-Praktiken, die Herodot als peinlich empfand, gehörten bei den traditionsbewußten Ägyptern zum Alltag. Das läßt wiederum die Spekulation zu, daß die Priesterin Makare, vielleicht bei dem Geschlechtverkehr mit einem Pavian, sich durch die Gottheit Thot beglückt fühlte, da diese außer mit einem Ibis auch mit dem weißen Affen versinnbildlicht wurde. Doch rein medizinisch gesehen sind derartige Befruchtungen zwischen Tier und Mensch nicht möglich.

Wie ist das Vorhandensein des Pavianbabys dann zu erklären?

In den Sagen der Juden von der Urzeit wird von einer Ära des Menschen erzählt, in der überall auf der Erde Sphingen existierten, die mit »… einem menschlichen Kopf und einem Löwenkörper« ausgestattet waren, welche an den minoischen Minotaurus erinnern. Über ähnliche Monsterwesen berichtet auch der ägyptische Priestergelehrte Manetho sowie der assyrische Gelehrte Beressos.

Abb. 131: Osiriszeremonie

Diesen unglaublich erscheinenden Berichten scheinen wir mit dem Beginn des 21. Jahrhunderts einen entscheidenden Schritt näher gekommen zu sein. Ich erwähnte diese transgenen Geschöpfe bereits an anderer Stelle, wo an nackten Mäusekörpern menschliche Ohren zu Transplantationszwecken gezüchtet werden. Der amerikanische Neurologe Dr. Robert J. White von der Universität *Case Western Reserve* in Ohio hat während des ersten Halbjahres 1999 mehrere Kopfverpflanzungen an Affen erfolgreich vorgenommen und meint:

»Auch die menschliche Kopfverpflanzung ist inzwischen machbar.« Im *Papyrus Westcar* wird ein ägyptischer Priestergelehrte namens Djedi erwähnt, der Tierköpfe von verschiedenen Arten nach Belieben austauschen konnte. Obwohl der Priestergelehrte anscheinend auch menschliche Köpfe verpflanzen konnte, wollte er derartige Praktiken jedoch selbst auf Befehl des Königs Chufu nicht anwen-

Abb. 132: Mischwesen: Praktizierten die Assyrier Kopfverpflanzungen?

den. Anders verhält sich indes die moralische Auffassung von Dr. Withe: Der einzige Umstand, der Neurologen bis jetzt daran hindert, wie einst unsere Ahnen einen menschlichen Kopf an einen neuen Körper zu transplantieren und dabei Gott zu spielen, ist das Fehlen von 2,4 Millionen Mark. Alt gewordene Patienten hätten für diese

umfangreiche Operation nur das benötigte Geld aufzubringen und würden am Körper nie altern. Zur Zeit gibt es aber (zum Glück!?) noch einen entscheidenden Nachteil der Verpflanzungsmethode: Der neue Körper würde unterhalb des Halses auf ewige Zeiten gelähmt sein. Dr. White und seinen Kollegen ist es bei den Tierversuchen bisher nämlich noch nicht gelungen, die Spiralnerven zwischen Kopf und neuem Leib miteinander zu verbinden.

Die Kopftransplantation wurde überhaupt erst möglich, weil der erfahrene Neurologe ein eigenes Kühlgerät für Blut und Gehirn entwickelt hat, mit dem die Temperatur des narkotisierten Kopfes von 36,7 auf 10 Grad Celsius gesenkt werden und das Gehirn den Eingriff somit ohne Blutzufuhr schadlos überstehen könnte. Nur eine Stunde soll der Eingriff dauern, der von White bereits auch an menschlichen Leichen erprobt und weiterentwickelt wurde. Am 30. August 1999 sagte Dr. White überzeugt:

»Anfang des 21. Jahrhunderts wird die Frankenstein-Legende Wirklichkeit.«

Doch nicht nur die Frankenstein-Legende bekommt ein wissenschaftliches Fundament, sondern auch die mythologisch wirkenden Überlieferungen unserer Vergangenheit. Denn in Giseh befindet sich die Sphinx, die die größte Abbildung eines urzeitlichen transgenen Geschöpfs darstellt.

Dient es möglicherweise als Zeugnis unserer genetischen Erschaffung?

Nach den Schriften des arabischen Chronisten Abdallah al-Latif waren die Pyramiden von Giseh noch im 12. Jahrhundert mit weißem »Mar-Mar« (Tura-Stein) überzogen und mit einer unentzifferbaren Schrift bedeckt. Doch zur selben Zeit wurden die Pyramiden unter König Saladin (1138–1193 n. Chr.) bereits systematisch als Steinbruch benutzt. Nach den Überlieferungen habe vor allem Emir Karakusch (»Dunkler Vogel«) mehrere kleine Pyramiden zerstört, um im aufstrebenden Kairo Bauvorräte anzulegen.

Der Gelehrte al-Latif berichtet auch über den damaligen Zustand von »Abu Hol« (»Vater des Schreckens«), den die ägyptischen Könige während ihrer Regentschaft in Saïs einfach »Ruti« (»Löwe«) oder »Hul« (»Ewiger«) nannten und den wir besser unter seinem griechischen Namen »Sphinx« kennen. Er beschreibt sein schönes Gesicht »... von rötlicher Tönung und rotem Lack so leuchtend wie frisch gemalt«. Da er die Nase der Sphinx ausdrücklich erwähnt, darf man annehmen, daß sie – trotz der Hinweise einiger anderer Reiseberichterstatter, sie könne schon im 10. Jahrhundert gefehlt haben – zum Besichtigungstermin des Arabers noch intakt war. Eine sorgfältige neue Untersuchung des Gesichts läßt nämlich darauf schließen, daß bis heute unbekannt gebliebene Gestalten der Geschichte in die Nase des Sphinx-Bauwerks vorsätzlich lange hölzerne Keile oder eiserne Meißel getrieben haben: einmal von oben in die Nasenwurzel und ein andermal von unten zwischen die Nasenlöcher. Dann wurde die 1,70 Meter lange Nase einfach nach rechts weggehebelt und fehlt seither. Nach dieser vorsätzlichen Zerstörung fingen im Laufe der Jahrhunderte auch negative

Abb. 133: Die große Sphinx.

Umwelteinflüsse und Salzablagerungen an, sich durch das Bauwerk zu nagen.

Im Februar 1992 lud die ägyptische Antikbehörde in Kairo zu einem internationalen Symposium über den Stand und die Methoden zur Restaurierung der großen Sphinx ein, zu dem Geologen, Naturwissenschaftler und Archäologen aus aller Welt kamen. Dabei wurde erstmals (!) der ernsthafte (!) Versuch gestartet, auf internationaler Ebene die Analysemöglichkeiten verschiedener mit Steinrestaurierungsmethoden befaßter Institutionen für den Erhalt des sich auf dem Giseh-Plateau befindlichen Bauwerks vorzulegen. Nach einer mehrjährigen mühsamen Restaurierungsphase ist es den Projektmitarbeitern nach ihren Angaben 1998 tatsächlich gelungen, die Sphinx für die nächsten 1.000 Jahre zu konservieren und sie somit der Nachwelt zu erhalten.

Am 26. Mai 1998 gelang es den verantwortlichen Ägyptologen aber auch, mit ihrer Laser-Inszenierung zur Wiederfreigabe der Sphinx die Öffentlichkeit erneut in die Irre zu führen. Auch der ägyptische Präsident Hosni Mubarak sowie der Generaldirektor der UNESCO, Frederico Mayor, die an der Veranstaltung teilnahmen, wurden an der Nase herumgeführt. Die Bilder, wie die Sphinx mit Laserstrahlen in ein phantastisches Licht gehüllt wurde und wie 300 Komparsen dazu in Kostümen altägyptischer Soldaten ihre Tanzchoreographie aufführten, übertrug das Fernsehen in die ganze Welt. Nur für die geheimnisvollen Gänge und Kammern unterhalb der Sphinx schien sich niemand zu interessieren.

Was aber war der Grund dafür?

Allgemein herrscht heute unter den Ägyptologen große Zurückhaltung gegenüber der Vorstellung, daß »in« oder »unter« der Sphinx ein Grab oder sogar eine verborgene Kammer vorhanden sein könnte. Das war aber nicht immer so. Zwar ist der größte Teil des sichtbaren Bauwerks aus gewachsenem Kalkstein herausgehauen, das besagt aber nicht, daß keinerlei Zugänge existieren würden, die unter das Bauwerk führen. Schon 1579 erwähnt der deutsche Reisende Johannes Helffrich, wie die heidnischen Priester von einem weiter entfernt liegenden Eingang in das Bauwerk eindrangen und vom Kopf der Statue zum Volk sprachen. Auch R. W. H. Vyse fragte sich 1837, ob im Leib der Sphinx vielleicht eine bislang verborgene Kammer stecke, die den bisherigen Forschungsreisenden entgangen war. Mitte des 19. Jahrhunderts wies der britische Oberst seine Leute entsprechend seinen Vorstellungen an, von der oberen Hinterseite des Bauwerks direkt in den Körper der Skulptur zu bohren. Als das Bohrgestänge nach 8,2 Metern festsaß, ließ es Vyse mit Schießpulver einfach freisprengen und gab seine Suche nach der vermeintlichen Kammer auf. Seine Begründung für die Einstellung der Arbeiten bleibt jedoch widersprüchlich:

»Da ich dieses ehrwürdige Denkmal nicht verunstalten wollte, wurde die Grabung abgebrochen und der meterlange Bohrmeißel darin zurückgelassen.«

Daraufhin hatte Vyse eine neue Idee: Ausgehend von dem Spalt, den der Sohn Saladins im Jahre 1196 n. Chr. in der Mykerinos-Pyramide zurückgelassen hatte, wollte auch er sich in den Kern dieses Bauwerks vorarbeiten. Der Brite grub mit seinem Team einen Tunnel gleich neben der Zentralachse der Pyramide und trieb ihn bis zur Pyramidenbasis vor. Die Arbeiter waren gezwungen vor jeder Sprengung die Pyramide zu verlassen. Danach mußten sie Stunden warten, bis sich der Staub gelegt hatte, um schließlich

das Geröll entfernen zu können. Doch auch im Oberbau der Mykerinos-Pyramide konnte Vyse keine Kammern und Gänge entdecken, die ihn seinem Ziel näher brachten.

Schließlich rückte Vyse auch dem Mantel der Großen Pyramide mit Schießpulver zu Leibe. Die Absicht, an diesem Ort ebenfalls eine bisher unbekannte Kammer zu entdecken, blieb ebenso erfolglos. Mit der Sprengung eines Zugangs zu den über der Königskammer befindlichen Entlastungs-

Abb. 134: König Chephren.

kammern sah er sich seinem Ziel zwar sehr nahe, doch auch diese Räume entsprachen nicht der gesuchten Geheimkammer.

Was aber war der Grund für die Suche nach der geheimnisvollen Kammer, die Vyse unbedingt finden wollte?

Seit mehr als 200 Jahren suchen Autodidakten und Auftragsarchäologen nach dem Erbe des Osiris, das sich in einer verborgenen Kammer in Giseh befinden soll. Im April 2001 gab der französische Pilot Jaques Bardot und die Biologin Francine Darmon der Pariser Presse bekannt, daß sich dieses Erbe innerhalb der Großen Pyramide befinde, wo zudem unzählige Räume, Gänge und Schachtausbuchtungen vorhanden seien. Sie stützten ihre Mutmaßungen auf die vor drei Jahrzehnten von den Architekten Gilles Dormion und Jean-Patrice Goidin mit elektronischen Detektoren nachgewiesenen Hohlräume.

Unter Mithilfe der Ägyptischen Altertümerverwaltung wurden im Juli 1986 Mikrosonden durch einen etwa 2,5 Meter dicken Granitblock getrieben. Die Forscher stießen dabei auf einen drei Meter breiten und etwa 5,5 Meter hohen Hohlraum direkt unter der Königinnenkammer, der mit feinkristallinem Quarzsand gefüllt ist. Ebenso gelang es den französischen Architekten, hinter der nordwestlichen Wand dieser Kammer ein zweites Gangsystem zu entdecken. Nachdem internationale Reporter den Direktor des Giseh-Plateaus, Dr. Zahi Hawass, mit diesen Aussagen konfrontierten, dementierte er:

»Mr. Bardot und Mrs. Darmon waren zu keiner Zeit mit Forschungsarbeiten innerhalb der Pyramide beauftragt!«

Bei dieser Gelegenheit kam aber etwas ganz anderes heraus: Im Oktober 2000 führte Gilles Dormion mit Unterstützung des Archäologen Dr. Jean-Yves Verdhurt ohne offizielle Genehmigung neue Radarmessungen in der Großen Pyramide durch. Diesmal wurden noch mehr Hohlräume festgestellt und mehrere Schachtsysteme anhand der Radarbilder ausgewertet, die Bardot und Darmon auf den Plan gebracht hatten. Doch auch nachdem die neueren Untersuchungen bekannt wurden, verstand es Hawass, diesen Forschungen einen Riegel vorzuschieben:

»Es wird ein Komitee aus ausgesuchten Spezialisten zusammentreffen, das dann entscheiden wird, ob die französischen Forscher zumindest ihre Untersuchungen mit besseren Apparaturen wiederholen können und die besagten Stellen innerhalb der Pyramide untersuchen dürfen. Diese offizielle Untersuchung würde mit dem Segen der SCA under der Bezeichnung ›Dormion-Verdhurt-Projekt‹ durchgeführt werden.«

Wer es glaubt wird selig!

Forschungen an der Sphinx, die bereits zwischen 1998 und 1999 durchgeführt wurden, belegen nämlich, daß zumindest unterhalb des Bauwerks tatsächlich eine Art Labyrinthsystem aus verästelten Kammern und Gängen besteht, wo nach ägyptischen Legenden das Vermächtnis der mysteriösen Gottheit »Osiris« aufbewahrt werde. Somit muß hinter dem Sphinx-Bauwerk ein größeres Geheimnis stecken als nur seine kolossale Größe.

Die Ägyptologen meinen, daß sich auf der Sphinx-Stirn einmal eine Uräus-Schlange aus Metall befun-

Abb. 134a: Dieser Eingang führt unter die Sphinx!

den habe, was man heute immer noch an dem Einsatzloch der Halterung erkennen kann. Auch ein Bart soll die Sphinx einst geziert haben, bevor er gemeinsam mit ihrer Nase abgebrochen wurde. Der italienische Archäologe Giovanni Battista Caviglia entdeckte im Jahre 1816 noch Bruchstücke des falschen Bartes und katalogisierte sie für die Nachwelt. Dieser von den Ägyptologen immer wieder gern ignorierte, verbotene Fund befindet sich heute im Britischen Museum von London und ist eigentlich ein Beweis für die göttliche Herkunft des Bauwerkes. Doch weil der Standort der Sphinx unweit der Chephren-Pyramide gelegen ist, haben die zeitgenössischen Experten für die Versinnbildlichung der Sphinx keine bessere Erklärung gefunden als die von dem Ägyptologen Dr. Kurt Lange:

»Der Erbauer der Sphinx war Pharao Chephren gewesen, dessen Haupt auf einem Löwenkörper seine königliche Macht symbolisierte.«

Obwohl die Sphinx in Wahrheit ein anonymes Monument der Zeitgeschichte ist, unterstützt auch Dr. Zahi Hawass diese These und meint:

»Die Sphinx stellt Chephren als Horus dar, der seinem Vater Cheops Opfer darbringt.«

Von welchen Opfern Dr. Hawass ausgeht, bleibt jedoch bisher sein Geheimnis. Aber auch der amerikanische Ägyptologe Professor Mark Lehner, der bis 1996 am *Institut für Orientforschung* an der Universität von Chicago einen Lehrstuhl besaß, legte noch einen drauf und präsentierte 1991 sogar anhand einer Untersuchung von Computergraphiken den scheinbaren Beweis, daß das Skulpturengesicht von Pharao Chephren exakt dem Kopf der Sphinx entspricht. Auch wenn diese Ansicht inzwischen in allen Lehrbüchern betoniert ist, entbehrt sie dennoch jeglicher sachlichen Grundlage!

Bereits 1974 hatte der britische Physiker Kurt Mendelsohn in seinem Buch »Das Rätsel der Pyramiden« eine andere Ansicht bezüglich der Entstehung des Bauwerkes geäußert:

»Als Typ scheint die Darstellung eines Löwen mit Menschenantlitz schon früher als die Thronbesteigung von König Chaefrê ausgebildet worden zu sein, so daß ihr Chaefrê's Architekten nur unter Benutzung einer vorhandenen Felspartie gigantische Dimensionen zu geben brauchten.«

Selbst Professor Mark Lehner hatte 1992 vor der Jahresversammlung der *American Association for the Advancement of Science* gesagt:

»Es gibt keine direkte Möglichkeit die Sphinx selbst zu datieren, da sie unmittelbar aus gewachsenem Gestein herausgehauen worden ist.«

Sich an der Tatsache störend, daß sich mit Lehners wackeligem Computerverfahren jeder x-beliebige Kopf auf den Körper der Sphinx projizieren ließ, wurde 1993 ein unabhängiges, endlich interdisziplinäres Forschungsprojekt ins Leben gerufen. Der Detektiv Frank Domingo, der über 20 Jahre als Leutnant für die New Yorker Polizei Phantombilder von gesuchten Verbrechern angefertigt hatte, flog nach Kairo, um die ägyptischen Skulpturen zu untersuchen. Der Spezialist Domingo hatte sogar im letzten Abschnitt seiner Berufslaufbahn für die Gerichtsmedizin gearbeitet, wo er Gesichter von Opfern rekonstruieren mußte, die entweder stark verstümmelt oder bei denen Teile des Kopfes überhaupt nicht mehr vorhanden waren.

Frank Domingo verglich nun das Gesicht der Sphinx mit dem der

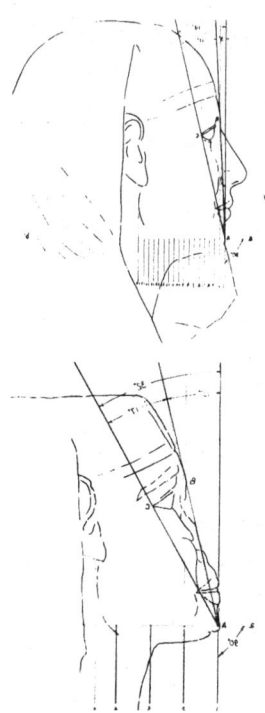

Abb. 135: Skizze nach Frank Domingo.

Chephrenstatue im Ägyptischen Museum von Kairo, wonach er präzise Skizzen und Zeichnungen beider Skulpturen anfertigte. Daraufhin konnte er anhand der Gesichtszüge beider Darstellungen tatsächlich beweisen, daß es sich um zwei unterschiedliche Individuen handelte.

Nachdem die Zuordnung der Sphinx mit Pharao Chephren als Bauherr unhaltbar geworden war, zauberten die neuzeitlichen Ägyptologen einfach einen neuen König. Im *Cambridge Archaelogical Journal* schrieb Professor Mark Lehner:

»Obwohl wir sicher sind, daß die Sphinx aus der 4. Dynastie datiert, sehen wir uns dem Problem gegenüber, daß es keinerlei Texte aus dem Alten Reich gibt, in denen sie erwähnt wird.«

Damit vertreten die Ägyptologen die neue Theorie, daß auch bei diesem Bauwerk Pharao Cheops der Bauherr sei. Dieser Unsinn ist nicht nur absurd, sondern grenzt an Frechheit, wenn man mit pseudowissenschaftlichen Methoden jemanden für dumm verkaufen möchte! Denn bereits im 19. Jahrhundert war der deutsche Ägyptologe Professor Heinrich Brugsch (1827–1894) zu der Ansicht gelangt, daß dieses Bauwerk sogar schon vor der Zeit von Pharao Cheops existiert haben müsse:

»Der Sphinx muß bereits dort gestanden haben, bevor Cheops den Ort als Steinbruch benutzte.«

Heinrich Brugsch stützte seine Feststellung auf die Inschrift der im Jahre 1800 entdeckten »Register-Stele«, derzufolge Pharao Cheops lediglich Reparaturarbeiten an der Sphinx vorgenommen haben soll. Des weiteren ist es seltsam, daß alle von den Pyramiden zu den Taltempeln hinabweisenden Wege an den Steinbrüchen entlang führen und an keiner Stelle von den Steinmetzen beschädigt wurden. Das ist ein Indiz dafür, daß die Steinbrüche erst nach Errichtung dieser heiligen Straßen angelegt worden waren, um die jüngeren

Mastabas und die Pyramiden der Königinnen zu errichten. Das heißt, daß die Steinquader der großen Pyramiden entgegen der Ansicht neuzeitlicher Ägyptologen tatsächlich andernorts gebrochen und nach Giseh geschafft worden sind. Diese Gegebenheit bestärkt die Hypothese des höheren Alters der Sphinx, die der französische Ägyptologe Professor C. Gaston Maspéro im Jahre 1900 folgenderweise begründete:

»Die Stele der Sphinx trägt in Zeile 13 den [Namen] Chefre in der Mitte einer Lücke […]. Es gibt meiner Ansicht nach einen Hinweis auf eine Freilegung und Restaurierung der Sphinx, die unter diesem Fürsten vorgenommen wurde, und folglich den mehr oder weniger sicheren Beweis, daß der Sphinx bereits zu Zeiten seiner Vorgänger im Sand verschüttet war.«

Wie schon Heinrich Brugsch meinte auch Maspéro damit, daß weder Cheops noch Chephren etwas mit dem Bau der Sphinx zu tun hatten bis auf die Möglichkeit, daß sie dieses Bauwerk restaurieren ließen.

Abb. 135: Dr. Zahi Hawass schickt einen Arbeiter zum unterirdischen Gangsystem.

Nach dem öffentlichen Druck seiner zeitgenössischen Kollegen widerrief er jedoch seine Theorie und vertrat die »neue« Ansicht, daß es sich bei der Inschrift der »Register-Stele« entweder um eine freie Dichtung der Tempelpriester oder die Kopie eines älteren Textes handelte. Deshalb wurde das Entstehungsdatum der Stele von Maspéro in das Jahr 1150 v. Chr. datiert. Verwundert war der französische Ägyptologe allerdings nach wie vor darüber, daß die Inschrift berichtet, wie das Bauwerk durch einen Blitzeinschlag beschädigt wurde und König »Chufu« persönlich nach dem Vorfall den Ort sowie den entstandenen Schaden besichtigte. Der König erwähnt darüber hinaus, daß bei dem Ereignis ein sehr alter Bergahornbaum in der Nähe der Sphinx ebenfalls beschädigt wurde:

»… als der Herr des Himmels auf den Ort von Horem-Achet niederging.«

Bei einer freien Dichtung hätte es nahegelegen, dem König nicht nur eine Reparatur dieses Bauwerks, sondern vielmehr den Bau der

Sphinx selbst zuzuschreiben. Auch der Kurator des Britischen Museums, Professor Ernest A. W. Budge, kannte um 1900 den Inhalt dieser Stele und vertrat trotzdem die folgende Ansicht:

»Dieses wundersame Bauwerk gab es bereits zur Zeit von König Chephren; aber wahrscheinlich ist es noch viel, viel älter und stammt aus dem Ende der archaischen Periode Ägyptens.«

Selbst Professor James Henry Breasteds Kommentar (er war Nachfolger von Budge) aus dem Jahre 1905 bezüglich seiner Untersuchungen an der »Traumstele« ist unter den Ägyptologen bis heute ungehört geblieben:

»Diese Erwähnung Pharao Chephrens ist als Hinweis darauf verstanden worden, daß die Sphinx das Werk dieses Königs war – ein Schluß, der nicht triftig ist.«

Es sollte uns nicht verwundern, daß der Ägypter Professor Selim Hassan mit seiner These bezüglich der Entstehungszeit der Sphinx von den Ägyptologen ebenfalls nicht weiter beachtet wird:

»Abgesehen von der verstümmelten Zeile auf der Granitstele Thutmosis IV., die nichts beweist, gibt es keine einzige antike Inschrift, die Chephren mit der Sphinx in Verbindung bringt.«

So gibt es heute nur eine Möglichkeit zu einer Lösung zu gelangen: Wir müssen das Bauwerk in seinen geologischen Schichten untersuchen und sein Alter bestimmen. Doch auch diese Untersuchung ist längst durchgeführt worden!

Die Monumente auf dem Plateau von Giseh sind seit Jahrhunderten zwei unterschiedlichen Erosionsprozessen ausgesetzt: Wind und Wasser. Bereits in den 1940er Jahren hatte der französische Forscher Professor René Aor Schwaler de Lubicz auf die auffälligen Erosionsspuren am Körper der Sphinx und im U-förmigen Felsausschnitt, aus dem sie herausgehauen wurde, hingewiesen. Doch was fehlte, waren harte wissenschaftliche Beweise, um solch eine kontroverse These zu erhärten.

Die geologischen Untersuchungen zu Beginn des Jahres 1992 von Professor Robert Schoch von der Universität Boston ergaben, daß die weichen Schichten des verwendeten Sandsteins abgetragen wurden, wodurch Einbuchtungen zwischen den härteren Felsschichten entstanden. Diese vertikalen Rinnen haben sich 90 bis 180 Zentimeter tief in den Fels eingefressen, die Professor Schoch als Folge andauernder schwerer Regenfälle interpretiert. Schoch berechnete

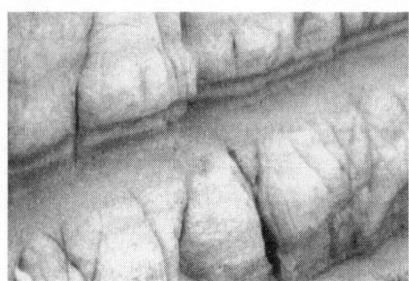

Abb. 136: Wassererosion im Sphinxgraben.

daher das Alter der Sphinx auf mindestens 7.000 bis 9.000 Jahre und nennt dies jedoch »... eine bewußt konservative Schätzung«.

Demzufolge seien die gesamten Monumente von Giseh aus dem gleichen Stein erbaut wie die Sphinx. Doch nur auf dieser riesigen Skulptur und an den Mauern zweier stark verwitterter Tempel in ihrer unmittelbaren Nähe existieren die »Wasser-Erosionsspuren«.

Im März 2000 untersuchte der Geologieprofessor zudem verschiedene Schächte und Tempelreste in Giseh, aber auch Grabkammern tief im Inneren der Roten Pyramide von Dahschur. Dort sind gewaltige Sandblöcke offenkundig von schwerer Wassererosion beschädigt worden, Jahrtausende bevor die Pharaonen über den vorhandenen, viel älteren Strukturen die Pyramide errichten ließen.

Eine Bestätigung für seine Theorie fand der Geologe im Pyramiden- und Gräberumfeld von Sakkara. Sogenannte Mastabas, Gräber aus der ersten und zweiten Dynastie, und damit nach offizieller Lehrmeinung einige Jahrhunderte vor der Sphinx erbaut, weisen nämlich keinerlei Spuren von Wassererosionen auf! Für Schoch ist der Fall damit klar: König Chephren ist nicht der Erbauer der Sphinx; er hat dieses Monument nur reparieren und bestenfalls umgestalten lassen, was die Stele mit seinem Namen erklären würde, die man im nahen Taltempel fand – und die bei den Ägyptologen als Beweis für seine Urheberschaft gilt. Demzufolge wäre die Sphinx nachweislich sogar mindestens 2.500 Jahre vor der Thronbesteigung von König Cheops erbaut worden!

Der amerikanische Geologe Dr. David Coxhill und Dr. Colin Reader von der Universität London haben inzwischen die Befunde Schochs bestätigt. Doch die Ägyptologen lassen sich davon, wie so oft, nicht beeindrucken. Professor Schoch kommentierte seine Untersuchungsergebnisse gegenüber den Ägyptologen so:

»Wenn meine Resultate im Widerspruch zu den Theorien der Ägyptologen stehen, was den Ursprung der Zivilisation angeht, dann ist es für sie vielleicht an der Zeit ihre Theorien zu überdenken. Ich behaupte nicht, die Sphinx sei von den Bewohnern von Atlantis, von Marsmenschen oder Außerirdischen geschaffen worden. Ich folge nur wissenschaftlichen Erkenntnissen und diese bringen mich zu der Auffassung, daß die Sphinx sehr viel früher erschaffen wurde, als man bisher angenommen hat.«

Diese Aussage Schochs brachte den damaligen Direktor des *Deutschen Archäologischen Instituts von Kairo*, Professor Rainer Stadelmann, auf den Plan. Zuletzt kommentierte er die Untersuchungen der Geologen im März 1997:

»Ein amerikanischer Sachbuchautor, John Anthony West, und ein Geologe, Robert Schoch, haben erfunden, daß die Erosion des Sphinxkörpers nicht auf Wind und Sand, sondern auf gewaltige Regenfälle und häufige Sturzbäche zurückzuführen seien …«.

Obwohl sich zwischenzeitlich sehr viele Geologen aus Amerika, Großbritannien und Frankreich der Theorie von Professor Robert Schoch angeschlossen haben, erzählen erfahrene Ägyptologen wie Professor Stadelmann überheblich und anmaßend, das seien alles nur »Erfindungen«. Dabei war gerade Professor Rainer Stadelmann während seiner über dreißigjährigen Laufbahn als Ägyptologe selbst ein großer »Erfinder«, der von seinen Kollegen des öfteren in seinen Ansichten und Theorien korrigiert werden mußte! Der hoch angesehene Ägyptologieprofessor Selim Hassan sagt indes ganz offen:

»Ob der Sphinx Cheops oder Chephren darstellen soll, ist nach wie vor nicht bewiesen.«

Die neueste Theorie, die mit dieser Äußerung in Verbindung steht, ist die Möglichkeit, daß die Sphinx auf einen wesentlich älteren und noch unbekannten König zurückgeht. Gerade die neue Generation der Ägyptologen weist beispielsweise darauf hin, daß einige Einzelheiten wie der Gesichtstypus der Plastik und die zurückfliehenden Seitenflächen des Nemes-Kopftuches für eine ältere Entstehung sprechen. Ebenso ist es eine erwiesene Tatsache, daß die Vorderpranken der Sphinx im Laufe der Geschichte nicht nur mehrfach restauriert wurden, sondern von vornherein aufgemauert waren.

So wäre die Frage gar nicht so abwegig, ob nicht gerade die Pranken der großen Sphinx den Oberbau eines unterirdischen Grabes bildeten. Der Ägyptologe Tapan Kumar schrieb im Juli 1998:

»Es ist durchaus möglich, daß unter einer der beiden Pranken des großen Sphinx, ein verriegelter Eingang zu einer in Altägypten üblichen Felsenkammer vorhanden ist, in der sich das Grab des Cheops befindet.«

Abb. 137: Die Sphinx soll auf einem überbautem Sockel stehen.

Bereits der französische Ägyptologe Professor Auguste Mariette vertrat Mitte des 19. Jahrhunderts die Ansicht, daß die Sphinx das Grabmal eines frühen Königs darstellen könnte, in dem vielleicht der »heilige Kelch« dieses urzeitlichen Königs aufbewahrt würde. Mariette kam nicht etwa aus purer Langeweile auf diese Überlegungen. Schon der römische Historiker Cajus Plinius Secundus berichtet im Kapitel 17 seiner »Naturgeschichte« über die Sphinx und darüber, daß diese in Wirklichkeit das Grabmal eines gewissen König »Haramis« wäre.

Warum jedoch war die ältere Garde der Ägyptologen wesentlich spekulationsfreudiger?

Wahrscheinlich deshalb, weil sie bereits aus den inzwischen unzugänglich gewordenen schriftlichen Zeugnissen Informationen einholte, woraus eindeutig der göttliche Ursprung des Menschen hervorging, und man im 19. Jahrhundert noch ein gemeinsames Ziel verfolgte – dieses nämlich zu beweisen. Die heutigen Experten der Verbotenen Ägyptologie konnten mit modernsten Apparaturen inzwischen (!) die alte Ideologie tatsächlich nachweisen und wissen deshalb nicht so recht, wie sie diese Erkenntnisse der Normalbevölkerung nahe bringen sollen.

Ist all das wirklich so kompliziert?

Das allererste Projekt für die Untersuchung von Hohlräumen unter beziehungsweise in der Umgebung der Sphinx, wurde zwischen 1979 und 1982 von dem *American Research Centre in Egypt (ARCE)* durchgeführt. Etwa um dieselbe Zeit – im April 1980 – leitete Dr. Zahi Hawass Ausgrabungen in einem Areal 50 Meter östlich des Sphinx-Tempels. Bereits nach 1,50 Meter Erdaushub stieß er auf eine Schicht von bearbeiteten Granitblöcken, die sich noch über 17 Meter in östliche Richtung erstreckten. Fünf Monate später bohrte an dieser Stelle das *Ägyptische Bewässerungsamt (AMBRIC)* ein tiefes Loch, um den Grundwasserspiegel der Umgebung zu bestimmen, und stieß nach 16,86 Metern auf einen anderen roten Granit, der eigentlich nur 800 Kilometer südlich in der Umgebung der Ortschaft Assuan vorkommt. Die Forscher wußten nach der Auswertung ihrer Arbeit, daß sich zwischen den Schichten zwei und siebzehn Meter unter der Erdoberfläche östlich vor der Sphinx eine von Menschenhand errichtete Bauanlage befand, die irgendwie dem Gesamtbaukomplex von Giseh zuzuordnen war.

Einer der verantwortlichen Projektteilnehmer des ARCE, der mit den ägyptischen Behörden vertraut zusammenarbeitete, war erneut Professor Mark Lehner. Zwischenzeitlich gehörte auch das *Stanford Research Institut (SRI)* zum Projektteam, für dessen Untersuchungen ebenfalls Professor Lehner einbezogen wurde. Nachdem erneut eine Bohröffnung freigelegt worden war, wurde die weitere Vorgehensweise der Forschungsgruppe nur noch auf »schnelle technische Ergebnisse« ausgerichtet. Professor Lehner schreibt in seinem Untersuchungsbericht:

»Sie ließen ein sehr starkes Echolot, das aus langen, bleistiftförmigen Sensoren bestand, in das Bohrloch hinab. Danach wurden unter dem Grundwasserspiegel Schallwellen in alle Himmelsrichtungen ausgesendet. Daraufhin ließen die Techniker ein Hörgerät hinunter, eine Art Stethoskop, über das man ein Signal auf einem Oszilloskop erhält.«

Auf diese Weise werden Risse und Spalten untersucht, die von den Schallwellen erfaßt werden. Doch Mark Lehner führte seine Ergebnisse, die tatsächlich einige Hohlräume unterhalb der Sphinx bestätigten, auf natürliche Erosion durch das Grundwasser zurück und vertrat die Ansicht, daß die Existenz von künstlich angelegten Hohlräumen unterhalb des Bauwerks Nonsens sei.

Im März 1993 wurden durch den amerikanischen Geologen Dr. Thomas L. Dobecki erneut seismographische Strahlenuntersuchungen im Umfeld der Sphinx durchgeführt, durch die sich sogar zwei rechteckige unterirdische Kammern sowie verästelte Gänge bestätigen ließen. Darüber hinaus wies der französische Ingenieur und Geologieprofessor Jean Kerisél im Jahre 1996 einen mindestens 700 Meter langen unterirdischen Tunnel nach, der, wie man später feststellte, eine unterirdische Y-Verbindung zur Großen Pyramide

278

sowie zur Chephren-Pyra-
mide darstellt, die von der
Umgebung unterhalb des
Sphinxbauwerks ausgeht.
Doch auch hierbei werden
die sogenannten Lehrmei-
nungsvertreter nicht verle-
gen, wenn sie wie Profes-
sor Rainer Stadelmann sa-
gen:
»Unentdeckte unterirdi-
sche Räume und Kanäle
verbinden nach Ansicht
anderer phantasiebcgabter
›Pyramidenforscher‹ den
›Großen Kanal‹, der am

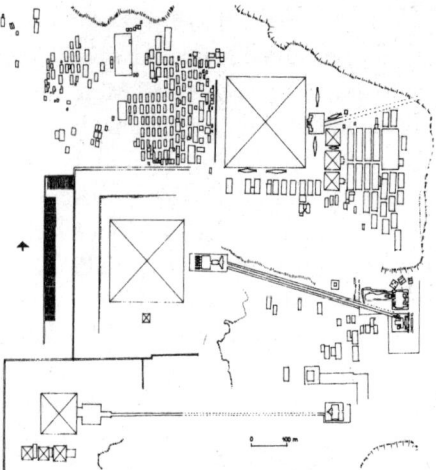

Abb. 138: Das Pyramidenbaukomplex-Umfeld.

Rand des westlichen Felsenriffs entlang fließt, mit einer angenom-
menen Grabkammer unter der Pyramide.«
Dieser überhebliche, ironiehafte Umgang mit den untersuchbaren
Thesen anderer Forscher gehört leider zur Normalität für Gelehrte, wie den selbstgerechten Rainer Stadelmann! Selbst nachdem der
Münchener Archäotechniker und Ingenieur Rudolf Gantenbrink
1993 eine gegen die Theorien von Stadelmann sprechende neue Hypothese anhand von Videoaufzeichnungen hatte nachweisen können, wollte der Ägyptologe diese Korrektur lange Zeit nicht wahrhaben. Auch bei den möglichen Kammern, die sich unterhalb des
Pyramiden-Plateaus befinden sollen, waren in erster Linie keine
»phantasiebegabten Forscher« am Werk, sondern einmal mehr antike Historiker wie der Grieche Herodot, oder aber neuzeitliche
Ägyptologen wie Dr. Zahi Hawass.
Herodot berichtet in seinen »Historien«, II, 124«:
»Mit dem Bau des Weges seien diese Jahre hingegangen, und mit
dem Hügel, auf welchem die Pyramiden stehen, und mit den unterirdischen Kammern, die der König sich als Grabstätte verfertigte
auf einer Insel, indem er einen Durchstich des Neilos hineinleite-
te.«
Demzufolge sollen sich nach dem Zeitzeugen Herodot auf dem Plateau mehrere Kammern befinden, die Professor Stadelmann in der

Abb. 139: Die Osiris-Kammer.

ihm eigenen Art nach wie vor als Unsinn interpretiert. Eine Pressemitteilung in der dänischen *Sandpit von Royalty* Anfang 1999 schockte indes die bisher besonnene Weltanschauung der Ägyptologen:

»Ich habe einen Schacht gefunden, 29 Meter senkrecht in den Boden hinein, genau in der Mitte zwischen der Chephren-Pyramide und der Sphinx. Am Boden, welcher mit Wasser gefüllt war, haben wir eine Grabkammer gefunden mit vier Pfeilern. In der Mitte ist ein großer Sarkophag, von dem ich erwarte, daß er das Grab von Osiris, dem Gott der Fruchtbarkeit, ist.«

Dieser Bericht stammte von Dr. Zahi Hawass, dem Direktor des Giseh-Plateaus. Allein Königin Margarethe und König Gustav von Dänemark ist diese Offenbarung über den neuesten Fund der Ägyptologen zu verdanken. Hawass sagt dazu:

»Als die Königin meine Vorlesung in Kopenhagen besucht hat und uns solch ein immenses Interesse an der ägyptischen Geschichte entgegengebracht hatte, fühlte ich mich danach verpflichtet, Ihre Majestät in die neuesten Entdeckungen einzuweihen.«

Mit anderen Worten bedeutet dies, daß, wenn Königin Margarethe die Vorlesung von Dr. Zahi Hawass nicht aufgesucht hätte, man die übrige Welt hätte weiterhin für dumm verkaufen wollen.

Ist das nicht ein erneuter Beweis für die Existenz von Verbotener Ägyptologie?

Hawass sagt überdies, daß er den »Osiris-Schacht«, der zu noch völlig unbekannten unterirdischen Kammern und Gewölben führt, erst im November 1998 entdeckt habe. Nach einem Bericht der englischen Tageszeitung *Daily Telegraph* wurde die Entdeckung der drei unterirdischen Plateau-Ebenen aber bereits im Jahre 1935 gemacht! Schon damals sollen die Erkenntnisse in der englischen Tageszeitung veröffentlicht worden sein, bevor sie wieder in Vergessenheit gerieten. Sogar der großartige britische Ägyptologe W. M. F. Petrie hatte diesen Ort noch kurz vor seinem Tod im Jahre 1942 aufgesucht. Auch Professor Mark Lehner erzählt, daß er in diesen unterirdischen Bereich auf dem Giseh-Plateau bereits 1987 hinabgestiegen sei, wo ihn damals allerdings noch Unmengen von Wasser an einer weiteren Forschungsarbeit hinderten. Hawass hingegen bleibt hartnäckig und behauptet felsenfest, daß er der Entdecker sei!

Gleich nach der Entdeckung soll sein Team bereits begonnen haben das Wasser abzupumpen, um eine offizielle Untersuchung der Entdeckung zu ermöglichen. Gleichzeitig gesteht Hawass aber auch ein, daß noch »... einige Jahre ins Land gehen werden, bevor die endgültigen Untersuchungen abgeschlossen sind«.

Merkwürdig!!

Ging dabei alles überhaupt mit rechten Dingen zu?

In einem 1995 von Dr. Borris Said gedrehten und von dem amerikanischen Multimillionär Dr. Joseph Schor von der *Association for*

Abb. 140: Der Weg zur Osiris-Kammer.

Research and Enlightenment (ARE) mit 100.000 Dollar finanzierten NBC-Film (»The Mystery Of Sphynx«) wird gezeigt, wie Hawass den Kameramann durch geheime Gewölbe unterhalb der Sphinx führt. Das bedeutet, daß diese Gänge und Hohlräume, wie Professor Lehner behauptet, sehr wohl schon vor 1998 unter den Ägyptologen bekannt waren. Insgesamt neun Hohlräume soll es dort geben, berichtet zumindest das Video.

In einem zweiten Video mit dem Titel »The Secret Chamber« erzählt Hawass sogar von der für 1998 geplante Öffnung dieser Kammer- und Tunnelsysteme, was 1999 geschehen ist.

Was wäre geschehen, wenn Königin Margarethe die Vorlesung von Hawass nicht aufgesucht hätte?

Obwohl die Videofilme bereits 1995 veröffentlicht wurden, bestritt Hawass in einem Interview vom 14. April 1996 mit der *Egyptian Gazette* die Existenz dieser Gang- und Tunnelsysteme. Im Juli 1996 gab Hawass im *South Africa Radio* noch ein weiteres Interview, in dem er von einem Brief der Empörung an Dr. Schor berichtet. In diesem Brief, so Hawass, habe er sich über die Arbeitsweise von

Schor beklagt. Doch Dr. Joseph Schor hatte von der Ägyptischen Altertümerverwaltung für Juni 1998 sogar eine einjährige Grabungslizenz erhalten und für diese Kampagne eigens ein Team von der Florida State Universität zusammengestellt. Laut Hawass lag das vordergründige Interesse dieser Gruppe in der Erforschung des Untergrundes des Giseh-Plateaus, um einer möglichen Absenkung der Bauwerke entgegenwirken zu können.

Wie kann sich ein massiver Felsen jedoch überhaupt absenken?

Obwohl Dr. Hawass mittlerweile sein Interview mit der *Art-Bell-Radio-Show* sogar leugnet, hat er sich doch am 12. Mai 1998 zusammen mit den Pyramidenforschern Anthony West, Robert Bauval, Dr. Joseph Schor und anderen auf eine Kreuzfahrt in Richtung Kanada begeben, um dabei alles Gewesene wieder »geradezurükken«. All dies ist sehr verwirrend!

Tatsache ist, daß die Modernisierung des Sphinx-Denkmals 32 Millionen D-Mark verschlungen hat. Davon hat allein die Europäische Gemeinschaft 27 Millionen getragen. Bei den Arbeiten wurden nicht nur 12.224 Steine erneuert, sondern auch der Grundwasserspiegel um 2,5 Meter abgesenkt. Diese Senkung des Grundwassers mit dem neu errichteten Abwassersystem war nötig gewesen, um die fortschreitende Zerstörung der Sphinx zu unterbinden. Sie erlaubt nun aber auch, daß man einen trocknen Zugang bis zwanzig Meter unterhalb der Sphinx hat, womit sich auch die Entdekkung neuer Tunnel und Kammern im Jahr 1999 erklären läßt.

Was steckt hinter all dem?

Der amerikanische TV-Sender *Fox* ist die Fernsehanstalt, welche die zum Kultstatus avancierte Mystery-Serie »Akte X« produziert. Der Produzent Peter Isackson war auch derjenige, der am 2. Mai 1999 eine Live-Expedition, die bisher ungeöffneten Pyramidengräbern und unterirdischen Schächten nachging, zwei Stunden lang einem Millionenpublikum präsentierte. Isackson berichtet: »Bevor wir uns mit unseren Kameras Ende April für die Live-Übertragung positioniert hatten, waren wir zwei Jahre mit Vorbereitungen beschäftigt. Bei unserem ersten Besuch betraten wir einen Bereich unter der Sphinx, den die Verantwortlichen ›Schwarze Kammer‹ nannten. Weil dort während unserer Live-Übertragung Bauarbeiten durchgeführt werden mußten, konnten wir von diesem Abschnitt leider keine Bilder bringen.«

Nach einem weiteren Statement von Isackson gewinnt man sogar
den Eindruck, daß es unterhalb des Giseh-Plateaus von Schachtsy-
stemen und geheimen Kammern nur so wimmeln muß:

»Es existieren unter dem Plateau in Giseh auch Bereiche, die wir
weder betreten noch filmen durften. So wird es um diese Region
immer X-Akten geben.«

Was hat es jedoch mit dem Osiris-Schacht auf sich?

Er befindet sich auf dem Weg von der Sphinx zur Chephren-Pyramide und reicht an einigen Stellen bis zu 40 Meter unter das Giseh-
Plateau hinab. Der Zugang in diese Bereiche ist heute durch ein
Gitter gesichert und nur engsten Mitarbeitern der Altertümerverwaltung möglich. In vergangenen Zeiten wurde der mit kristallklarem Wasser gefüllte Schacht lange Zeit nur zum Baden benutzt,
weil über die Jahrhunderte hinweg seine wahre Bedeutung verlo-
rengegangen war. Der Zugang zu dieser künstlich angelegten Höhle liegt in einer höher gelegenen Kammer, die ähnlich wie die Mykerinos-Pyramide, sechs Nischen enthält. Im Gegensatz zu ihr befinden sich in dieser Kammer aber zwei Granitsarkophage, die jedoch leer sind.

Die Ägyptologen vermuten, daß sie erst während der arabischen
Epoche Ägyptens von Grabräubern aufgesucht wurde. Von einer
der Nischen verläuft ein weiterer Schacht, der zu einem 9,73 Meter
entfernten und überfluteten Korridor führt. Beim Waten durch die
Dunkelheit kann man das Echo der Wassertropfen hören, die von
den Seiten der Wände abfallen. Dieses Gangsystem müssen aber
auch die alten Ägypter bereits seit Jahrtausenden gekannt und immer wieder benutzt haben. Denn schon 1998 haben Ausgrabungen
auf der zweiten Ebene, 2.500 Jahre alte Keramik- und Knochenre-
ste freigelegt. Das entspricht dem Zeitabschnitt, als Herodot seinen Bericht über Giseh verfaßt hatte, die mit der Entdeckung einer
weiteren Ebene, so wie es der griechische Gelehrte überliefert hatte, bestätigt wird. In der dritten Ebene, die sich 25 Meter unter dem
Giseh-Plateau befindet, existiert nämlich ein weiterer Sarkophag,
der, wie Hawass bereits berichtet hat, von vier Säulen umgeben wird
und völlig von Wasser abgedeckt ist. Die Form und das Aussehen
entspricht exakt dem Sarkophag, den Herodot in seinem Bericht
König Cheops zuschrieb. Da Herodot jedoch ausdrücklich erwähnt,
daß er diese Grabstätte nicht selbst gesehen habe, sondern ihm le-

diglich ägyptische Priester davon
erzählten, wird heute verständlich,
warum er diesen Bezirk überhaupt
mit König Cheops in Verbindung
brachte.

Seltsamerweise ist die Deckelplat-
te des Sarkophags nach rechts zur
Seite geschoben worden, so daß
hier bereits eine Öffnung stattgefunden haben muß. Die Gefolgsleute des legendären Kalifen Ab-
dullah al-Mamun sollen nach ihren Berichten aus dem 9. Jahrhun-

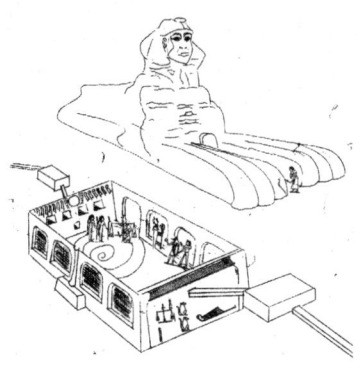

Abb. 141: Rekonstruktion der
Geheimkammern unter der Sphinx.

dert genau hier, in diesem Raum, einen mit einer Goldrüstung und
Edelsteinen ausgestatteten Leichnam geborgen haben, den sie als
»nicht menschlich« beschrieben. Der arabische Gelehrte Muhammad Al-Makrizi (1364–1442) hat diese Überlieferung in seinem Sammelwerk über die »Topographische und historische Beschreibung Ägyptens« aufgezeichnet:

»Man brachte sie zu Al-Ma'mun, und es fand sich, daß sie mit einem Deckel verschlossen war. Als man sie öffnete, gewahrte man
drinnen den Leichnam eines Menschen, der einen goldenen Panzer
trug. Auf seiner Brust lag eine Schwertklinge ohne Griff, und neben seinem Haupte ein roter Hyazinth-Stein von der Größe eines
Hühnereis, der wie Feuerflammen leuchtete. Den nahm Al-Ma'mun
an sich. Den Kasten aber, aus dem man diesen Leichnam hervor-
holte, habe ich neben der Pforte des königlichen Palastes zu Misr
liegen sehen im Jahre 511 (1133 n. Chr.).«

Im folgenden Text wird noch über drei weitere Leichname berichtet, die der Verfasser einerseits »nicht menschlich« nennt und andererseits mit den Söhnen Adams identifiziert:

»Sie traten nun in das mittlere Gemach ein und fanden darin drei
weitere Sarkophage, die aus durchsichtigen, leuchtenden Steinen
gefertigt waren; darin lagen drei Leichname; jeder war mit drei Ge-
wändern bedeckt und hatte neben seinem Haupte ein Buch in un-
bekannter Schrift liegen.«

Waren das womöglich gar keine Ägypter?

Nach der Untersuchung des Fußbodens dieser Kammer, in der Al-

Mamuns Gefolge bereits vor 1.200 Jahren forschte, wurde von Hawass' Teammitarbeitern die Hieroglyphe für »per« festgestellt, das im allgemeinen »Haus« bedeutet und von den alten Ägyptern als Bezeichnung für »Tempel« verwendet wurde.

Es ist unter den Ägyptologen international bekannt, daß das Giseh-Plateau im Alten Reich als »pr-wsir-nb-rstaw« bezeichnet wurde, was »das Haus des Osiris, dem Lord von Rosetau« bedeutet. Rosetau bezieht sich auf »die Tunnel der Unterwelt« und höchstwahrscheinlich spiegelt es die Tunnel um den »Osiris-Schacht« wider. Wahrscheinlich ist über die Sphinx im Ägypti-

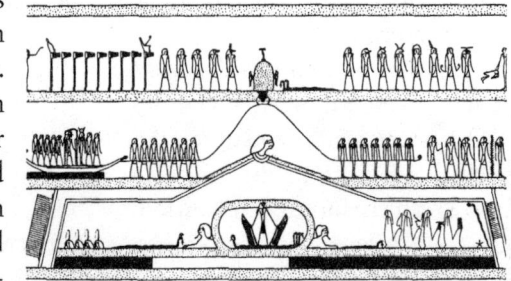

Abb. 142: Die Reisewege im Buch Amduat wurden in Pyramidenform mit einer davorliegenden Geheimkammer dargestellt.

schen Totenbuch und in den Pyramidentexten deshalb überliefert, daß sie ein »Großer Gott, der die Tore der Erde öffnet ...« sei und einen bestimmten rätselhaften »... Weg angibt«. Die Sargtexte erzählen des weiteren, daß es ein »Weg der verborgenen Tore« war. Eventuell befindet sich unter der Sphinx ein Labyrinth, in dem sich nur eingeweihte Priestergelehrte zurechtfanden.

Was für ein Labyrinth?

Vielleicht kann uns der aktuelle Grabungsbericht über den »Osiris-Schacht« von Dr. Zahi Hawass weiterhelfen:

»Die letzte Kammer, die wir fanden, war wahrscheinlich ein symbolischer Raum für den Gott Osiris, der den Tunnel und die königlichen Grabkammern beherrschte. In der späteren Periode der alten Ägypter wurde an der westlichen Seite des Schachts ein sechs Meter langer Tunnel angelegt. Wir schickten einen Jungen hinein, aber fanden nur heraus, daß der Tunnel einfach endet und nicht zu weiteren Kammern führt. Um das Alter dieser Ebene festzustellen, ließen wir den Jungen in die mit Wasser gefüllte Höhle hinunter, um mögliche Artefakte zu bergen. Aufgrund einiger Gegenstände bestimmten wir das Alter dieser Ebene auf 3.550 Jahre.«

Wie wir gesehen haben, schrieb der arabische Gelehrte Muhammad al-Makrizi nicht nur schon über diese neu entdeckten Gangsysteme, sondern im Abschnitt V. seines Pyramidenkapitel erzählt er zudem über 40 bis 100 Ellen unter dem Giseh-Plateau angelegte »Pyramiden-Tore«, die als eine Art Labyrinthsystem miteinander verbunden sind. Die Idee des Labyrinthsystems bekommt auf einmal ein Fundament.

Doch welcher Plan der wahren Bauherren lag der Giseh-Anlage wohl zugrunde?

Auch hier bringen uns die Sargtexte ein Stück weiter, in denen es heißt:

»Der Herr der Erde hat befohlen, die Doppelsphinx hat es wiederholt.«

Hier wird meines Erachtens beschrieben, daß die Sphinx astronomische Gegebenheiten des Himmels auf der Erde wiederholt (spiegelt). In dem alten Buch »Hermetica« ist ein Dialog zwischen der Gottheit Hermes Trismegistos (Thot) und seinem Schüler Asklepios (Imhotep) festgehalten, der diese Ansicht tatsächlich zu bestätigen scheint:

»Weißt du nicht, Asklepios, daß Ägypten das Bild des Himmels und das Widerspiel der ganzen Ordnung der himmlischen Angelegenheiten ist?«

Und tatsächlich lieferte eine 1997 publizierte Theorie Indizienbeweise für einen möglichen Zusammenhang, daß die Ausrichtung des Sphinxdenkmals einen astronomischen Zusammenhang mit dem Sternbild des Löwen um 10.500 v. Chr. aufweist, das in dieser Epoche zusammen mit der Sonne in 14° Ostsüdost genau in der Mitte zwischen dem Tag der Wintersonnenwende und dem Frühlingsäquinoktikum aufgeht. Dieses Ereignis spielte eine vordergründige Rolle bei der Auffindung einiger versteckter Geheimkammern.

Mit dem Segen des damaligen Präsidenten der Ägyptischen Altertümerverwaltung, Dr.

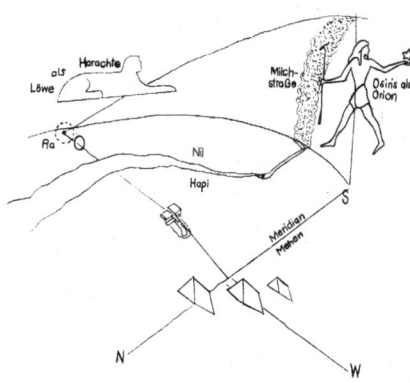

Abb. 143: Astronomische Ausrichtung der Sphinx.

Ibrahim Bakr, konnte der amerikanische Geologe Dr. Thomas L. Dobecki Anfang 1993 einige rechteckige Anomalien auch unter den Vorderpfoten der Sphinx nachweisen, bei denen es sich offensichtlich um weitere Geheimkammern handelt:

»Die rechteckige Anomalie unter den Vorderpfoten der Sphinx befindet sich etwa fünf Meter unter der Erdoberfläche und hat eine Höhe von neun Metern und eine Länge von zwölf Metern. Da dieser Hohlraum eine rechteckige Form aufweist und ziemlich groß ist, kann er von Menschenhand angelegt worden sein.«

Auch die unterirdischen Radaraufnahmen der Tiefentopographie von Dr. Borris Said zeigen einen Tunnel, der von der Rückseite des Hinterteils der Sphinx zu einem Raum in der Mitte des Talweges der Chephren-Pyramide führt. Von dort aus verläuft der Gang weiter und endet bei der mittleren Pyramide selbst. Dr. Said sagt:

»Ich wollte nach den Arbeiten von 1995 dieses Mal zusätzliche Aussagen und Beweise für das unterirdische Labyrinth sammeln, während ich gleichzeitig weiteres Material aus dem Inneren der Großen Pyramide archivierte. Zur Sonnenwende des 21. Dezember 1997 hatte ich die Möglichkeit einen Raum sieben Meter unter dem Hinterteil der Sphinx zu betreten. Das Kuriose an dieser Kammer war, daß sie sich 1,5 Meter unter dem Wasserspiegel des Nils befindet.«

Dieser Bereich, von dem Dr. Said berichtet, ist der sogenannte »Blindkorridor« am hinteren Teil der Sphinx, der auch »Schwarze Kammer« genannt wird. Exakt 18,83 Meter unter dieser Kammer befindet sich die »Grüne Kammer« oder »Osiris-Kammer«, die 1996 von einem Forschungsteam unter der Leitung von Dr. Zahi Hawass untersucht wurde. Zwischen Juni und September kam dabei ein von der kanadischen Firma *Amtex and Aerospace* eigens für dieses Projekt entwickelter Greifarmmechanismus zum Einsatz, mit dem das Wissenschaftlerteam über eine im »Blindkorridor« befindliche Öffnung in die geheimnisvolle »Osiris-Kammer« vorgedrungen ist. Mit einer an dem

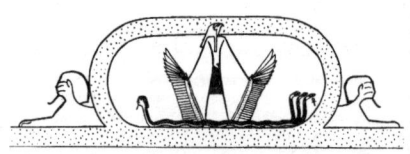

Abb. 144: Die Aker-Doppel-Sphinx und der Gott Sokar bewachen den Zugang zum »Verborgenen Raum«.

Greifarm montierten Minikamera bekamen die Forscher erste optische Eindrücke von diesem künstlich angelegten Hohlraum. Inzwischen weiß man, daß die »Osiris-Kammer« 40 Meter unterhalb der Sphinx liegt und 18,46 Meter lang, 15,78 Meter hoch und lediglich 5,43 Meter breit ist. Im westlichen Abschnitt der Kammer befindet sich über der Decke ein 3 x 6 Meter umfassendes Bogenfeld. Dieser Bogen wird von fünf protodorischen Säulen gestützt und ist mit sechs Djedpfeilern skulpiert. Sechs weitere Säulen verteilen sich über die restliche Fläche von 52 Quadratmetern. In der Mitte der Säulen existiert ein aus Stein ausgearbeiteter Rundbogen, der an eine »Fibonacci-Sequenzierung« erinnert.

Der italienische Gelehrte Leonardo Fibonacci von Pisa (1170–1240) spielte im christlichen Mittelalter bei der Wiederbelebung des antiken mathematischen Wissens eine wichtige Rolle. Er sorgte im Jahre 1202 mit seinem »Buch von Abacus« für die erneute Einführung des hindu-arabischen Zahlensystems, bestehend aus zehn Ziffern. Seine Abhandlungen über die Arithmetik und Algebra waren die umfangreichsten Sammlungen geometrischen Wissens seiner Zeit, die zudem mit Erkenntnissen über die Trigonometrie gemischt wurden. So wurde die Fibonacci-Sequenz wie auch der Goldene Schnitt in der Konstruktion von regulären Polygonen angewandt. Dieses Wissen der höheren Geometrie wird wahrscheinlich in der Mitte dieses Raumes absichtlich verdeutlicht.

Die »Osiris-Kammer« ist allerdings ganz mit Wasser gefüllt, und der vielleicht mathematische Informationen enthaltende Boden schimmert nur durch die Flüssigkeit und enthält dabei einen farblichen Grünton. Möglicherweise ist der für den Boden ausgewählte grüne Farbton von den ägyptischen Baumeistern beabsichtigt gewesen, weil grün stets die Farbe der Gottheit Osiris in den Tempelabbildungen war. In diese oder aus dieser Kammer führen vier Verbindungsschächte:

1) Der bereits erwähnte »Blindkorridor« am Hinterteil der Sphinx bildete ursprünglich nach etwa acht Metern eine Sackgasse. Sie wurde allerdings inzwischen aufgebrochen, so daß man jetzt mit Hilfe technischer Instrumente in die »Osiris-Kammer« blicken kann.

2) Der »Schornstein« oder »Luftschacht« südlich des Sphinxkörpers, dessen eigentlicher Zweck immer noch nicht bestimmt werden konnte.

3) Die »Rote Kammer« oder »Kleine Kammer«, die sich direkt

fünf Meter unter den Vorderpfoten der Sphinx befindet. Sie hat eine Höhe von 8,78 Metern bei einer Länge von 12,67 Metern und wurde gänzlich mit rotem Granit verkleidet. Vom Innenraum führen ein waagerechter Gang in östliche Richtung und ein senkrechter Gang nach Westen. Wie in der »Osiris-Kammer«, befinden sich auch hier vier Säulen, die jedoch wesentlich kleiner sind.

4) Der »Tunnelgang«, der die »Osiris-Kammer« mit den drei Ebenen des »Osiris-Schachts« verbindet und sich nach etwa 200 Metern wie ein »Y« teilt, führt jeweils unter die Großpyramiden von Giseh.

Diese gesamte Umgebung ist wie die dritte Ebene des »Osiris-Schachts«, die »Osiris-Kammer« und der »Tunnelgang« mit sieben Grad temperiertem, kristallklarem Wasser gefüllt. Der einzige Bereich, der im Zuge der Sphinx-Restaurierung bisher trockengelegt werden konnte, ist die »Rote Kammer«. Von hier führt ein 26° absteigender Schacht, der ebenfalls teilweise von Wasser bedeckt ist, zur »Osiris-Kammer«. Ein weiterer Schachtgang mit einem sehr leichten Gefälle von etwa 10° führt ungefähr 54 Meter in östliche Richtung. Das ist der Abschnitt, aus dem man 1980 ein Stück roten Granits aus einer Tiefe von 17 Metern herausgebohrt hatte. Der seltsamere Befund zeigt sich jedoch an dem westlichen Schacht, der nämlich wie der Südschacht in der Königinnenkammer der Großen Pyramide durch einen Blockierungsstein (Portikulis) verschlossen ist. Im Gegensatz zu dem 1993 von Rudolf Gantenbrink entdeckten Verschlußstein befinden sich hier allerdings keine Griffe. Doch nicht Rudolf Gantenbrink und sein Miniroboter *Upuaut* wurden zu den Arbeiten unterstützend herangezogen, sondern mit Hilfe von japanischer Technik sollte dieser Blockierungsstein nach mehreren Terminverschiebungen bis Ende Oktober 2001 geöffnet werden, um einen Zugang in die »Osiris-Kammer« zu ermöglichen.

Die Kairoer Wochenzeitung *Al-Ahram Hebdo* schrieb bereits Anfang 1999, daß der japanische Ägyptologe Dr. Shioji Tonouchi, Teamteilnehmer der elektronischen Vermessungsarbeiten von 1987 der Waseda-Universität, die ägyptische Altertümerverwaltung SCA in Zusammenarbeit mit der modernen »Hightechnology« aus seiner Heimat unterstützen wird. Wie bei dem Gantenbrink-Projekt ist auch hierbei erneut die Firma *Sony* mit von der Partie. In Zusammenarbeit mit den Universitätstechnikern entwickelte die Firma *Sony* dafür nicht nur die Gantenbrink-Technik weiter, sondern kombinierte sie mit dem kanadischen Miniroboter *Daedalos*, der 1996 bei dem von den Ägyptologen immer noch abgestrittenen »Wep-wawet-Projekt« innerhalb der Großen Pyramide zum Einsatz kam.

Abb. 145: High-Tech-Roboter.

Dabei wurde der 1993 von Rudolf Gantenbrink entdeckte Blockierungsstein am Ende des südlichen Schachts in der Königinnenkammer geöffnet, wobei man neue Kammern sowie verästelte neue Schächte entdeckte, die weiter in das Pyramideninnere führen. Darüber hinaus sollte dieser neue, wasserdichte Roboter eigens mit einer Röntgenkamera ausgestattet werden und im neuen Jahrtausend die ersten offiziellen Bilder der »Osiris-Kammer« liefern. Seltsam ist allerdings, daß Dr. Zahi Hawass für das Jahr 2000 auch die Öffnung der »Gantenbrink-Blockierung« ankündigte, obwohl er ganz genau wußte, daß diese Arbeiten bereits im September 1996 abgeschlossen waren.

Der Kairoer Ägyptologe Dr. Hamdy Shahin, der das Sphinx-Projekt lange Zeit begleitete, ist an den Arbeiten leider nicht mehr beteiligt, so daß mir für den weiteren im Oktober geplanten Verlauf der Forschungen keine aktuellen Ergebnisse vorliegen. Bei einem letzten Telefonat im März 2001 erfuhr ich, daß die Restaurierungsarbeiten in der »Osiris-Kammer« noch in diesem Jahr abgeschlossen werden. Das bedeutet, daß die mit Fördermitteln angeblich für die Öffentlichkeit (?) arbeitenden Ägyptologen schon drin gewesen sind!

Doch welche Königin wird diesmal der Welt über die Ergebnisse berichten?

Kapitel 10

DIE PYRAMIDEN-KAMMERN

Im Jahre 1880 erregte ein junger Mann von exzentrischem Aussehen, ein »Hippie« des 19. Jahrhunderts sozusagen, Aufmerksamkeit in Ägypten. Er galt als frühreif, verursachte mit seinem außergewöhnlichen Gedächtnis für visuelle Eindrücke überall Erstaunen und flößte seiner Umgebung allein schon durch sein asketisches Äußeres und seinen durchdringenden Blick Respekt ein. Es war kein Geringerer als William Matthew Flinders Petrie, der sich bereits vor seinem Ägyptenaufenthalt mit Berichten über die Bauanlage von Stonehenge einen Namen gemacht hatte.

Fünf Jahre vor seinem Eintreffen in Kairo hatte Petrie den ebenfalls noch jungen Geologen und Paläontologen Flaxman C. J. Spurrell kennengelernt, der erst dafür sorgte, daß sich bei Petries autodidaktischen Kenntnissen ein Wandel vollzog. Spurrell erklärte ihm in aller Ausführlichkeit die Bedeutung der stratigraphischen Technik bei archäologischen Ausgrabungen und die Notwendigkeit, jedes bei der Ausgrabung gefundene Objekt und die Lage der Funde in Zeichnungen festzuhalten. Unter Anwendung dieser Kriterien gelang es Petrie in relativ kurzer Zeit, über alle kulturellen Daten Ägyptens eine aufeinanderfolgende Sequenzierung zu entwickeln.

Abb. 146: William M. F. Petrie.

Dies geschah bisweilen in einem derartigen Tempo, daß es von seinen Widersachern immer wieder als übereilt bezeichnet wurde. Es entsprang jedoch Petries Wunsch, seine Kollegen möglichst rasch über seine Entdekkungen in Kenntnis zu setzen – ein Bestreben, das nicht alle seine Nachfolger bis heute verstanden haben.

W. M. F. Petrie war fest entschlossen, auch das Rätsel der Pyramide mit den wissenschaftlichen Methoden seiner Zeit zu lösen. Petrie, der in das Land am Nil gekommen war, um die damals wie heute berühmten Theorien des italienisch-britischen Astronomen Charles Peazzy Smyth an Ort und Stele zu überprüfen, stellte sich folgende Frage:

Was hatte die alten Ägypter tatsächlich dazu bewogen, einen steinernen Berg über einen Sarkophag zu türmen?

Diese Frage hätte sich Petrie sehr wahrscheinlich verkniffen, hätte er Professor Günther Dreyer (Direktor des DAIK) und dessen geniale Kombinationsgabe gekannt! Am Beispiel der Djoser-Pyramide präsentiert Dreyer nämlich folgende Lösung:

»Als Djoser seine ›Grabanlage‹ baute, beschloß er den umfriedeten Bereich damit zu vereinigen. Doch dabei passierte etwas! Er baute erst den Grabschacht und darüber die einzelnen Grabkammern, die von einer heiligen ›Hügel-Mastaba‹ überdeckt wurde. Schließlich baute man eine Umfassungsmauer, doch nun war der bedeutungsvolle Hügel nicht mehr sichtbar. So errichtete man mehrere kleinere Mastabas über die Erste und wir hatten die allererste Stufenpyramide.«

Das würde bedeuten, daß erst eine zu hoch errichtete Mauer den altägyptischen Pyramiden-Boom auslöste – schon eine lustige Erklärung des Herrn Dreyer!?

Doch wie »dumm« waren die Ägypter wirklich?

Inzwischen werden alle mathematischen oder religiösen Theorien über den Sinn und Zweck der ägyptischen Pyramiden von Seiten der Ägyptologie stets als Wunschdenken (!) oder Phantasievorstellungen (!) der Betroffenen gedeutet. Selbst den neuesten Entdeckungen in bezug auf einen astronomischen Zusammenhang der Bauwerke mit dem nächtlichen Sternenhimmel und dem Sternbild des Orion wird bestenfalls, wenn überhaupt, eine untergeordnete Bedeutung zugesprochen. Dabei ist das Giseh-Plateau, auf dem sich die Sphinx und die größten ägyptischen Pyramiden befinden, hinsichtlich der außergewöhnlichen Architektur der Gesamtanlage heute nach wie vor ein ungelöstes Rätsel bezüglich der wahren Gründe ihrer Entstehungsgeschichte geblieben. Das liegt in erster Linie daran, daß alle Monumente von Giseh keinerlei Inschriften tragen, die über ihren Ursprung Aufschluß bieten, als auch daran, daß die Gestalter der Lehrmeinung

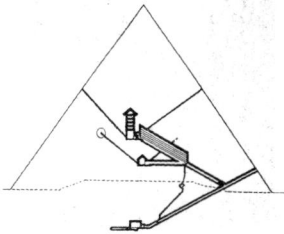

Abb. 147: Grundriß der Cheops-Pyramide.

die altägyptische Chronologie der christlichen Gesellschaftsordnung unterordnen.

Sollte uns aber nicht schon allein die Existenz der Pyramiden Fragen aufgeben?

Bislang konnten am westlichen Ufer des Nil Untersuchungen an über hundert Bauanlagen vorgenommen werden, wonach diese als Pyramiden identifiziert wurden.

Dazu gehören auch die unvollendeten und jene, die aufgrund erheblicher Zerstörungen kaum noch erkennbar sind. Keine hielt jedoch einem Vergleich mit der Großen Pyramide von Giseh stand. Der Generalsekretär des *Obersten Rats der Ägyptischen Altertumsorganisation (SCA)*, Dr. Gaballah Ali Gaballah, sagte 1999 bezüglich der neuesten Untersuchungen:

»Da unsere Archäologen von dem Grabungsbezirk in Giseh bisher höchstens 15 Prozent ausgegraben haben, ist das Potential für neue Entdeckungen extrem hoch.«

Der große Teil der Ägyptologen vertritt die Ansicht, daß die Große Pyramide in Giseh vermutlich für einen Pharao mit dem Namen Cheops gebaut wurde. Doch mit diesem Pharao stimmt irgend etwas nicht. Erst im Jahre 1903 entdeckte W. M. F. Petric tief im Süden Ägyptens im alten Osiristempel von Abydos das einzige Porträt des berühmten Königs. Dabei handelt es sich um die einzige Plastik, die von diesem König stammt und die langen Jahrtausende überdauert hat. Es ist allerdings nur eine etwa fünf Zentimeter kleine Elfenbeinfigur, die zudem nicht mit der Aufschrift »Chufu«, sondern mit der Bezeichnung »Meddu« versehen wurde.

Abb. 148: König Cheops.

Darin wollen die Experten den Horusnamen des Cheops erkennen, und so identifizieren sie allen bekannten Indizien zum Trotz in dieser unscheinbaren Plastik den einzig genialen Bauherrn der Großen Pyramide. Es scheint sie auch nicht sonderlich zu stören, daß dieser Pharao in seiner Darstellung nicht mit der ägyptischen »Doppelkrone« ausgestattet ist, die stets ein Herrschaftssymbol für Ober- und Unterägypten darstellte, sondern lediglich Träger der Roten Krone war. Des weiteren vertreten die Experten die Ansicht, daß zwei unwiderlegbare Beweise, die in der Umgebung der Großen Pyramide entdeckt wurden, die weitverbreitete Theorie über die Urheberschaft unwiderruflich bestätigen: Erstens entdeckte man 1925 auf der Ostseite nahe des Damms das unvollendet ausgestattete Grab von Cheops' Mutter Hetep-heres; zweitens wurde 1954 auf der Südseite ein vollkommen intaktes Holzschiff gefunden, zu dem sich bereits der Chefkonservator Dr. Hag Ahmed Youssef Moustafa entgegen der weitverbreiteten Theorie folgendermaßen äußerte:

»Welchem altägyptischen König dieses Schiff tatsächlich gehörte, wissen wir nicht.«

Tatsächlich wurde dieses Schiff nicht etwa nach der Entdeckung unwiderruflicher Inschriften mit der Titulatur des Königs Cheops eben diesem zugeordnet, sondern völlig willkürlich (!), weil es sich zufälligerweise neben der Pyramide befand. Es existieren nämlich weder in der Schiffsgrube noch am Schiff selbst Inschriften, die belegen könnten, König Chufu/Cheops hätte dieses Werk beauftragt oder gebaut! So wird jedem schnell klar, daß der Irrglaube an König »Cheops« in Wahrheit nur dem griechischen Historiker Herodot sowie dem Briten Richard William Howard Vyse und den un-

durchsichtigen Arbeitsergebnissen unserer Gelehrten zu verdanken ist, an denen die breite Bevölkerung immer noch festhalten muß. Die 1837 in den Entlastungskammern der Königskammer durch R. W. H. Vyse entdeckte Titulatur des Königs lautete zudem gar nicht

Abb. 149: Hieroglyphen in den Entlastungskammmern.

»Meddu«, sondern – wie bereits erwähnt – »Chufu«. Angeblich soll diese Schreibform lediglich eine Koseform der Bezeichnung »Chnum-Chufu« (Cheops) gewesen sein, welche die ägyptischen Steinmetze als Ruftitel für den König verwendeten. Das ist jedoch Unsinn, weil ein niedergeschriebener »Kosename des Königs« frevelhaft wäre und der göttlichen Stellung eines jeden Pharaos widersprochen hätte. Deshalb muß die Bezeichnung »Chufu« eine eigenständige Bedeutung haben.

Aber welche?

Es gibt einige frühere Ägyptologen, die z. B. im 19. Jahrhundert tatsächlich die Ansicht vertraten, daß innerhalb der ägyptischen Geschichte bereits mehrere Personen als Träger des »Chufu-Titel« existierten. Zumindest läßt sich durch verschiedene Inschriften der Nachweis über die Existenz von 67 »Chufu-Priestern« erbringen, denen die Gottheit »Chnum« vorstand, und die noch Jahrhunderte nach König Cheops lebten.

Achtzehn Tage vor seiner Entdeckung innerhalb der Großen Pyramide notierte auch Vyse in sein Tagebuch (9. Mai 1837) über das Auffinden eines aktuellen »Chufu-Schriftzuges«:

»Ein Stück von einer Kartusche des Suphis, eingemeißelt in einem 15,24 Zentimeter langen und 10,16 Zentimeter breiten braunen Stein.«

Am 27. Mai 1837 machte er schließlich die Entdeckung der zwei Königskartuschen »Chnum-Chufu« und »Chufu« in den sogenannten Entlastungskammern und besiegelte damit die unwiderrufliche Zuordnung der Großen Pyramide innerhalb unserer Lehrmeinung. Ein renommierter Ägyptologe vom Britischen Museum in London, Professor Samuel Birch, untersuchte die Entdeckung von Vyse und kommentierte sie in seiner Expertise wie folgt:

»Diese Titel sind schon in den Gräbern der Hofbeamten unter der Herrschaft der 4. Dynastie mehrfach gefunden worden. Die eine Kartusche wurde als ›Saufu‹ oder ›Chufu‹ gedeutet. Die andere enthielt das Widdersymbol von Chnum, dem ›Gott der Bildner des Menschen‹, das als ›Sene-Chuf‹ oder ›Sene-Schufu‹ gelesen werden konnte. [...] Eine Kartusche, ähnlich derjenigen in Wellingtons Kammer, ist von John Gardner Wilkinson bereits 1828 als unidentifizierter König veröffentlicht worden. [...] Die phonetischen Elemente, aus denen sie sich zusammensetzt, werden bereits von Wilkinson ›Sene-Schufu‹ gelesen, das er mit ›Bruder des Suphis‹ übersetzt.«

In seinem 1837 erschienenen dreibändigen Werk »The Manners and Customs of the Ancient Egyptians« berichtet Wilkinson über weitere Inschriften aus der 1. Dynastie (3100–2868 v. Chr.), die sich in den ägyptischen Türkisminen im Sinaigebiet befinden, die im Jahre 1830 von dem französischen Archäologen Léon Delaborde entdeckt wurden.

John Gardner Wilkinson kommentiert diese Entdeckung so:

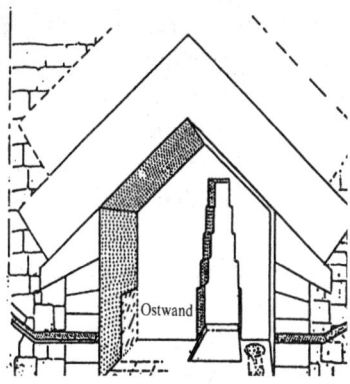

Abb. 150: Kammer der Königin.

»Wir sehen Suphis oder, wie die Hieroglyphiker ihn geschrieben haben, Schufu oder Chufu, ein Name, der leicht in Suphis oder Cheops verdreht werden konnte.« Genau diese willkürliche Tat wurde von R. W. H. Vyse im Mai 1837 vorgenommen. W. M. F. Petrie gab in seinem 1883 erschienenen Buch »Die Pyramiden und Tempel von Giseh« ebenfalls ein Statement zu den Cheops-Kartuschen ab, dem sich schon damals viele namhafte Ägyptologen wie Camillie Gaston Maspéro (1846–1916) anschlossen:

»Es ist als eine verheerende Theorie zu betrachten, das Chnum-Chufu mit Chufu identisch sein soll.«

Östlich der Großen Pyramide, vor den kleineren, sogenannten Königinnenpyramiden, liegen in fünf Zweierreihen die Doppelmastabas der Söhne und Enkel von König Cheops. Gleich in der ersten Reihe befinden sich die Mastabas der Prinzen »Ka-Wab« und »Chaef-Chufu«. Aus dem letzteren Prinzen wurde nach Ansicht unserer Ägyptologen König Chephren oder Suphis II. (»Chefra«), der angeblich die zweite Großpyramide in Giseh errichtete. Doch wahrscheinlich hat König Chephren niemals die königliche Macht besessen, die ihm von Seiten der Lehrmeinungsvertreter zugeordnet wird. Denn in seiner tatsächlichen Grabstätte G 7130-40 wurden – im Gegensatz zum Inneren der Chephren-Pyramide – alle Wände mit Flachreliefs verziert. So wurden auf der Ostwand des Haupt-saales drei Register mit Überbringern von Totenopfern für den Verstorbenen dargestellt. Teilweise wurde Prinz Chephren auch mit seiner Mutter und einer Tochter abgebildet, die ihm eine Lotosblume entgegenstreckt. Diese Darstellungen sind einzigartig und fehlen seltsamerweise in den Innenräumen der Giseh-Pyramiden völlig.

Es verwundert auch, daß, wenn Chephren tatsächlich eine riesige Pyramide besaß, er dann überhaupt ein überflüssiges Mastabagrab benötigte! Einzig interessant an dem Mastabagrab scheint mir je-

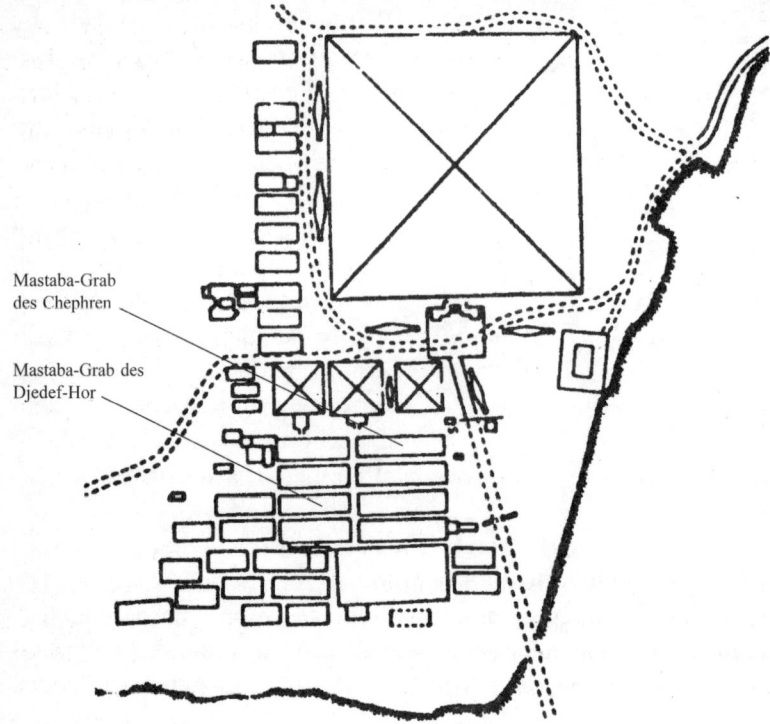

Mastaba-Grab
des Chephren

Mastaba-Grab des
Djedef-Hor

Abb. 151: Östlich der Großen Pyramide befinden sich die Mastabagräber
des Chaef-Chufu und Djedef-Hor.

doch, daß bei Chephrens ägyptischem Namen ebenfalls der »Chufu-Titel« enthalten ist.

Gab es also doch mehrere Chufu?

Diese für die allgemeinen Ägyptologen immer noch provozieren-
de Idee wird an einer Pyramide von Lischt tatsächlich bestätigt.
Die 55 Meter hohe Pyramide (84 Meter Basislänge) liegt in der Bucht
auf der anderen Seite des Scheich-Abd-al-Qurma-Hügels südlich
von Deir el-Bahari. Obwohl die Experten bei dieser Pyramide jahrelang Zuordnungsschwierigkeiten hatten, gelang es der Ägyptologin Dr. Dorothea Arnold 1998, den Bauherrn dieser Pyramide
mit einem König der 12. Dynastie (1991–1848 v. Chr.), Amenemhet I. (1991–1875 v. Chr.), zu identifizieren. Dieser Pyramidenort
wurde von den alten Ägyptern »Itj-taui« (»Der die beiden Länder
ergreift«) genannt und ist dahingehend interessant, daß sich hier

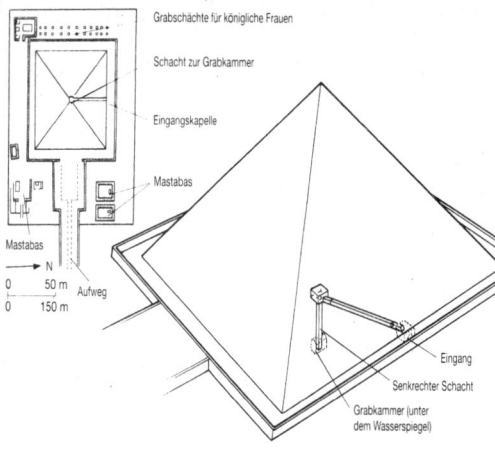

Grabschächte für königliche Frauen

Schacht zur Grabkammer

Eingangskapelle

Mastabas

Mastabas

N

0   50 m   Aufweg
0   150 m

Eingang

Senkrechter Schacht

Grabkammer (unter dem Wasserspiegel)

Abb. 152: Pyramide von Lischt.

ebenso ein Relief mit der Kartusche des »Chufu« befindet. Doch Ägyptologen wie Professor Mark Lehner haben eine schnelle Erklärung parat: »Vermutlich kam das Relief aus dem Totentempel des Cheops in Giseh hierher.« Wie wir jedoch bislang sehen konnten, scheint die Chufu-Tradition bereits innerhalb der 1. Dynastie fest verwurzelt gewesen zu sein. Meines Erachtens könnte es sich bei dem »Chufu-Titel« sogar um die Darstellung der »göttlichen Schöpfung« handeln, was auch die Pyramiden durch die Dreifaltigkeit Horus/Isis/Osiris ebenfalls symbolisieren.

Darüber hinaus war König Amenemhet I. für die altägyptische Geschichte gar nicht so unbedeutend, sondern ein traditionsbewußter König, der die alten Werte pflegte. Er begründete nicht nur die 12. Dynastie, sondern ließ die Gottheit Ra sich in der Amun-Religion verjüngen und neu entfalten. Weil sich während dieser Zeit in Ägypten auch fremde Gottheiten der Nachbarländer ausbreiteten und von der heimischen Bevölkerung sogar toleriert wurden, verfaßte König Amenemhet I. eine pessimistische Weisheitslehre, die er seinem Sohn Sesortris I. übergab. So wird heute auch der Baustil seiner Pyramide verständlich, den er meines Erachtens von den ältesten Giseh-Pyramiden kopiert hatte.

An dem Zentralschacht zur Grabkammer wird allerdings deutlich, daß Amenemhet I. vor 3.990 Jahren nicht mehr alles über die Giseh-Pyramiden wußte und deshalb lediglich den unteren Abschnitt der Konstruktion der Großen Pyramide gekannt haben muß, so daß er deshalb nur das Modell des unteren Bereichs mit der »Felsenkammer« für sein Bauwerk verwendete. Interessant ist allerdings, daß sich die vermeintliche Grabkammer unter dem Grundwasserspiegel befindet und bislang ein Betreten durch die Ägyptologen verhindert hat.

Schlummert dort ein altes Geheimnis der Zeit, als in Ägypten noch Götter herrschten?

Dr. Zahi Hawass vertritt in diesem Zusammenhang die Ansicht: »Viele Menschen glauben, daß eine bedeutende Kultur zeitlich der uns gegenwärtig bekannten ägyptischen Dynastien vorausgegangen sein muß. In Giseh sind jedoch keinerlei Fundstücke entdeckt worden, weder einzelne Gegenstände noch Bruchstücke von Gegenständen, die auf eine untergegangene Hochzivilisation schließen lassen.«

Wirklich nicht?

Im *Papyrus Abusir* wird über einen wichtigen Bestandteil eines Pyramidenkomplexes berichtet, der in den alten Schriften »Ra-Sche« genannt wird. Professor Rainer Stadelmann interpretiert den Begriff völlig unverständlich mit »Königlicher Bezirk« und greift zur Unterstützung auf die Bezeichnung »sche en per a'aa« zurück, die übersetzt »die Erhebung mit der Energie des Hohen Hauses« bedeutet. Es ist darunter eine Energieform zu verstehen, die in jedem Fall einen göttlichen und keinen königlichen Ursprung besitzt. Weitere Inschriften erwähnen sie aber auch immer in Verbindung mit »Planung«, »Vermessung« und »Öffnung« der »Sche's« und das mit Begleitnamen wie »Thron der Götter«, »Libitation der Götter« oder »Amme der Götter«.

Woher leitet sich der mysteriöse Begriff aber tatsächlich ab und von welchem geheimnisvollen Ort ist hier die Rede?

Professor Mark Lehner meint:
»Ra-Sche war das Bindeglied zwischen der Welt der Toten und der Lebenden, zwischen dem Pyramidenbezirk und dem Flutbecken gewesen, wobei die Pyramidenstadt und der Sakralbezirk auf erhabenem Boden aneinander anschlossen. Dann wäre Ra-Sche der Eingang oder das Tor zum Talganzen von Taltempel, Hafen, Kanal und Pyramidenstadt. In Giseh befände sich dann eine Pyramidenstadt irgendwo in der Tiefwüste zwischen Niltal und Pyramiden-Hochplateau.«

Was hat das zu bedeuten?

Als zwischen 1891 und 1901 eine Grabung der Deutschen Orientgesellschaft unter der bewährten Leitung des Schweizer Architekten Ludwig Borchardt eine lange unter der Bezeichnung »Pyramide von Riga« bekannte Erhebung bei Abu Gurâb untersuchte, entdeckte man unter ihr einen großen Sonnentempel, den man aus einleuchtenden Gründen für eine Nachahmung des Tempels des Ra-Atum in Heliopolis hielt. Die Gesamtanlage ähnelt im Grunde einem normalen Pyramiden-Komplex mit einem Taltempel. Sie besaß einen zur Höhe hinaufführenden Aufweg und ein auf der Höhe selbst gelegenes Bauwerk, das dem Standort einer Pyramide ähnelte. Der Unterschied lag allein darin, daß sich auf einem quadratischen Sockel ein gedrungener Obelisk von der Form einer gestutzten Pyramide befand. Diese Obeliskenform erinnert an einen sehr alten, »benben« benannten Gegenstand von Heliopolis, dessen Bezeichnung sich nach Professor A. H. Gardiner etymolo-

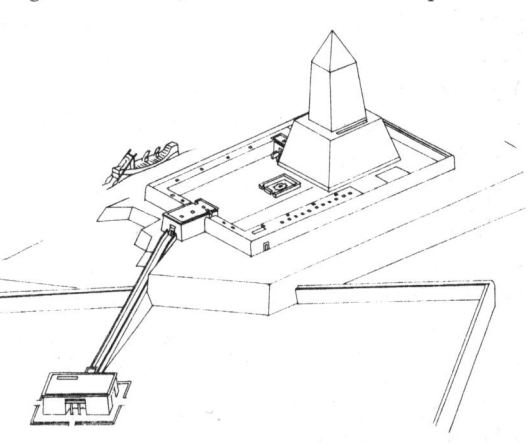

Abb. 153: Tempel-Bezirk.

gisch als »der Strahlende« übersetzen läßt. Nach Gardiner symbolisierte dieses hieroglyphische Zeichen jedoch nicht unbedingt die Strahlen der Sonne, sondern »Strahlen ohne Sonnenbezug«.

Von sechs Königen der insgesamt neun Könige der 5. Dynastie weiß man, daß sie diese Art von Heiligtümer gebaut haben, wobei jedes seinen eigenen Namen wie »Zur Freude des Ra«, »Feld des Ra« oder »Horizont des Ra« trug. Doch lediglich zwei dieser Heiligtümer konnten bisher wirklich lokalisiert werden: die des Königs Userkaf (2348–2340 v. Chr.), der nach dem Tod Borchardts von dessen Schüler Heinrich Ricke ausgegraben wurde, und die des Königs Niuserré (2282–2271 v. Chr.), den Borchardt selbst gründlich untersucht hat.

Die Entdeckung dieser merkwürdigen Bauwerke hat unter den Ägyptologen zu großen Diskussionen geführt. Es ist nämlich nicht recht zu begreifen, weshalb ein ägyptischer König nach dem anderen derartige Heiligtümer von fast gleicher Größe und zusätzlich eine Pyramide errichtete, nur um seinem Sohnesverhältnis zum Sonnengott Ra Ausdruck zu verleihen.

Was also steckte tatsächlich hinter dieser Absicht?

Der Untersuchung des »Sonnenheiligtums« des Niuserré ließ Borchardt die systematische Freilegung der Pyramiden der 5. Dynastie folgen, die bei Abusir, etwa zwei Kilometer weiter südlich, dicht beieinander liegen.

Dabei wurde eine ungewöhnliche Entdeckung an der Pyramide des Königs Sahuré (2340–2328 v. Chr.) gemacht: Von dieser Pyramidenanlage führt eine etwa 300 Meter lange kupferne Abwasserleitung den ganzen Aufweg hinab. Es ist kurios, daß diese kupferne Rohrleitung, die an eine geschlossene Regenrinne erinnert, genutzt wurde, um nicht in die Pyramide, sondern aus der Pyramide eine noch unbestimmte Flüssigkeit herauszulassen.

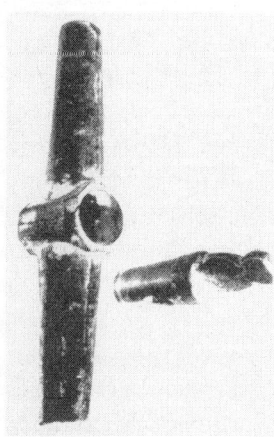

Doch zu welchem Zweck?

Auch die Einrichtung dieser Pyramiden in ihrem Inneren ist ungewöhnlich: Die Wände der Grabkammer und der Vorhalle waren mit den ältesten religiösen Texten des pharaonischen Ägypten bedeckt. Diese in horizontalen Zeilen geschriebenen Texte enthalten die im Kapitel 3 in Auszügen behandelten Sprüche über die Jenseitsregion. Man nennt sie, weil sie nicht nur hier, sondern auch in den Pyramiden von vier Königen der 6. Dynastie und an anderen Stellen gefunden wurden, Pyramidentexte.

Abb. 154: Teile der Kupferleitung.

In der Pyramide von König Unas (2235–2205 v. Chr.) sind darüber hinaus Abbildungen zu sehen, in denen Arbeiter ihren handwerklichen Tätigkeiten nachgehen. Am merkwürdigsten und am schwersten zu erklären sind aber Darstellungen von abgezehrten Menschen, die durch eine »strahlende Gotteskraft« sterben mußten. Die Ägyptologen sprechen von Hungersnöten, die damals geherrscht haben sollen, und erinnern mit ihren Interpretationsversuchen an

Abb. 155: Texte in der Unas-Pyramide.

Abb. 156: Durch Strahlen verstorbene Arbeiter.

die Geschichte der Sieben Weisen. *Sind diese Darstellungen der wahre Grund, weshalb die Unas-Pyramide für Touristen unzugänglich gemacht wurde?*
Bereits 1893 gelangte eine große Anzahl von bis heute noch unveröffentlichten Papyrusfragmenten ans Tageslicht, die aus der 5. Dynastie stammten. Unter den Papyri befinden sich auch Urkunden über die täglichen Zahlungen, die an die ägyptischen Oberpriester und an sogenannte »Zwischenwesen«, die von den Ägyptologen mit »Propheten« übersetzt werden, geleistet wurden. Wenn wir aber heute von »Zwischenwesen« sprechen, meinen wir die »Wächterengel« der göttlichen Heerscharen aus dem Alten Testament.
Enthalten die Papyri möglicherweise verbotene Hinweise auf den wahren Zweck der Pyramiden? Professor Gardiner schreibt über diese Papyri:
»Dabei bedarf es eines eingehenden Studiums, um die schwer lesbaren Handschriften zu entziffern und ihren mysteriösen Inhalt genau zu bestimmen.«
Was hat das alles zu bedeuten?
Als die Pyramidenforscher John S. Perring und Richard W. H. Vyse im Jahre 1839 die sogenannte Knickpyramide des Senofru (2505–2478 v. Chr.) in Dahschur erforschten, beobachteten sie eine ungewöhnliche Erscheinung. Die Arbeiter, die damals die Pyramidengänge von Schutt räumten, litten unter sehr großer Hitze und akutem Sauerstoffmangel, als plötzlich ein starker kalter Windzug durch die Gänge fegte. Der Wind wehte zwei Tage lang so heftig, daß die Arbeiter größte Mühe hatten, ihre Lampen vor dem Erlöschen zu

schützen. Dann setzte
der Wind wieder ganz
unvermittelt aus, und
niemand hat sich bisher
den rätselhaften Vor-
gang erklären können.

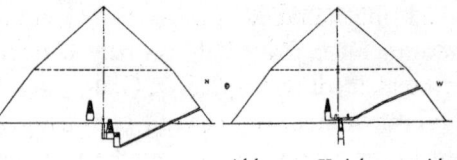

Abb. 157: Knickpyramide

Die Knick-Pyramide verfügt im Gegensatz zu anderen Pyramiden nicht nur über einen, sondern über zwei Eingänge. Von Norden führt eine lange, abfallende Passage in eine enge Vorkammer mit einem verkragtem Dach. Des weiteren ist der nördliche Eingang, in welchem sich R. W. H. Vyse mit seinen ägyptischen Helfern befand, in einer Höhe von 11,80 Metern angelegt und führt 25,24 Grad schräg abwärts, wo man nach etwa 80 Metern die Vorkammer erreicht. Die Stelle führt ohne einen erklärlichen Grund danach in eine Tiefe von 20 Metern hinunter, wo eindeutig bearbeitete Granitplatten kragen. Ein Ende ist nach 20 Metern nicht in Sicht und kein Archäologe weiß, was das überhaupt zu bedeuten hat. Doch dieser Tatbestand interessiert die Ägyptologen nicht sonderlich.

Weil sich der 67 Meter entfernte zweite westliche Eingang (33 Meter hoch), ebenfalls mit der Hauptkammer kreuzt, haben sich die neuzeitlichen Ägyptologen für die von Vyse erlebte Erscheinung schnell eine Erklärung einfallen lassen:

»Nachdem Vyse das Geröll und den Schutt entfernen ließ, gab es einen Luftzug, der vom westlichen Eingang ausging.«

Warum hörte der Luftzug aber erst nach zwei Tagen auf und wiederholte sich danach nicht mehr? Die Antwort liegt meines Erachtens an der Architektur der bereits erwähnten Vorkammer. Denn arabische Chronisten berichten im Pyramidenkapitel V. des »Hitat«, daß bestimmte Pyramiden Ägyptens durch unterirdische Tunnelsysteme, welche sich 50 Meter unter dem Pyramidenniveau befinden, miteinander verbunden sind, und wo sich mysteriöse »Pyramiden-Tore« befinden sollen. Wie wir aus dem vorangegangenen Kapitel sehen konnten, bestätigt auch die Umgebung der Sphinx diese Art von Überlieferungen.

Und was sagen unsere Ägyptologen?

Für sie steht zumindest fest, daß die Innengänge der Großen Pyramide von Giseh lediglich dem Zweck dienten, den Sarg des verstorbenen Pharao zu seinem Sarkophag in der Begräbniskammer zu bringen und das Verlassen der Pyramide nach der Beisetzung zu ermöglichen. Allenfalls räumen sie noch den Verdacht ein, daß die unterschiedlich angelegten Gänge mögliche Grabräuber in die Irre führen sollten. Dabei wird von den Ägyptologen vielfach die Errichtung eines so gewaltigen Bauwerks, das schon in der klassischen Zeit zu einem der »Sieben Weltwunder« zählte, allein mit der Absicht begründet, das Grab des toten Pharao vor räuberischen Zugriffen zu schützen. Merkwürdig hierbei ist nur, daß gerade diese Anforderung von keiner einzigen ägyptischen Pyramide erfüllt wurde, auch nicht von der des Cheops.

Mich verwundert diese Tatsache aber nicht sonderlich, denn meiner Ansicht nach waren die ägyptischen Pyramiden zu keiner Zeit als Grabanlage geplant. Deshalb konnten die Forscher weder in den zwei Dahschur-Pyramiden, die König Senofru zugeordnet werden, noch in Meidum die geringste Spur eines Sarkophags finden. Dabei muß die Sargwanne innerhalb der Großen Pyramide von Giseh in die sogenannte Königskammer bereits eingelassen worden sein, bevor die Kammer mit neun flachen, 45 Tonnen schweren Granittafeln abgedeckt wurde. Denn für den Transport durch den aufsteigenden Gang ist sie eindeutig ein paar Zentimeter zu breit, und hätte somit niemals durch das Gangsystem transportiert werden können.

Aber auch die Zuordnung der neuen Pyramide des Mykerinos verstrickt die Ägyptologen in immer verwirrendere Widersprüche. Im Frühjahr 1998 wurde die Entdeckung einer neuen 54 Meter hohen Pyramide in Giseh bekanntgegeben. Sie befindet sich südöstlich der allgemein bekannten Pyramide des Mykerinos und wurde erst jetzt untersucht.

Abb. 158: Südquerschnitt der Königskammer.

Dabei wurde dieses Bauwerk bereits im 19. Jahrhundert von W. M. F. Petrie registriert und nur wegen der schwierigen Zuordnung von unseren Experten nicht weiter beachtet. Doch 1999 entbrannten heftige Diskussionen unter den Ägyptologen, wonach verschiedene Standpunkte für eine Zuordnung bestimmt und ein Königsname für den Eintrag in den Lehrbüchern festgehalten wurde. Einige der Ägyptologen halten sie für das Grabmal einer Gemahlin von Mykerinos, und andere meinen, daß der Pharao von vornherein zwei Pyramiden gebaut habe, von denen eine als Grabmal und die andere als Kenotaph diente. Auch Dr. Hawass meldete sich natürlich mit seiner Theorie zu Wort:

»Meines Erachtens handelt es sich hierbei um eine reine Kultpyramide, in der der König seine Kleidung wechselte und die notwendigen Embleme anlegte, die er bei der Ausübung der rituellen Zeremonien tragen mußte.«

Wirklich verblüffend! Es gibt demnach in Giseh eine Pyramide, die nicht, wie sonst von Seiten der Ägyptologen immer postuliert wird, als Grabmal errichtet wurde, sondern als »Kleiderschrank des Pharao« benutzt wurde. Vielleicht wurde der Bau ja noch von einem ägyptischen Priester namens Karl Lagerfeld gesponsert?! So also arbeiten heutige Ägyptologen, wenn sie ihre revolutionären Theorien entwickeln … – Entscheiden Sie selbst, ob derartige Postulate glaubwürdig sind!

Was aber ist dann der Zweck der Pyramiden?

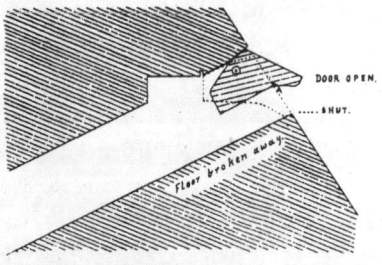

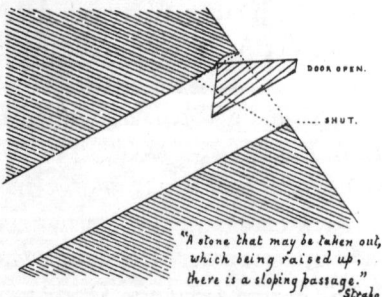

Abb. 159: Schwenkbares Eingangstor.

Der griechische Historiker und Geograph Strabon (63 v. Chr. bis 30 n. Chr.) berichtet uns in Kapitel 2, 2a seiner »Geographica« über seinen Besuch im Jahre 24 v. Chr. bei den Pyramiden von Giseh. Aus dieser Schrift erfahren wir, daß sich bei seinem Pyramiden-Besuch ein offizieller Eingang auf der Nordseite der Großen Pyramide befunden hat. Dieser bestand aus einer schwenkbaren Steinplatte, die aufgeklappt werden konnte und dabei aber so genau in das

Mauerwerk gearbeitet war, daß man sie von außen kaum erkennen konnte.

Des weiteren berichtet Strabon, daß diese kleine Öffnung den Zugang zu einem sehr engen, niedrigen und schachtähnlichen Gang freigab. Dieser Gang führte nach einer Länge von 111 Metern zu einer 50 Meter unter der Grundfläche der Pyramide ausgehauenen Felsenkammer. Mit keinem Wort wird jedoch die Große Galerie oder die Königinnen- und die Königskammer erwähnt, denen er beim Betreten der Pyramide begegnet sein müßte. Entweder hat der Berichterstatter das Innere der Pyramide niemals betreten oder zu den anderen Räumen war in dieser Zeit noch kein Zugang bekannt.

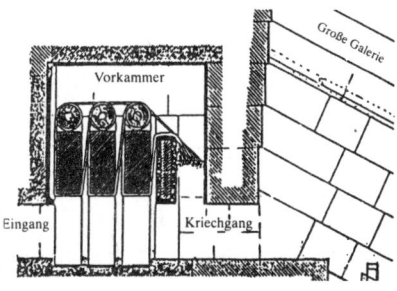

Abb. 160: Unter den Fallsteinen öffnet sich der Boden.

Obwohl die Ägyptologen die Theorie unterstützen, daß Grabräuber bereits 150 Jahre nach Cheops' Tod in die Große Pyramide eingedrungen sein müssen, scheinen die unbekannten Eindringlinge bis zur Ära von Strabon nie über die Felsenkammer hinausgekommen zu sein. Selbst der von ihr zum Vorraum der Großen Galerie führende, als »Schacht der Diebe« bekannte Gang, wurde von oben nach unten aufgebrochen und stellt nach wie vor ein ungelöstes Rätsel innerhalb der Pyramidenforschung dar. Auch wenn die renommierten Experten hin und wieder die Ansicht vertreten, daß hier die Totenpriester mit ihren Begleitern nach der Totenzeremonie und der Versieglung der Pyramide sich einen Weg nach draußen bahnten, halte ich diese Erklärung der Ägyptologen für puren Nonsens.

Meinen Berechnungen zufolge hätten die die Totenzeremonie begleitenden 12 Personen mit primitiven Kupferwerkzeugen bei einer Arbeitszeit von täglich 18 Stunden allein für das Aufbrechen dieses Schachtes über acht Monate Zeit benötigt.

Doch wovon ernährten sie sich acht Monate lang? Woher nahmen sie vor allem das Trinkwasser, das ihnen erst das Überleben ermöglichte? Wo hielten sie sich in dieser Dunkelheit auf und wo hin-

terließen sie ihre Ausscheidungen, von denen sich selbst nach Jahr-
tausenden noch kleine Überreste finden lassen müßten?

Wer immer diesen Schacht ausgegraben hatte, mußte also einen anderen Grund gehabt haben, diese zum Gefängnis gewordene Pyramide wieder zu verlassen. Vielleicht waren die eingesperrten Personen erst zu einem späteren Zeitpunkt, mit damals noch vorhandenen Pyramidenplänen, durch die vor der Königskammer (»Fall-
steingang«) befindliche Granitplatte eingedrungen und hatten sich
aus noch ungeklärten Umständen den Rückweg versperrt. Das ist
die Stelle, an der Dr. Hawass einen neuen Gang zu einer bislang
unbekannten Kammer entdeckte, den er eigentlich bereits im Sommer 1999 auch für den Tourismus freigeben wollte.

Bevor wir dieses Problem weiter behandeln, möchte ich darauf aufmerksam machen, daß ich in dem Zeitbericht von Strabon zumindest den Beweis als erbracht ansehe, daß die Überlieferungen über
die Pyramidenöffnungsaktion durch den arabischen Kalifen Abdallah Al-Mamun aus dem Jahre 813 n. Chr. nicht in die Kategorie
der morgenländischen Märchen einzustufen sind, wie es die Ägyptologen fortwährend tun. Dabei stören sie sich in erster Linie auch
nicht unbedingt an dem historischen Kern dieser Überlieferungen,
sondern an den phantastisch anmutenden Entdeckungen wie »nicht
zerbrechendes Glas« oder »nicht rostendes Metall« und »alte Stern-
karten des Himmels«. Diese und andere Gegenstände sollen demnach in den Geheimkammern der Pyramiden, die man unter anderem durch die bereits erwähnte Granitplatte erreichen kann, aufbewahrt worden sein.

Was hat es mit den Legenden über geheime Kammern aber noch
auf sich?

Aus den hermetischen Schriften erfahren wir, daß die Gottheit Thot
die Geheimnisse des Himmels kannte und sie in heiligen Büchern
niederschrieb, die sie anschließend auf der Erde in einer »Verborgenen Kammer« vergrub, damit die Geschlechter der Zukunft nach
ihnen suchen sollten. Das geheime Versteck war jedoch so gut ausgeklügelt, daß nur die wahrhaft Würdigen in der Lage sein sollten,
diese Kammer zu finden. Im Buch »Das Sternentor der Pyramiden« hatte ich dies bereits ausführlich behandelt und danach auf
drei architektonische Merkmale im Gangsystem der Großen Pyramide hingewiesen, wo sich möglicherweise noch drei weitere Kam-

mern befinden. Die Anzahl der insgesamt sieben Kammern wird nicht nur durch den Schweizer Ägyptologen Professor Erik Hornung bestätigt, sondern auch durch das ägyptische Buch »Sjpw«, sowie eine Thot-Inschrift aus Gebêlen. Auch der amerikanische Archäologe Louis P. McCarthy hatte bereits im Jahre 1907 dargelegt, daß sich nach seiner Überzeugung außer den bekannten, wenigstens noch drei weitere Kammern in der Großen Pyramide befinden. Nach seinen Untersuchungen liegen sie in der Höhe der 75., 100. und 120. Steinlage. McCarthy war auch der erste westliche Archäologe, der die Meinung vertrat, daß von der Nordostekke der Großen Pyramide ein unterirdischer Gang zur Sphinx führe. Der französische Bauingenieur Professor Jean Kerisél konnte dies 1996 mit seinen seismographischen Untersuchungen wirklich nachweisen, doch die Ägyptologen schwiegen auch diese Entdeckung tot.

Aber warum?

Vielleicht deshalb, weil die ägyptischen Pyramiden in Wirklichkeit ein todbringendes Geheimnis beherbergen, das ebenfalls mit den verborgenen Kammern im Zusammenhang steht.

Der australische Bauingenieur Robert Ballard präsentierte nämlich bereits vor 25 Jahren eine völlig neue Theorie dahingehend, daß die gesamte Pyramidenanlage von Giseh über einer großen Zahl von Katakomben errichtet wurde und daß in ihr außer weiterer Kammern im Untergrund auch unzählige Galerien zu finden seien. Diese Theorie ist durchaus berechtigt, wie die Pyramiden vom Moerissee beweisen, die auf mehreren Etagen riesige unterirdische Wohnräume für die Priester und die Pyramidenwächter enthalten. Wie wir gesehen haben, ist auch die Umgebung der Sphinx untertunnelt und bestätigt somit Ballards Theorie.

Der Australier spekuliert des weiteren darüber, daß ein großer Teil der Kalksteinblöcke, die für den Bau der Pyramiden von Giseh benötigt wurden, aus solchen Katakomben stammen könnten. Ballard macht in diesem Zusammenhang zudem den Vorschlag, eine leistungsfähige Bohrmaschine mit einem Gestänge von 70 bis 100 Metern Länge zu Probebohrungen auf dem Plateau von Giseh einzusetzen. Dem Vorschlag liegt seine Überzeugung zugrunde, daß solche Bohrungen »das Vorhandensein einer unterirdischen Stadt beweisen« werden. Darüber hinaus ließen sich alle geheimen Zugänge und die dazu gehörigen Verbindungsschächte zu den Pyramiden lokalisieren, die Priester und Aufseher benutzten. Während die Pyramiden in den Augen der Außenstehenden den Anschein von sorgfältig versiegelten Grabmälern erwecken mußten, nimmt Ballard an, daß ihre hermetische Verriegelung die Aufenthaltsräume und Schlupfwinkel der Priester mit einem Schleier des Geheimnisses umgeben sollte. Niemand bemerkte, wie diese das Innere des Bauwerks durch einen unterirdischen Gang betraten und dann auf den nur ihnen bekannten Wegen bis zur Spitze emporstiegen.

Was verschweigen uns die Ägyptologen wirklich?

Von Februar 1998 bis Juli 1999 hatten die verantwortlichen Behörden der Ägyptischen Altertumsverwaltung die Große Pyramide von Giseh geschlossen und für jeden Besucher unzugänglich gemacht. Angeblich wurden dort Restaurierungsarbeiten durchgeführt, wodurch die Salzablagerungen, die durch Feuchtigkeit und die Ausdünstung der Menschenmassen verursacht werden, beseitigt würden. Des weiteren sollten etwa 300 Risse im Gestein der Großen Galerie gesichert und danach auf Basis französischer Technologien ein neues Ventilationssystem sowie eine neue Beleuchtungsanlage in Betrieb genommen werden.

Tatsächlich wurden jedoch neue, bisher unbekannte Kammern entdeckt und von offizieller Stelle alles daran gesetzt, diese Entdeckungen nachträglich zu vertuschen. Selbst Dr. Zahi Hawass bestätigte diese Entdeckungen und sagte im Zuge der Restaurierungsarbeiten im September 1998:

»Auch die Königinnenkammer und ein ›weiterer Raum‹ werden instandgesetzt und danach für das Publikum geöffnet.«

Was für ein weiterer Raum war das?

Die wohl bedeutendste Entdeckung der 1990er Jahre war der durch den Münchener Ingenieur Rudolf Gantenbrink mit seinem *Upuaut*-Robotor entdeckte Abschlußstein im südlichen Schacht der Königinkammer innerhalb der Großen Pyramide. Gantenbrink konnte nachweisen, daß der südliche Schacht in einem Winkel von etwa 40 Grad 60 Meter in die Pyramide führt und somit weitaus länger ist, als man bis dahin vermutete. Zudem entdeckte er am Ende dieses Schachtes eine innerhalb der Ägyptologie bislang unbekannte architektonische Struktur, die sich als eine Art »Blockierung mit Kupferbeschlägen« darstellt. Diese Beschläge wurden von Professor Stadelmann als Hieroglyphen identifiziert, die sich als »Sonnenschirm des Königs« oder »Mächtige Keulen des Königs« lesen würden.

Man ist bei dieser dominanten Phantasie der Ägyptologen einfach gefesselt und sprachlos zugleich. Von diesem Blockierungsstein bis zur Außenwand der Pyramide befinden sich allerdings noch 17 Me-

Abb. 161: Blockierungsstein

ter Platz, worin durchaus noch verborgene Kammersysteme existieren könnten. Daß aber, so meinen die Forscher, sei viel zu phantastisch!

Abb. 162: Raum über der Großen Galerie.

Rudolf Gantenbrink weiß durchaus von unzähligen Hohlräumen innerhalb der Großen Pyramide zu berichten, die seiner Ansicht nach jedoch aus Baumängeln resultieren und nicht extra angelegte Räumlichkeiten darstellen. Bei meinen 1997 durchgeführten Untersuchungen konnte ich allerdings einen kammerähnlichen Raum auf der Nordseite über der Großen Galerie besichtigen, dessen Existenz innerhalb der Fachliteratur keine Erwähnung findet!

Eine zweite, ebensowenig beachtete Theorie wurde 1994 von dem Belgier Robert Bauval und dem Briten Adrian Gilbert in ihrem Buch »Das Geheimnis des Orion« aufgestellt. Darin bieten die Autodidakten eine stellare Erklärung für die Entstehung der Giseh-Pyramiden. Sie weisen darauf hin, daß die drei Giseh-Pyramiden die drei Sterne des Orion-Gürtels widerspiegeln und daß die stellare Figur des Orion von anderen in Ägypten befindlichen Pyramiden vervollständigt wird. Hier meinen die Autoren das Abbild des Osiris zu sehen.

Die dritte Theorie ist meiner Arbeit zu verdanken, welche jedoch möglicherweise ohne die Vorarbeit der vorgenannten Forscher nie entstanden wäre. Ich behaupte, daß der Jenseitsglaube der alten

Ägypter in Wirklichkeit auf einer ehemaligen Weltraum-Odyssee beruht, die von den jüngeren Generationen völlig mißverstanden und fehlinterpretiert wurde. Die Textinhalte der ägyptischen Unterweltsbücher und die Pyramidentexte ergeben nämlich nur dann einen Sinn, wenn man die Überlieferungen auf die verborgenen Wege des Kosmos projiziert. Der Ausgangspunkt dieser Theorie

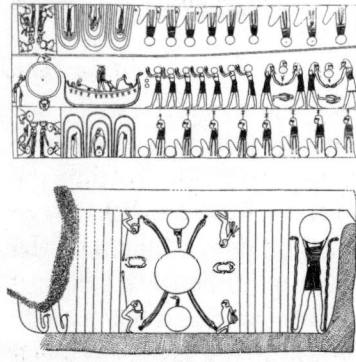

beginnt im Sonnensystem Sirius und endet auf unserer Erde oder umgekehrt. Denn obwohl die Sonne in der Kultur der alten Ägypter eine offensichtliche Rolle spielte, bekam diese Zivilisation ihre Impulse eigenartigerweise nur von den Sternen. Dabei war die Pyramide ein angemessenes Symbol für eine Gesellschaft, deren Priesterschaft in bezug auf das

Abb. 163: Amduat

kosmische Wissen nur Wenige einbezog. Sternenwissen war im Gegensatz zur Sternenbeobachtung nur den wahrhaft Gelehrten vorbehalten. Diese alte Weisheit der Ägypter trachtete danach, alles zu umfassen, bis hin zu den Sternen, die die Grenze des Sichtbaren bildeten. Demnach hatte jede Handlung der alten Priesterschaft eine weltliche und eine kosmische Bedeutung. Die ägyptische Denkart hätte nämlich nichts Zufälliges oder Willkürliches zugelassen. Alles hatte einen Sinn und eine Bedeutung! Trotzdem war man stets bemüht, vorbestimmte Zwecknutzungen für die nachfolgenden Geschlechter unsichtbar zu halten.

Doch warum war alles so geheim?

Vielleicht kann uns auch hierbei eine verbotene Entdeckung aus den 1940er Jahren zu einer Antwort verhelfen.

Der amerikanische Ägyptologe Professor James Henry Breasted (1865–1935), der ursprünglich Pfarrer werden wollte, entdeckte 1891 seine Leidenschaft für die Ägyptologie. Gleich ein Jahr darauf ging er nach Berlin, um bei dem renommierten deutschen Philologen Professor Adolf Ermann zu studieren. Danach begann seine Karriere zum renommiertesten Wissenschaftler unter den Ägyptologen, wobei die erfolgreiche Laufbahn des Amerikaners nur durch die finanzielle Unterstützung von J. D. Rockefeller Jr. ermöglicht worden war. Rockefeller Jr. und Breasted unterhielten nämlich eine freundschaftliche Beziehung. Dank einer großzügigen Spende im Jahre 1924 durch Rockefeller wurde der erste ägyptologische Lehrstuhl in den Vereinigten Staaten von Amerika möglich. Durch weitere finanzielle Unterstützung Rockefellers gelang es Breasted, das *Oriental Institute of Chicago* zur führenden Fakultät der Neuen Welt zu machen.

Doch wer oder was hatte Rockefeller Jr. auf Breasted aufmerksam werden lassen?

Das Interesse Breasteds an Ägyptologie erwuchs in ihm schon als Vierzehnjähriger während seiner Zeit als Auszubildender im Apothekerberuf. Im August 1881 machte er die Bekanntschaft mit einem gewissen Edwin Smith, der einer Loge der Freimaurer angehörte und den jungen Gehilfen über diese informierte. Es war jener Edwin Smith, der 1869 in Ägypten einen der berühmtesten medizinischen Papyri erwerben konnte, den im Jahre 1930 jener junge Apotheker schließlich als führender Ägyptologe übersetzen sollte. Wahrscheinlich ist auch der enge Kontakt von Breasted zu Rockefeller durch die aktive Freimaurerschaft des letzteren zu erklären. Aber auch britische Forscher, wie beispielsweise W. M. Flinders Petrie und dessen Vater William, gehörten dieser Bruderschaft an. Selbst Oberst R. W. Howard Vyse und sein Forschungsteam waren Freimaurer. Die Liste ließe sich auf Deutschland sowie Frankreich ausweiten und bis ins Jahr 2001 vervollständigen, worauf wir allerdings aus Platzgründen verzichten müssen.

Wohin führt aber Breasteds Spur?

Im Sommer des Jahres 1906 traf sich W. M. F. Petrie mit dem damals erst vierzigjährigen James H. Breasted in London. Ob auch dieses Treffen mit einer Zusammenkunft der britischen Freimaurer-Loge im Zusammenhang stand, läßt sich heute nicht mehr genau aufklären. In jedem Fall wurde Breasted von einem jungen Mann namens John Ora Kinnaman (1877–1961) begleitet, der ebenfalls die Bekanntschaft von W. M. F. Petrie machte. Diese Zusammenkünfte, die noch vor dem Ersten Weltkrieg stattfanden, gerieten bis 1995 wieder in Vergessenheit. W. M. Flinders Petrie und James H. Breasted entwickelten sich zu großartigen Ägyptologen und prägten seitdem das Bild der Lehrmeinung.

Auch bei dem Archäologen John O. Kinnaman konnte man nach seinem Tode auf eine seriöse Karriere zurückblicken. Als Vizepräsident der *Society of the Apocrypha* und des *Victoria Institute of Archaelogists*, konnte er auf eine große Schar von Bewunderern blicken. Darüber hinaus war er Redakteur von fünf verschiedenen Fachzeitschriften sowie als Chefredakteur des renommierten *American Antiquarien* und des *Oriental Journal* tätig. Kurz vor seinem Tod begründete J. O. Kinnaman sogar eine Stiftung, die heute unter dem Namen *Kinnaman Foundation for Biblical and Archaeological Research* von Albert J. McDonald geleitet wird. Als Director of Research ist der Amerikaner Stephen Mehler seit 1994 damit beschäftigt, den Nachlaß von Kinnaman zu sichern. Bei der Inventur des Erbes stieß Mehler auf eine große Anzahl von Skizzen und Berichten über einige Forschungsreisen des Archäologen, die unter anderem nach Ägypten führten. Seit 1929 war er achtmal in Ägypten und traf sich dabei sechsmal mit W. M. F. Petrie sowie zweimal mit J. H. Breasted. Das stellte allerdings lange Zeit nichts Verdächtiges dar, bis eine von J. O. Kinnaman besprochene Tonbandaufzeichnung auftauchte. Diese Besprechung wurde im August 1955 eher beiläufig bei einer Zusammenkunft der Freimaurer-Loge von Nord-Kalifornien aufgezeichnet, bei der Kinnaman einen Vortrag gehalten hatte. Ihr Inhalt berichtet über brisante Entdeckungen, die Kinnaman gemeinsam mit W. M. F. Petrie im Frühjahr 1938 in der Großen Pyramide gemacht haben will:

»In der Pyramide existieren Beweise, die 45.000 Jahre alt sind.« Demnach habe Kinnaman mit Petrie innerhalb der Großen Pyramide einen schon seit 1925 bekannten Raum geöffnet, dessen Inhalt die Forscher für mehrere Minuten verstummen ließen. An diesen Raum grenzen zwei weitere Kammern, die nach Süden verlaufen. Darin sollen sich Berge von Pergamentrollen mit Hieroglyphen und einer anderen Schrift befunden haben sowie unbekannte Apparaturen existieren, »… die nicht von dieser Welt stammten.« Viermal hatten die beiden Forscher noch die Gelegenheit, die Kammern zu betreten, bevor W. M. F. Petrie verstarb. Danach wäre bis sechs Jahre vor dem Ableben des Archäologen darüber nie etwas erzählt worden.

Sollen wir diesen Bericht wirklich ernst nehmen?
Das alles wirkt im Grunde nicht nur fragwürdig, sondern erinnert

fast an einen Roland-Emmerich-Film. Denn außer den Pergament-rollen sollen sich in den Kammern Antigravitations-Apparate be-funden haben, die die wahren Bauherren der Pyramiden dort de-poniert hätten. Auf die Frage aber, weshalb denn über diese sensa-tionelle Entdeckung bislang nichts publiziert wurde, antwortete Kinnaman, sowohl er als auch Petrie seien zu der Überzeugung gelangt, daß die Menschheit für derlei Informationen noch nicht reif sei:

»Wir schworen einen Eid darauf, die Sache zu unseren Lebzeiten nicht öffentlich bekanntzugeben.«

Ob auch Professor James H. Breasted in diese Entdeckung mit ein-bezogen war, ließ sich bisher leider nicht eruieren. Stephen Mehler indes zeigte sich nach seinen 1997 abgeschlossenen Untersuchun-gen doch etwas ratlos:

»Es ist seltsam, daß sich in den Aufzeichnungen von Flinders Pe-trie kein einziger Hinweis auf die Verbindung zu Kinnaman finden läßt. Indirekte Verbindungen gibt es dagegen einige: Sie gehörten zeitweise der selben Freimaurer-Loge an.«

Abb. 164: Diese Kammern wurden unter dem Giseh-Plateau entdeckt.

Würde John O. Kinnaman zu Leb-zeiten nicht derart viel geleistet haben, könnte man ihm unterstellen, daß er nur von einer Traumvorstellung er-zählte.

So werden unsere Experten aber – ohne das Ganze je richtig zu unter-suchen – dem Archäologen »Alters-Verwirrung« vorwerfen, bis niemand mehr diesen unglaublich wirkenden Bericht ernstnimmt und hinterfragt.

Was also ist hier zu tun? Oder ist vielleicht gerade an dieser Stelle, wie im Fall Gantenbrink, rein zufällig ein neuer Baustein der Ver-botenen Ägyptologie offenbar geworden?

Bei den im Jahre 1993 von dem Münchener Ingenieur Rudolf Gan-tenbrink in der Großen Pyramide durchgeführten Untersuchun-gen, wurde im südlichen Schacht der Königinnenkammer eine mit Kupferbeschlägen versehene Blockierung entdeckt. Doch obwohl die bis dahin gültigen Theorien über einen lediglich sechs Meter in den Pyramidenkörper führenden Blindschacht allein durch die Entdeckung des längeren Schachtverlaufs korrigiert wurden, sagte Dr. Hawass als verantwortlicher Direktor von Giseh gegenüber der internationalen Presse:

»Ich glaube nicht, daß dies eine Türe ist, und mit Sicherheit befindet sich nichts dahinter!«

Professor Rainer Stadelmann setzte noch eins drauf und behauptete selbstsicher:

»Dahinter irgend etwas zu vermuten ist Unsinn!«

Nachdem Rudolf Gantenbrink unmittelbar nach seiner Entdeckung von weiteren Pyramidenforschungen ausgeschlossen (!) worden war, gab Hawass im März 1996 der *Egyptian Gazette* ein verwirrendes Interview:

»Wir werden im September 1996 mit einem internationalen Team und mit Unterstützung der NASA unter Leitung von Dr. Farouk el Baz die Tür öffnen.«

Die *BBC London* sollte für diese Öffnungsaktion die Fernsehrechte erhalten und es hieß, daß eine weltweite Liveübertragung geplant sei. Doch wie wir alle wissen, fand die angekündigte Fernsehübertragung nicht statt, obwohl die erforderliche Technik eigens vom kanadischen Unternehmen *Amtex and Spar Aerospace* für den geplanten Eingriff entwickelt worden war! *Amtex* war nicht irgendeine Firma – sie hatte bereits 1986 den Greifarm für den amerikanischen Space Shuttle entworfen. Kurios ist auch, daß diese Firma nach dem Geschäftsjahr 1997 Konkurs anmeldete und inzwischen nicht mehr existiert!

Warum wurde sie geschlossen?

An die Ägypter wurde *Amtex* über den deutsch-kanadischen Geschäftsmann Peter Zuuring vermittelt, der das geplante Öffnungsprojekt mit immerhin zehn Millionen Dollar (!) veranschlagt hatte. Auch Zuuring gab ein ähnliches Statement wie Dr. Zahi Hawass:

»Ich arbeite mit einem privaten ägyptischen Geschäftsmann, der ein persönlicher Freund von Dr. Zahi Hawass ist. Was immer das Projekt zu Tage fördert, es wird live im Fernsehen übertragen.«

Der ägyptische Geschäftsmann war kein Geringerer als ein Neffe des NASA-Forschers Dr. Farouk el Baz. Die Frage, die sich nun beinahe von selbst stellt, ist diese:

Wurde nach soviel Mühe, Planung und Vorbereitung der Öffnungsversuch tatsächlich nicht unternommen?

Nach Angaben von Herrn Yamal, der in Kairo für die Ägyptische Altertümerverwaltung arbeitet, wurde der Blockierungsstein mit einem eigens für dieses Projekt entwickelten Roboterfahrzeug, das den Namen *Daedalos* trägt, bereits im Herbst 1996 geöffnet. Der Schacht soll demnach nicht in einer Kammer enden, sondern in einem Winkel von jeweils 90° in T-Form (rechts und links) weiter in den Pyramidenkörper hineinführen. In weiteren Forschungsabschnitten konnten die Ägypter sogar einen vier Meter hohen, zwei Meter breiten und fünf Meter langen Raum nachweisen. Zu diesem Raum hat man einerseits durch die Gantenbrink-Blockierung eine Verbindung und kann andererseits durch die Granitplatte vor der Königskammer hineingelangen. Diese Informationen scheint Zahi Hawass allerdings nicht zu bestätigen, da er in einem weiteren Interview vom 14. Januar 1998 mit der *Art-Bell-Radio-Show* die Öffnungsaktion innerhalb der Großen Pyramide für Mai 1998 erneut angekündigt hatte.

In diesem Zusammenhang ist es ebenfalls merkwürdig, daß die erfolgreiche Radiosendung (wie die Firma *Amtex*) ihren Betrieb 1998 einstellen mußte! Ein erneuter Zufall?

Nach Ansicht von Dr. Hawass sei jedoch alles normal verlaufen: »So wie ich und Mark Lehner haben die Ägyptologen auf der ganzen Welt nur ein Ziel: Wir glauben, die Öffentlichkeit hat das Recht, die Wahrheit zu erfahren. Wir arbeiten wirklich sehr penibel rund um die Pyramiden und erzählen der ganzen Welt nichts als die Wahrheit.«

Welche Wahrheit?

Professor Dietrich Wildung gesteht im Gegensatz zu Hawass nämlich ein:

»Eine Archäologie für jedermann ist Quatsch!«

Wie Hawass weiter ausführt, sollte der gesamte Pyramidenbezirk von Giseh lediglich zwischen Februar und Mai 1998 für den Tourismus gesperrt werden. Aus den geplanten drei Monaten waren schließlich 17 geworden. Zudem gab es immer wieder Gespräche zwischen Hawass und Rudolf Gantenbrink, in denen der Münchner einen »orientalischen Reinfall« erlebte. Obwohl die Blockierung längst geöffnet war, unterbreitete Hawass ihm weitere Vorschläge zur Erforschung eines möglichen Raumes hinter der Blockierung.

Wäre dies aber der Fall gewesen, wenn die Blockierung bereits entfernt worden wäre?

Obwohl Hawass von neuen Videoaufnahmen erzählte und diese Kassetten Gantenbrink gezeigt hatte, denkt der Archäotechniker tatsächlich, daß sich der Blockierungsstein seit März 1993 in einem unveränderten Zustand befindet. Gantenbrink sagte mir, den Ägyptern fehle das »Know how« für eine praktische Erforschung. Doch dann stellt sich erneut eine Frage:

Woran hat man dann tatsächlich 17 Monate lang und so geheimnisvoll gearbeitet?

Wenn man die Große Pyramide über ihren heutigen Eingang betritt, führt nach etwa 15 Metern der 106 Meter lange, absteigende Gang in einem Winkel von 26,5 Grad unter das Bauwerk. Hier befindet sich die aus dem natürlichen Fels gehauene unfertige Felsenkammer. Sie ist 14,08 Meter lang, 8,36 Meter breit und ihre höchste Stelle mißt 5,08 Meter. Aus dieser Kammer führt an ihrer südöstlichen Ecke noch ein 16,41 Meter langer Schacht weg, der danach mit einem Rechtsknick scheinbar in einer Sackgasse endet. Bereits in den vierziger Jahren des 19. Jahrhunderts ließ der britische Pyramidenforscher Richard W. H. Vyse im Zentrum dieser Kammer einen 10,40 Meter tiefen, brunnenähnlichen Schacht ausgraben. Weil dessen Ende nicht absehbar war und die Arbeiterkolonne sich weigerte, die Grabungen fortzuführen, wurden die Forschungstätigkeiten einfach eingestellt und bis vor einigen Jahren nie wieder aufgenommen. Der französische Archäologe Dr. André Pochan hat für diesen Bereich berechnet, daß nach weiteren 27 Metern der Nil sich unter die Bauanlage leiten ließe, wie es schon der griechische Historiker Herodot berichtete. Auch der dänische Architekt Hubert Paulsen ist anhand geometrischer Überlegungen zu dem Schluß gelangt, daß jede weitere Kammer, die in der Cheops-Pyramide aufgefunden werden sollte, mit großer Wahrscheinlichkeit unterhalb des Brunnenschachts liegt.

Der französische Bauingenieur Professor Jean Kerisél konnte außer der 700 Meter langen Unterführung zwischen der Sphinx und der Pyramide auf eine weitere Anomalie unterhalb der Bauanlage hinweisen:

»Unter dem Fußboden des absteigenden Gangs entdeckten wir eine Baulichkeit, die ein nach Südost-Nordnordwest orientierter Gang sein kann, dessen Decke sich in jener Tiefe befindet, die der absteigende Gang erreicht hätte, wenn man ihn verlängert hätte.«

Das war aber noch nicht alles! Auf der Westseite des absteigenden Gangs, etwa sechs Meter vor dem Eingang zur unvollendeten Kammer, führt ein weiterer senkrechter Schacht mit einem Querschnitt von 1,20 x 1,40 Metern in einem Winkel von 30 Grad mindestens fünf Meter abwärts.

Bevor die ägyptischen Behörden im Juli 1999 die Pyramide des Cheops für eine befristete Anzahl Touristen freigegeben hatten, wurde dort geheimnisvoll gearbeitet. Bis Mitte März 1998 befand sich an der Westseite des Bauwerks eine riesige weiße Plane, mit der die Pyramide abgedeckt wurde. Angeblich hatte man dort Risse repariert, die noch aus den Sprengarbeiten von Vyse resultierten.

Warum herrschte dann im Pyramidenumfeld absolutes Fotografierverbot?

Zudem ist die Westseite gar nicht jene, an der 1837 durch das Team von Vyse ein Loch in die Pyramide gesprengt worden war, um dort einen möglichen Eingang zu finden, sondern die Südseite!

Soweit mir bekannt ist, war an den Forschungen außer den Mitarbeitern des SRI auch die NASA beteiligt. Des weiteren gehörten eine japanische Delegation der Waseda-Universität sowie Archäologen und Techniker der französischen Akademie zum Team. Auch Deutschland war durch Vertreter der Universität Saarbrücken präsent, die mit Arbeiten an der Pyramide und der Sphinx betraut gewesen waren. Bei den Arbeiten in der Pyramide hatte man mehrmals Tonnen von Geröll aus dem Bauwerk herausgeschafft, das in mehreren 3.500 Kilogramm umfassenden LKW-Ladungen abtransportiert wurde. Hinzu kommt, daß die ägyptischen Wissenschaftler zwei Hydraulikpumpen in die Pyramide brachten, deren Einsatzzweck nicht weiter erklärt wurde.

In einem Gespräch, das Rudolf Gantenbrink und Dr. Zahi Hawass im März 1998 in Giseh führten, wurde über all diese rätselhaften Vorgänge gesprochen. Wie mir Rudolf Gantenbrink erzählte, habe es nach offizieller ägyptischer Auffassung allerdings nichts gegeben, was man als seltsam bezeichnen könnte. Hawass habe ihm erklärt, daß das Geröll nach Reinigungsarbeiten aus den Luftschächten der Königskammer entnommen worden sei und daß es sich bei den Pumpen um Hochdruckpumpen handelte, mit denen man die

Graffitty unvernünftiger Touristen von den Kammerwänden hatte entfernen lassen. Auch der Greifarm der Firma *Amtex* wäre nicht für die Arbeiten an der Sphinx, sondern für die Schachtuntersuchungen in der Pyramide benutzt worden. Man hätte sogar Videos aufgezeichnet, die aber Gantenbrink vorerst nicht zur Verfügung gestellt werden könnten.

All das ergab allerdings keinen Sinn! Hawass wußte bereits anhand der Untersuchungen von Gantenbrink, daß die Schächte viel länger verliefen als die Bereiche, die sie mit dem nur neun Meter langen Greifarm der Firma *Amtax* hätten erreichen können. Rudolf Gantenbrink mag Hawass in seiner Märchenstunde überzeugt haben – mich nicht!

Ist das also wirklich alles gewesen?

Zwischen 1946 und 1990 arbeitete die sowjetisch-deutsche *Aktiengesellschaft Wismut* bei den Ortschaften Aue und Gera im ostthüringischen Erzgebirge, um angeblich nur nach dem Schwermetall Wismut zu suchen. In den 44 Jahren wurden kilometerlange Tunnel sowie mehrere hundert Meter tiefe Schächte ins Gebirge gebrochen. Doch der Name dieser Aktiengesellschaft war nur Tarnung, denn in Wahrheit suchte man nicht Wismut, sondern förderte statt dessen Uranerze wie etwa Tobernit für das sowjetische Atomprogramm zutage. So avancierte die DDR-Firma *Wismut* innerhalb von vier Jahrzehnten zum drittgrößten Uranproduzenten der Welt. Das alles war erst bekannt geworden, nachdem die Aktiengesellschaft 1991 im Zuge der deutschen Wiedervereinigung aufgelöst wurde. Es war allerdings auch bekannt geworden, daß unter Tage große Mengen uranhaltiger Lauge mit giftigen, radioaktiven Rückständen zurückgeblieben waren, die jetzt das ostthüringische Grundwasser bedrohen.

Wissenschaftler des Forschungszentrums Rossendorf (FZR) bei Dresden haben im November 1999 ein Sanierungskonzept vorgestellt, mit dem sie den Boden von jeglichen Strahlen-Rückständen reinigen wollen. Bereits 1993 wurden nämlich in verseuchten Abraumhalden Bakterien entdeckt, die gegen Uranstrahlung und Toxizität resistent sind. Dr. Sonja Selenska-Pobell erklärt dazu:

»Eine dieser Bakterienarten kann Uran binden und von anderen Stoffen trennen. Ein anderer Stamm kann sogar lösliches Uran 6 in unlösliches Uran 4 umwandeln.«

Doch das, was hier womöglich in einem direkten Bezug zu den geheimnisvollen Pyramidenarbeiten steht, ist eine 1999 gemachte Aussage des kommissarischen Direktors des FZR-Instituts, Dr. Gert Bernard:

»Wir stützen das biotechnologische Verfahren mit dem Einsatz der Bakterienstämme auf die Erfahrungen der NASA, die sie letztes Jahr in Ägypten angewendet hat. Wir haben es weiterentwickelt und hoffen, das neue Verfahren zum Beispiel in Filtern zu installieren, die uranverschmutztes Wasser reinigen, oder bei der Dekontaminierung von verseuchtem Gelände.«

Waren hier etwa die 1998 durchgeführten Pyramidenuntersuchungen gemeint?

Bereits 1965 hatte Dr. Lauren Yazolino von der Berkeley Universität eine Idee geäußert, bei der eine Art Funkenkammer in der Cheops-Pyramide aufgestellt werden sollte, um dort nach bisher unentdeckten Gängen oder Kammern zu suchen. Auf diese Idee hatte ihn der Brite William Kingsland durch sein zweibändiges Werk über die Cheops-Pyramide gebracht. Dort machte dieser den Vorschlag, in der Königskammer Radioimpulse mit einer Welle von fünf Metern auszusenden und durch Ermittlung der Stärke des Empfangs mögliche unbekannte Hohlräume in der Pyramide festzustellen. Gemeinsam mit Professor Luis Walter Alvarez von der Universität Kalifornien, wurde ein seltsames Kammer-Forschungs-Projekt ins Leben gerufen und begeistert nach Sponsoren gesucht, die schließlich innerhalb der nächsten drei Jahre überzeugt werden konnten:

»Ich stelle mir das so vor, daß jüngeren Architekten verweigert wurde, ihre Ideen unter Cheops zu verwirklichen. Vielleicht waren sie damit später erfolgreicher.«

Nicht die Experimente für die Cheops-Pyramide wurden also gesponsert, sondern die an der Pyramide des Chephren. Das schien auch sinnvoller, zumal man damals glaubte, alle Raumstrukturen in der Großen Pyramide zu kennen. Die Chephren-Pyramide hingegen verwirrte die Experten, weil man sich schon immer gewundert hatte, warum ein derartiger Riesenbau nur einen Hauptraum beherbergen sollte. Mit Funkenkammern, die Alvarez im Inneren des Monuments aufgestellt hatte, wollte er die Myonenteilchen messen und die Impulse danach auf Magnetbändern aufzeichnen. Die Funkenkammern waren in ihrem Inneren mit mehreren Aluminiumplatten versehen und darüber hinaus in ihrer Empfindlichkeit dermaßen reduziert, daß nur jene Myonen aufgezeichnet wurden, die nach Durchdringung des Pyramidengesteins noch 10 Milliarden Elektronen-Volt Energie mit sich führten.

Als die ersten Meßergebnisse der Chephren-Pyramide bekannt wurden, überschlugen sich die Ereignisse. So erzählte der Ägyptologe Dr. Amr Goneid etwas benommen:

»Was im Inneren der Pyramide wirkt, widerspricht allen bekannten Gesetzen der Physik!«

Auch John Tunstall, der die exklusive Berichterstattung dieses Experiments verfassen sollte, gab ein ungewöhnliches Statement ab:

»Sind denn diese modernen wissenschaftlichen Geräte etwa durch irgendeine die menschliche Vorstellung übersteigende Kraft in ihrer Funktion beeinträchtigt worden?«

Dann nocheinmal Dr. Goneid:

»Entweder weicht die Geometrie der Pyramide von allen bekannten Gesetzen ab und führt dadurch bei unseren Messungen zu verwirrenden Resultaten, oder aber wir stehen vor einem unerklärlichen Rätsel.«

Was war geschehen?

Die Geräte spürten eine unheimliche Kraftquelle auf, die wie die Sonne wirkte, sich aber nicht am Horizont, sondern unter dem Pyramidenfeld befand. Hatten die Forscher etwa das geheimnisvolle »Ra-Sche« entdeckt? Anfänglich war das Experiment eigentlich so ausgerichtet, daß der Werbeeffekt sowohl die Archäologie als auch die Elektroindustrie, und hier besonders IBM, unterstützen sollte. Man wollte – wie im späteren Fall Gantenbrink – also nicht unbedingt etwas entdecken, sondern nur auf das Experiment an sich aufmerksam machen und so eine gute Presse bekommen. Doch in Wirklichkeit registrierte man mit der IBM-Elektronik sogar das Vorhandensein von weiteren Gang- und Kammersystemen in der Chephren-Pyramide, die Dr. Yazolino wie folgt kommentierte:

»Immer wenn das Neon in der Funkenkammer verbraucht war, erschienen dunkle Flecken auf dem Bildschirm, die wie eine mögliche Kammer aussahen.«

Doch Professor Alvarez versuchte später alles wieder geradezurücken, so daß Gras über die Sache wachsen konnte:

»Die Geräte haben ausgezeichnet funktioniert. In dem Bereich des zu 35 Grad geneigten Kegels, der aus der Funkenkammer abgetastet war, sind keinerlei Anzeichen irgendwelcher Gänge oder Kammern gefunden worden.«

Die Messungen wurden jeweils im Winkelabstand von drei Grad durchgeführt, wobei durchschnittlich 84 Myonen-Einschläge das Meßfeld über einen auf der Spitze stehenden Kegel mit einem Winkel von 70 Grad bis zur Pyramidenhauptkammer trafen. Zwar äußerte sich Dr. Goneid erneut etwas verwirrt über das Experiment: »Man mag es nennen, wie man will, Okkultismus, Fluch der Pharaonen, Zauberei oder Magie, jedenfalls ist in der Pyramide eine Kraft am Werk, die allen Naturgesetzen zu trotzen scheint.«

Doch in Amerika wies Alvarez nicht nur die Darstellungen Tunsalls zurück, sondern erzählte noch einmal über sein Vertrauen in die wissenschaftliche Tüchtigkeit des Ägypters Amr Goneid. Er erklärte dann, daß er ihn auf ein Jahr zur Mitarbeit in seinem Laboratorium nach Kalifornien eingeladen habe:

»Wenn ich ihn auch nur einen Augenblick den Unsinn zugetraut hätte, der ihm zugeschrieben wird, dann hätte ich ihn niemals aufgefordert, in meiner Forschungsgruppe mitzuarbeiten.«

Der schlecht bezahlte Ägypter wurde mit einem lukrativen Angebot einfach mundtot gemacht.

Kann diese verschworene Arbeitsweise noch als Wissenschaft bezeichnet werden?

Im März 1999 bekam ich von einem Leser einen revolutionär wirkenden Artikel übermittelt, der unter dem Titel »Die sechs Geheimnisse der Cheops-Pyramide« in der Boulevard-Presse veröffentlicht worden war. Meine Recherchen ergaben jedoch, daß im deutschsprachigen Raum weder der verantwortliche Reporter noch der mutmaßliche Archäologe ausfindig zu machen waren. Nach unzähligen Gesprächen mit der *Coupé*-Redaktion teilte mir Frau Zerfass schließlich mit, daß man den Artikel aus einer amerikanischen Zeitschrift übernommen habe und der verantwortliche Archäologe, der über

Abb. 165: Die Wahrheit: Auf dem Plateau von Giseh wird ständig gearbeitet.

die Pyramide des Cheops berichtete, bereits in der amerikanischen Originalgeschichte ein Pseudonym benutzte, aber der Reporter tatsächlich dort arbeite.

Worum ging es in diesem Artikel überhaupt?

Ein Archäologe der Universität Saarbrücken, Dr. Helmut Berner, soll angeblich mit drei seiner Kollegen im April 1998 das Innere der Großen Pyramide untersucht haben. Dabei konnten die Forscher mit seismographischen Messungen mittels Sensoren und mit Infrarot-Geräten über 200 künstlich angelegte Hohlräume im Pyramidenkörper nachweisen. Auch die nachfolgenden Strahlenuntersuchungen im August 1998, für die speziell dafür konstruierte Röntgenapparaturen eingesetzt wurden, bestätigten die Hohlräume. Das Interessante an dieser Geschichte war, daß bereits 1987 eine ähnliche Anzahl Hohlräume auch von Professor Sakuji Joschimura und seinem Team von der Waseda-Universität nachgewiesen werden konnte. Obwohl die Untersuchungen der Japaner in einem 60 Seiten umfassenden Bericht veröffentlicht wurden, nahm sie die offiziellen Ägyptologie bis jetzt nicht zur Kenntnis.

In dem ziemlich phantastisch anmutenden Untersuchungsbericht vom Februar 1999 berichtet Dr. Berner weiter:

»Die Ägypter haben es verstanden, ihre Geheimnisse vor fremden Eindringlingen zu schützen. Sie haben in das Labyrinth der Gänge und Kammern zahllose tödliche Fallen eingebaut, die heute noch perfekt funktionieren.«

Berner berichtet darüber hinaus über Tausende von Skelett-Teilen, die in den letzten Jahrhunderten im Inneren der Pyramide vermoderten. Es soll sich also nicht um Mumien ägyptischer Pharaonen und deren verstorbenen Familienmitglieder handeln, sondern um die Leichen von Grabräubern, Abenteurern und Forschern, die durch die ausgeklügelten Fallen der Pyramidenbauer getötet worden waren. Des weiteren erzählt Dr. Berner von dem Einsatz eines Videoroboters, bei dem es sich durchaus um den von der kanadischen Firma *Amtex and Spar Aerospace* entwickelten gehandelt haben könnte:

»Durch einen Schacht, der kaum den Durchmesser eines Ofenrohrs hat und senkrecht in die Höhe führt, haben wir einen ferngesteuerten Miniroboter mit integrierter Videokamera geschickt. Nach einer Fahrt von 150 Meter glitt er auf seinen Raupen in eine Kammer.

Dort filmten wir Berge von Pergamentrollen mit unbekannten Schriftzeichen.«

Hatte man hier die verborgene Kammer von Kinnaman und Petrie entdeckt?

Im Gegensatz zu dem von Rudolf Gantenbrink und dem *Deutschen Archäologischen Institut in Kairo* durchgeführten *Upuaut*-Projekt sollen beim *Daedalos*-Projekt völlig neue Bereiche der Pyramide untersucht worden sein. Doch diese Schilderungen wirken seltsam und zu phantastisch:

»Wir hofften schon, daß der Roboter mit seinen Greifarmen die Dokumente ins Freie transportieren könnte. Doch da geschah etwas Unfaßbares: Seine Wärmefühler maßen plötzlich eine Hitze von über 1.000 Grad. Wir mußten auf dem Monitor mit ansehen, wie der Roboter zu einem glühenden Klumpen Metall zusammenschmolz. Dann brach die Videoverbindung ab!«

Was eine derartige Hitze verursachen könnte, ist bislang unklar. Doch Reiseaufzeichnungen des 10. Jahrhunderts zufolge sollen noch vor 1.000 Jahren von der Spitze der Cheops-Pyramide »... grüne Strahlen ausgegangen ...« sein. Auch der geheimnisvolle Dr. Helmut Berner erzählt seltsame Dinge:

»Vor wenigen Tagen entdeckten drei unserer Forscher eine Wandmalerei in einem Pyramidengang, aus der ein seltsam funkelndes Auge herausragte. Als die Männer es berührten, öffnete sich plötzlich eine Wand. Dahinter war eine Treppe, die steil in die Tiefe führte. Die Forscher gingen die 123 Stufen hinunter und gelangten am Ende an eine Tür aus purem Gold! Es ist uns bisher nicht gelungen, diese Tür zu öffnen, nur die Hieroglyphen, die darauf eingeritzt sind, konnten wir übersetzen.«

Dr. Berner berichtet weiter über einige Zugänge, die in eine weitere, bisher unbekannte Kammer führen sollen, die man untersuchte:

»Wir wissen nur, daß von den Außenwänden der Pyramide winzige, nur strohhalmdicke Schächte in diesen Hohlraum führen. Durch diese Schächte sollte die Seele des Pharao direkt in den Himmel gelangen, um sich mit den Göttinnen der Ägypter zu paaren. Bisher haben wir nur drei dieser Schächte entdeckt. Wenn man sie in ihrem Verlauf mit einer gedachten Linie verlängert, deuten sie auf drei blaue Sonnen im Orionnebel, die etwa 200 Millionen Lichtjahre von der Erde entfernt sind.«

Bereits im Januar 1972 hatten der ägyptische Nuklearphysiker Dr. Fathi el-Bedewi von der Kairoer Ain-Shams-Universität und der Ägyptologe und Pyramidenspezialist Dr. Ahmed Fakhry eine neue Idee eingebracht. Der Nuklearphysiker wußte, daß die kosmische Strahlung der Sonne wie ein Atomreaktor den Stickstoff der äußeren Erdatmosphäre in radioaktiven Kohlenstoff C-14 verwandelt. Vorher hatte er bereits mit Dr. Fakhry Grabbeigaben und Mumien untersucht und dabei festgestellt, daß die Meßgeräte verrückt spielten. Mumien waren plötzlich 500 Jahre älter als der dazugehörige Sarkophag und Getreidekörner waren älter als die Gefäße, in denen sie lagerten.

Bei Altersdatierungen bis 5.700 Jahren wird ein Unsicherheitsfaktor von ± 150 Jahren bei der C-14-Methode von der Wissenschaft allgemein akzeptiert. Diese Methode der Altersbestimmung funktioniert freilich nur dann, wenn die Konzentration des Kohlenstoffs in der Atmosphäre über Jahrtausende hin konstant geblieben ist. Messungen, die nach einer Kernexplosionen angestellt wurden, zeigten tatsächlich große regionale Schwankungen im Kohlenstoff-14-Gehalt. Auch Dr. Berner berichtet über eine vorhandene Radioaktivität innerhalb der Großen Pyramide:

»Nun haben wir Mikromeßgeräte in die uns bis jetzt bekannten Schächte an den Außenwänden eingeführt. Die Zeiger schlugen dabei wie wild aus. Unser High-Tech-Computer hat mit 86,3 Prozent Wahrscheinlichkeit errechnet, daß im Zentrum der Cheops-Pyramide radioaktive Energie schlummert, die der Vernichtungskraft einer Atombombe entspricht!«

Das Wort »Pyramide« verdanken wir den Griechen, was sie nach einer Vermutung der Ägyptologen von einer Art dreieckigem Süßgebäck mit der Bezeichnung »Pyramis« herleiteten. Es könnte aber auch durchaus sein, daß dieses Wort mit dem Griechischen »Pyro« in Verbindung stand, was »Feuer« bedeutet! So könnten wir als ursprüngliche Pyramidenbezeichnung auch das griechische Wort »Pyro-Myt« heranziehen, das sich mit »Mittelpunkt aus Feuer« übersetzen läßt und nach dem bisherigen Verlauf der Darstellungen einen nachvollziehbaren Sinn erhält.

Brennt in der Großen Pyramide tatsächlich ein ewiges Feuer?

Zumindest Professor Mark Lehner und Dr. Zahi Hawass veröffentlichten im Frühjahr 2001 ihre neue Theorie, daß die Große

Pyramide nicht wie bislang angenommen aus 2,3 Millionen Stein-
quadern errichtet worden ist, sondern lediglich aus 750.000 Blök-
ken besteht. Das würde nach meiner Ansicht die unzähligen Berichte von geheimnisvollen Hohlräumen in diesem Bauwerk erklären. Denn nur durch unzählig vorhandene Hohlräume läßt sich erst
die Reduzierung der eingebrachten Steinblöcke begründen!

Die Ägyptologie nimmt in der Geschichte der Archäologie eine
einzigartige Stellung ein. Nur in Ägypten sind dem Wüstenboden
mit konstanter Zähigkeit viele, auch bisher öffentlich unbekannt
gebliebene Fundstücke entrissen worden! Das Geschichtsbild Altägyptens ist zwar transparent gemacht und die Hieroglyphen in
großen Teilen entziffert worden, aber die dunkle Vergangenheit der
ägyptischen Götterwelt liegt nach wie vor unter dem Schleier der
Geschichte verborgen. Wenn hier tatsächlich keine Science-Fiction-
Story geschildert worden ist und die neueren Untersuchungen innerhalb der Großen Pyramide mit den gesamten bisher zusammen-
getragenen Rätseln über die Verbotene Ägyptologie in Verbindung
stehen, hat sich die Forschung mögliche verzerrte Bilder selbst zuzuschreiben!

Während Dr. Hawass noch im Dezember 1999 von einer großangelegten Öffnungsaktion der Gantenbrink-Blockierung gesprochen
hatte, konnte der Tourismusminister nicht einmal sein vergoldetes
Pyramidion-Projekt realisieren. Angeblich hätten sich, so hieß es,
am 30. Dezember 1999 islamische Fundamentalisten über die geplante Aktion beschwert, und weil während dieser Zeit auch noch
der Fastenmonat Ramadan stattfand, wurde das Vorhaben als Frevel gegen Allah gedeutet, so daß man es unterließ. Eine solche »Erklärung« ist jedoch neuerlich unglaublicher Unsinn, den sich nur
die offiziellen Stellen Ägyptens haben einfallen lassen können. Denn
eines ist Fakt: Für ein auf über 140 Meter hochzuhievendes, neun
Meter großes Pyramidion benötigt man wenigstens einen 150 Meter hohen Kran. Man hätte für die praktische Ausführung des Pro-
jekts ebenso einen Militärhubschrauber einbeziehen können, doch
in Wahrheit existiert nicht einmal das vermeintliche Pyramidion!
Trotz dieses Umstandes wird Dr. Hawass nicht müde, in Veröf-
fentlichungen weiterhin zu behaupten, daß das Pyramidion-Projekt technische Probleme mit sich brachte und deshalb zur Silve-
sternacht 2000 nicht in die Tat umgesetzt werden konnte. Der ägyp-

tische Kulturminister Farouk Hosni meinte in diesem Zusammenhang:

»In der Pyramide angebrachte Kameras sorgen ab jetzt für die Sicherheit der Touristen, damit sie nicht die vorgegebenen Routen des alten Monuments verlassen können.«

Hosni ist in der Tat darüber besorgt, daß einem Besucher ein Stein auf den Kopf fallen könnte! Wenn aber inzwischen alle verantwortlichen Stellen und selbst Minister des Staates Ägypten lügen, wird die Arbeit auf dem Gebiet der Pyramiden-Forschung für einen Nichteingeweihten sehr, sehr schwer werden!

Nichtsdestotrotz konnte es sich Dr. Zahi Hawass am 3. Januar 2000 nicht verkneifen, bei einer internationalen Pressekonferenz die Welt erneut auf eine Öffnungs-Aktion in der Großen Pyramide aufmerksam zu machen, in der von einer »Botschaft für die Menschheit« die Rede ist. Hawass sagte:

»Wir werden der Welt damit eine Botschaft bringen, eine Botschaft der alten Ägypter für die Menschen in der Welt von heute.«

Das Jahr 2000 ist unlängst vorübergegangen – passiert ist offiziell nichts!

Wie lange müssen wir uns die »Verbotene Ägyptologie« noch bieten lassen?

DANKSAGUNG

Der Autor möchte Oberstudienrat Peter Kaschel, tätig an einem großen Gymnasium im Ruhrgebiet, der seit Jahrzehnten verzweifelt gegen die Dogmen der vorgegebenen Lehr-Literatur kämpft, ganz herzlich für das Lektorat dieses Buches danken.

Darüber hinaus gilt sein Dank folgenden Personen und Institutionen, die zu diesem Buch Anregungen, Informationen oder Bildmaterial beigesteuert haben: Professor Erik Hornung, Professor Rainer Stadelmann, Professor Günther Dreyer, Professor Dietrich Wildung, Dr. Rolf Krauss, Dr. hc. Erich von Däniken, Dipl. Ing. Rudolf Gantenbrink, Dr. Robert Wirbel, Dr. Florian Huber, Dr. Zahi Hawass, Dr. Andreas Ocklitz, Dr. Georges Bonani, Horst Dunkel, Rainhard Habeck, Werner L. Forster, Hartwig Hausdorf, Luc Bürgin, Thomas H. Fuss, Smail Maksen, Frank-Michael Arndt, Friedhelm Erich Will, Frank Dörnenburg, der Staatsbibliothek zu Berlin, dem dpa-Büro Berlin, der Technischen Universität Berlin, der Freien Universität Berlin, der Humboldt Universität, der Eidgenössischen Universität Zürich und der Deutschen Luft- und Raumfahrtgesellschaft.

Die Erwähnung der Personen und Institutionen besagt nicht, daß sie von den in diesem Buch aufgestellten Theorien informiert sind oder sie akzeptieren – es sei denn, es wird vom Autor ausdrücklich darauf hingewiesen.

Noch einen ganz besonderen Dank an dieser Stelle an meine Frau Heike für ihre Geduld und Ihr Verständnis für dieses Buch-Projekt. Ebenso will ich meinen Geschwistern Nurcan und Reyhan ganz herzlich für ihre Unterstützung danken. Natürlich darf ich bei dieser Gelegenheit den Dank an meine Eltern Musa und Nazmiye nicht vergessen!

BILDNACHWEIS

Erich von Däniken: 77, 78, 84, 85, 92
Rudolf Gantenbrink: 95, 161
Ägyptische Altertumsverwaltung (SCA): 165
Medi Terrané (Frankreich): 135
Department of Physics and Earth Science Okinawa: 93, 94
NASA: 74
Ägyptisches Museum Kairo: 45 a + b
Institut für Menschenkunde Cluj: 31
Naturkunde Museum Dahlem: 18, 30
Descriptio de le' Egypt: 4, 5, 6
Friedhelm Erich Will: 111
Horst Dunkel: 116
Petrie Museum London: 117
Röntgenlabor Giseh: 123
Thomas Mehner: 128

Die restlichen Bilder stammen vom Autor.

LITERATURVERZEICHNIS

Aldred, Cyrill: Echnaton – Gott und Pharao Ägyptens, Augsburg 1990
Al-Makrizi, Muhammad: Topographische und historische Beschreibung Ägyptens, Berlin 1872
Apelt, Otto: Platons Dialoge: Timaios und Kritias, Leipzig 1922
Arnold, Dieter: Lexikon der ägyptischen Baukunst, Zürich 1994
Assmann, Jan: Ägyptische Hymnen und Gebete, München 1975
Assmann, Jan: Das kulturelle Gedächtnis, München 1997
Assmann, Jan: Ägypten – Eine Sinngeschichte, Frankfurt am Main 1999
Assmann, Jan: Der Tod als Thema der Kulturtheorie, Frankfurt am Main 2000
Baumann, Hans: Die Welt der Pharaonen, Gütersloh 1959
Beckerath, Jürgen von: Chronologie des pharaonischen Ägypten, Mainz am Rhein 1997
Buttlar, Johannes von: Die Wächter von Eden, München 1992
Bürgin, Luc: Geheimakte Archäologie, München 1998
bin Gorion, Micha Josef: Sagen der Juden, Frankfurt a. M. 1980
Brandenburg, Dietrich: Medizinisches bei Herodot, Berlin 1976
Brugsch-Bey, Heinrich: Egypt under the Pharaohs, London 1891
Brunner, Hellmut: Altägyptische Religion, Darmstadt 1989
Brunner-Traut, Emma: Altägyptische Märchen, München 1963
Brunton, Paul: Geheimnisvolles Ägypten, Bergisch Gladbach 1992
Budge, Ernest Alfred Wallis: An Egyptian reading book for beginners, London 1896
Budge, Ernest Alfred Wallis: Egyptian Magic, London 1901
Budge, Ernest Alfred Wallis: Egyptian Language, London 1910
Budge, Ernest Alfred Wallis: Osiris and the Egyptian Resurrection, New York 1911
Budge, Ernest Alfred Wallis: Legends of the Egyptian gods, London 1912
Clayton, Peter A.: Die Pharaonen, Düsseldorf 1995
Craan, Robert: Geheimnisvolle Kultur der Traumzeit, München 2000
Däniken, Erich von: Die Steinzeit war ganz anders, München 1991
Däniken, Erich von: Auf den Spuren der Allmächtigen, München 1992
Dondelinger, Edmund: Das Totenbuch des Schreibers Ani, Graz 1987
Ebers, Georg: Papyrus Ebers, Bd. 1–2, Leipzig 1879
Emery, Walter Bryan: Archaic Egypt, London 1961
Ercivan, Erdogan: Das Faktum, Berlin 1995
Ercivan, Erdogan: Das Sternentor der Pyramiden, Essen 1997

330

Erman, Adolf/Grapow, Hermann: Wörterbuch der Aegyptischen Sprache, Bd. 1–5, Berlin 1982
Eydt, Max: Kampf um die Cheops-Pyramide, Bd. 1–2, Heidelberg 1898
Fakhry, Ahmed: Cases of Egypt, Kairo 1983
Fiebag, Peter und Johannes: Aus den Tiefen des Alls, Ulm 1985
Fuss, Thomas Heinz: Spezies Adam, Marktoberdorf 1999
Gardiner, Sir Allan: Geschichte des Alten Ägypten, Augsburg 1994
Graefe, Erhart: Mittelägyptische Grammatik für Anfänger, Wiesbden 1994
Habeck, Rainhard: Das Unerklärliche, Wien 1997
Hannig, Rainer: Die Sprache der Pharaonen – Großes Handwörterbuch Ägyptisch/Deutsch, Mainz 1995
Hausdorf, Hartwig: X-Reisen, München 1998
Hoffmann, Michael A.: Egypt before Pharaos, New York 1990
Hornung, Erik: Der Eine und die Vielen – Ägyptische Gottesvorstellungen, Darmstadt 1971
Hornung, Erik: Grundzüge der ägyptischen Geschichte, Darmstadt 1988
Hornung, Erik: Die Nachtfahrt der Sonne, Zürich 1991
Hornung, Erik: Altägyptische Dichtungen, Darmstadt 1996
Hornung, Erik: Altägyptische Jenseitsbücher, Darmstadt 1997
Jànosi, Peter: Die Pyramiden der Königinnen, Wien 1996
Jacq, Christian: Echnaton und Nofretete, München 1978
Jacq, Christian: Die Welt der Hieroglyphen, Berlin 2000
James, Peter + Thorpe, Nick: Keilschrift, Kompaß, Kaugummi, Zürich 1998
Jones, Inigo: The most notable Antiquity of Great Britain vulgarly called Stonehenge, London 1973
Junker, Hermann: Ein Doppelhymnus aus Kom Ombo, in APAW, 1931
Kaplony, Peter: Die Inschriften der Ägyptischen Frühzeit, Bd. I–III, 1963–1964
Kautzsch, Emil: Die Apokryphen und Pseudepigrafen des Alten Testament, Bd. 1–2, Tübingen 1900
Kees, Hermann: Totenglauben und Jenseitsvorstellungen der alten Ägypter, Leipzig 1926
Kees, Hermann: Der Götterglaube im alten Ägypten, Berlin 1977
Krassa, Peter + Habeck Reinhard: Das Licht der Pharaonen, München 1996
Kurth, Dieter: Edfu – Ein ägyptischer Tempel gesehen mit den Augen der Alten Ägypter, Darmstadt 1997
Lange, P. Werner: Der Sonne gleich, Leipzig 1983

Lauer, Jean-Philippe: Die Königsgräber von Memphis, Bergisch-Gladbach 1988

Lehner, Mark: Das erste Weltwunder, München 1997

Lurker, Manfred: Lexikon der Götter und Symbole der alten Ägypter, München 1974

Maragioglio, V. + Rinaldi, C.: Architettura della piramidi menfite, Turin 1975

Matthews, John + Caitlin: Lexikon der Keltischen Mythologie, Berlin 1997

Maspéro, Gaston: Guide to the Cairo Museum, Kairo 1910

McMann, Jean: Rätsel der Steinzeit, Bergisch Gladbach 1989

Müller-Karpe, Hermann: Geschichte der Steinzeit, München 1974

Ozaniec, Naomi: The Elements of the Egyptian Wisdom, Shaftesbury 1994

Petrie, William M. Flinders: The Pyramids and Temples of Giza, London 1883

Petrie, William M. Flinders: Egyptian tales, London 1895

Reitz, Manfred: Alltag im Alten Ägypen, Augsburg 1999

Rice, Michael: Egypt's Making – The Origin of Ancient Egypt 5000–2000 BC., London 1990

Richter, Wolfgang: Auf den Spuren der Antike, Berlin 1974

Roestel, Jürgen: Ägyptische Magie, Bergen 1992

Roth, Ann Macy: Opening Of The Mouth Ceremony, Journal of Egyptian Archeology 78, 1992

Santillana, G. d./Dechend, H. v.: Die Mühle des Hamlet, Berlin 1992

Schmökel, Hartmut: Kulturgeschichte des alten Orient, Augsburg 1995

Schüssler, Karl-Heinz: Märchen und Erzählungen der alten Ägypter, Bergisch-Gladbach 1980

Schwab, Gustav: Die schönsten Sagen des klassischen Altertums, Köln 1997

Sehte, Kurt: Die altägyptischen Pyramidentexte, Band I–II, Berlin 1908–1910

Stadelmann, Rainer: Die ägyptischen Pyramiden, Darmstadt 1997

Stetter, Cornelius: Denn alles steht seit Ewigkeit geschrieben, München 1990

Sy, Horst: Newgrange – Das geheimnisvolle Monument, ANCIENT SKIES, 4/1998

Temple, Robert Kyle Grenville: Das Sirius Rätsel, Frankfurt am Main 1977

The Egypt Exploration Society: Rock-Drawings of southern Upper Egypt II, London 1939

Tompkins, Peter: Cheops – Die Geheimnisse der Großen Pyramide, Bern 1973

Tyldesley, Joyce: Töchter der Isis, München 1996

Vandenberg, Philip: Der Fluch der Pharaonen, Bern 1973

Weisweiler, Max: Arabische Märchen, Augsburg 1998

Wildung, D. + Schoske S.: Gott und Götter im alten Ägypten, Mainz am Rein 1993

Will, Friedhelm Erich: Modell Traunstein im Minoischen Kreis, Heraklion 1992

Will, Friedhelm Erich: Leseanweisung des Diskus von Phaisthos, Heraklion 1994

Winkler, Hans A.: Rock-Drawings of Southern Upper Egypt II, London 1939

Wolf, Walther: Große Kulturen der Frühzeit – Die Ägypter, Essen 1959

Zauzich, Karl-Theodor: Hieroglyphen ohne Geheimnis, Mainz am Rhein 1980

Zeidler, Jürgen: Pfortenbuchstudien, Teil I und Teil II, Wiebaden 1999

Zillmer, Hans-Joachim: Darwins Irrtum, München 1998

REGISTER

H